西華大學
四川省文史研究館
蜀學研究中心主辦

# 蜀學

第八輯

巴蜀書社

# 《蜀學》編輯委員會

# 《蜀學》第八輯發刊祝辭

蜀學是巴蜀地域文化凝魂聚力的精神内核。它有四千年大禹原始儒學觀念的孕毓根系，近三千年蜀中固有之學——黄老、卜筮、曆數、辭賦的學術起步，兩千多年“蜀地學於京師”、融入多源一脈的儒學正統的歷史。其源遠而流長，從形成、發展、衍變、轉型，直至現代化，自成體系，纚纚相屬，從未失其根脈。但它又長葆地域特色，自有異彩，新質舊因，變動不居。其特徵鮮明：心向京師，心向儒化中國，以蜀解儒經、貫釋道、通百家，以“儒源在蜀”“仙道源蜀”“菩薩在蜀”爲特點，此其一；“以文辭顯於世”，“文章冠天下”，文宗自古迄今多出西蜀，此其二；文史并重，兼綜百科，以通儒之學爲主綫，此其三；今古并舉，猶重今文經學，世承相如“苞括宇宙，總覽人物，控引天地，錯綜古今”的宏觀統體會通思維，頗愛學術翻案，富於浪漫奇肆想象力的文化傳統，此其四。有此四端，故歷來蜀學多譽，自樹一幟，亦爲今日寶貴之創意文化資源，宜加倍珍視，促其發展。

《蜀學》是學者的良師益友，學者詩意沙龍的七寶樓臺。余愧至今未奉獻一文，但心嚮往之，獲益甚多，故樂爲鄙見於端首，以求諟正。

譚繼和

# 目 録

稿 約

# 再論嚴遵的道家哲學思想*

金生楊

先秦時期的巴蜀盛行神仙學、道學思想。漢初司馬相如的《大人賦》與屈原的《遠游》相承襲，蘊涵有豐富的道家思想。而將道學傳統發揚光大而榮顯於後世者，則以成都嚴遵爲最先。

嚴遵字君平①，西漢元、成間蜀郡成都人，揚雄之師，原姓莊，自稱“莊子”，後人尊之爲“嚴夫子”。《漢書·王貢兩龔鮑傳》記其事迹，因避漢明帝劉莊諱，改姓嚴，稱嚴君平②。嚴遵謝絶邀聘，終身不仕，以爲“卜筮者賤業，而可以惠衆人”，故於成都街市賣卜爲生，日閱數人，得百錢以自養，而不多求。餘時即閉肆下簾而授《老子》，又依老子、莊周之指，著書十餘萬言，年九十餘，以其業終。

嚴遵終身隱居不仕，長於“修身”，博涉經書，遍訪名山大川，見聞廣博，自稱：“經有五，涉其四；州有九，游其八。”③ 常璩稱其“雅性澹泊，學業加妙，專精《大易》，耽於《老》《莊》”。嚴遵“依老子、嚴周（即莊周）之指，著書十餘萬言”，有《老子注》、《老子指歸》、《座右銘》等傳世④。三國時，古樸稱“嚴君平見黄老作《指歸》”，“爲世師式”⑤。李權則稱：“仲尼、嚴平，會聚衆書，以成《春秋》《指歸》之文，故海以合流爲大，君子以

* 本文係四川省繁榮發展哲學社會科學協調小組重點項目“巴蜀文化通史·哲學思想卷”（2007 編 12 號）的階段性研究成果。

① 按：《漢書》卷七十二注引《三輔決録》曰“君平名尊”。汪榮寶《法言義疏·問明篇》言：“按名遵字平，蓋取《洪範》‘遵王之道，王道平平’之義，作遵是也。”中華書局 1987 年，第 203 頁。

② ［漢］嚴遵著，［唐］谷神子注：《老子指歸》卷首《君平説二經目》注，《道藏》第 12 册，文物出版社、上海書店、天津古籍出版社 1988 年，第 342 頁。

③ 陳橋驛校釋：《水經注校釋》卷三十三《江水》，第 578 頁。

④ 按：嚴遵作品現存的有《老子指歸》（又稱《道德指歸論》、《道德真經指歸》）6 卷、嚴靈峰《輯道德指歸論上卷佚文》1 卷、嚴靈峰《輯嚴遵老子注》2 卷，《無求備齋老子集成》收録；另有《座右銘》一篇，見嚴可均《全漢文》。

⑤ ［晉］陳壽：《三國志》卷三十八《秦宓傳》，第 975 頁。

博識爲弘。"[①] 此處孔子、嚴遵并提，而贊其"會聚衆書"，可見嚴遵學術之淵博。常璩更稱《指歸》一書，"爲道書之宗"。嚴遵又以《老子》教授，傳播道家思想。其弟子著名者有揚雄，後世蜀學也往往溯源於嚴氏。

## 一　儒道兼修、融會《易》《老》

漢初與民休息，黄老之學風行一時。漢武帝獨尊儒術，黄老之學漸漸淡出，但蜀中延續其學不斷，司馬相如等人之賦飄飄然如淩雲，皆受道家思想之影響。嚴遵出而融會《易》《老》，兼修儒道，在哲學義理上開啟了一片新的天地。

### （一）會通《易》《老》

嚴遵是漢代融會《易》《老》的重要代表人物[②]，無論是對老莊道家思想的發展，還是對易學的發展，都作出了重要貢獻。其弟子揚雄擬《易》而作《太玄》，在融會《易》《老》方面更向前邁進了一步。

嚴遵以卜筮爲業，宋劉克莊則明確指出，嚴君平"賣卜本逃名，下簾無市聲"[③]，卜筮僅是其逃名謀生的手段而已，其心思全在道家上面。宋趙氏便稱："嚴君平在蜀設肆，爲人臣者勉之以忠，爲人子者勸之以孝，是亦行道爾。"[④] 鄭思肖也説嚴遵"多是垂簾自養神，僅能了日即安貧"，稱其"不離忠孝談玄妙，豈是尋常賣卜人"[⑤]。

嚴遵遵循《周易》陰陽法則，藉鑒《易緯》之説，以陰陽差異來安排《老子指歸》篇章布局。《繫辭傳》稱"一陰一陽之謂道"，陰陽是《周易》的基本法則之一。《易緯·乾鑿度》稱孔子之言曰"陽三陰四，位之正也"，因此《周易》六十四卦分爲上下兩篇，乃是以此"象陰陽也"：上篇三十卦是"陽道純而奇"，"所以象陽也"；下篇三十四卦是"陰道不純而偶"，"所以法陰也"[⑥]。《周易》的分篇與上下篇卦數的多少都是緣於陰陽法則而安排的。嚴遵藉鑒此説，結合《老子》"萬物負陰而抱陽"的思想，也從陰陽的角度對《道德經》的分篇分章作了一番新的解説。他專門作《説二經目》一篇，以"上經配天，下經配地"，實際上就是以陰陽分《老子》爲《德經》《道經》上下二篇。他進一步説："陰道八，陽道九，以

---

① ［晉］陳壽：《三國志》卷三十八《秦宓傳》，第 973 頁。

② 按：漢代道家易學競起，如司馬談、司馬季主、淮南九師易、嚴遵、揚雄皆是，而尤以《淮南子》、嚴遵、揚雄爲代表，見陳鼓應：《道家易學建構》第 150－155 頁。《漢代道家易學鈎沉》，臺灣：商務印書館 2003 年。

③ ［宋］劉克莊：《後村集》卷十五《嚴君平》，文淵閣《四庫全書》本。

④ ［宋］趙□□：《就日録》，涵芬樓本《説郛》卷十四，中國書店 1986 年，第 2 頁。

⑤ ［宋］鄭思肖：《圖詩·嚴君平垂簾賣卜圖》，［宋］陳思編，［元］陳世隆補：《兩宋名賢小集》卷三百七十一，文淵閣《四庫全書》本。

⑥ 孔穎達：《周易正義》卷首《論分上下二篇》，［清］阮元校刻《十三經注疏》第 10 頁，中華書局 1980 年影印本。按：嚴遵《老子指歸》所擬與《乾鑿度》相仿，正説明《乾鑿度》與《老子指歸》同屬西漢晚期作品，可爲考證二書真僞者提供一佐證，值得重視。

陰行陽，故七十有二首；以陽行陰，故分爲上下；以五行八，故上經四十而更始；以四行八，故下經三十有二而終矣。”① 以少陰八乘老陽九，得七十有二，嚴遵以此將《老子》劃分爲七十二章。九乃五與四相加而成，故《老子》上篇配以天數五，而與八相乘，得四十章；下篇配以地數四，而與八相乘，得三十二章。《繫辭傳》稱“陽卦奇，陰卦耦”，“卦有小大”，“齊小大者存乎卦”，嚴遵藉以論述《老子》上下經，以爲“陽道奇，陰道偶，故上經先而下經後；陽道大而陰道小，故上經衆而下經寡”。

嚴遵《老子指歸》一書以注解《道德經》、闡釋老子思想爲主，但在遣詞造句方面則靈活運用了《周易》的辭句，并從内涵上將二者有機地結合在一起，成爲他“專精大《易》”的一大體現。《乾卦·彖傳》稱：“大哉乾元，萬物資始，乃統天。雲行雨施，品物流形。……乾道變化，各正性命。”它贊揚乾元資始萬物的功能，認爲乾元使萬物品類得以産生，使萬物各得其正。《老子指歸》卷一《得一篇》則稱：“確然大《易》，乾乾光耀，萬物資始，雲蒸雨施，品物流形，元首性命，玄玄蒼蒼，無不盡復。”這裏對《易傳》文辭加以簡單改造，用以闡述《老子》“天得一以清”的思想，提出天道無爲、萬物自然化生。《豐卦·彖傳》稱：“日中則昃，月盈則食。天地盈虚，與時消息，而況於人乎?”《道德指歸》卷七《天之道篇》則藉以闡述事物對立矛盾的兩個方面又存在着相互的轉化，稱“日中而昃，月滿而缺，四時變化，一消一息”。《乾文言》稱“貴而無位，高而無民”，《老子指歸》卷七《信言不美》直接藉以論“不信”之害。《繫辭傳》稱“一陰一陽之謂道”，《老子指歸》則反復説“天地之道，一陰一陽”。《繫辭傳》稱“昔者聖人之作《易》也”，《説二經目》則稱“昔者《老子》之作也”。《繫辭傳》稱“仰則觀象於天，俯則觀法於地”，《老子指歸》卷一《上德不德篇》則化用爲“仰則見天之表，俯則見地之裏也”。《繫辭傳》稱：“法象莫大乎天地；變通莫大乎四時；縣象著明莫大乎日月；崇高莫大乎富貴；備物致用、立成器以爲天下利，莫大乎聖人；探賾索隱，鈎深致遠，以定天下之吉凶，成天下之亹亹者，莫大乎蓍龜。”《老子指歸》卷二《名身孰親篇》則説：“法象莫崇乎道德，稽式莫高乎神明，表儀莫廣乎太和，著明莫大乎天地。”《繫辭傳》稱：“天尊地卑，乾坤定矣。卑高以陳，貴賤位矣。動静有常，剛柔斷矣。方以類聚，物以群分，吉凶生矣。”《老子指歸》卷二《不出户篇》則説：“天圓地方，人縱獸横，草木種根，魚沉鳥翔，物以族别，類以群分，尊卑定矣，而吉凶生焉。”此外，《老子指歸》卷六《用兵篇》稱：“忽小善而易小惡，日以消息，月以陵遲，宗廟崩弛，國爲丘墟，族類離散，長無所依，鬼神孤魂，無所棲息。”卷六《民不畏威篇》稱：“陽氣安於潛龍，故能鑠金；陰氣寧於履霜，故能凝冰；木善秋毫，故能百尋；水樂涓涓，故能成海；飛禽逸於卵轂，故能高翔；群獸預於胎狣，故能遠走。……戒始慎微，和弱忠信。”這些在語言和思想方面都藉鑒、改造了《坤》爻辭、《象傳》、《文言傳》及《繫辭傳》。《坤》初六有“履霜，堅冰至”，《象傳》稱“履霜堅冰，陰始凝也；馴致其道，至堅冰也”。《坤文言》則説：“積善之家，必有餘慶；積不善之家，必有餘殃。臣弑其君，子弑其父，非

---

① ［漢］嚴遵著，［唐］谷神子注：《老子指歸》卷首《君平説二經目》，《道藏》第12册，第342頁。

一朝一夕之故，其所由來者漸矣，由辯之不早辯也。”《繫辭傳》稱：“善不積不足以成名，惡不積不足以滅身。小人以小善爲無益而弗爲也，以小惡爲無傷而弗去也。故惡積而不可掩，罪大而不可解。”如此之類，不一而足。

從整體上看，嚴遵融會《易》《老》，往往以《易》注老，將《周易》作老學化改造。惠棟《易例》稱“《易》尚中和”①。《乾文言》將自然界最高的和諧稱爲“太和”。嚴遵則說：“一濁一清，清上濁下，和在中央。三者俱起，天地以成，陰陽以交，而萬物以生。失之者敗，得之者榮。天和之於物也，剛而不折，柔而不捲。”② 揚雄《太玄》提出“玄”這一最高哲學範疇，當與嚴遵的這一論説有密切關係。《周易》重時，講求“隨時之義”，王弼總結《易》例，提出趨時之説。嚴遵則在《得一篇》中稱聖人“與時俯仰，因物變化”；《上德不德篇》稱大丈夫要“因時應變”，“與時推移”；《人之饑篇》稱侯王應“趨時不息”，將《周易》積極的趨時思想改造成道家無爲、返乎自然的思想。不僅如此，嚴遵對於儒家之《易》，明顯持批判態度，以爲“使日下之民皆執《禮》《易》，通《詩》《書》，明律比，知詔令”，衹會使事情達到極致，而“無益於治”③。

嚴遵融會《易》《老》，有表有裏，有形式也有内涵，有學術也有生活，全面而豐富，爲以後的學術發展作出了重要貢獻。王德有先生認爲，嚴遵《老子指歸》“將《易》與老莊融爲一體，將仁義與自然融爲一體，爲魏晉玄學以‘三玄’爲經、以自然解名教開闢了道路”④。顯然，嚴遵對後世學術、社會的影響，還要大於此。單單一個依於卜筮以言忠孝的行爲及其内在觀念就影響千古，值得好好反思。

### （二）無為而治、君民一體的政治哲學

嚴遵兼修儒道，在政治上重道而不失其尊儒。他引申發揮老莊的思想，主張無爲而治，倡言“理國”之道⑤。老子稱“失道而後德，失德而後仁，失仁而後義，失義而後禮”，社會的混亂，都是因爲道德缺失造成的。嚴遵發揮此説，認爲社會的治理要以道爲根本，反對“制禮作樂，改正易服”，認爲這僅僅是“道之華而德之末，一時之法，一隅之術”⑥。他批評“仁義淺薄，性命不真”的君主興事舞文，“甚者擬聖，以立君臣，同意者無能而官，異心者功大而亡”⑦，對復古擬聖有所斥責。嚴遵認爲君王治國、治天下要“因道而動，循一而行”⑧，衹有無爲而治纔會收到良好的效果，因爲“無爲者，有爲之君而成功之主也，政

① ［清］惠棟：《易例》卷上，文淵閣《四庫全書》本。
② ［漢］嚴遵著，王德有點校：《老子指歸》卷七《天之道篇》，中華書局 1994 年（下引版本同此），第 112 頁。
③ 《老子指歸》卷三《爲學日益篇》，第 38 頁。
④ 王德有：《嚴遵引易入道簡論》，《道家文化研究》第十二輯，生活·讀書·新知三聯書店 1998 年，第 223 頁。
⑤ ［五代］杜光庭：《道德真經廣聖義》卷一《敘經大意解疏序引》，《道藏》第 14 册，第 310 頁。
⑥ 《老子指歸》卷一《上德不德篇》，第 7 頁。
⑦ 《老子指歸》卷三《爲學日益篇》，第 37 頁。
⑧ 《老子指歸》卷一《得一篇》，第 12 頁。

教之元而變化之母也"[①]。他甚至進一步引申發揮，提出以"嗇"治國的思想，主張統治者"損形容，卑宫室，絶五味，滅聲色，智以居愚，明以語默"，以爲"爲嗇之道，不施不予，儉愛微妙，盈若無有"[②]。

嚴遵發揮《老子》"治大國者若烹小鮮"的思想，認爲治理國家，要從微處做起，就像飄風入於隙穴之中一樣，"爲之未有，治之未然"，從事物的源頭做起，把禍患消滅於萌芽狀態，"治之未亂，正之未傾，禁奸之本，制僞之端，閉邪之户，塞枉之門"，從而實現"教以無教"的局面，如此便"治不得起，亂不得失，天下無爲，性命自然"[③]。這可以説是嚴遵對老子無爲而治思想的積極方面的引申發揮。

嚴遵推究社會難以治理的原因，認爲一切皆來源於民知，"民知則欲生，欲生則事始，事始則功名作，功名作則忿争起，忿争起則大奸生，大奸生則難治矣"。因此，作爲統治者，就要"塗民耳目，塞民之心，使民不得知，歸之自然"[④]，頗有些愚民的思想。

嚴遵還從君民關係來討論治國之道，認爲人民的生命掌握在君主手中，而君主的大位則掌握在人民的手中。君爲民之源，民爲君之根，君民一體，如同身體中的"腹心"與"身形"兩大部分，衹有上下相保，纔能長治久安。基於此，嚴遵提出"輕己重民"、"順民"的思想，要求統治者"尚民"，講求"卑損之道"，"容卑辭敬比於庶人"[⑤]，"受國之垢"，"受國不祥"[⑥]，視民衆的苦樂爲自己的苦樂，甘於卑微自處，親涉勞苦，還要以道德爲標準，"合之於我，不以責人"，"求過於我，不尤於民，歸禍於己，不怨於人"[⑦]。這不僅批判君權神授，而且發揚了儒家的民本思想。

嚴遵的政治思想中明顯地帶有儒、法二家的色彩。他主張威德并施，賞罰并行，但又認爲"德之與兵"，乃"不得已而後行"[⑧]。嚴遵認爲萬事萬物都自有其分，君臣也各有分守，要"審分明職，不可相代"[⑨]，衹有"守分如常"，纔不會發生混亂[⑩]。他還反對專制，主張和順，認爲秦、楚去和弱爲剛强，因專制而滅，而西漢則順天心爲慈小，因和順而昌。

嚴遵在論述其政治思想時，試圖化解矛盾，采取折中調和的政治態度。他認爲無爲而治的法寶就在於經常處於作爲與不作爲之間，把握住太和的根本，即"常於爲否之間，時和之元"[⑪]，遵循和諧，"與時俯仰，因物變化"，并形象地以石與玉作比喻，主張"不爲石，不

---

① 《老子指歸》卷二《大成若缺篇》，第 28 頁。
② 《老子指歸》卷四《方而不割篇》，第 66—67 頁。
③ 《老子指歸》卷五《其安易持篇》，第 80 頁。
④ 《老子指歸》卷五《善爲道者篇》，第 83 頁。
⑤ 《老子指歸》卷五《江海篇》，第 86 頁。
⑥ 《老子指歸》卷七《柔弱於水篇》，第 115 頁。
⑦ 同上，第 116 頁。
⑧ 《老子指歸》卷六《用兵篇》，第 91 頁。
⑨ 《老子指歸》卷六《民不畏死篇》，第 105 頁。
⑩ 《老子指歸》卷七《人之饑篇》，第 107—108 頁。
⑪ 《老子指歸》卷二《至柔篇》，第 22 頁。

爲玉，常在玉石之間”[①]。這種論説多少有悖於辯證法，但絶不能簡單否定，它對我們建設和諧社會仍具有重要的啟發意義。

## 二　嚴遵對道家和黄老之學的發展

三國古樸稱：“嚴君平見黄老作《指歸》。”[②] 嚴遵《道德指歸》一書繼承先秦老莊思想、稷下學術、漢初黄老之學，并對道家思想作了進一步的闡述發展。

### （一）虛玄為宗，由無入有的宇宙演化論

嚴遵“以虛玄爲宗”[③]，深入剖析闡述“道體虛無”，進一步解釋老子無形無名、不聞不見的宇宙根源説。他觀察自然現象，分析天地萬類，認爲“有類之徒莫不有數，無形之物無有窮極”[④]，有形的東西都具有一定的局限性，無形的東西則没有窮盡之處；他又觀察社會現象，認爲個人的能、爲、知、巧、力也是有限的，不能應對無窮無盡的萬事萬物；他分析事物之間的關係，發現有形的事物根本不能從有形的東西那裏找到根源，“有不生有”[⑤]，祇有“無者生有，虛者生實”[⑥]。通過綜合考慮，嚴遵追溯事物的起源，認爲“實生於虛，有生於無”[⑦]，“萬物之生也，皆元於虛，始於無”[⑧]，虛玄之“道”纔是宇宙最高的存在根源。嚴遵認爲道“無有所名”，“無形無狀，無心無意”[⑨]，没有名稱、形狀、聲音、意識，同時又是“萬物所由，性命所以”，是“無無無之無，始未始之始”[⑩]。它生育萬物，決定萬物的一切，但又“不施不與，不爲不宰”[⑪]。

在老、莊思想的基礎上，嚴遵繼承融會了稷下、《淮南子》思想，將宇宙的演化分成了虛無、無形之實有、有形之實有三大階段。嚴遵依循《老子》“道生一，一生二，二生三，三生萬物”的理論，極富思辨性地論述了從虛無之道至無形之實有的整個過程。他説：“夫天人之生也，形因於氣，氣因於和，和因於神明，神明因於道德，道德因於自然，萬物以存。”[⑫] 道作爲極度的虛無，是“無無無之無”，以其“虛之虛”而生一，“虛而實，無而

---

① 《老子指歸》卷一《得一篇》，第11—12頁。
② ［晉］陳壽：《三國志》卷三十八《秦宓傳》，第975頁。
③ ［明］焦竑：《老子翼》卷三，文淵閣《四庫全書》本。
④ 《老子指歸》卷三《道生篇》，第47頁。
⑤ 《老子指歸》卷五《爲無爲篇》，第77頁。
⑥ 《老子指歸》卷三《道生篇》，第45頁。
⑦ 《老子指歸》卷二《不出户篇》，第33頁。
⑧ 《老子指歸》卷二《道生一篇》，第18頁。
⑨ 《老子指歸》卷三《天下有始篇》，第48頁。
⑩ 《老子指歸》卷二《道生一篇》，第17—18頁。
⑪ 《老子指歸》卷四《方而不割篇》，第65頁。
⑫ 《老子指歸》卷二《道生一篇》，第17頁。

有”，進入無形之有；而“一其名也，德其號也”①，一是相對的無，是“無無之無”；“一以虚，故能生二”，二是次一等的無，又稱“神明”；“二以無之無，故生三”，三是更次一等的無，又稱“太和”，“三以無，故能生萬物”。綜合嚴遵之説，其宇宙演化論其實就是道一一、二、三一萬物，也是道一德、神明、太和一萬物的階段式演化。

三生萬物，太和之後便産生天地萬物了。嚴遵對此萬物本身的生成過程没有過多的論述，但他又明顯地繼承了《淮南子》的物質分化思想，藉用了天地、陰陽、五行觀念，來豐富其宇宙演化理論，并以此論證事物的多樣性和宇宙間普遍存在的矛盾對立的兩個方面。嚴遵將三、太和解釋爲清、濁、和三物的一種混沌狀態，認爲天地、陰陽、寒暑、明晦均淵源於此。他説：“天地未始，陰陽未萌，寒暑未兆，明晦未形，有物三立，一濁一清，清上濁下，和在中央。三者俱起，天地以成，陰陽以交，而萬物以生。”② 太和中的清、濁、和三物俱起，於是天地産生，陰陽交合，萬物生成。嚴遵認爲自太和之後，萬物的産生是氣化分離，從而産生千差萬别的事物的過程。他説“天地人物，皆同元始，共一宗祖，六合之内，宇宙之表，連屬一體”③，萬事萬物都有共同的根源，并由氣連爲一體，“氣化分離，縱横上下，剖而爲二，判而爲五”④。氣運化分離，於是天地、陰陽、五行運行交合，最終形成千差萬别的各種事物。不過，這一過程不是逐階段衍生，而是一時俱成的，“天地并起，陰陽俱生，四時共本，五行同根，憂喜共户，禍福同門”⑤，因此造就了事物的矛盾對立。

老子提出“道生一，一生二，二生三，三生萬物”，認爲宇宙由無生有，由少生多，但對宇宙演化的具體情况言之了了，失之於略。《淮南子》對宇宙演化過程作了更詳細的描繪，認爲宇宙是由一向天地萬物逐漸分化的一個氣化過程。嚴遵以老子學説爲基礎，但明顯融入了《淮南子》的氣化論思想，所以在太和之後加入了陰陽、五行等範疇。嚴遵甚至認爲“道德神明，清濁太和，天地人物，若末若根，數者相隨，氣化連通，逆順昌衰，同於吉凶”⑥，道德、神明、太和、天地都經“氣化連通”。即便在無形之有的階段，嚴遵的論述也明顯受到氣分論的影響，認爲“一”乃“有物混沌，恍惚居起”，“芒芒澒澒，混混沌沌”，“爲太初首”；“二”乃“二物并興，妙妙纖微”，“光耀玄冥”；“三”乃“三物俱生，渾渾茫茫”，“一清一濁，與和俱行，天人所始”⑦。總之，“嚴君平的《指歸》把《淮南子》氣化論思想裝入了《老子》道生一、無生有的框架中，構造了一個以虚無爲源、以氣化爲流的宇宙演化體系”⑧，無疑是一個巨大的進步。

---

① 《老子指歸》卷一《得一篇》，第10頁。
② 《老子指歸》卷七《天之道篇》，第112頁。
③ 《老子指歸》卷二《不出户篇》，第32頁。
④ 同上。
⑤ 《老子指歸》卷四《大國篇》，第70頁。
⑥ 《老子指歸》卷五《善爲道者篇》，第82頁。
⑦ 《道德指歸》卷二《道生一篇》，第18頁。
⑧ 王德有：《〈老子指歸〉自然觀初探》，《哲學研究》1984年第9期，第61頁。

## （二）無爲而成的生成論

宇宙由道一德一神明一太和一萬物層層演化發展，而對演化的實現，嚴遵發揮老子"天地不仁"、道常自然的思想，主張天道無爲，認爲萬物的産生是一種自然的演化，没有特殊的背後推動與支配的力量。

嚴遵認爲"清静效象，無爲因應者，道德之動，而天地之化也"①。道所具有的"無爲因應"特性就是宇宙演化過程的根源性所在，道因其虚之虚而生一，一因其虚而生二，二因其無之無而生三，三因其無而生萬物，所以整個演化過程就是"無爲爲之，自然而已"②。嚴遵還進一步從演化本身來看，發現"道德之化，變動虚玄"，"渾沌無端"，無形無聲，但又"無所不存"，"無所不然"，完全是一種"無爲之爲"的演化③。

嚴遵還自覺不自覺地從推求宇宙本體的角度，通過一一上溯的方式，探討了無爲而成的生成法則，也就是"體道合和，無以物爲，而物自爲之化"④。他觀察天地自然，發現"天地不言而四時行"⑤，"天高而清明，地厚而順寧，陰陽交通，和氣流行，萬物自生焉"⑥。

## （三）性命自然論

老子并没有性命之説，而嚴遵則依據道德的演化延伸，在性命方面有所論述，可以説這是以儒入道的重要表現。他認爲性、命、情、意、志、欲六者都出於道德，千變萬化，没有窮盡，衹有懂得道德的人纔能遵循其法則。具體來講，性源於道，千差萬别；命源於德，有天命、遭命、隨命之不同。性動與物接而産生情，命動而産生意。情意動與物接而産生志，性命情意與萬物接而産生欲。

嚴遵認爲性命有别，"性精命高，可變可易，性粗命下，可損可益"，性命可以變易、損益，如果認知其根本，便不固滯於有無。這實際上是針對道德本身固有的屬性而言，以爲道德"非有所迫，性常自然"⑦。不過，人物也因道德秉承了性命，因此因應於自然，而所秉各有不同，"受有多少，性有精粗，命有長短，情有美惡，意有大小"⑧，并由此出現君子、小人，而各有數等，有道人、德人、仁人、義人、禮人的不同。

## （四）反初歸始的認識論

嚴遵認爲道是可知的，而人也有能力認識道。在認識方法上，嚴遵主張守静至虚，與物

---

① 《老子指歸》卷三《行於大道篇》，第 51 頁。
② 《老子指歸》卷六《勇敢篇》，第 101 頁。
③ 《老子指歸》卷三《爲學日益篇》，第 36 頁。
④ 《老子指歸》卷五《江海篇》，第 85 頁。
⑤ 《老子指歸》卷二《至柔篇》，第 22 頁。
⑥ 《老子指歸》卷末《輯佚·天地不仁篇》，第 127 頁。
⑦ 《老子指歸》卷三《道生篇》，第 46 頁。
⑧ 《老子指歸》卷一《上德不德篇》，第 1 頁。

渾然一體，追溯其初始。他説："人能入道，道亦入人，我道相入，淪而爲一。守静至虚，我爲道室。與物俱然，渾沌周密。反初歸始，道爲我襲。"① 衹要通過追溯事物的初始，就能把握住道。因此，聖人通過虚心以追溯道德，静氣以保存神明，減損聰慧以聽無音，拋棄明亮以視無形，觀察天地之變動與萬物之自然，就能夠體察到亂之首、治之元、禍之户、福之門。

嚴遵的認識論受到了老子思想的局限，趨向於冥想式的自我體悟，但他强調以少知多、審内知外、原小知大的思想，又爲後世認識論提供了活力。他説："反本歸根，離末去文，元元始始，寡以然衆，一以應萬，要以制詳，約守真一，謂之少聞。少聞故能知。"② 通過對原初、本原的追溯，人們思想有所提升，於是站在哲理的高度，把握事物，實現了以約制博。王弼稱："衆不能治衆，治衆者至寡者也。"③ 很明顯，這是對嚴遵思想的繼承與發揮。嚴遵又認爲，認識道還可以通過審内知外、原小知大、以我然彼、明近喻遠的方式來獲得，推類而及，由微知著。他説，聖人不見一家的好惡而管理着萬家之事，没有千里之行卻把握着九州的變化，足不上天而知曉九天之心，身不入地而明瞭九地之意，甚至於陰陽進退、四時變化、深遠細微隱蔽難見之事，都逃不開他，其原因就在於聖人"審内以知外，原小以知大，因我以然彼，明近以喻遠也"④。嚴遵甚至提出"以有知無，由人識物"，由形象到抽象的認識方法；"見微知著，觀始睹卒"，推類而及的認識方法⑤。基於此，嚴遵認爲天地、鬼神、人事都可以認識。他説："因其本，修其無，開以天心，督以自然，要而推之，約而歸之，察近知遠，觀覆睹反，聞名識實，見始知卒，聽聲見形，以喻得失，則是千歲之情同符而萬世之爲共術，天地之心可見而鬼神之意可畢，况乎人事哉？"⑥

不過，嚴遵又説："天地之道，深以遠，妙以微，能識之者寡，行之者希，智惠不能得，唯赤子能體之。"⑦ 道深遠微妙，衹有少數人認識它，踐行它，智慧之人并不能獲得，衹有"赤子"纔能體悟它。顯然，嚴遵認識到了人類認知事物的局限性。此外，嚴遵認爲道可以把握，但無法傳授，人們無法通過傳授來獲得道，"達於道者，獨見獨聞，獨爲獨存，父不能以授子，臣不能以授君。猶母之識其子，嬰兒之識其親也"⑧。這種把人類對事物的認識當作一種本然的、内在的東西的思想固有可取之處，但又將知識的可積纍與可傳遞性完全抹殺，未免陷於偏執與機械中。

---

① 《老子指歸》卷三《天下有始篇》，第 49 頁。
② 《老子指歸》卷七《信言不美篇》，第 120 頁。
③ 《周易略例》卷上《明象》，［魏］王弼著，樓宇烈校釋：《王弼集校釋》，中華書局 1980 年，第 591 頁。
④ 《老子指歸》卷二《不出户篇》，第 34 頁。
⑤ 《老子指歸》卷三《道生篇》，第 45 頁。
⑥ 《老子指歸》卷七《信言不美篇》，第 119 頁。
⑦ 《老子指歸》卷四《含德之厚篇》，第 56 頁。
⑧ 《老子指歸》卷四《知者不言篇》，第 58 頁。

### （五）憂畏、儉樸、慎言、知足的修養論

在人生觀、修養論方面，嚴遵謹遵老莊之學，生活澹泊，自稱“默然托萌”、“常體卑弱”①，講求慎始，將禍患消滅於萌芽狀態，主張“慎戒其始，絶其未萌，去辯去知，去文去言”②，“以虚受實，以無應有”③，務小常卑。爲此，嚴遵隨時保持着戒懼畏厲的憂患意識，以爲“不敢寧居而增修其德者，則忘功而功存，故不居而不去”④，經常體驗憂患敬畏，戰戰兢兢：最高的是敬畏道，其次是敬畏天，再次是敬畏地，又其次是敬畏人，再其次是敬畏自身，以至於“憂畏元始，至於無形”⑤。因爲慎戒己身的人不畏懼他人，審視自己的人不受制於别人，理順小事就不怕大事，戒備眼前的事端就不悔於久遠。

嚴遵接受儒家思想的影響，講求忠孝、節儉，以爲“忠孝者富貴之門，節儉者不竭之源”，并效法曾子，“吾日三省”⑥。他注重個人的修爲，注重身體而輕視天下，重視身體而輕視身外之物。

在現實生活中，嚴遵十分注重修身養性，也長期堅持着教化育人。他“爰衣爰食，止足非利。垂簾燕居，默養真氣。誨人不倦，人悦其風”，“心與世遠，事與人同。不臣大君，不友上公。在貴反賤，齊明若蒙。邃哉遠哉，微妙玄通”⑦。他與世相遺，卻又實實在在地生活於人群之中。

## 三　嚴遵對道學思想的影響

嚴遵繼承前代道家學説，將老子有生於無的思想與《淮南子》氣化論相結合，在對“道”之“虚無”及“無實生有”的宇宙演化論方面，論述精緻深微，思辨性極强，從而開啟魏晉玄學之先聲，成爲漢代道家思想轉變到何晏、王弼玄學思想的中間環節，在中國哲學思想發展史上具有承前啟後、繼往開來的重要作用。

魏晉玄學以《老子》、《莊子》、《周易》爲“三玄”，對之加以融會改造，形成新的思想體系，成爲道家思想發展史的一個重要階段。嚴遵尤精《大易》，耽於老、莊，其《指歸》首開融會“三玄”之風。嚴遵以虚玄爲宗，王弼承其論，提出以無爲本的本體論；嚴遵提出了“寡以然衆，一以應萬，要以制詳”的方法論思想，與《太玄·玄瑩》“少則制衆，無則治有”一道，爲王弼以寡治衆思想奠定了堅實基礎。宋晁説之稱：“王弼《老子道德經》二

---

① ［漢］嚴遵：《座右銘》，［清］嚴可均輯：《全上古三代秦漢三國六朝文》，中華書局1958年，第360頁。
② 《老子指歸》卷七《信言不美篇》，第121頁。
③ 《老子指歸》卷四《大國篇》，第71頁。
④ 《老子指歸》卷末《輯佚·天下皆知篇》，第125頁。
⑤ 《老子指歸》卷六《民不畏威篇》，第99頁。
⑥ 《座右銘》，嚴可均輯《全漢文》卷四十二。
⑦ ［唐］李華：《李遐叔文集》卷一《嚴君平》，文淵閣《四庫全書》本。

卷，真得老子之學歟！蓋嚴君平《指歸》之流也。”[①] 明沈士龍則稱：“至於《名身孰親篇》‘無名之名’數句，王輔嗣準之以注《睽》之上九，便稱妙解。”[②]

嚴遵萬物自生自化的思想，對後世也産生了深遠的影響。三國秦宓説：“道非虚無自然，嚴平不演。”晉葛洪《抱朴子·内篇·登涉》則稱：“天地之情狀，陰陽之吉凶，茫茫乎其亦難詳也，吾亦不必謂之有，又亦不敢保其無也。然黄帝、太公皆所信仗，近代達者嚴君平、司馬遷皆所據用。”王充天道自然思想的形成深受嚴遵的影響。《論衡·自然》明確説：“何以知天之自然也？以天無口目也。”其《物勢》一篇也説：“天地合氣，人偶自生也，猶夫婦合氣，子則自生也。”這就藉鑒了嚴遵天道自然的思想，而用以批判天人感應等神秘學説。此外，郭象也繼承了嚴遵萬物自生自化説，其萬物各守其分説也由嚴遵而來[③]。

嚴遵對巴蜀哲學思想起了重大而深遠的影響。嚴遵易學在巴蜀長期流傳，宋程迥《周易章句外編》稱涪州譙定嘗授《易》於羌夷人郭載，而“郭本蜀人，其學傳自嚴君平”[④]。《宋史》也稱：“郭曩氏者，世家南平，始祖在漢爲嚴君平之師，世傳易學，蓋象數之學也。”[⑤]嚴遵黄老道家思想深深印入巴蜀人心中，使巴蜀黄老道家思想長期盛行，并且成爲巴蜀道教産生流行的一大動因。唐初巴蜀道士王玄覽“抄嚴子《指歸》於三字，後注《老經》兩卷”[⑥]，沿着嚴遵《老子指歸》的路子，對《道德經》作新的注解，從而走上重玄之路。南宋史學家李燾則説：“蜀人蓋多《玄》學，疑嚴、揚所傳固自不絶，但潛伏退避，非遇其人，則鮮有顯者耳。”[⑦] 理學大師朱熹亦稱：“子雲所見多老氏者，往往蜀人有嚴君平源流。”[⑧]

作者單位：西華師範大學西部區域文化研究中心

---

① ［魏］王弼：《老子道德經》卷末附晁説之《記》，文淵閣《四庫全書》本。

② 《老子指歸》卷末附録三《題道德指歸》，第156頁。

③ 王德有：《嚴遵與王充、王弼、郭象之學源流》，《道家文化研究》第四輯，上海古籍出版社1994年，第222—231頁。

④ ［宋］程迥：《周易章句外编》，文淵閣《四庫全書》本。

⑤ ［元］脱脱等：《宋史》卷四百五十九《譙定傳》，第13460頁，中華書局1977年。

⑥ ［唐］王玄覽著，朱森溥校釋：《玄珠録校釋》卷首《玄珠録序》，第61頁，巴蜀書社1989年。

⑦ ［元］馬端臨：《文獻通考》卷二百零八《經籍考》，第1716頁，浙江古籍出版社1988年。

⑧ ［宋］黎靖德：《朱子語類》卷一百三十七，第3261頁，中華書局1986年。

# 《鳳求凰》改編自《鷫鸘裘》之考辨

何煜婷

自宋元戲曲肇興以來，以司馬相如與卓文君的愛情故事爲創作内容的戲劇作品數不勝數，二人故事所展現的才子佳人戀愛模式對後世的戲曲作品産生了深遠影響，不僅其他戲曲作品中的人物常常樂道琴挑故事（如《西廂記》）①，而且以二人故事進行直接創作的雜劇與傳奇更達三四十種之多。據筆者統計，現存的相如文君戲曲作品達十七種（雜劇六種，傳奇十一種），其中包括兩種殘存的作品，即明代陸濟之的《題橋記》與楊柔勝之《緑綺記》（因與本文無關，故此處不作更多討論）。筆者在閱讀現存相如文君戲曲作品的基礎上，發現晚明兩部描寫相如文君愛情故事的傳奇作品——《鳳求凰》與《鷫鸘裘》，存在情節與賓白上的因襲現象，這爲我們進一步考證《鳳求凰》作者的生平、明清戲曲家對同一故事題材進行戲曲創作時相互之間的藉鑒等學術問題提供了有利的依據。筆者試對其進行一定的梳理與分析，并提出自己淺略的看法。

《鳳求凰》全劇共三十折，《鷫鸘裘》共四十四折②，雖然兩劇折數不一，但筆者在仔細閱讀的過程中，發現二劇在主要情節與賓白上的雷同竟達十餘處。筆者現將陳玉蟾之《鳳求凰》（以下簡稱爲“陳本”）與袁于令之《鷫鸘裘》（以下簡稱“袁本”）以表格形式進行比較，將其相似情節與賓白一一梳理，以探索二劇在創作的過程中是否有因襲之嫌。

① 如《西廂記》第十九折《琴心寫恨》中，紅娘爲張生獻相如琴挑文君之計，張生遂值鶯鶯與紅娘後花園燒香之際，彈琴以挑。其云：“【聖樂王】……（生）窗外有人，一定是小姐，將絃改過，彈一曲，就歌一篇，名曰《鳳求凰》。昔日相如以此曲成事，我雖不及司馬相如，願小姐有文君之意。歌曰：有美人兮，見之不忘。一日不見兮，思之如狂。鳳飛翱翔兮，四海求凰。無奈佳人兮，不在東墻。張琴代語兮，聊寫微腸。何時見許兮，慰我徬徨。願言配德兮，攜手相將。不得于飛兮，使我淪亡。”見［明］毛晉《六十種曲（三）》，中華書局1958年，第52—53頁。

② 按此劇現存版本自第四十三折《賜露》起殘缺，但是劇分上、下二卷，上卷共計二十二折，按傳奇的體式，下卷亦應二十二折，疑最後一折缺漏，因而全劇共計四十四折。

## 一　情節上的相似

| 陳　本 | 相似情節 | 袁　本 |
| --- | --- | --- |
| 第二折《草賦》 | 相如辭官，發憤著書（草賦），王吉相邀，辭王赴梁。 | 第二折《著書》 |
| 第七折《慰病》 | 相如舊疾復發，王吉探訪，卓府送帖。 | 第十一折《期飲》 |
| 第八折《憐才》 | 卓府開宴，文君慕才，丫鬟薦言，繡簾偷窺。 | 第十二折《報宴》 |
| 第十一折《傳幽》 | 婢女探聽（分别以采菊、洗硯爲名），相如偶遇，表露心意，婢女代爲傳信，相如贈物言謝，辭而不受。 | 第十五折《賂婢》 |
| 第十九折《題橋》 | 相如功名未遂，愁苦悶懷，散步遣興，題橋誓志，枚乘持詔，宣諭聖恩。 | 第二十四折《題橋》 |
| 第二十折《獻賦》 | 乘諸人於殿外候聖，賀喜相如，相如面聖，上殿問答。 | 第二十六折《晉接》 |
| 第二十一折《大獵》 | 衆臣護駕，畋獵上林，途遇白虎，霍去病射之不中，李廣發矢，射而中之。又有角獸，武帝射而中之。 | 第二十七折《大獵》 |
| 第二十三折《蜀變》 | 唐蒙出使，發千人執事，萬人轉漕，程卓商議，太守諫書，飛奏朝廷。 | 第三十三折《激變》 |
| 第二十八折《書繡》 | 相如持節出使，卓王孫欲牛酒交歡，王吉引見，二人修好。相如拜王吉爲參謀，共報效朝廷。 | 第三十八折《修好》 |

按，上表所列情節乃是各劇在一折中所表現的具體情節之相似，有些情節所屬的折數與題名不一樣，其相似情節也多集中在相如文君故事的後半段描寫中。比較此二劇情節之描繪，《鷫鸘裘》之情節更加豐富，基本涵蓋了史傳、雜記的諸多記載敷衍而成；而《鳳求凰》中的情節較之《鷫鸘裘》，有些情節則通過人物的兩三句語言一筆帶過，如關於相如娶茂陵女子爲妾、文君寄《白頭吟》以自絶這一故事，劇中并没花更多篇幅去描寫相如文君因此事如何和好如初，而是在第二十七折《建節》中，文君自謂相如："相公遠役河梁，妾亦魂馳□□，已合白頭未撋，何期青眼依然，君果非負心人也。"① 相如道："浮花浪蕊，偶爾關情，彩翰芳箋，遠煩贈及，愧藉多矣。"② 二人短短幾句對答就將此事化爲過往雲煙，讓人不禁遐想相如又是經過怎樣的波折從而放棄了茂陵女子。這種處理方式使得《鳳求凰》的情

① ［明］陳玉蟾：《鳳求凰》第二十七折《建節》，古本戲曲叢刊編刊委員會編：《古本戲曲叢刊二集》，第22頁。
② 同上。

節更顯緊湊，而《鷫鸘裘》往往在這些情節上大書特書，稍顯拖沓，但是這些情節中所展現的細膩的人物心理描寫、人物活動的細節描寫又是《鳳求凰》所不能比擬的。

此外，更加值得注意的是筆者在前面所列二劇在情節上的相似之處，每劇涉及折數達九折之多，且《鳳求凰》一折中的多個情節在《鷫鸘裘》中表現爲被拆分開來，分爲幾折進行細緻地描寫。如《鳳求凰》之《俠媾》一折，描寫文君已知相如心意，欲奔相如，但爲"女以先配爲羞"① 等禮教觀念所束縛而躊躇不定，後在丫鬟的提點與幫助下，終於得與相如相見。這一折所包含的內容在《鷫鸘裘》中被拆爲兩個部分，即"文君與丫鬟因此事之心理矛盾"以及"丫鬟助文君幽會相如"，分別歸於《盟心》《自嫁》兩折中進行細緻地描寫。《鷫鸘裘》中第四十三折《賜露》後半篇原缺，前半段描寫相如歸家，文君因茂陵女子之事與相如賭氣，又因最後一折亦缺，似結局無從知曉，然而在全劇開篇第一折《牓略》中，作者通過場上人物概述大致劇情及點名劇作題旨時，已經將相如文君故事的最終歸宿公之於衆："建節通夷定蜀，中郎將威震遐荒。還堪羨，白頭吟寄，偕隱茂陵鄉。"② "偕隱茂陵鄉"告知我們，相如文君不僅最終修好，而且一起歸隱茂陵。這與《鳳求凰》在最後一折《歸隱》中所描繪的二人結局相同，又可視爲二劇在情節上的一處相似。

## 二　賓白③上的相似

爲了更清晰地看出二劇在賓白上的因襲，筆者在梳理相關賓白的基礎上，以下劃綫代表賓白完全相同或者個別字詞有所改變的內容，而以着重符號指出那些意義相近而詞句稍不相同的賓白內容。

| 編號 | 描繪情節 | 陳本 | 袁本 |
|---|---|---|---|
| (1) | 文君上場。 | 第四折《閨怨》：<br>【西錦地·浣溪沙】菡萏香消翠葉殘，西風愁起緑波間。還與韶光共憔悴，不堪看。　細雨夢殘金鴨爐，小樓吹徹玉笙寒。多少淚珠無限恨，倚欄杆。④ | 第二十八折《問卜》：<br>【番卜算】菡萏香消翠葉殘，西風愁起緑波間。還與韶光共憔悴，不堪看。　細雨夢回雞塞遠，小樓吹徹玉笙寒。多少淚珠無限恨，倚闌干⑤。 |
| (2) | 程鄭出場。 | 第六折《召客》：<br>自家程鄭的便是。本與卓氏，俱以鐵冶起家，一時財名，略相上下。雖無十分交誼，却也是我富家翁中，一箇同調。今日閒暇，不免望他一番。 | 第五折《持籌》：<br>自家富人程鄭的便是。本與卓氏，以鐵匠起家，今日富名，頗相頡頏。閒暇在此，不免訪他一遭。 |

① ［明］陳玉蟾：《鳳求凰》第十三折《俠媾》，古本戲曲叢刊編刊委員會編：《古本戲曲叢刊二集》，第18頁。

② ［明］袁于令：《鷫鸘裘》第一折《牓略》，古本戲曲叢刊編刊委員會編：《古本戲曲叢刊二集》，第1頁。

③ 爲方便對比與核查，本文在所列相似賓白前，均列出所屬曲牌，曲詞兩劇本均無雷同處，故省去。

④⑤ 以上兩本的詞均非作者首創，而是借用五代南唐李璟（李煜之父）的《攤破浣溪沙》詞。全詞48字，袁本衹有一字之差（袁本"無限恨"原詞是"何限恨"）。陳本除"無"字外"金鴨爐"原詞是"鷄塞遠"，"杆"字原詞是"干"。此據《唐宋詞格律》（上海古籍出版社1983年繁體字版）。

| 編號 | 描繪情節 | 陳本 | 袁本 |
|---|---|---|---|
| (3) | 王吉赴宴時與卓王孫等人的對話。 | 第九折《琴挑》：<br>【哭相思】（雜報）王爺到了。（淨丑出迎介 外）重承寵召，下官不敢以冗辭。（淨）干旄下賁，蓬蓽生輝，多感多感。（坐介雜上）小人去請司馬相公，司馬相公説體中不快，不能赴席，有辭帖在此。（淨）這怎麽好，一定要求司馬先生光降，待學生率賓客自去相迎，必然來也。（外）下官此行，一者領員外雅情，二者聽司馬先生鴻教，司馬先生不至，下官豈敢嘗食。只恐員外去，未必便來，還待下官，馳車迎請。（下丑）好古怪，怎麽王公來了，那酸子到推托不來，世間單有這些弄筆書生，眼孔偏大。 | 第十三折《琴挑》：<br>【生查子】（雜報）王爺到了。（二淨出迎介末）重承相召，下官不敢以冗辭。（二淨）車馬賁臨，實令蓬蓽生輝。呀，司馬先生怎不與大人同行?（末）前日期他，他説體中不快，我已令人去邀，想必就來。（坐介二淨送酒内作樂介末）怎麽就坐了？（二淨）恐司馬先生來遲，先請大人用飯，一面差人再候司馬先生。（末）豈有此理，下官此來，一者領二位雅情，二者聆長卿大教，若長卿不至，下官豈敢嘗食？……（小淨）好古怪，王公倒來了，那酸子倒有許多推託，世間单有這些弄筆頭的書生，專會做作。 |
| (4) | 相如赴宴時與卓王孫等人寒暄。 | 第九折《琴挑》：<br>【生查子】（迎見介 淨）幸蒙俯就，私慰不勝。（生）潦倒病餘，强趨召命。 | 第十三折《琴挑》：<br>【一剪梅】（二淨迎見介 生）潦倒病餘，强趨寵召。（二淨）幸蒙俯就，私慰不勝。 |
| (5) | 相如宴上一曲彈罷，衆人贊賞。 | 第九折《琴挑》：<br>【前腔】（外）幽婉激越，如瑶天孤鶴，清唳長空，非塵世之音也。（淨丑）僕輩雖不鮮琴音，卻也覺得洋洋盈耳。 | 第十三折《琴挑》：<br>【前腔】（外）幽婉激越，如瑶天鶴唳，令塵耳一清。（二淨）僕輩雖不解琴音，只覺得洋洋可聽。 |
| (6) | 相如與文君夜得相會，互表衷情。 | 第十二折《佽媾》：<br>【前腔】（生）僕乃塵土鄙人，卿是蕊珠奇質，自分仙凡路隔，永無望見之期，不意高襟謬許，雲馭下臨，小姐真一片有心人也。（旦）妾此行，實非感於麗情，徒慕君之雄藻，不待六禮而嫁，迹類奔鶉，仰託千秋以傳，情深附鳳，幸君于皮貌之外相之。 | 第十七折《自嫁》：<br>【醉歸花月渡・四時花】（生）僕乃塵世鄙人，卿是蕊宫仙子，雲泥路隔，永無望見之期，不意高襟謬賞，玉趾下臨，卿真有心人也。（旦）妾此行，實非感於麗情，祗慕君之雄藻，不待六禮而嫁，仰託千秋以傳，幸君憐其一念，勿笑鶉奔。 |
| (7) | 楊得意上場。 | 第十五折《買賦》：<br>【賣花聲】自家御前供奉官楊得意是也。籍本蜀郡，給事禁庭，職領貂璫，官居狗監，只因聖上爺最好畋獵，因此設立這個衙門，專掌獵獸。雖是曹閒局冷，却喜寵絶殊恩，隻語先投，則公卿卷舌；片語薦引，則寒士揚眉。 | 第二十二折《讀賦》：<br>【鵲橋仙】自家御前供奉官楊得意是也。籍本西蜀，給事禁庭，只因聖上爺最好畋獵，設立這狗監衙門，命我掌管獵獸。道我幹得些事，中得他的意來，賜名得意。雖是位卑職賤，却喜寵絶恩殊，一事投機，管取君王留盼；片語合竅，任教卿相無權。 |
| (8) | 武帝偶讀《子虚賦》之感。 | 第十六折《徵賢》：<br>【前腔】（外）昨者朕偶讀《子虚賦》，見其嚼徵含宫，引商刻羽，遠可銜官宋屈，近可驅役賈鼂，真曠代異才也。 | 第二十二折《讀賦》：<br>【八聲甘州】呀，這是一篇《子虚賦》。（作讀賦介）朕觀此賦，引商刻羽，戛玉敲金。其瑩潤鮮華，如秋水明而冬霞麗；其驚游熻忽，如鬱雲起而猋風飛。近壓賈鼂，遠奴屈宋，真曠古之逸才也。 |

| 編號 | 描繪情節 | 陳本 | 袁本 |
|---|---|---|---|
| (9) | 枚乘持詔往聘相如，皇帝聖諭内容。 | 第十九折《題橋》：<br>【普天樂】（末扮枚乘捧詔上）奉天承運，皇帝詔曰：自古哲后光大前業，必藉瑰瑋奇雋之士，劻佐謨畫，潤色太平。渭水載鷹揚，高踪非遠；洛陽羅鳳髦，祖法宛然。爾成都司馬相如，逸藻霞飛，雄姿天縱。文高典册，剪筆花之綵，生色金閨；才□著籌，分藜火之光，增輝玉燭。朕初讀其詞賦，疑是古人，繼叩其才名，始知同世。用是虚懷欽挹，隆禮徵延，敦遣安車，敬造玄室。君其夙駕來京，以膺殊注，共商風雅，兼贊廟謀，毋戀山林，孤朕側席至意，欽哉謝恩。（生謝恩介）枚兄，久别了。（末）司馬先生恭喜。（生）一自王門割袂，時勤雲樹之思，同調彈冠，喜慰方切，知交推轂，感佩更深。（末）先生席珍有年，名高朝野，文傳宫禁，特受聖知。此舉全出于宸眷，僕輩何功之有！ | 第二十四折《題橋》：<br>【普天樂】……（衆）聖旨到。（生跪介 末讀詔）奉天承運，皇帝詔曰：自古哲后光大前業，必藉瑰瑋奇雋之士，劻佐謨畫，黼黻太平。渭水載鷹揚，高踪非遠；洛陽羅鳳髦，祖法宛然。爾成都司馬相如，逸藻霞飛，雄姿天縱。高文典册，筆花生色金閨；博識淵涵，藜火增輝玉燭。朕初讀爾詞賦，疑是古人，繼叩爾才名，始知同世。用是虚懷欽挹，隆禮徵延，敦遣安車，敬造玄室。君其夙駕來京，以慰殊注，共商風雅，兼贊廟謨，毋戀山林，孤朕側席至意，欽哉謝恩。（生謝恩介）（末相見科 生）枚兄，梁園一别，不覺幾霜矣。（末）一自王門割袂，時勤雲樹之思，今日上國彈冠，更慰風塵之契，恭喜恭喜。（生）此皆賴知己，謬爲推轂耳。（末）吾兄《子虚》一賦，上達宫禁，特受聖知，疑爲古人所作，嘆曰：朕恨不得與此人同時！比時楊狗監在傍，即以吾兄姓名具聞，故有此召，僕輩因人成事，何功之有。 |
| (10) | 相如與枚乘二人寒暄。 | 第十九折《題橋》：<br>【古輪臺】（生）遠勞旌節，不及欵留，詰朝聊備清醑一尊，共望錦江風景。（末）這不敢當，皇上虚席以待高賢，望先生即日就道。小弟暫辭，准於都門奉候也。 | 第二十四折《題橋》：<br>【古輪臺】（生）遠勞旌節，不及款留，詰朝清酒一尊，共望錦江風景，少敘闊悰。（末）這不能如命了，皇上虚席以待吾兄，望即日就道，以副宸眷。小弟暫辭，准于都門相候。 |
| (11) | 相如面聖與武帝之對答。 | 第二十折《獻賦》：<br>【小蓬萊】（生）草莽臣司馬相如朝見，願陛下萬歲萬萬歲。（外）朕涓慕卿才，形諸夢想。今獲覩丰采，喜慰異常。聞子虚一賦，出卿手筆，果有之乎？ | 第二十六折《晉接》：<br>【西地錦】（生進見介）草莽臣司馬相如朝見，願陛下萬歲萬歲萬萬歲。（小生）朕讀卿《子虚》一賦，方於古人中求之。據狗監楊得意云，是吾卿所作，朕不勝傾慕。今日獲見丰采，喜慰異常。 |
| (12) | 霍去病之上場。 | 第二十一折《大獵》：<br>【高陽臺】（小生扮霍去病上）少年立貴功，出塞猶蹋鞠。勇略不知人，天幸無困絶。 | 第二十七折《大獵》：<br>十八從軍破虜還，乏糧蹋鞠有餘閒。未嘗困絶皆天幸，今日威名震百蠻。 |

| 編號 | 描繪情節 | 陳本 | 袁本 |
| --- | --- | --- | --- |
| (13) | 武帝出發前之昭告群臣。 | 第二十一折《大獵》:<br>【高陽臺】……驃騎將軍霍去病，未央衛尉李廣參見。（外）介胄之士不拜，二將免禮。朕聞古者畋獵之制，所以講武，故春蒐夏苗，秋獮冬狩，皆使材官武士，於平居無事時，閱歷險阻，練習器械。今邊烽少息，農事方閒，朕特統率諸將，校獵長楊。一則借角逐以消晏閑，一則數軍實以振武勇。左右傳旨軍士，擺下隊伍，往長楊去。 | 第二十七折《大獵》:<br>衆文武官員參見。（小生）介胄之士不拜，俱各免禮。（衆應 小生）朕聞古昔帝王，因畋獵以講武事，春蒐夏苗，秋獮冬狩，皆使材官武士，於閒暇之日，閱歷險阻，練習器械。今邊烽暫息，農事方閒，朕特統率諸將，校獵上林。左右傳旨，整肅隊伍，往上林去。 |
| (14) | 角獸出現之描繪。 | 第二十一折《大獵》:<br>【北朝天子】（衆）道傍有一角獸，非虎非貍，非熊非羆，突起馬□□□爲何物? | 第二十七折《大獵》:<br>【僥僥令】（衆報介）前面又有一獸，頭上一角，非虎非貍，非熊非羆，不知何獸? |
| (15) | 武帝覽《上林》一賦之感。 | 第二十折《獻賦》:<br>【小蓬萊】（外）此賦麗如錦縠，爛若鮮霞，非命世之才，不能辨也。且其卒章風指，歸於節儉，豈止挹卿翩翩風藻，更足睹卿藹藹忠懷…… | 第二十九折《給札》:<br>【出隊神杖】聖旨到，詔曰：朕讀《上林》一賦，麗如綦組，燦若雲霞，淹古通今，考經據史，非千古絶才，不能辨也。且其卒章風指，歸於節儉，豈止翩翩風藻，更見藹藹忠懷…… |
| (16) | 邛笮諸長關於内附之思。 | 第二十五折《謀款》:<br>【前腔】……俺乃笮都君長是也。前日聞得夜郎南夷，與漢家來往，多獲他金繒幣物。我想欵貢不過虚名，市賞乃爲實利…… | 第三十九折《納欵》:<br>（老旦）俺乃笮國君長是也。（淨）列位請了。聞得南夷夜郎等處與漢朝相通，多得賞賜。俺想那欵貢不過虚名，市賞乃爲實利…… |
| (17) | 相如對邛笮等部落乞歸附之看法。 | 第二十七折《建節》:<br>【生查子】……還轅之日，聞得邛筰二夷，竊慕南夷通漢，多獲賞賜，俱願内屬爲臣妾，請吏置郡，比于南夷。我想邛筰冉駹諸國，地既近蜀，道亦易通，秦時常通爲郡縣，至漢興而罷。今上神武四敷，遠撫長駕，獨令此一方，不蒙聖澤，真全盛之□也…… | 第三十六折《報命》:<br>【駐馬泣】（生）臣聞冉駹邛笮諸夷，竊慕南夷，多受國家賞賜，俱願内屬爲臣妾，請吏置郡。臣以邛笮諸國，近蜀易通，秦時曾通爲郡縣。今陛下之神武，長駕遠馭，獨令此一方，不蒙聖澤，真全盛之闕典也。 |
| (18) | 卓王孫欲與相如和好之自白。 | 第二十八折《晝繡》:<br>【前腔】……我卓王孫當初只道司馬相如是一個蕭然寒士，辱我門楣，因此禮遇頗疎，贈遺亦薄，誰想他如今官居節使，奉詔馳驛，將至臨邛，郡守郊迎，縣侯負弩，好不貴顯。想將起來，還是我女兒有些眼法…… | 第三十八折《修好》:<br>【連珠曲】我卓王孫當初只道司馬相如，終身落莫，辱我門墻，因此恨着我女孩兒，不分一錢。後被親友强勸不過，薄贈了些錢鈔，不與見面。誰想他如今官居節使，奉詔馳驛，將到臨邛，郡守郊迎，縣官負弩前驅，好不貴顯。（嘆介）想將起來，我的眼力倒不如女孩兒脚力了…… |
| (19) | 相如持節往還，見王吉，欲托其共建奇功. | 第二十八折《晝繡》:<br>【風入松】……（生）下官承旨，得專徵辟，敢屈仁兄爲參謀，共建奇功，報效天子。 | 第三十八折《修好》:……（生）王兄，小弟得專徵辟，敢屈仁兄爲參謀，共建奇功，報效天子。 |

以上便是二劇在賓白上較爲相似的地方。這些賓白有些完全相同，如編號（4）所示相如赴宴時與卓王孫等人的寒暄之語，卓王孫與程鄭云“幸蒙俯就，私慰不勝”，相如答以“潦倒病餘，强趨召命”，人物對話内容相同，衹不過在二劇中，把兩方人物的話語順序顛倒而已 。而有些賓白則經過改編，但仍可看出其相似之處，如編號（12）所示霍去病之上場詩，袁本作“十八從軍破虜還，乏糧蹋鞠有餘閑。未嘗困絶皆天幸，今日威名震百蠻”①，而陳本作“少年立貴功，出塞猶蹋鞠。勇略不知人，天幸無困絶”②。袁本中的“十八”在陳本概括爲“少年”，“從軍破虜還”謂年雖少卻謀勇過人，抗擊匈奴，凱旋而歸，亦即陳本所謂“立貴功”。“蹋鞠”、“天幸”、“困絶”爲二者之共用，可見其因襲痕跡。細究兩首上場詩，袁本描寫霍去病作爲驃騎將軍叱吒風雲的情景似乎更爲具象化，而陳本描寫似更加濃縮與概括。這種因襲現象對於解決《鳳求凰》作者生活時代，其是否爲改編袁于令《鷫鸘裘》之作，無疑是一種重要的依據。

## 三　陳玉蟾與袁于令生平事迹考

《鳳求凰》和《鷫鸘裘》二劇在情節與人物賓白上存在多處相似，情節上的相似固然是同一故事題材的戲曲創作所不可避免之處，但劇中人物賓白上的完全相同或相似，似非二劇作者創作的偶然。基於此，二劇實有因襲之嫌。下面筆者將擬從作者生平、二劇創作的大致時間、劇作版本及内容等方面探索《鳳求凰》因襲《鷫鸘裘》的可能性。

首先，二劇作者生活的時代大體相當。按袁于令，原名晉，字令昭，一字韞玉，號鳧公、籜庵，别署幔亭歌者、吉衣道人等。吴縣人。據徐朔方先生《袁于令年譜》，袁生於萬曆二十年壬辰（1592），其卒年學界多以董含《三綱識略》“口舌報”條的記載，斷爲康熙十三年甲寅（1674）。近人陳萼庭先生據清初宋起鳳《稗説》卷三“袁籜庵”條的記録，考證其卒年當在康熙十一年壬子（1672）前後③，而徐朔方先生也以張岱《爲袁籜庵題旌停筆哀之》一詩末尾之“個個個個呱呱泣，已享盛名八十一”的記載，考定其卒年應在康熙十一年（1627）④，筆者較爲認同此説。

相傳袁于令“短身赤鼻，長於詞曲”⑤，少年時代，曾因與同郡沈同和“争妓”一事而褫革衣衿，且其風流韻事亦被後世文人津津樂道，見載諸種雜記。俞樾《茶香室三鈔》卷二十三引《顧丹五筆記》云：“袁籜庵居因果巷，以妓女穆素徽一事，褫革衣衿。順治乙酉

① ［明］袁于令：《鷫鸘裘》第二十七折《大獵》，古本戲曲叢刊編刊委員會編：《古本戲曲叢刊二集》，第12頁。

② ［明］陳玉蟾：《鳳求凰》第二十一折《大獵》，古本戲曲叢刊編刊委員會編：《古本戲曲叢刊二集》，第11頁。

③ 陳萼庭：《清代戲曲家從考》，學林出版社1995年，第2頁。

④ 徐朔方：《袁于令没有活到八十三歲》，《浙江社會科學》2003年第4期，第125頁。

⑤ ［清］梁廷枏：《曲話》卷三，中國戲曲研究院編：《中國古典戲曲論著集成（八）》，中國戲劇出版社刻印社1959年，第125頁。

(1645)，蘇郡紳士投誠者浼袁作表賫呈，以京官，議敘荆州太守，十年不調，惟縱情詩酒，不理公事。監司謂之曰：‘聞公署中有三聲，弈棋聲、唱曲聲、骰子聲。’袁答曰：‘聞明公署中亦有三聲，天平聲、算盤聲、板子聲。’監司大怒，揭參云：‘大有晉人風度，絶無漢官威儀。’由是落職。其著《西樓記》傳奇，譏吴江沈同和、趙鳴鳳也。因素徽從同和，鳴鳳爲之撮合，故銜之。西樓在四通橋，穆妓舊居也。沈亦作《望湖亭》傳奇，嘲袁麻子。”①孟森先生據陶煦《周志莊流寓》考證袁確有争妓一事，且《西樓記》中的“池三公子”原型即爲沈同和，“趙伯將”即爲撮合沈穆二人之趙鳴鳳②，而穆素徽乃當時名妓周綺生。據錢謙益《列朝詩集閏集》載：“周文，字綺生，嘉興人也。體貌嫻雅，不事鉛粉，舉止言論，儼如士人。檇李縉紳好文墨者，每召綺生即席分韻，以爲風流勝事。綺生微詞，多所譏評……新安王太古，詞場老宿，見綺生詩擊節曰：‘薛洪度劉采春今再見矣。’”③周綺生以詩名應酬於縉紳名流、文人墨客之間，傳其後歸“松陵一元氏”④，“屬身養卒，敝衣毁容，重自摧殘。晨夕炷香於佛前祈死，不復爲詩”⑤，不久便鬱鬱而死，爲文人唏嘘不已。袁于令歷明一代，基本無所仕宦，清順治年間，曾出任荆州太守，所謂“生於明而仕於清”⑥。後以“侵盗錢糧”一罪被彈劾罷官，晚年流寓金陵，落魄不得意，輾轉於江浙間，後病逝於會稽。袁于令一生經歷了明末清初朝代更迭的時期，其入仕清廷更爲時人所詬病，飽受争議，乃至後人甚至以人棄文。清人梁紹壬謂其人貪鄙無耻：“年逾七旬，猶强作少年態。喜縱談閨閫，淫詞穢語，令人掩耳。後寓會稽，暑月忽染奇疾，口中癢甚，因自嚙其舌，片片而墮，不食不言二十餘日，舌本俱盡而死。”⑦袁于令生於晚明，一生可謂仕宦不濟，晚年更羈旅窮愁，鬱鬱而死，享年八十一歲。

袁于令又是晚明著名的戲曲家，他曾師從葉憲祖，所作傳奇有《西樓記》、《金鎖記》、《玉符記》、《珍珠衫》、《鸘鸘裘》《合浦珠》等，猶以《西樓記》享譽當時，且以其劇中人物的真實性聊作文人談資。《筠廊偶筆》載：“籜庵與人談及《西樓記》，輒有喜色。一日，出飲歸，月下肩輿過一大姓門，其家方燕賓，演《霸王夜宴》，輿人云：‘如此良夜，何不唱繡户傳嬌語，乃演《千金記》耶?’籜庵聞之，狂喜，幾至墜輿。”⑧可見當時《西樓記》頗負盛名，連輿夫都信手拈來，脱口而出。吴之紀《春日袁荆州過訪百花洲口占二絶》云：“闊

① ［清］俞樾：《茶香室三鈔》卷二十三，《筆記小説大觀》第34册，江蘇廣陵古籍刻印社1984年，第370頁。

② 《西樓記傳奇考》，孟森著，秦人路校點：《心史叢刊》二集，嶽麓書社1986年，第70－71頁。

③ ［清］錢謙益撰，［清］錢陸燦編：《列朝詩集小傳·閏集》，“香奩下三十一人”，周駿富編：《明代傳記叢刊》第11册，臺灣明文書局1991年，第810—811頁。

④ 按“松陵一元氏”即沈同和，“‘松陵’爲吴江縣古名，‘一元氏’當以其曾得會元而除名，因以牛嘲之。”見《西樓記傳奇考》，載孟森著，秦人路校點：《心史叢刊》二集，嶽麓書社1986年，第72頁。

⑤ ［清］錢謙益撰，［清］錢陸燦編：《列朝詩集小傳·閏集》，“香奩下三十一人”，周駿富編：《明代傳記叢刊》第11册，臺灣明文書局1991年，第810—811頁。

⑥ ［清］李雯：《蓼齋後集》卷五，《清代詩文集彙編》編纂委員會編：《清代詩文集彙編》第23册，上海古籍出版社2011年，第836頁。

⑦ ［清］梁紹壬：《兩般秋雨盦隨筆》卷四，《明清筆記叢書》，上海古籍出版社1982年，第210頁。

⑧ ［清］宋犖著，蔣文仙校：《筠廊偶筆》卷上，《清代筆記小説大觀》，上海古籍出版社2007年，第11頁。

别經今兩白頭，建牙吹角古荆州。東山嘯詠西樓夢，故國重逢話昔游。”“一曲方成傳樂府，十千隨到付纏頭。當時記得輕分手，王粲高樓鸚鵡洲。”[①] 故梁氏嘆曰：“《西樓記》爲一時所重如此。”[②]

《鳳求凰》之作者資訊不可詳考，按《鳳求凰》現存“明崇禎年間刻本，清初玉夏齋重印本（《古本戲曲叢刊·二集》據之影印）”[③]。此劇焦循《曲考》、黄文暘《曲海目》、梁廷枏《曲話》、姚燮《今樂考證》并見著録，但都誤爲清無名氏之作品。劇題“評點鳳求凰”，署“澹慧居士編”。題目作“賢武帝徵書下西蜀，蠢王孫錢勢逐東床。病司馬雄文驚四海，俏文君慧眼識才郎”[④]。全劇分上下兩卷，共計三十齣，每齣末或曲詞中都間有點評之語，部分評論頗爲精當。劇末收場詩云：“陽羨書生本幻遷，口中瓣瓣放青蓮。問誰拈出當壚案，罨畫溪頭陳玉蟾。”[⑤] 由此可知，此劇作者名爲陳玉蟾。而其題署又爲“澹慧居士編”，目前學界較爲一致地把陳玉蟾與澹慧居士視爲同一人，《曲海總目提要》作“澹慧居士撰”[⑥]，《古典戲曲存目匯考》作“陳玉蟾，號澹慧居士”[⑦]，《古本戲曲劇目題要》亦從之[⑧]。按此劇現存版本爲一評點本，劇末每齣間有點評之語，因尚未發現明確的關於明人戲曲自編自評的記載，因而澹慧居士亦有可能衹是點評之人，故本文擬采取較爲謹慎的態度，將陳玉蟾與澹慧居士視爲不同的兩人。因資料甚少，亟待學界發現新材料進一步確證之。又居士一般指在家信佛之人，然《鳳求凰》中的曲詞，亦頗有一些“道家仙味”，如：“罡風吹墮何處仙人”[⑨]，罡風，乃道家所指高空的風，而劇中曲詞曾多次引用，因而玉蟾亦應是作者的字，那麽陳玉蟾與澹慧居士極有可能有着同樣的文化背景，據現存刊本，其人亦大致活動於晚明時代。按又有爲《謝金蓮詩酒紅梨花》作評之玉蟾道人者，亦生平不詳，其劇評云：“没照應，没關合，劈頭説起，驀地結煞，似不宜於時日也。然一種雋永之味，如太羹玄酒，如布帛菽粟，令人於沖淡中愈咀嚼，愈覺有味，則非元人伎倆不能。”[⑩] 不知與陳玉蟾是否爲同一人。

其次，陳玉蟾雖然生卒年不詳，也無具體活動的記載，但其籍貫仍可以確定。按《鳳求凰》劇末收場詩云：“問誰拈出當壚案，罨畫溪頭陳玉蟾。”[⑪] 詩中所云“罨畫溪”，按《太平寰宇記》載：“宜興縣西南一百二十里，舊三十鄉，今一十鄉，本秦陽羨縣。周處《風土

① ［清］梁廷枏：《曲話》卷三，中國戲曲研究院編：《中國古典戲曲論著集成（八）》，中國戲劇出版社 1959 年，第 275 頁。

② 同上。

③ 莊一佛：《古典戲曲存目匯考》卷十，上海古籍出版社 1982 年，第 1065 頁。

④ ［明］陳玉蟾：《鳳求凰》第一折《標引》，古本戲曲叢刊編刊委員會編：《古本戲曲叢刊二集》，第 1 頁。

⑤ ［明］陳玉蟾：《鳳求凰》第三十折《歸隱》，古本戲曲叢刊編刊委員會編：《古本戲曲叢刊二集》，第 29 頁。

⑥ 董康：《曲海總目提要》卷九，人民文學出版社 1959 年，第 397 頁。

⑦ 莊一佛：《古典戲曲存目匯考》卷十，上海古籍出版社 1982 年，第 1065 頁。

⑧ 李修生：《古本戲曲劇目題要》，文化藝術出版社 1997 年，第 354 頁。

⑨ ［明］陳玉蟾：《鳳求凰》第八折《憐才》，古本戲曲叢刊編刊委員會編：《古本戲曲叢刊二集》，第 11 頁。

⑩ 吴毓華：《中國古代戲曲序跋集》，中國戲劇出版社 1990 年，第 253 頁。

⑪ ［明］陳玉蟾：《鳳求凰》第三十折《歸隱》，古本戲曲叢刊編刊委員會編：《古本戲曲叢刊二集》，第 29 頁。

記》：'本名荆溪，漢永建四年分會稽郡，置吴郡，以陽羡屬焉，孫權曾爲陽羡縣丞'……荆溪在縣南二十步，《漢志》云：'中江首受蕪湖，東至陽羡入海，'即此溪也。……圻溪今俗呼爲罨畫溪，在縣南三十六里，源出懸脚嶺，東流入太湖。"[①] 相傳罨畫溪夾岸風景優美，"畫溪花浪"更是景岸一絶！《明一統志》載其"古木夾岸，叢篠翳其下，朱藤蔽其上，如是者，十里花時，游人競集，有罨畫亭"[②]。罨畫溪源出江蘇宜興，是古時著名的風景勝地，而此地正是陳玉蟾之故鄉。而袁于令又是江蘇吴縣人，兩地又臨及太湖，地域上也接近，因而二人極有彼此相知的可能。

## 四 《鳳求凰》因襲《鷫鸘裘》之淺探

查閲諸種戲曲書籍，都未有《鷫鸘裘》之明確創作時間之記載，而郭英德先生也衹列爲天啟年以後的作品[③]，不知何據。徐朔方先生已據施紹辛《秋水庵花影集》卷二［南商調］《梧桐樹·舟中端午》之套跋，考證《西樓記》應成於袁于令十九歲之時，即萬曆三十八年（1610）。可惜的是，徐先生并未介紹《鷫鸘裘》之大致作期。按明末清初沈自晉曾重訂其叔父沈璟之《南九宫十三調曲譜》，其弟沈自南所作《重定南九宫新譜序》載："（順治）歲乙酉（1645）之孟春，馮子猶龍氏過垂虹，造吾伯氏君善之廬，執手言曰：'詞隱先生爲海内填詞，而君家家學之淵源也。《九宫曲譜》今兹數十年耳。詞人輩出，新調劇興，幸長康作手與君在，不及今訂而增益之，子豈無意先業乎？'"[④] 是時，馮夢龍欲往苕溪、武林一帶游賞，途經垂虹而過訪沈自晉，因有此番叮囑。其實，早在（順治）甲申（1644）冬，馮夢龍送祁彪佳過吴江時，即以"諄諄以修譜"[⑤] 而催促沈自晉，而沈"唯唯"應允。不料後來"鼙鼓動地，逃竄經年"[⑥]，遂與馮氏失去聯繫，再後來便聞馮氏已於戰亂中，撒手人寰。沈自晉深感馮氏之言，帶着亡友之遺托，自知責任重大，於是依沈璟曲譜之舊式，加以修改和補充，并收入不少明末新創的曲調，開始對《南曲全譜》進行重訂。這項工作歷時一年餘，於順治丙戌（1646）冬至前後釐定完成，名之曰《廣輯詞隱先生南九宫十三調詞譜》（又名《南詞新譜》）。

《南詞新譜》中收入袁于令之《鷫鸘裘》中三支曲子，分别於卷一與卷十四録之。三曲如下：

---

① ［宋］樂史：《太平寰宇記》卷九十二《江南東道四》，杭州古舊書店據光緒八年五月金陵書局刊行本複製，1981年，第8—10頁。

② ［明］李賢：《大明一統志》卷四十《湖州府》，臺聯國風出版社1977年，第2809頁。

③ 郭先生在《明清傳奇綜録》一書中，把袁于令的創作歸爲"傳奇的勃興期——明天啟元年至清順治八年"之間的作品，并介紹了《鷫鸘裘》的大致内容。詳見郭英德：《明清傳奇綜録》，河北教育出版社1997年，第404頁。

④ ［清］沈自晉重訂：《南詞新譜》（上册），中國書店1985年，第1頁。

⑤ 《重訂南詞全譜凡例續記》，［清］沈自晉重訂：《南詞新譜》（上册），中國書店1985年，第1頁。

⑥ 同上。

**又一體　新入**

［解三酲換頭］可惜這一片石床間緑綺，冷月無聲照，素徽欲彈時，又恐人猜謎，生忍住（待）侍兒回，（怎能勾）霓裳逶迤來月底，玉珮鏗然落水湄。［八聲甘州］驟驚，卻原來鶴影疏離①。（按曲出《鸘鷞裘》第十七折《自嫁》）

**出隊神仗**

［出對子］宣綸別殿爲愛，詞臣錦繡篇，笙歌一派，引金蓮特送仙郎歸翰苑。［神仗兒］君命重敢遲延，君命重敢遲延②。（按曲出《鸘鷞裘》第二十九折《給札》）

**出隊神仗 新入**

［歸朝歡］香風扇，香風扇，龍涎麝煙，明月炤烏紗白面。歡聲擁歡聲擁，笑拂錦韉，須知是君王盛典。［神仗兒］圖報效，敢輕捐③。（按曲出《鸘鷞裘》第二十九折《給札》）

按三曲中有兩支以“新入”標示之，概沈自晉所新采，而第二支則未以“新入”示之，則其應爲沈璟舊采。此説明，《鸘鷞裘》在沈璟編《九宫十三調曲譜》時，已創作完成或同時完成。沈自晉在《重訂南詞全譜凡例》中云：“先生定譜以來，又經四十餘載，而新詞日繁矣。”④沈自晉重訂《南九宫譜》約在順治三年（1646）冬至完成，從1646年算起，上推四十餘年，則沈璟《南九宫譜》的編著最遲也應在萬曆三十四年（1606）左右定譜，可知此乃沈璟之晚年所傾力而爲之事（沈於1610年左右辭世），而此時的袁于令大概十四五歲。又袁于令其侄袁園客在《增補南音三籟·戲曲下》中，曾謂《鸘鷞裘》亦乃袁于令“少年之作”⑤，與筆者所推測頗相契合，或可作爲旁證。又《南詞新譜》卷十二亦録袁于令《西樓記》【學士解酲】套曲一支，未標及“新入”，則《西樓記》之作應與《鸘鷞裘》大致處於同一時期，徐朔方先生謂其作於袁十九歲時，而袁真正作此劇的時間或許更早。

不僅如此，即便是從内容上，也可見出《西樓記》與《鸘鷞裘》極有可能是同一時期的作品。從劇作主旨上看，《西樓記》中的于叔夜與穆素徽同《鸘鷞裘》中的相如文君，都堪爲才子佳人的典範。素徽欲尋一才子，遂知己之願，謂“惟真正才人，方是情種”⑥；文君不僅欲尋才人以遂絲蘿之願，更欲“仰托（相如）千秋以傳”⑦。風流才子與知音佳人的完美結合，似是作者理想中的愛情範式。這種愛情理想甚至超越功名利禄：于叔夜聞穆素徽已死，欲放棄會試，去往錢塘尋素徽屍骸，同穴且葬，以遂西樓之盟；《鸘鷞裘》中的相如最終辭官歸鄉，抛棄功名利禄與榮華富貴，同文君偕隱茂陵。這種“至情觀”已淩駕於古代文

---

① ［清］沈自晉重訂：《南詞新譜》（上册）卷一，中國書店1985年，第31頁。
② ［清］沈自晉重訂：《南詞新譜》（下册）卷十四，中國書店1985年，第12頁。
③ 同上，第17頁。
④ ［清］沈自晉重訂：《南詞新譜》（上册）卷一，中國書店1985年，第5頁。
⑤ 轉引自郭英德編：《明清傳奇綜録》（上册）卷三，河北教育出版社1997年，第404頁。
⑥ ［明］袁于令：《西樓記》，［明］毛晉：《六十種曲（八）》，中華書局1958年，第7頁。
⑦ ［明］袁于令：《鸘鷞裘》卷上第十七折《自嫁》，古本戲曲叢刊編刊委員會編：《古本戲曲叢刊二集》，第31頁。

人求取功名、平步青雲的仕宦理想之上，而爲作者傾力追尋。且兩劇中描寫才子佳人欲結秦晉的情節模式也頗相似。于叔夜有《楚江情》，司馬相如有《鳳求凰》。穆素徽自謂“心憐才俊，空誇滿壁圖書，咳，倘得援琴之挑，永遂當壚之願，吾事畢矣。”① 尋一知音才子相配，乃其此生夙願。未見“天下奇才”于叔夜之前，見其所譜之曲，因而日夜習之，心欲歸之。而文君聞知卓王孫所請之人乃司馬相如時，欣喜若狂，謂“向讀司馬相如詞賦，恨不能一見其人”②，真是王孫無心，文君有意。可見兩劇女主角都曾傾慕男方才華，將其擅長之作傾心把玩，愛不釋手，這種情節描繪如出一轍。從上可見，《鷫鸘裘》的創作年代較早，大致與《西樓記》屬於同一時期的作品。又袁于令本身工於戲曲，其所作傳奇《西樓記》又使其名揚海内，婦孺皆知。陳繼儒《題〈西樓記〉》載：“近出《西樓記》，凡上衮名流，冶兒游女，以至京都戚里、旗亭郵驛之間，往往抄寫傳誦，演唱多遍。”③ 有了這種廣譽環繞，其所作劇本可以想見，應頗受當時書商青睞，刊印不倦，風靡一時。陳玉蟾極有可能就是在這種背景下，見到袁于令之《鷫鸘裘》，并産生自己的想法而改編之。

又徐朔方先生在《袁于令年譜》一文中曾考證其《西樓記》第八齣［楚江情］一曲有因襲朱有燉散曲之嫌，其引吴梅之《朱有燉誠齋樂府跋》云：“又《楚江情·閨情五更》，别見《吴騷》選本，題作古詞，不知爲誠齋所作，且每首後又附北曲［金字經］一支，亦爲諸選本所未及，可徵明季曲選之陋。而‘二更’一曲與袁籜庵《西樓》［楚江情］大同小異，尤可知籜庵雖負盛譽，實丐乞憲藩之餘瀝。”④ 吴梅所謂袁于令改編之曲，徐先生認爲“二曲雖有不少語句因襲，然情景人異。原曲怨情郎受路柳牆花所勾引，因此獨受淒涼。梟公略改數字，與《西樓記》情景及人物十分投契，因心上自有鍾情，衹怪蜂蝶紛紛，不解人意。《西樓記》不足之處正是此等曲嫌少，不嫌其多也”⑤。由此可知，蜚聲當時曲壇的戲曲家袁于令尚且有如此之舉，則明代改編别人曲詞進行創作的“無名之輩”更不可勝計。因而《鳳求凰》極有可能是陳玉蟾改編《鷫鸘裘》而來。

## 五　《鳳求凰》對《鷫鸘裘》改編之特色

袁于令的《鷫鸘裘》屬名人名劇，祁彪佳曾評云：“傳長卿者多矣，惟《鷫鸘裘》能集衆長。”⑥ 其情節描繪不僅豐富多彩，在人物形象塑造上，文君傾慕相如之才，欲效古聖人

---

① ［明］袁于令：《西樓記》第三折《砥志》，［明］毛晉：《六十種曲（八）》，中華書局 1958 年，第 6 頁。

② ［明］袁于令：《鷫鸘裘》第十二折《報宴》，古本戲曲叢刊編刊委員會編：《古本戲曲叢刊二集》，第 18 頁。

③ 吴毓華：《中國古代戲曲序跋集》，中國戲劇出版社 1990 年，第 160 頁。

④ 徐朔方：《袁于令年譜》，《浙江社會科學》2002 年第 5 期，第 158 頁。

⑤ 同上。

⑥ ［明］祁彪佳：《遠山堂曲品》，中國戲曲研究院編：《中國古典戲曲論著集成（六）》，中國戲劇出版社 1959 年，第 16 頁。

虞舜不告而娶之行，自嫁相如，“雖無節婦牌坊，必登俠女傳記”[①]；文君跳脱傳統道德規範、追尋愛情的勇氣以及風流奔放的氣質，又是其他相如文君戲曲作品中嚴守封建禮教、恪守婦道的文君所不能比擬的。此劇一出，必然在劇壇上引起一片嘩然。在語言上，《鷫鸘裘》極爲俚俗自然，貼近人物心理活動，特别適合大衆的審美趣味，加上《西樓記》之影響，可以想見此劇當時應是戲曲舞臺上搬演的常劇，頗受人們歡迎。那陳玉蟾的改編有何特點呢？本節擬從劇作主旨、人物形象塑造、情節安排、人物語言幾個方面探討陳之改編特色。

首先，從劇作主旨上講，除了共同追求士人建功立業，期待壯志淩雲之外，才子佳人的理想愛情，更是置於士人功名理想之上而爲他們共同追尋且歌頌。

其次，在人物形象的塑造上，《鷫鸘裘》中的文君放誕風流，知音憐才，自嫁相如，謂“己不待六禮而嫁，非爲麗情，實慕相如雄藻，望仰托千秋以傳”[②]，實非一般知音擅才的文君可比；而袁于令又通過文君的一系列心理活動，重在塑造文君不拘泥於禮教、獨立自主的行爲個性。而《鳳求凰》在袁于令的基礎上，把“仰托千秋以傳”的想法藉文君之口闡釋得更透徹：“我想古來多少高人勝士，不托青雲之翮，往往湮滅不聞，何況於一女子似我，空負了滿腔才俠、絶代容儀，非擇曠古才人如司馬長卿者，以爲依歸，則名隨身盡，千載而下，誰復知有文君者！”[③] 文君一番發人深思的言論，道盡了多少古代文人面臨湮滅不聞的命運的心酸與無奈，這無非是陳玉蟾藉文君之口，抒發自己胸中愁悶與感慨。正是文君意識到命運的不自主，她纔要私奔相如，掌控自己的命運，而其對人生的精闢見解所透露的智慧之光使其形象比《鷫鸘裘》中的文君更勝一籌。且《鳳求凰》中評云：“觀此，則文君一磊落丈夫也，豈可以奔女目之。”[④]“長卿冠世異才，其名必傳無疑，被文君一眼覷頗，定死相從，意欲向千古名場中割長卿一片席耳。史遷本傳中敘次雖工，尚未窺破此意，卻爲作者拈出，應是文君知己。”[⑤]“如此看來，不是長卿竊得文君，還是文君竊得長卿耳。昔人稱紅拂之從衛公，是千古第一嫁法，吾於文君亦云。[⑥]”陳玉蟾似乎又在爲相如文君翻案，從中調和，一洗文君“私奔”之污、相如“竊妻”之嫌，這又是其作品之思想特出於《鷫鸘裘》之處。

再次，在情節的安排上，《鳳求凰》省去了《鷫鸘裘》中較爲拖沓的情節，如程鄭聞文君私奔之事，《鷫鸘裘》專用《旁嘆》一折描寫其因羞見王孫，以清賬爲名，欲往鄉間暫且回避。而《鳳求凰》便省去這一折的細節描寫，無傷劇作主旨與結構。《鳳求凰》還將《鷫鸘裘》中比較拖沓的情節描寫進行濃縮概括，如《鷫鸘裘》中《盟心》、《自嫁》二折中關於文君欲歸相如之思想掙扎以及轉而私奔相如的情節，在《鳳求凰》中被納入《俠媾》一折進

① ［明］袁于令：《鷫鸘裘》第十六折《盟心》，古本戲曲叢刊編刊委員會編：《古本戲曲叢刊二集》，第 28 頁。
② ［明］袁于令：《鷫鸘裘》第十七折《自嫁》，古本戲曲叢刊編刊委員會編：《古本戲曲叢刊二集》，第 31 頁。
③ ［明］陳玉蟾：《鳳求凰》第十折《遣探》，古本戲曲叢刊編刊委員會編：《古本戲曲叢刊二集》，第 15 頁。
④ 同上。
⑤ 同上。
⑥ ［明］陳玉蟾：《鳳求凰》第十二折《俠媾》，古本戲曲叢刊編刊委員會編：《古本戲曲叢刊二集》，第 20 頁。

行描寫，其亦抓住了人物的心理，步步而進，環環相扣，使情節的組合更顯得當緊湊。《鷫鸘裘》正因其在人物心理的刻畫與對話上頗費周折，給人以情節拖泥帶水之感。

最後，在語言上，《鳳求凰》一改《鷫鸘裘》中語言較爲通俗、口語化的特點，而趨於精練與雅化。如卓王孫欲與相如交好時的自白，《鷫鸘裘》中道："我卓王孫當初衹道司馬相如，終身落寞，辱我門牆，因此恨着我女孩兒，不分一錢。後被親友强勸不過，薄贈了些錢鈔，不與見面。"① 而《鳳求凰》將其"因此恨着我女孩兒，不分一錢。後被親友强勸不過，薄贈了些錢鈔，不與見面"的描寫囊括爲"因此禮遇頗疏，贈遣亦薄"②。前既有卓王孫贈錢鈔的細節描寫，《鳳求凰》在此處便用這種較爲精練的語言概括之，不顯累贅。而雅化的語言特點是《鳳求凰》的總體趨勢，這些較爲莊重、雅化的語言似又是作者陳玉蟾自逞才情的體現。從語言的描寫上可以見出，《鷫鸘裘》更注重場上之曲的表現，往往站在比較客觀的角度，以大段人物的心理描寫、人物對白來設計塑造文君與相如等人的性格與形象，語言的俚俗化更易表現人物之間的嘲弄戲謔、插科打諢，使得人物形象更加貼和大衆審美趣味。况且其爲袁少年之作，焦循曾引《曠園偶録》言及袁于令《西樓》之作，"文詞甚平"③，語言不夠純熟精練，此亦在情理之中。而《鳳求凰》中人物語言除了雅化的特點之外，人物對話似乎又在時刻表現作者的思想，如相如與卓王孫交好時，卓自言當日慚愧，而相如卻謂"一貧一富，乃知交態；一貴一賤，乃知交情。此乃世態人常，不足爲怪"④，欣然接受卓王孫所獻牛酒，乃似作者藉相如之口抒發徹悟之感。

綜上，陳玉蟾《鳳求凰》對袁于令《鷫鸘裘》的改編自有其可取之處，然從後世知名度來看，陳玉蟾的劇本鮮有人知，這主要與其劇中人物語言的雅化，使得人物形象莊重化，缺乏鮮明的本色個性，因而不利於舞臺搬演效果有關。因此，其衹能作爲文人諷誦吟哦、自逞才情、隨性把玩的"案頭之曲"，而不能成爲"場上之曲"，廣而傳之。

## 結　語

綜上可見，袁于令與陳玉蟾生活時代大致相當，二人又都是蘇州人，同住太湖之濱，地域接近；袁于令早年創作的名劇《西樓記》使其蜚聲當時，而《鷫鸘裘》的創作又與《西樓記》大致處於同一時期，創作時間較早，而《鳳求凰》從現存刊本來看應晚於《鷫鸘裘》之創作；從刊本内容上看，陳玉蟾《鳳求凰》對袁于令《鷫鸘裘》的改編在劇旨的深化、人物形象塑造、情節安排以及語言方面，確有自己優勢與特色。從以上諸多方面，可以看出《鳳

① ［明］袁于令：《鷫鸘裘》第三十七折《建節》，古本戲曲叢刊編刊委員會編：《古本戲曲叢刊二集》，第 33 頁。

② ［明］陳玉蟾：《鳳求凰》第二十八折《晝繡》，古本戲曲叢刊編刊委員會編：《古本戲曲叢刊二集》，第 24 頁。

③ ［清］焦循：《劇説》，中國戲曲研究院編：《中國古典戲曲論著集成（八）》，中國戲劇出版社 1959 年，第 131 頁。

④ ［明］陳玉蟾：《鳳求凰》第二十八折《晝繡》，古本戲曲叢刊編刊委員會編：《古本戲曲叢刊二集》，第 24 頁。

求凰》因襲《鷫鸘裘》的可能性極大。關於陳玉蟾及其《鳳求凰》的記載因極其有限，不免給考察工作帶來相當的難度，因而亟待學界發掘新的材料加以佐證。筆者才疏學淺，忝列門牆，不揣鄙陋，聊敘一己之見，班門弄斧之姿，或恐貽笑大方，望前輩不吝賜教，不勝感激。

作者單位：四川師範大學文學院

# 再評“譙周勸降”

鍾思遠

對“譙周勸降”這一魏晉之交的重大歷史事件，後世議論紛紜，而今取其中最具代表性者進行重析復評，以益於得出更客觀公正的歷史判斷。

《三國志》卷四十二《蜀書·譙周傳》載：“景耀六年（263）冬，魏大將軍鄧艾克江由，長驅而前。而蜀本謂敵不便至，不作城守調度，及聞艾已入陰平，百姓擾擾，皆迸山野，不可禁制。後主使群臣會議，計無所出。或以爲蜀之與吴，本爲和國，宜可奔吴；或以爲南中七郡，阻險斗絶，易以自守，宜可奔南。惟周以爲：‘自古已來，無寄他國爲天子者也，今若入吴，固當臣服。且政理不殊，則大能吞小，此數之自然也。由此言之，則魏能并吴，吴不能并魏明矣。等爲小稱臣，孰與爲大，再辱之耻，何與一辱？且若欲奔南，則當早爲之計，然後可果；今大敵以近，禍敗將及，群小之心，無一可保？恐發足之日，其變不測，何至南之有乎！’群臣或難周曰：‘今艾以不遠，恐不受降，如之何？’周曰：‘方今東吴未賓，事勢不得不受，受之之後，不得不禮。若陛下降魏，魏不裂土以封陛下者，周請身詣京都，以古義争之。’衆人無以易周之理。”群情所向蓋明，“後主猶疑於入南”，譙周繼而上疏曰：“或説陛下以北兵深入，有欲適南之計，臣愚以爲不安。何者？南方遠夷之地，平常無所供爲，猶數反叛，自丞相亮南征，兵勢逼之，窮乃幸從。是後供出官賦，取以給兵，以爲愁怨，此患國之人也。今以窮迫，欲往依恃，恐必復反叛，一也。北兵之來，非但取蜀而已，若奔南方，必因人勢衰，及時赴追，二也。若至南方，外當拒敵，内供服御，費用張廣，他無所取，耗損諸夷必甚，甚必速叛，三也。昔王郎以邯鄲僭號，時世祖在信都，畏逼於郎，欲棄還關中。邳彤諫曰：‘明公西還，則邯鄲城民不肯捐父母，背城主而千里送公，其亡叛可必也。’世祖從之，遂破邯鄲。今北兵至，陛下南行，誠恐邳彤之言復信於今，四也。願陛下早爲之圖，可獲爵土；若遂適南，勢窮乃服，其禍必深。《易》曰：‘亢之爲言，知得而不知喪，知存而不知亡；知得失存亡而不失其正者，其惟聖人乎！’言聖人知命而不苟必也。故堯、舜以子不善，知天有授，而求授人；子雖不肖，禍尚未萌，而迎授與人，況禍以至乎！故微子以殷王之昆，面縛銜璧而歸武王，豈所樂哉，不得已也。”理盡於此，劉禪“於是遂從周策”①。此爲“譙周勸降”始末之最早記録，爲後世各評述所本。各家之説以查考視角相區分，大體有如下四種：

## 一　政治鬥争説

以王仲犖爲代表的今世史家認爲“譙周勸降”乃是益州土著勢力集團與荆楚等外來勢力集團之鬥争②。勸降成功，乃是鬥争勝利之結果。其立言有據，但結論失之偏頗。就集團勢力而言，以荆楚士人爲輔佐的蜀漢統治者雖徙入爲主，然經營有日、必固其權；本土勢力偏安雖久，然受制於人、時遭遏抑③。雙方博弈雖愈益激烈，但益州本土勢力對朝政的影響卻遠未企及曹魏、孫吴政治系統中累世公卿的大族門閥。舉國存亡之際，若雙方利益各異，僅互爲自身利益取捨計，實力相較，益州士人之勝算仍遜一籌。且受降與否，最終定決於後主劉禪。其若有赤壁之戰前孫權拔劍斬案、憑江决戰之心，群臣亦莫敢異議。而其素來庸弱，猶豫衹在降逃之間，從無戰意④，朝情自然落於主降了。就個人權力而言，譙周向無熱衷權位名利之舉見載於册⑤，其時雖居光禄大夫職，卻位尊無權，乃“不與政事，以儒行見禮”者⑥，唯廷議之際盡顧問應對之務而已。謂之巴蜀地方勢力代言者，以譙周之年高德劭，或有當仁不讓之義；但論其言之效，則尚未有左右朝廷、主載群議之力。

然即便如此，譙周因其地方大姓之出身、并世累積之聲望，欲自免於朝中派系争鬥亦絶不可能。何况巴蜀本土士人維護自身利益的政治意圖與其保土安邦的政治理念實質上是相統一的⑦。這在其諷諫對外征伐的文章《仇國論》中表露無遺。《蜀書·譙周傳》載：“於時軍旅數出，百姓彫瘁，周與尚書令陳祗論其利害，退而書之，謂之《仇國論》。其辭曰：‘因餘之國小，而肇建之國大，并争於世而爲仇敵。因餘之國有高賢卿者，問於伏愚子曰：‘今國事未定，上下勞心，往古之事，能以弱勝强者，其術何如?’伏愚子曰：‘吾聞之，處大無患者恒多慢，處小有憂者恒思善；多慢則生亂，思善則生治，理之常也。故周文養民，以少取

① 陳壽：《三國志》，中華書局 1959 年，第 1030—1031 頁。

② 參見王仲犖：《魏晉南北朝史》第一章第三節《蜀漢的興起於衰亡》中“蜀漢的衰亡”部分内容，中華書局 2007 年。

③ 參見葉哲明：《劉備用人及其政策特色》、《江南人才崛起的特色及其盛衰之評析》，載《三國風雲人物》，黄山書社 1996 年。雷近芳：《試論蜀漢統治集團的構成及其矛盾》，《信陽師範學院學報》（哲學社會科學版）1992 年第 4 期。黄昊：《蜀漢荆州集團與益州集團》（安徽大學 2011 年碩士論文）中的相關論述。

④ 《三國志》卷三十三《後主傳》注引《漢晉春秋》曰：“後主將從譙周之策，北地王諶怒曰：‘若理窮力屈，禍敗必及，便當父子君臣背城一戰，同死社稷，以見先帝可也。’後主不納，遂送璽綬。是日，諶哭於昭烈之廟，先殺妻子，而後自殺，左右無不爲涕泣者。”其子爲臣道死諫竟不從，可知劉禪意决於不戰深矣。

⑤ 譙周殁後，《晉陽秋》載晉武帝司馬炎詔曰：“朕甚悼之，賜朝服一具，衣一襲，錢十五萬。”譙周子熙上言，譙周臨終屬熙曰：“久抱疾，未曾朝見，若國恩賜朝服衣物者，勿以加身。當還舊墓，道險行難，豫作輕棺。殯斂已畢，上還所賜。”詔還衣服，給棺直。

⑥ 陳壽：《三國志》，中華書局 1959 年，第 1030 頁。

⑦ 參見李兆成：《蜀漢政權與益州士族》，《四川文物》2002 年第 6 期。

多，勾踐恤衆，以弱斃强，此其術也。’賢卿曰：‘曩者項强漢弱，相與戰争，無日寧息，然項羽與漢約分鴻溝爲界，各欲歸息民；張良以爲民志既定，則難動也，尋帥追羽，終斃項氏，豈必由文王之事乎？肇建之國方有疾疢，我因其隙，陷其邊陲，覬增其疾而斃之也。’伏愚子曰：‘當殷、周之際，王侯世尊，君臣久固，民習所專；深根者難拔，據固者難遷。當此之時，雖漢祖安能杖劍鞭馬而取天下乎？當秦罷侯置守之後，民疲秦役，天下土崩，或歲改主，或月易公，鳥驚獸駭，莫知所從，於是豪强并争，虎裂狼分，疾搏者獲多，遲後者見吞。今我與肇建皆傳國易世矣，既非秦末鼎沸之時，實有六國并據之勢，故可爲文王，難爲漢祖。夫民疲勞則騷擾之兆生，上慢下暴則瓦解之形起。諺曰：‘射幸數跌，不如審發。’是故智者不爲小利移目，不爲意似改步，時可而後動，數合而後舉，故湯、武之師不再戰而克，誠重民勞而度時審也。如遂極武黷征，土崩勢生，不幸遇難，雖有智者將不能謀之矣。若乃奇變縱横，出入無間，衝波截轍，超谷越山，不由舟楫而濟盟津者，我愚子也，實所不及。’”[①] 譙周此論以因餘、肇建二國托喻蜀、魏，與諸葛亮之《隆中對》、《出師表》相較，可見二人對時勢分析并無不同，重朝政民事之治國理念亦趨一類。所異者衹在於：劉備有“復興漢室”之雄心，諸葛亮蒙知遇之恩、受托孤之責，有“知其不可爲而爲之”的執着；而譙周固守偏安自足之念，惡於征伐逐鹿、勞民傷財。故今有論者據此認爲：“地域集團的利益不是譙周所考慮的，對於統一和安定的渴望，對於人民疾苦的切實關注，纔是譙周勸降的根本動因。”[②] 這顯然是更加符合譙周政治主張的判斷。

## 二　道德是非説

自東晉以降，後世多有如孫綽、孫盛，迨及晚明王夫之者以譙周賣國、大有辱於臣道儒風[③]，而定其“勸降”乃私心求全、偷生苟利之舉。然察之於譙周個人德性，其爲蜀中大儒，品行學問，當世無不稱譽，後世亦有傳揚[④]。觀其本傳所載廷議言論及奏文，其議辨勢明理、責未旁貸；其文思慮内外、情辭懇切。其時，國難危急，他不非薄避趨，挺身而出爲一方代表，力主失節求全之策，這無疑是極需勇氣的。且譙周曾因直諫省遊觀、減聲樂事而爲劉禪不悦，見疏遭徙；又曉圖緯之術，亦以天命離合憂世[⑤]。其勸降之言中尤以堯舜禪

① 陳壽：《三國志》，中華書局1959年，第1029—1030頁。

② 劉蓉：《漢魏名士研究》，中華書局2009年，第123頁。

③ 參見王强：《蜀漢史家譙周的形象變遷》，《廊坊師範學院學報》（社會科學版）2013年第2期。

④ 《三國志》卷四十二《譙周傳》注引《益部耆舊傳》曰：益州刺史董榮圖畫周像於州學，命從事李通頌之曰：“抑抑譙侯，好古述儒，寶道懷真，鑒世盈虚，雅名美迹，終始是書。我後欽賢，無言不譽，攀諸前哲，丹青是圖。嗟爾來葉，鑒兹顯模。”

⑤ 《三國志》卷四十二《杜瓊傳》載：“後宦人黄皓弄權於内，景耀五年，宫中大樹無故自折，周深憂之，無所與言，乃書柱曰：‘衆而大，期之會，具而授，若何復？’言曹者衆也，魏者大也，衆而大，天下其當會也。具而授，如何復有立者乎？蜀既亡，咸以周言爲驗。周曰：‘此雖己所推尋，然有所因，由杜君之辭而廣之耳，殊無神思獨至之異也。’”

讓、微子歸周故事暗喻魏代蜀乃天命所在，此若遭奸宦譖語，未嘗無險。故裴注曰：“張璠以爲譙周所陳降魏之策，蓋素料劉禪懦弱，心無害戾，故得行也。如遇忿肆之人，雖無他算，然矜殉鄙耻，或發怒妄誅，以立一時之威，快其斯須之意者，此亦夷滅之禍云。”[①] 誠哉斯言。何況劉備世稱明主，亦有怒斬張裕之事，前鑒尤爲未遠[②]。故孫綽所謂：“譙周説後主降魏，可乎？曰：自爲天子而乞降請命，何耻之深乎！夫爲社稷死則死之，爲社稷亡則亡之。先君正魏之篡，不與同天矣。推過於其父，俯首而事讎，可謂苟存，豈大居正之道哉！”[③] 其言固有堅持君臣綱常之義，然更當歸因於族遭喪亂、南渡偏安，故藉古悼今、語出憤激。至於王夫之暮年所謂：“人知馮道之惡，而不知譙周之爲尤惡也。道，鄙夫也，國已破，君已易，貪生惜利禄，弗獲已而數易其心。而周異是，國尚可存，君尚立乎其位，爲異説以解散人心，而後終之以降，處心積慮，唯恐劉宗之不滅，憯矣哉！讀周《仇國論》而不恨焉者，非人臣也。……周塞目箝口，未聞一讜言之獻，徒過責姜維，以餌愚民、媚奄宦，爲司馬昭先驅以下蜀，國亡主辱，己乃全其利禄；非取悦於民也，取悦於魏也，周之罪通於天矣。服上刑者唯周，而馮道末減矣。”[④] 更是因痛恨明亡於清，幾近不顧史實、肆意指桑駡槐了。

## 三　軍事成敗説

譙周主降，諫棄南奔，以爲南奔之機已失，奔則必戰，戰則凶多吉少，故不如降。而孫盛評之曰：“春秋之義，國君死社稷，卿大夫死位，況稱天子而可辱於人乎！周謂萬乘之君偷生苟免，亡禮希利，要冀微榮，惑矣。且以事勢言之，理有未盡。何者？禪雖庸主，實無桀、紂之酷，戰雖屢北，未有土崩之亂，縱不能君臣固守，背城藉一，自可退次東鄙以思後圖。是時羅憲以重兵據白帝，霍弋以强卒鎮夜郎。蜀土險狹，山水峻隔，絶巘激湍，非步卒所涉。若悉取舟楫，保據江州，徵兵南中，乞師東國，如此則姜、廖五將自然雲從，吴之三師承命電赴，何投寄之無所而慮於必亡邪？魏師之來，褰國大舉，欲追則舟楫靡資，欲留則師老多虞。且屈伸有會，情勢代起，徐因思奮之民，以攻驕惰之卒，此越王所以敗闔閭，田單所以摧騎劫也。何爲匆匆遽自囚虜，下堅壁於敵人，致斫石之至恨哉？……禪既闇主，周實駑臣，方之申包、田單、范蠡、大夫種，不亦遠乎！”[⑤] 其説不僅是道德評價，更以後來眼光，重審前朝戰勢，作出當時若戰必可化險爲夷的判斷。由此，視“譙周勸降”不僅爲道

① 陳壽：《三國志》，中華書局1959年，第1042頁。

② 《三國志》卷四十二《周群傳》載：“裕又私語人曰：‘歲在庚子，天下當易代，劉氏祚盡矣。主公得益州，九年之後，寅卯之間當失之。’人密白其言。……先主常銜其不遜，加忿其漏言，乃顯裕諫争漢中不驗，下獄，將誅之。諸葛亮表請其罪，先主答曰：‘芳蘭生門，不得不鉏。’裕遂棄市。”

③ 陳壽：《三國志》，中華書局1959年，第1031頁。

④ 王夫之：《讀通鑑論》，中華書局1975年，第292—293頁。

⑤ 陳壽：《三國志》，中華書局1959年，第1031—1032頁。

德之失敗，更是軍事决策之失敗。然其論念念於戰，卻終不過紙上談兵。如當今研究者言："既然孫盛也承認劉禪爲庸主，衹是還没有流於殘暴而已，又何能調度軍機，背城藉一呢？而孫盛爲之調兵之論更屬空幻，白帝、夜郎撤兵馳援且不説尚需時日，而東、南門户洞開，其情更危殆，至於東吴'三師承命電赴'更是幻想。"① 更重要的是，當時蜀漢朝中并無慣戰之能臣驍將堪主軍事②，而鄧艾精兵近萬，士氣正旺，距成都不過二百里之遥。成都地勢平坦、無險可恃，若倉促集結，對速撲而至的魏軍，抵抗力是極其有限的。故背城一戰，凶多吉少。相較之下，奔逃南中，則是除受降外，最可實現的軍政選擇。由劉禪之猶豫，可以想見，朝臣中除戰降二派外，持主逃的意見者也是不乏其人的。

觀譙周阻南奔之文，可知其理由有四：一則對南中民情、政情之懷疑；二則對魏軍大舉追繳之憂懼；三則對朝廷駐南中後，治理乏力之推測；四則對蜀中無主後内亂之惶恐。四條理由在疏奏中環環相扣、論證甚力，故爲劉禪采信。今有研究者查考史料，證明譙周判斷頗有差池，尤其失誤於對南中政局的主觀臆斷，否定了蜀漢政權在南中卓有成效的經營③。此論雖不錯，但僅以此認定譙周故意製造"南逃必亡"論，促使劉禪投降以維護益州本土士人私利，則顯然以偏概全。

蜀漢於延熙九年（246）董允去世後，陳祇與黄皓互爲表裏，把持朝政，媚上弄權，内弊日積；姜維又連年出兵征戰，使國本常虧。據王仲犖的計算，"當時全蜀平均九個人負擔一個'戰士'，七家民户養活一個'吏'"④。所以，《三國志》卷五十三《薛綜傳》注引《漢晉春秋》曰："孫休時，（薛）珝爲五官中郎將，遣至蜀求馬。及還，休問蜀政得失，對曰：'主闇而不知其過，臣下容身以求免罪，入其朝不聞正言，經其野民皆菜色。臣聞燕雀處堂，子母相樂，自以爲安也，突决棟焚，而燕雀怡然不知禍之將及，其是之謂乎！'"⑤ 其述大體爲實情。如此疲頽之朝廷、携流撤之軍隊，入主南中，便有安穩之地、勤良之吏可供一時周旋，而其地處偏隅，負重必然成患，而後繼之資難爲。朝廷南奔，益州必陷，民情必潰，餘處守軍亦難持久。若魏軍乘勝大舉追繳，舉國損失必然慘重，兵燹之怖，焉能無懼？由此可見，譙周阻止南逃之其餘理由皆確鑿有據。僅就軍事而言，戰必致敗亡，逃必成殘寇，惟降乃損失最小的全國之策。譙周之結論未嘗有誤。且鄧艾之軍逼於目前、不日可至，廷議竟尤未决，故其意恐於勢危，其情方急於勸降。

---

① 王定璋：《譙周與陳壽》，《西華大學學報》（哲學社會科學版）2005年第1期。

② 其時，姜維、廖化在劍閣抵禦鍾會大軍，柳隱、蔣斌、王含諸圍守在漢中堅守，郪縣令常勗固城拒敵，霍弋鎮守南中，羅憲鎮守巴東，皆不能趕赴成都。

③ 參見彭豐文：《論蜀漢南中政策與南中民族關係——從譙周反對"南逃"論説起》，《首都師範大學學報》（社會科學版）2009年第4期。

④ 王仲犖：《魏晉南北朝史》，中華書局2007年，第96頁。

⑤ 陳壽：《三國志》，中華書局1959年，第1255頁。

## 四　文化心理説

當今學者劉蓉在其專著《漢魏名士研究》第二章第二節《譙周勸降與漢魏之際地域觀念的轉變》中，從文化視角切入，詳析譙周之歷史觀，闡明了其恰能身擔勸降之事的思想基礎和心理動機。從中可知：譙周歷史觀之重要構成不僅在於天下分合有數的天命觀，更在於國運盛衰有因的人事觀。故其於諫劉禪省遊觀、減聲樂之疏中曾言：“昔王莽之敗，豪傑并起，跨州據郡，欲弄神器，於是賢才智士思望所歸，未必以其勢之廣狹，惟其德之薄厚也。是故於時更始、公孫述及諸有大衆者多已廣大，然莫不快情恣欲，怠於爲善，遊獵飲食，不恤民物。世祖初入河北，馮异等勸之曰：‘當行人所不能爲。’遂務理冤獄，節儉飲食，動遵法度，故北州歌嘆，聲布四遠。於是鄧禹自南陽追之，吴漢、寇恂未識世祖，遥聞德行，遂以權計舉漁陽、上谷突騎迎於廣阿。其餘望風慕德者邳肜、耿純、劉植之徒，至於輿病賫棺，襁負而至者，不可勝數，故能以弱爲强，屠王郎，吞銅馬，折赤眉而成帝業也。及在洛陽，嘗欲小出，車駕已御，銚期諫曰：‘天下未寧，臣誠不願陛下細行數出。’即時還車。及征隗囂，潁川盜起，世祖還洛陽，但遣寇恂往，恂曰：‘潁川以陛下遠征，故奸猾起叛，未知陛下還，恐不時降；陛下自臨，潁川賊必即降。’遂至潁川，竟如恂言。故非急務，欲小出不敢，至於急務，欲自安不爲，故帝者之欲善也如此！故傳曰‘百姓不徒附’，誠以德先之也。今漢遭厄運，天下三分，雄哲之士思望之時也。”[①] 此與其《仇國論》中的核心思想相一致：國之興者，在於明君良吏、百姓擁戴；國之亡者，在於庸君污吏、民心散漫。其勸降之際，司馬氏政權方興未艾，國内人材豐茂；蜀漢政權卻已顯頹勢，朝中俊彦寥寥。故斟酌外勢内情，蜀漢敗亡不過早晚之事。既如此，莫若擇機而降，害取其輕。因此，爲人臣者，適時勸降，雖失名節，卻不喪大道；爲人君者，適時受降，雖淪王土，可全民保身。譙周所執於勸降之心理或正如此。

而劉蓉并未論及上述奏疏中所涉之西漢末期公孫述故事，兹可作一補充。公孫述爲西漢末之梟雄，趁王莽之亂，建武元年（25）四月建立政權於西蜀，國號“成家”，都成都。建武十年冬，遇劉秀大軍伐蜀，雙方苦戰近兩年，蜀中生靈塗炭，成家政權敗亡。漢軍入成都，大肆屠城，連劉秀也爲之大怒道：“城降三日，吏人從服，孩兒老母，口以萬數，一旦放兵縱火，聞之可爲酸鼻！尚宗室子孫，嘗更吏職，何忍行此？仰視天，俯視地，觀放麑啜羹，二者孰仁？良失斬將吊人之義也！”[②] 交戰期間，劉秀屢勸公孫述受降，公孫述誓死不從，有梟雄之酷烈决絶，然終至國滅、城喪、家亡、身死，罵名不絶於後。祇因其爲一姓之私情，陷萬家於水火。此獨夫逆行，天下所不齒，况於儒者乎？譙周深明史鑒，勸劉禪降

① 陳壽：《三國志》，中華書局 1959 年，第 1027—1028 頁。
② 范曄：《後漢書》，中華書局 1965 年，第 543 頁。

魏，不蹈公孫氏之覆轍，寧願其事有類於劉琮獻荆州於曹操、劉璋獻都於劉備耳①。

後來的史實也證明：“譙周勸降”和劉禪受降都是冷静明智的舉措。無論是在出示降書還是在親自出城受降之後，鄧艾都給予了劉禪充分的禮遇②。劉禪家族及諸多舊臣入洛後，魏政權也給予了相當的稱許和優撫③。最重要的是蜀漢政權所轄地域基本免於了戰禍和動蕩，百姓多享一時之平安④。所以，即便劉禪在史家著述和演義小説中常以昏庸見醜，但後世巴蜀（尤其是成都）百姓一直對之心存感激，爲之頗具規模地建祠塑像，頌其善迹。這也是今世研究者爲之糾正歷史誤解的重要證據之一⑤。由此反觀“譙周勸降”，亦可見其在歷史上雖頻遭非議，但其順應時勢所取得的促進華夏疆域統一，爲巴蜀地方保境安民的實際效果是不容置疑的。故身爲其弟子的陳壽在《三國志·譙周傳》末評曰：“劉氏無虞，一邦蒙賴，周之謀也。”⑥ 實可謂公允之論。

綜上，“譙周勸降”一事的歷史豐富性可以顯見。因此須從政治、軍事、倫理道德、文化心理諸方面綜合考察其由來，其評價方不至失於偏頗。總而言之：譙周勸降之行爲乃是本於其歷史觀，在理智審度當時軍政局勢的條件下獻出的趨利避害的國事策略。對於蜀漢政權内部勢力派别的政治鬥争，譙周本人本心雖非熱衷，但身世與職位使之難免成爲其中的重要角色并發揮重要作用。即便如此，其言行也多出自公心，鮮有私情。身爲蜀中大儒，譙周秉德篤學、簡樸終老。其勸降之舉有大功於魏晉，卻從未求榮於異主；非不知臣節之失，常流譏議罵名於後，但爲一邦之鄉土百姓計，無念於身後毁譽。其文化心理之豐富性亦堪作魏晉士人思想自覺發展的範例之一。

作者單位：四川師範大學文學院

① 參見羅開玉：《東漢滅成家、居成都與劉禪不戰而降》，《襄樊學院學報》2011年第10期。又：有論者（如劉蓉）將“譙周勸降”與赤壁之戰前東吴“張昭勸降”一事相比類，則過於忽略了二者所處之時勢及各自的政治、軍事乃至自然環境等具體史實。要言之，二者可比擬處在於勸降之舉均出自公心，於道德上無可厚非。二者不可比擬處在於：“譙周勸降”多據客觀事理，於國事决策舉足輕重；“張昭勸降”多因主觀設想，於國事决策實無多益。關於“張昭勸降”之評述，可參見鄭欣《三國史短論》（收入《魏晉南北朝史探索》，山東大學出版社2009年）中《張昭爲何主降》一節。

② 《三國志》卷三十三《蜀書·後主傳》注引王隱《蜀記》曰：“艾報書云：‘……公孫述據蜀而滅，此皆前世覆車之鑒也。聖上明哲，宰相忠賢，將比隆黄軒，侔功往代。銜命來征，思聞嘉響，果煩來使，告以德音，此非人事，豈天啓哉！昔微子歸周，實爲上賓，君子豹變，義存大易，來辭謙冲，以禮輿櫬，皆前哲歸命之典也。全國爲上，破國次之，自非通明智達，何以見王者之義乎！’”又注引《晉諸公贊》曰：“劉禪乘騾車詣艾，不具亡國之禮。”

③ 《後主傳》載：“後主舉家東遷，既至洛陽，策命之曰：‘惟景元五年三月丁亥。皇帝臨軒，使太常嘉命劉禪爲安樂縣公。於戲，其進聽朕命！……乃者漢氏失統，六合震擾。我太祖承運龍興，弘濟八極，是用應天順民，撫有區夏。於時乃考因群傑虎争，九服不静，乘間阻遠，保據庸蜀，遂使西隅殊封，方外壅隔。自是以來，干戈不戢，元元之民，不得保安其性，幾將五紀。朕永惟祖考遺志，思在綏緝四海，率土同軌，故爰整六師，耀威梁、益。公恢崇德度，深秉大正，不憚屈身委質，以愛民全國爲貴，降心回慮，應機豹變，履言思順，以享左右無疆之休，豈不遠歟！朕嘉與君公長饗顯禄，用考咨前訓，開國胙土，率遵舊典，錫兹玄牡，苴以白茅，永爲魏藩輔，往欽哉！公其祇服朕命，克廣德心，以終乃顯烈。’食邑萬户，賜絹萬匹，奴婢百人，他物稱是。子孫爲三都尉封侯者五十餘人。尚書令樊建、侍中張紹、光禄大夫譙周、秘書令郤正、殿中督張通并封列侯。”

④ 劉禪受降後，姜維策鍾會反魏，欲割據自立，事敗後小亂起於蜀中。此實爲當世者所難預料，故不附論。

⑤ 參見羅開玉、謝輝：《三國蜀後主劉禪新論》，《成都大學學報》（社會科學版）2009年第6期。

⑥ 陳壽：《三國志》，中華書局1959年，第1031頁。

# 常璩與《華陽國志》研究存在的難題及思考

王懷成

常璩和其《華陽國志》，因其對於巴蜀史地的獨特價值，故而相關的研究也由來已久。這些研究，既包括對常璩生平的鉤沉或推測，也包括對《華陽國志》的圖注或校注；既涉及文字學、文獻學、史學、地理學、史料學，也涉及民俗學乃至文學等諸方面。然考察諸多成果，無論是關乎常璩的生平、思想，還是《華陽國志》的史學地位、史料價值，實際上都還存在不少未解的難題，值得學術界持續探討。兹試論之。

## 一

《華陽國志》作者常璩的生平事迹，較明確記載者惟崔鴻《十六國春秋·蜀録》言："常璩，字道將，蜀成都人，少好學，著《華陽國志》十篇，序開闢以來，迄於李勢，皆有條理云。"① 《晉書·桓温傳》亦載："散騎常侍常璩等，皆蜀之良也，并以爲參軍。百姓咸悦，軍未旋而王誓。"② 桓温伐蜀之事記載較詳，是能够間接推測常璩生活時期的最可利用的史料。"永和二年率衆西伐"，此時常璩爲李勢政權散騎常侍。参以《晉書·李勢傳》，"散騎常侍常璩等勸勢降，勢以問侍中馮孚……僞嘉寧二年三月十七日略陽李勢叩頭死罪"③，此處使用李勢成漢政權的年號，而不知東晉王朝年號。而《晉書·穆帝紀》亦載有桓温伐蜀事："（永和）三年春正月乙卯，桓温攻成都，克之。丁亥，李勢降，益州平"④，則知永和三年

① 崔鴻：《十六國春秋·蜀録》，《叢書集成續編》卷一百一十四（史地類），臺北新文豐出版公司 1997 年，第 43 頁。

② 房玄齡等：《晉書》，中華書局 1974 年，第 2569 頁。

③ 同上，第 3048 頁。

④ 同上，第 193 頁。

(347) 即成漢嘉寧二年。以上是目前所能見的與常璩相關的史料。據之，我們難以確知常璩的生平。又《華陽國志》之《序志》云："肇自開闢，終乎永和三年，凡十篇，號曰《華陽國記》。"永和三年正是桓温攻克成都、李勢歸降東晉之年，則此書無疑當完成於常璩東歸以後。目前有關《華陽國志》的可靠史料亦大致如此。超出這些史料之外，學術界對常璩生平和《華陽國志》著述情況的研究，往往立足於推測，并無堅實的例證。

任乃强先生《華陽國志校補圖注》前言"常璩身世與其撰述動機"將常璩生平與著述列表説明，卻也衹能表述爲"常璩年歲（估計數，誤差約五年）與其著述"①。既無依據，衹作估計，本無可厚非。之後學者們在研究常璩的生平時，亦屬推測。如劉重來主編《華陽國志研究》第一章第一節稱："常璩生於西晉惠帝初年，卒於晉穆帝末年，活了六十多歲，但確切的生卒年已不詳了。"② 劉琳先生文章亦衹言："其生卒年代無可考，生平事迹史書記載也很少。"③ 卜艷軍、李新偉《華陽國志淺論》一文衹説："生卒年無可考，《晉書》無傳，生平事迹難詳。"[8]辛艷碩士論文《〈蜀王本紀〉與〈華陽國志·蜀志〉比較研究》稱："常璩四十歲左右，也就是李壽進軍陰平、南征寧州時，就開始撰寫梁、益州之記。晉取蜀與漢中時，常璩改寫《梁州記》爲《巴漢志》，《益州記》爲《蜀志》。五十歲左右改寫《三州志》爲《華陽國記》。"④ 既然不可考，又怎麽知道常璩什麽時候四十歲左右、什麽時候五十歲左右呢？亦有不少文章直接引用任乃强先生的成果，如萬曼璐博士論文《華陽國志的文獻和語法研究》就稱："常璩生於西晉惠帝初年，卒於東穆帝末年。生卒年不詳，據任乃强《華陽國志校補圖注》考證，約生於公元 291 年卒於公元 361 年。"⑤

以上略舉學界已有成果之大端，衹是説明常璩生平事迹的問題，實爲尚未解決的學術難題。而欲解決這個難題，還需更加仔細地檢討現成史料。近代蜀中學術大家劉咸炘的《華陽國志論》一文，近百年來一直没能引起學術界足够的重視。而本文認爲其對《序志》末的一種文體"離合詩"的解讀，有可能幫助我們獲得一些新的有關常璩和《華陽國志》的更加具體的資訊。劉咸炘在《華陽國志論》一文中，首次提到：

> 《序志》末四牡騤騤一段，文句明而意義模糊，不曉所謂，向來校勘考證者，亦都不言。吾細審之，乃知是離合姓名也。東漢末多有此體，孔融離合名字，明以前人皆知。《越絶書》、《參同契》作者，自離合姓名，明人發之，今又得此，與袁康、魏伯陽而三矣⑥。

1995 年，楊代欣《〈華陽國志〉的離合詩》一文關注了劉咸炘的這一成果，然未能對這

---

① 任乃强：《華陽國志校注圖補》，上海古籍出版社 1987 年，第 2 頁。
② 劉重來、徐適端主編：《華陽國志研究》，巴蜀書社 2008 年。
③ 劉琳：《華陽國志簡論》，《四川大學學報》1979 年第 2 期。
④ 辛艷：《〈蜀王本紀〉與〈華陽國志·蜀志〉比較研究》，四川省社會科學院碩士論文，2010 年。
⑤ 萬曼璐：《華陽國志的文獻和語法研究》，復旦大學博士論文，2011 年。
⑥ 劉咸炘：《劉咸炘論史學》，上海科學技術文獻出版社 2008 年，第 219 頁。

一首“離合詩”給予進一步深入發掘①。2001 年，劉復生先生《〈華陽國志〉末卷“離合詩”的釋讀》一文中亦肯定了劉咸炘所確定的“譔曰”的離合詩性質，并指出其由於要照顧隱含文義故以閃爍之文表達表層含義②。本文認同劉咸炘的離合詩性質的認定，參照任乃强劉琳等先生的注釋，嘗試重新解讀此詩，認爲其不僅僅是一首離合詩，且其中很可能隱含了常璩勸説李勢降晉的場景描述，以及常璩自比仲尼的自我言志等内容。《華陽國志》之《序志》末段的“譔曰”文如下：

> 駟牡騤騤，萬馬龍飛。陶然斯猶，阜會京畿。麟獲西狩，鹿從東麋。郇伯劳之，旬不接辰。嘗兹珍嘉，甘心庶幾。中爲令德，一行可師。瓌瑋倜儻，賁韜光暉。據冲體正，平揖宣尼。導以禮樂，教洽化齊。木訥剛毅，有威有懷。鏘鏘宫縣，磬管諧諧。金奏石拊，降福孔皆。綜括道檢，總覽幽微。選賢與能，仁遠乎哉③？

劉咸炘先生以爲此段文字所藴涵者乃“蜀郡常璩道將撰”七字而已，本文則認爲其中直接表露了常璩與孔子比肩之意。考常璩以軍閥割據之時，力著《華陽國志》一書，和孔子於諸侯割據混亂之際，志於《春秋》之述，兩者情景，確實有相似性。又聯繫到孔子泣麟之哀發生在魯哀公十四年春，查《華陽國志》止書於李勢降晉，李勢降晉乃在晉永和三年（347）春二月，這一系列巧合必然會强化常璩自擬孔子的心態。故而本文認爲，常璩於其時當亦年過古稀，與孔子泣麟之時大約同年，且亦預感自己時日不多了，亦即晉永和三年，常璩當在七十一歲左右。那麽，我們又可進一步推測常璩大概生於晉武帝司馬炎咸寧二年（276）。如是，則任乃强推論其大約活到七十歲左右，是合理的。然其推測常璩大概生於晉惠帝元康元年（291），卒於李勢之死的晉穆帝升平五年（361）的結論，則似乎應該重新商榷和檢討④。

## 二

《華陽國志》的史料來源問題，涉及其轉述史實是否存在增改或歪曲的成分，當然也關乎其史學價值的論定，故而是近年來比較熱點的問題之一，也是重要的未能完全解决的難題。

《華陽國志》大量徵引前人史料。常璩在《華陽國志》中《公孫述劉二牧志》云：“公孫述、劉牧劉璋二主之廢興存亡，《漢書》、《國志》固已詳矣。統之州部，物有條貫……苟在宜稱，雖道同世出，一事身見，遊精博志，無嫌其繁矣。”⑤ 據任乃强釋義，“遊精博志”，

① 楊代欣：《〈華陽國志〉的離合詩》，《文史雜志》1995 年第 3 期。

② 劉復生：《〈華陽國志〉末卷“離合詩”的釋讀》，《四川師範學院學報》（哲學社會科學版）2001 年第 2 期。

③ 劉琳：《華陽國志校注》，巴蜀書社 1984 年，第 909 頁。

④ 關於對常璩“譔曰”離合詩的解讀的詳細情形，筆者已經另撰《常璩離合詩小考》一文詳細申述。此處限於篇幅，徑出相關的結論。

⑤ 劉琳：《華陽國志校注》，巴蜀書社 1984 年，第 471 頁。

謂鄉校、林野精粹之謡，野史、方志有當之説，廣泛采收，取經用宏，故曰“無嫌其繁矣”①。又《華陽國志》之《序志》篇云：“乃考諸舊紀先宿所傳并南裔志，驗以《漢書》，取其近是，及自所聞，以著斯篇。又略言公孫述、《蜀書》、咸熙以來喪亂之事，約取《耆舊》士女英彦，肇自開闢，終乎永和三年，凡十篇，號曰《華陽國記》。”② 則知常璩明言其著徵引前人史料中，以《漢書》、《蜀書》和《耆舊傳》等。今考《華陽國志》之《漢中志》“涪縣”條云：“大姓楊、杜、李，人士多見《耆舊傳》也。”③《蜀志》關於杜宇云：“巴亦化其教而力農務，迄今巴蜀民農時先祀杜主君。”④ 又《蜀志》關於文翁立文學、作石室一段，言文翁石室、錦官城、錦里、蜀王女之墓等，皆似作者非常熟悉之事，最後一句“王女墓在城北，今王女陌是也”⑤ 可證。又其《大同志》云“族祖武平府君、漢嘉杜府君并作《蜀後志》，書其大同，及其喪亂”⑥，其《後賢志》云“揆之《耆舊》，竹素宜闡”⑦ 等等，則確實可驗常璩自述，亦即《華陽國志》之史料來源，遠者則取諸《漢書》、《三國志》等，近者則取陳壽等人《耆舊傳》及作者本人的見聞、考證。

今據任乃强先生之《華陽國志圖注校補》、劉琳先生之《華陽國志校注》，則其《巴志》述巴地遠古歷史，如“黑水、江、漢爲梁州”一段，直接來源於《尚書·禹貢》，并稍作修改；“春秋魯桓公九年，巴子使韓服告楚，請與鄧爲好。楚子使道朔將巴客聘鄧，鄧南鄙攻而奪其幣”⑧ 條，取自《左傳》；巴國將軍蔓子故事，則是取材於譙周《三巴記》；“巴東郡南陽宗預”則見於《三國志·蜀書》。至於其中所及各郡縣，涉及魏晉時代，其所據何書，或因關於當時當地史料大多亡佚之故，多不可考。又其《漢中志》開篇自言《禹貢》與《詩經》，如“《禹貢》‘導漾東流爲漢’是也，西源出隴西西縣嶓冢山”，“在《詩》曰：‘滔滔江漢，南國之紀’”⑨ 等等。又如張凌學道於蜀郡鶴鳴山之事，則見於《後漢書·劉焉傳》；“天子乃拜巴郡太守陳禪爲漢中太守”⑩ 一段，則見於《後漢書·陳禪傳》；“建安二十二年，魏武帝西征魯”⑪ 段，則見於《三國志·魏志·張魯傳》。魏興郡及其屬縣，沈約《宋書》始詳載，任乃强先生言“略依晉《太康地志》而微有不同”⑫。《華陽國志》之《蜀志》所徵引與前二“志”大致相當，然因常璩作爲蜀人，據地利與人和，資料要豐富一些。如“地稱天府”，則出《戰國策》卷三蘇秦説秦惠王語：“岷山導江，東別爲沱”⑬；“周失綱紀，蜀先

① 任乃强：《華陽國志圖注校補》，上海古籍出版社 1987 年，第 330 頁。
② 劉琳：《華陽國志校注》，巴蜀書社 1984 年，第 891 頁。
③ 同上，第 147 頁。
④ 同上，第 182 頁。
⑤ 同上，第 235 頁。
⑥ 同上，第 602 頁。
⑦ 同上，第 235 頁。
⑧ 同上，第 31 頁。
⑨ 同上，第 103 頁。
⑩ 同上，第 112 頁。
⑪ 同上，第 119 頁。
⑫ 任乃强：《華陽國志圖注校補》，上海古籍出版社 1987 年，第 83 頁。
⑬ 劉琳：《華陽國志校注》，巴蜀書社 1984 年，第 175 頁。

稱王。有蜀侯蠶叢，其目縱，始稱王"[①] 等，則出自揚雄《蜀王本紀》；秦惠王遣司馬錯伐蜀一事出自《戰國策》卷三與《史記·張儀列傳》，惟其中"中尉田真黄"不可考，或許常璩别有所據；李冰治水事迹，出自《史記·河渠書》及《漢書·溝洫志》。他如《南中志》徵引《史記》、《漢書》、《三國志》、《老子》、《詩經》、《易經》、華嶠《後漢書》、《周禮》、《國語》等；《公孫述劉二牧志》徵引《論語》、《河圖》、《三國志》、《左傳》、《史記》等；《劉先主志》徵引《漢書》、《三國志》、《典略》、《周易》等；《劉後主傳》徵引《三國志》、《詩經》、《左傳》、《尚書》、《論語》等；《大同志》徵引《三國志》、《漢書》、《詩經》、《禮記》等；《先賢士女總贊》徵引《詩經》、《益部耆舊傳》、《漢書》、《法言》、《論語》、《左傳》、《史記》、《詩經》、《國語》、《三國志》、《周易》、《列女傳》、《禮記》、《韓非子》、《論衡》等；《後賢志》徵引《論語》、《左傳》、《三國志》、《詩經》等；《序志》徵引《蜀王本紀》、《尚書》、《本蜀論》、《國語》、《左傳》、《莊子》、《易經》、《漢書》、《詩經》、《尚書》、《論語》、《三國志》、《禮記》；《華陽國志》末尾《譔曰》直接徵引《詩經》、《論語》、《禮記》等等。凡此，均足見常璩《華陽國志》之學術淵源。《華陽國志》的成書既然絶大部分是依據既有史料，那麽其必然存在考證加工或原文照録的情形，當然也難免會有考證失察或私意增删之問題，故而關於《華陽國志》史料來源的考察，逐漸成爲相關研究中的又一個重要學術問題。

前人對這一問題的最早關注，當推顧頡剛先生。其《蜀王本紀與〈華陽國志〉所記蜀國史事》一文，列出了《華陽國志》之徵引、改造、增删揚雄《蜀王本紀》時的二十二個問題，以"列觀二書異同，可以悟昔人整理史料之方法"[②]。顧頡剛先生的慧眼所見，實標誌了研究常璩史學思想和《華陽國志》的新方向。然而他的成果并未引起後人足够的重視，後人在沿着這個研究方向前進的時候，幾乎無人提及此文。20 世紀八十年代，趙毅《論〈史記〉與〈華陽國志〉的關係》一文，發現常璩所采史料源自《漢書》而非《史記》，《華陽國志》與《史記》没有直接關係[③]。其考據及結論，有一定的説服力。但其"由此觀之，常璩在東晉時看到《史記》的可能性也很小"的結論，則需要受到學術界的挑戰。臺灣學者張世昌《華陽國志研究》一文，也談到其資料來源："就史籍舊傳方面而言，《尚書》、《春秋》、《左傳》、《史記》、《漢書》、《東觀漢紀》、《三國志》、《蜀王本紀》、《三巴記》與《益部耆舊傳》等，皆爲常璩旁搜博引的資料來源。"[④] 此文對於所列書目，皆能一一舉例詳證。雖然其關於常璩直接使用過《史記》之考論還有待商榷，然在本文看來，《華陽國志》確有取諸

① 劉琳：《華陽國志校注》，巴蜀書社 1984 年，第 181 頁。
② 顧頡剛：《史林雜識初編》，中華書局 1963 年，第 244 頁。
③ 賈大泉：《四川歷史研究文集》，四川省社會科學院 1987 年，第 66 頁。
④ 張世昌：《〈華陽國志〉研究》，臺北花木蘭文化出版社 2008 年，第 49 頁。

《史記》之處[①]。可見，《華陽國志》之史料來源，還有很多繼續討論和待發掘的空間。

《華陽國志》對前人史料的徵引之所以越來越被學術界所關注，原因之一還在於它和其他資料互爲印證、辨析，從而更好地還原歷史真相。如有時候，《華陽國志》之《巴志》和《蜀志》所記爲同一件事，而《蜀志》所記有誤。《華陽國志・蜀志》記載周赧王七年（前308）司馬錯浮江伐楚之事：

> 苴侯與巴世爲好。巴與蜀仇，故蜀王怒，伐苴侯。苴侯奔巴，求救於秦。秦惠王方欲謀楚。群臣議曰："夫蜀西僻之國，戎狄爲鄰，不如伐楚。"司馬錯、中尉田真黄曰："蜀有桀紂之亂，其國富饒，得其布帛金銀，足給軍用。水通於楚，有巴之勁卒，浮大舶船以東向楚，楚地可得。得蜀則得楚。楚亡則天下并矣。"惠王曰："善。"[②]
>
> （周赧王）七年（前308）封子惲爲蜀侯，司馬錯率巴蜀衆十萬，大舶船萬艘，米六百萬斛，浮江伐楚，取商於之地爲黔中郡[③]。

這一史實在《巴志》中也有記載，但繫年在周慎王五年（前316）：

> 周顯王時，楚國衰弱，秦惠文王與巴、蜀爲好。蜀王弟苴侯私親於巴。巴、蜀世戰争。周慎王五年，蜀王伐苴侯，苴侯奔巴，巴爲求救於秦。秦惠文王遣張儀、司馬錯救苴、巴，遂伐蜀，滅之。儀貪巴、苴之富，因取巴，執王以歸，置巴、蜀及漢中郡，分其地爲三十一縣。儀城江州。司馬錯自巴涪水取楚商於地爲黔中郡[④]。

孫常叙《〈華陽國志・蜀志〉司馬錯伐楚取商於之地繫年刊誤》一文，考《巴志》和《蜀志》此兩則相似的材料後，認爲《蜀志》所記司馬錯浮江伐楚之繫年有誤，當爲錯簡，原本應在周慎王五年條之下。"通覽巴、蜀兩《志》，我認爲它們本是一事，在傳寫中誤成兩年。"[⑤]應該説，這樣的研究是有價值的，且能持續得到驗證。筆者亦在《史記・秦本紀》裏尋得支持錯簡之説的另一證據：

> （秦惠王）八年，張儀復相秦。九年（前316），司馬錯伐蜀，滅之。……又使司馬錯伐隴西，因蜀攻楚、黔中[⑥]。

---

① 例如，《戰國策》卷三"秦一"載司馬錯與張儀争論於秦惠王前，司馬錯欲伐蜀，張儀曰：不如伐韓。而《史記・張儀傳》亦稱"不如伐韓"。然比較兩者所載細節，《史記》較《戰國策》多出前面苴與蜀相攻而分别求救於秦的故事。而《華陽國志・蜀志》恰有此情節，説明常璩當時所據一定離不開《史記》。鑒於此，則趙毅先生所謂《華陽國志》與《史記》没有直接關係的論點則需重新商榷。還需指出，常璩在利用《史記》和《漢書》時時而有失誤之處。《蜀志》中云："秦惠王方欲謀楚"，而據我們考察《戰國策》與《史記》，均可明確看到，彼時秦惠王遲疑的是伐韓還是伐蜀，因此，纔有張儀與司馬錯發生的争論，張儀認爲應當伐韓，而司馬錯認爲不如伐蜀，最終秦惠王采納了司馬錯的意見。且《巴志》云："秦惠文王遣張儀、司馬錯救苴、巴，遂伐蜀，滅之。"而《戰國策》與《史記》都衹表明是秦惠王派遣司馬錯伐蜀。

② 劉琳：《華陽國志校注》，巴蜀書社1984年，第191頁。

③ 同上。

④ 同上，第32頁。

⑤ 孫常叙：《〈華陽國志・蜀志〉司馬錯伐楚取商於之地繫年刊誤》，《古籍整理研究學刊》1986年第3期。

⑥ 司馬遷：《史記》，中華書局1959年，第207頁。

秦惠王九年即是周慎王五年，故而司馬錯伐蜀一定是在周慎王五年，孫常叙的錯簡之説可以成立。

考察《華陽國志》的史料來源，還在於糾正常璩在"考諸舊紀，先宿所傳"的過程中以及書成後在後世傳抄的過程中，免不了出現的誤差。還是上面的來自《巴志》和《蜀志》的兩則材料，《蜀志》所記較《巴志》詳細，更有群臣、司馬錯、中尉田真黄和秦惠王的生動對話，這個對話是圍繞着伐楚還是伐蜀進行的。關於這個討論，在《戰國策·秦策》以及《史記·張儀傳》中都有記載。《戰國策·秦策》云：

司馬錯與張儀争論於秦惠王前，司馬錯欲伐蜀，張儀曰："不如伐韓。"王曰："請聞其説。"對曰："今夫蜀，西辟之國，得其地不足以爲利。臣聞争名者於朝，争利者於市。……"司馬錯曰："不然……夫蜀，西辟之國也，而戎狄之長也，而有桀紂之亂。以秦攻之，譬如使豺狼逐群羊也。取其地足以廣國也，得其財足以富民。……"惠王曰："善。"①

這裏，司馬錯與張儀争論於秦惠王前的，是伐蜀和伐韓的問題。同樣，《史記·張儀傳》記載的也是伐蜀和伐韓的問題：

秦惠王欲發兵以伐蜀，以爲道險狹難至，而韓又來侵秦。秦惠王欲先伐韓，後伐蜀，恐不利；欲先伐蜀，恐韓襲秦之敝，猶豫未能决。司馬錯與張儀争論於惠王之前。司馬錯欲伐蜀，張儀曰："不如伐韓。"②

於是，問題就來了：《華陽國志》記爲"秦惠王方欲謀楚"，而《史記》與《戰國策》則記秦惠王"欲伐韓"。對照史料之源，則《華陽國志》所記有誤。再如《華陽國志·巴志》載："漢興，高祖藉之成業，乃改雍曰凉，革梁曰益，故巴、漢、庸、蜀屬益州。至魏咸熙元年（264）平蜀，始分益州、巴、漢七郡，置梁州，治漢中，以相國參軍中山耿黼爲刺史。"③ 而《三國志·蜀志》載爲"（景元四年）十二月庚戌（263），以司徒鄭冲爲太保。壬子，分益州爲梁州。"顯然，《三國志》的記載能具體到曹魏滅蜀、分益爲梁的月日上，則當有據。故對比《華陽國志》的避談月日，則誤在常璩甚明。正因如此，司馬光《資治通鑑》亦取諸《三國志》，以爲"（景元四年）十二月壬子分益州爲梁州"，而不取《華陽國志》。

以上略舉數例，以明《華陽國志》的史料來源問題，是學術界必將持續探討的熱點和難點問題。

---

① 劉向编集、賀偉、侯仰軍點校：《戰國策》，齊魯書社 2005 年，第 32 頁。

② 司馬遷：《史記》，中華書局 1959 年，第 2281 頁。

③ 劉琳：《華陽國志校注》，巴蜀書社 1984 年，第 18 頁。

## 三

《華陽國志》的性質問題，關係到其史學價值的評定，故而也是長期以來的一個争論不休的命題。概而言之，這些争論大體有三種：有稱其爲地方史者，有稱其爲地方志者，亦有稱之亦史亦志者。

《隋書·經籍志》、《宋史·藝文志三》、鄭樵《通志》將其歸入“霸史”；《舊唐書·經籍志》、《新唐書·藝文志》、晁公武《郡齋讀書志》、尤袤《遂初堂目録》、《崇文總目》將其歸入“僞史”；《宋史·藝文志二》、陳振孫《直齋書録解題》列入“雜史”；馬端臨《文獻通考·經籍考》歸入“僞史、霸史類”；《四庫全書總目》將其《華陽國志》與《吴越春秋》、《越絶書》等一并歸入史部“載記類”。總之，隋唐以來，《華陽國志》性質上屬“史”，這一點概無疑義。然而通觀前代史家所歸類，可謂衆説紛紜，各家在其屬於何類史書的問題上，煞費斟酌。近人劉咸炘又提出“横剖史”之説。其《華陽國志論》稱：“是書爲横剖成史之祖，乃史林之一創作。”[①] 又説：“今所謂正史，皆縱剖一時而包各方，此書則横剖一方而包各時，二者正相對。後來方志範圍，實與此同。惟宋以來作方志者，僅知地理書之擴大，而不知爲一方之史。”[②] 劉咸炘先生所謂之縱剖史，其實就是地方性通史。蓋所謂“横”，指的是針對全國性斷代史或通史而言，《華陽國志》屬於其中的一個地方而已。所謂“縱”，指的是針對地方志的地理風貌之特點，《華陽國志》又具備自巴蜀開國之初以迄常璩時代之通史性質。因此，劉咸炘之“横剖史”的説法實際上就是地方通史的性質界定。劉氏“横剖史”之説雖出，然長久以來似乎不爲人知。不過，後來學者不約而同有類似看法者也不乏其人。如任乃强先生説：“地方史幾百種，莫不推《華陽國志》爲典型。”[③] 任氏指出《華陽國志》爲地方史，這是對的。但若説是“典型”，卻未必。因爲就中國地方史書的實際情形而言，如《越絶書》、《吴越春秋》之類，其立史蓋爲一時之政權服務，言一時一地之歷史，而不具備通史性質。因此從這個意義上説，《華陽國志》是傑出的地方史書之一種，但不算地方史的典型。正因如此，王仲犖認爲：“好像是地方志，其實是一部地方性的通史。”[④] 這個説法就較爲準確了。故而此説獲得了傅玉璋先生的贊同：“王仲犖的意見有道理，應看作記載西南地方的通史。”[⑤]

自唐劉知幾《史通》，有將《華陽國志》定位爲地方志者。劉知幾《史通》稱：“九州土宇，萬國山川，物産殊宜，風化異俗。如各志其本國，足以明此一方。若盛弘之《荆州記》、

---

① 劉咸炘：《劉咸炘論史學》，上海科學技術文獻出版社 2008 年，第 216 頁。
② 同上，第 217 頁。
③ 任乃强：《〈華陽國志〉簡介》，《歷史知識》1980 年第 2 期。
④ 王仲犖：《魏晉南北朝史》，上海人民出版社 1980 年，第 902 頁。
⑤ 傅玉璋：《中國古代史學史》，安徽大學出版社 2008 年，第 60 頁。

常璩《華陽國志》、辛氏《三秦》、羅含《湘中》，此之謂地理書者也。”劉知幾的《史通》本身即是研究史的著作。他這裏把《荆州記》、《華陽國志》、《三秦紀》、《湘中山水記》等書納入研究之中，實際上是把它們當做史書中的地理志成分看待的。由於除《華陽國志》以外的其他三部著述皆已亡佚，我們無從討論劉知幾視其爲地理書性質是否恰當，但他把《華陽國志》看成地理書顯然在長久以來都没有得到學術界的廣泛響應。清末梁啓超説：“最古的方志要算《華陽國志》了。”[①] 當代的研究者如劉琳先生繼續闡釋這一思路，其《華陽國志簡論》文亦稱：“晉常璩的《華陽國志》是我國現存的一部最早的、比較完整的地方志。”[②]“從内容來説，是歷史、地理、人物三結合；從體裁來説，是地理志、編年史、人物傳三結合。這兩個三結合構成了《華陽國志》的一個顯著特點，這也是中國方志編纂史上的一個創舉。”[③] 可是，在我們看來，劉琳所謂：“歷史、地理、人物三結合”、“地理志、編年史、人物傳三結合”的概述，恰好是傳統史學著作的典型特徵，而非地理志的典型特徵。類似劉琳看法的還有張舜徽先生，他認爲：“很顯明的以風土人物爲主，雖十之七八叙述政治沿革，但也注意到了交通險塞、物産土俗、大姓豪族以及先賢士女各方面，無疑是今日方志的初祖。”[④] 張舜徽的看法，其實直接從劉知幾而來。不過，“以風土人物爲主”和“十之七八叙述政治沿革”的説法本身就是自相矛盾了。實際上《華陽國志》若是去掉了十之七八的政治沿革，其他的成分就太少了，更不會爲主。但是劉知幾的地方志説法畢竟還是有認同者，如劉重來先生也説：“常璩是我國兩晉時期的著名史學家，他的《華陽國志》是我國現存最早的一部地方志專著。”[⑤] 等等。其實，之所以劉知幾的地方志之説在當代有不絶如縷的贊同者，一方面固然由於《華陽國志》的確有突出的地方志特色，另一方面則當與中國當代統一局面下地方文化研究和建設的興起有關。

因爲以上兩種意見分歧的出現，學術界遂派生出第三種意見，即《華陽國志》既是史也是志，兼具史書與地方志的特性而不便於界定其歸屬。這個意見的代表者是卜艷軍、李新偉先生。他們認爲：“因爲當時正值魏晉地記、地志盛行，方志逐漸發展的時期，史的特徵不免明顯，志的特徵亦未凸顯。”[⑥] 這個説法，描述了《華陽國志》客觀存在的復雜性質，但因其從否定的方向做描述，所以實際上是没有結論的。後來倉修良先生認爲：“如何看待這一分歧，我看還得從該書的體例和内容作具體論述，不能簡單地説是這樣，不是那樣。當然，我認爲兩者説法都有相當道理，所以會産生如此分歧。正是因爲《華陽國志》確實具有似志非志、似史非史的特點，問題就在於作進一步分析了。”[⑦] 看來，所謂第三種意見，其實就是保留争議、繼續討論的意思，它本身不提供明確的立場，但承認《華陽國志》的性質

---

① 梁啓超：《歷史研究法》，上海古籍出版社 2000 年，第 177 頁。
② 劉琳：《華陽國志簡論》，《四川大學學報》1979 年第 2 期。
③ 劉琳：《華陽國志校注》，巴蜀書社 1984 年，第 2 頁。
④ 張舜徽：《中國古代史籍舉要》，雲南人民出版社 2004 年，第 144 頁。
⑤ 劉重來：《説〈華陽國志〉》，《史學史研究》1984 年第 4 期。
⑥ 卜艷軍，李新偉：《華陽國志淺論》，《中國地方志》2003 年第 1 期。
⑦ 倉修良主編：《中國史學名著評介》，山東教育出版社 2006 年，第 314 頁。

問題的學術性，值得繼續探討。

以上是人們對《華陽國志》屬性的三種意見的出現，説明這的確是一個重要但又不能馬上定論的學術問題。本文認爲，考察《華陽國志》成書的歷史環境，還是應該將之歸屬爲“史”，也就是以劉咸炘、任乃强、王仲犖、傅玉璋爲代表的“地方通史”。

首先，常璩在《華陽國志·序志》一篇述其著書宗旨，大致言巴蜀遠古之史，久已疏略隱没。周秦以後，雖有蜀中先輩如司馬相如、嚴君平、譙周等著蜀王之事，皆失於簡略。陳壽之作《耆舊傳》，衹誌人物，不言土地等，不够完備。《地理志》雖言山水土地，卻又不考沿革變異等。諸如以上種種缺憾，常璩纔萌生了《華陽國志》的創作念頭。據之，其設計《華陽國志》之體例、範疇和宗旨便已明朗，即補充完備巴蜀遠古歷史，完善歷代蜀王之紀，結合前人之耆舊先賢與地理志等内容。這種布局，正是史書的主要構成部分。有時間跨度上，其“肇自開闢，終乎永和三年”，記録從上古至當代巴蜀的歷史，正可言其爲通史。所以説，《華陽國志》實際上是一部典型的地方通史。且《序志》篇“譔曰”一段，多處用典，基本出自《詩經》、《論語》等儒家經典，“獲麟西狩”出自《春秋》魯哀公獲麟，孔子哀嘆“吾道窮矣”，均可説明常璩與孔子自比的内心傾向。因此《華陽國志》一書，亦有追踪《春秋》之例的傾向，則常璩著史之立場亦可由此得到旁證。

其次，《華陽國志》成書於晉穆帝初年，時《史記》、《漢書》、《後漢書》等標準史書的體例等早已深入人心，而這些正史中都含有“地理志”部分，《史記》稱爲“河渠書”，《漢書》稱爲“地理志”，《後漢書》稱爲“郡國志”。因此，標準史書最重要的組成部分無非形成紀、傳與志這三個重要組成部分。這個傳統一直延續下來，直到《明史》及《清史稿》。《華陽國志》從地域上講，它不屬於一代之史，衹算是一地之史；從時間上講，它不是繼承《漢書》與《後漢書》的斷代的傳統，而是仿《史記》的體例，因此屬於通史。

再者，我國第一部典型的方志，應當是唐代李吉甫撰的《元和郡縣志》。它直接分道、州逐地介紹歷史沿革、經濟、物産、民族、風俗等。在板塊設計上，除了按地理劃分，絶無紀、傳兩個部分。這種模式奠定了後世宋、元、明、清方志的傳統寫法。《華陽國志》的内容顯然也是由這三大板塊組成：卷一至卷四，分述巴、蜀、漢中、南中四地的歷史沿革、經濟、物産、民族、風俗等，類似於正史中的地理類；卷五至卷九按先後叙述蜀中割據政權之公孫述、劉焉和劉璋父子、劉備和劉禪父子及李氏成漢，類似於正史中的本紀；卷十至卷十二叙西漢至東晉初先賢士女，類似於正史中的列傳。這三大板塊是中國正史的傳統的。因此從這個意義而言，《華陽國志》亦當屬地方通史性質。

最後，中國歷代經籍目録分類，不外經、史、子、集四種，而史中是包含地志的。所以不管古人怎麽看待《華陽國志》各成分的比例，它在四部分類法中毫無疑義，衹能劃入史類，無論是屬於霸史、别史、雜史還是僞史等。傳統史書中含有地理志的成分，而地方志卻不包含史書的紀、傳成分。因此如《元和郡縣志》等屬於地理方志類，而《華陽國志》衹能屬於地方通史類。實際上，《華陽國志》不管是從内容上還是體裁上看，都是具備了史書的最基本要素的，并不能因爲有地理成分，就説它是方志。

綜上，有關常璩和其《華陽國志》的研究，雖然在近現代取得很大的進展，然而很多關鍵問題尚未解决，因此還需要學術界持續的關注和思考。

作者單位：四川師範大學文學院

# 《成都文類》、《全蜀藝文志》誤收之魏晉南北朝作品考辨*

魏紅翎

歷史上收録巴蜀文學作品最具規模最有代表性的兩本文集是宋代袁説友主持編寫的《成都文類》和明代楊慎編寫的《全蜀藝文志》。《成都文類》由宋朝四川安撫使袁説友主持編寫，收録西漢至宋共計一千餘篇文章，分爲賦一卷、詩歌十四卷、文三十五卷，共五十卷。《全蜀藝文志》是明代楊慎應四川巡撫劉大謨之邀編著的，當時楊慎正處於羈旅之中，僅僅用了二十八天編纂此志，實屬奇迹。《全蜀藝文志》收從西漢到明朝共計一千八百七十三篇詩文。比起《成都文類》，《全蜀藝文志》無論從收文的廣度還是篇目上都有較大的超越。這兩部書以巴蜀文學作爲收録對象，而且收録的篇目衆多，是巴蜀文學作品的集大成者。

不過也必須看到，這兩部書雖然都收集了大量巴蜀的文學作品，但誤選、漏選的情况還是比較普遍的，四庫館臣對《成都文類》的評價便是"所載不免於挂漏，然創始者難工"①。《全蜀藝文志》雖然有所增補，然楊慎僅用二十八天編撰，時間過於倉促，疏漏在所難免，今人雖也對其進行過整理，如劉琳、王曉波曾點校過《全蜀藝文志》，但并未對其篇目進行删補。本文擬對兩書中魏晉南北朝的誤選篇目加以辨析。

這兩部書都以題材作爲選文標準，即文章是否和巴蜀相關。《成都文類》的序言表明了其選文的標準，序言云：

> 蓋古大都會也，有江山之雄，有文物之盛，奇觀絶景，仙游神迹，一草一木，一丘一壑，名公才士，騷人墨客，窺奇吐芳，聲流文暢，散落人間，何可一二數也？②

這説明《成都文類》在選文時的出發點和着眼點是描寫此地風光景物人文的作品，所以

---

* 本文爲四川省人文社科重點研究基地多元文化研究中心項目：魏晉南北朝巴蜀文學考（項目編號 DYWH1229）階段性成果。

① ［清］紀昀等：《四庫全書總目提要》卷一八七，臺灣商務印書館 1983 年，第 5－33 頁。

② 《文津閣四庫全書》第 452 册《集部八 · 總集類 · 成都文類》卷一，商務印書館 2005 年，第 629 頁。

它在結束語中也明確指出"以益而文者，悉登載而匯輯焉"[①]。此處的"益"即益州，指反映描寫益州的文章，《成都文類》正是將反映益州的作品進行了收集。益州包括現在的四川、重慶地區，也就是古代的巴蜀所在。楊慎在《全蜀藝文志序》中也清楚闡述了其收文原則："凡名宦游士篇咏，關於蜀者載之，若蜀人作僅一篇傳者，非關於蜀亦得載焉"[②]，可見他的着眼點與《成都文類》是一脈相承的，都是根據文章內容、題材是否和蜀相關聯，例外的衹有那些僅有一篇文章流傳的蜀人，爲紀念之故，留其篇目，但這并不影響其選文的主旨，反而恰恰説明他并不以籍貫作爲文章選擇的原則。因此以下在分析其文是否爲誤選時也以該文題材是否與巴蜀相關作爲標準。

《成都文類》收此期巴蜀文學共二十四篇，其中詩歌兩首，其餘全爲詔對書表之類的實用文。這符合當時的實際情況：魏晉之際，文筆尚未明確區分，本文在收録此期作品時也尊重這個實際，對於實用文也進行收録。如果以本文所持巴蜀文學標準檢驗，則《成都文類》此期録入的詩文應爲二十一篇。晉孫會的《爲東海王討成都王檄文》應删除，按《晉書》記載："成都王穎字章度，武帝第十六子也。太康末受封，邑十萬户。"[③] 司馬穎雖然受封爲成都王，但實際上因遭賈謐所忌，出爲平北將軍，鎮守鄴，其主要生活區域也在此。并且這篇文章寫於八王之亂後期，永興元年（304），東海王越起兵討伐成都王穎之時，此期成都王穎正在鎮守鄴，所以纔有聞大軍至，鄴中震驚云云。鄴位於今天河北省臨漳縣西南，因此這篇文章與巴蜀没有任何聯繫，應删除。

另三國時蜀漢步兵校尉習隆、中書郎向充所作《乞立諸葛亮廟表》也應删去。諸葛亮逝世後，雖然民間多有提議爲其立廟，但劉禪一直未同意，直到蜀漢滅亡的那一年也即景耀六年（263），習隆、向充上此表後，劉禪纔准許在沔陽爲其立廟，這也是歷史上第一座以官方名義修建的武侯祠。此表主要闡述應爲諸葛亮立廟，地點以沔陽爲宜。三國時期的沔陽在今陝西勉縣東，劉備在此稱漢中王，沔陽名士黄承彦（諸葛亮的丈人）也居於此。雖然三國時期，此地爲蜀漢管轄，但從歷史來看，此地并非巴蜀固有區域，所以在此地立廟之事以不列入巴蜀文學爲佳。

晉李雄的《答張駿勸稱藩書》也應删去：

> 吾過爲士大夫所推，然本無心於帝王也，進思爲晉室元功之臣，退思共爲守藩之將，埽除氛埃，以康帝宇。而晉室陵遲，德聲不振，引領東望，有年月矣。會獲來貺，情在暗室，有何已已。知欲遠遵楚漢，尊崇義帝，《春秋》之義，於斯莫大[④]。

李雄於晉永興元年（304）自封成都王，306 年又稱帝，即成漢，在位三十一年。前凉文王張駿曾遣使至蜀，勸李雄去尊號，向晉稱藩，於是李雄回信言晉室衰微，自己爲群臣所

① 《文津閣四庫全書》第 452 册《集部八·總集類·成都文類》卷一，商務印書館 2005 年，第 629 頁。
② ［明］楊慎編，劉琳、王曉波點校：《全蜀藝文志》，綫裝書局 2003 年，第 12 頁。
③ ［唐］房玄齡：《晉書》卷五十九，中華書局 1974 年，第 1615 頁。
④ 《文津閣四庫全書》第 452 册《集部八·總集類·成都文類》卷十九，商務印書館 2005 年，第 696 頁。

推，欲遠尊漢室，堅定地拒絕了張俊的提議。這篇文章《成都文類》、《全蜀藝文志》都有收録，但全文并未言涉巴蜀，故不取。

《全蜀藝文志》收此期詩文共三十八篇，其中詩歌二十二首，文賦類十六篇。雖然楊慎是依題材選文，但因爲時間倉促、資料不够翔實等原因造成大量誤選，現在看來，其屬於巴蜀文學研究對象的應爲三十篇，其中詩歌十九首，文賦十一篇。應删除的有以下篇目：梁江總的《别袁昌州》，同名詩其實有兩首，楊慎選的是："河梁望隴頭，分手路悠悠。徂年驚若電，别日欲成秋。黄鵠飛飛遠，青山去去愁。不言雲雨散，更似東西流。"另一首則是："客子嘆途窮，此别異西東。關山嗟墜葉，歧路憫征蓬。别鶴聲聲遠，愁雲處處同。"袁昌州的資料不可考，但從這兩首詩來看，袁是與江總分别後前往西北邊陲（隴頭、關山皆西北之地），然江總一直生活在江南，這裏的河梁應是泛指分别地，而非重慶境内之河梁，西漢李陵有《與蘇武》詩之三："携手上河梁，游子暮何之？……行人難久留，各言長相思。"[①] 南朝齊王融也有《蕭諮議西上夜禁》詩："徘徊將所愛，惜别在河梁。"[②] 河梁在詩中都是泛指離别之地，與巴蜀没有聯繫。

另外梁簡文帝的《琵琶峽》也應排除，琵琶峽實在今湖北蘄春縣南長江北岸。《水經注·江水三》云："（江水）又東過蘄春縣南，蘄水從北來注之……利水從東陵西南注之，江水東經琵琶山南，山下有琵琶灣也。"[③] 此琵琶峽顯然非巴蜀風景，亦删去。蕭綱還有《登琴臺》一首："蕪階殘昔徑，復想鳴琴游。音容萬春罷，高名千載留。弱枝生古樹，舊石染新流。由來遞相嘆，逝川終不收。"蜀地有爲紀念司馬相如而建的琴臺，漢陽有爲紀念俞伯牙鍾子期而修建的琴臺，《梁書·本紀第四》雖記載："（蕭綱）都督荆、益、南梁三州諸軍事"[④]，但并未見其親歷巴蜀（益州）的相關資料，今人基本認同此詩是記遊漢陽的古琴臺，因爲漢陽是其父蕭衍争奪皇位過程中的一個重要戰場，明嘉靖《漢陽府志》載："和帝辛巳，蕭衍既克嘉湖，孫樂祖以魯山城降。衍築漢口城以守魯山。"[⑤] 魯山就是漢陽的龜山。蕭綱在此舊地重遊的可能很大，并且司馬相如生於公元179年，而蕭綱生於503年，相差300年而已，不大能産生"音容萬春罷，高名千載留"的感慨，故該詩應不是爲蜀地琴臺而作，應删去。

還應删除的文賦是李興的《諸葛故壘立碣文》。據《三國志·蜀志·諸葛亮傳》裴注引《蜀記》："晋永興中，鎮南將軍劉弘至隆中，觀亮故宅，立碣表閭，命太傅掾犍爲李興爲文曰……"[⑥] 這是西晉時在隆中爲諸葛亮立的紀念碑碑文，也稱《諸葛丞相故宅碣表》，是有史以來襄陽隆中第一塊紀念諸葛亮的碑文。文中將諸葛亮與孔子、管仲、樂毅、許由、周公

① ［南朝梁］蕭統：《昭明文選》卷二十九，中州古籍出版社1990年，第405頁。
② ［南朝梁］徐陵編，吴兆宜注，程琰删補：《玉臺新咏箋注（上）》卷四，中華書局1985年，第172頁。
③ ［北魏］酈道元撰，陳橋驛點校：《水經注》卷三十五，上海古籍出版社1990年，第665—666頁。
④ ［唐］姚思廉：《梁書》卷四，中華書局1973年，第104頁。
⑤ ［明］劉本用等修纂：《天一閣藏明代方志選刊·漢陽府志》卷一，上海古籍書店1963年，第3頁。
⑥ ［西晉］陳壽：《三國志·蜀書·諸葛亮傳》，中華書局2009年，第936頁。

相媲美，稱道其爲“人之精”，玄妙的八卦陣、神奇的木牛、連弩，都是他的功勞，而且接受劉備遺命，輔佐劉禪，國内政治清明，“刑中於鄭，教美於魯，蜀民知耻”[①]，贊揚其德行與功績無與倫比。這些功勞多是在蜀漢建立的，但考慮到立碑這事發生在隆中（今湖北襄陽），這是諸葛亮的家鄉，這篇文章實際是在襄陽立碑紀念諸葛亮的情况，從這個角度看，這并非記載巴蜀發生的事件，故還是决定删去此文。

另外與《成都文類》相同的晉孫會的《爲東海王討成都王檄文》、李雄的《答張駿勸稱藩書》也應删除，原因上文已經闡述。梁元帝《與蕭紀》、《再與蕭紀書》，晉王獻之的《與某帖》與巴蜀没有什麽聯繫，應删去。

作者單位：成都大學文學與新聞傳播學院

① ［明］楊慎編，劉琳、王曉波點校：《全蜀藝文志》，綫裝書局2003年，第1390頁。

# 從寶光寺"唐碑"看唐代四川佛教

馮修齊

1996年5月中旬，在成都市新都寶光寺東林園修建素餐廳開挖基礎時，於地下120厘米處發現一塊唐代新都縣寶光寺安樂院施衣社華嚴三聖石刻造像碑（以下簡稱"唐碑"），筆者聞訊，即前往考察清理，并會同寺院對"唐碑"進行妥善保護。此碑係紅沙石質，高206厘米、寬76厘米、厚17厘米。"唐碑"正面上部刻"華嚴三聖"圖，下部中間刻陵州仁壽縣（今屬四川眉山市）縣令李仁義撰文的《施衣社銘并序》，兩側刻比丘、上座、供養人、敬造人、社人共71人。"唐碑"背面上部仍刻"華嚴三聖"圖，下部中間刻太原王璆書寫的《施衣社功德頌并序》，兩側刻女性施衣社人共70人。其右側邊緣，刻有"維大唐開元廿九年"等題記，此題記的發現，將寶光寺的歷史提前了140年。"唐碑"兩棱左側和右側都自上而下刻10尊深浮雕坐佛像（"七佛"、彌勒佛、阿彌陀佛、藥師佛）和1尊供養人像。唐代，四川地區盛行摩崖石窟造像，但石刻造像碑卻極爲少見。這種以造像爲主、文字爲輔的唐代大型石碑，雕刻精細，綫條流暢，藝術水平極高，在四川還是首次發現。從寶光寺"唐碑"上，反映出了唐代四川佛教的盛行及其外來佛教對唐代雕刻藝術、國際文化交流、社會慈善事業等方面的巨大影響，更爲瞭解寶光寺唐代的佛教狀況提供了珍貴的第一手資料。

## 唐代精湛的佛像雕刻藝術

中國佛教雕刻藝術，從東漢的形成、魏晉的發展，到隋唐進入鼎盛時期。在唐代，由於社會風氣開放，人們思想活躍，各國和各民族地區間的文化藝術頻繁交流，相互融合，使唐代雕刻藝術能在本民族傳統的基礎上汲取其他民族的精華，不斷豐富自己，使之不斷朝向民族化、世俗化、包容性的方向發展，取得了很高的成就。就佛教造像而言，其雕塑風格在融入印度笈多造像的薄衣貼體風格後，逐漸形成了具有北齊畫家曹仲達"曹衣出水"和唐代畫家吴道子"吴帶當風"的獨特風格。同時，唐代佛教雕刻藝術的世俗化表現，拉近了佛教與普通人的距離，使大家覺得佛菩薩就在自己身邊，使佛菩薩的形象更加親切，更加人性化，使參拜者更容易接受佛教的觀念。

"唐碑"正面

## "唐碑"正面上部刻"華嚴三聖"圖

"唐碑"正面和背面的上部，均以淺浮雕的藝術形式雕刻佛教"華嚴三聖"。正中爲毗盧遮那佛，高約70厘米（帶座），身披袈裟、頭頂肉髻、左手護膝、右手結説法印，趺坐於須彌座上，頭部後有圓形背光。左側爲文殊菩薩，右側爲普賢菩薩，每尊高約50厘米，均頭戴寶冠、身披瓔珞、雙手結印，面向内側而立，頭部後有圓形背光。佛、菩薩之間爲頭着巾、身着衫、雙手合十的兩位供養人，每尊高約30厘米。佛座兩側菩薩像前，各有3位修行者，頭着冠或巾，頸戴飾物，身披縵衣坐地，雙手結印、合十或捧物，每尊高約20厘米。"唐碑"背面雕刻的"華嚴三聖"，布局形態與正面基本相同，僅有兩處細微的差别：一是佛、菩薩之間不是供養人，而是兩位修行者；二是佛座兩側的菩薩像前，各有兩位修行者和一位比丘。

"唐碑"背面

佛、菩薩的頂端，雕刻着團花捲葉寶蓋，兩側爲佛教飛天神像。北魏時，飛天形體飄逸，勢如飛鶴，但綫條粗獷愚鈍。到了隋朝，飛天基本上都是頭戴寶冠，上身半裸，身披彩帶，手托花盤，將花瓣灑落天空。"唐碑"上的飛天，已經達到了佛教飛天造像的藝術頂峰，形成了唐代獨特的藝術風格。飛天身拽廣袖長帶，繞寶蓋飄然而下。其身旁各有數朵祥雲，衣裙具有飄動之狀，顯得體態輕盈、美麗動人。碑上的各種人物造像、圖案布局，共同構成了莊嚴和諧的畫面。

寶光寺安樂院施衣社造像碑爲甚麽要刻"華嚴三聖"圖呢？筆者認爲，這是當時佛教徒最高的信仰境界。因爲"華嚴三聖"與佛教重要經典《華嚴經》密切相關。《華嚴經》宣説整個世界是釋迦牟尼佛的法身佛毗盧遮那佛（密宗稱爲大日如來）的顯現，毗盧遮那佛就是這個宇宙世界本身；文殊菩薩以智、普賢菩薩以行輔佐毗盧遮那佛。圖中，毗盧遮那佛居中，文殊菩薩居左，普賢菩薩居右，二菩薩是毗盧遮那佛的左右脅侍。毗盧遮那佛所居的華藏世界，乃是莊嚴神妙、盡善盡美的佛國净土，亦即廣闊無邊的宇宙。這個宇宙含藏着多層次的若干世界，其中包括人類衆生居住的世俗世界。作爲華藏世界教主的毗盧遮那佛，與其左右脅侍文殊、普賢菩薩，成了這一龐大世界的最高主宰，即佛教中最顯赫的“華嚴三聖”。此碑爲什麽正、背兩面都刻“華嚴三聖”圖呢？筆者認爲，這説明儘管施衣社的人員組成不同、男女有别，但其佛教信仰和崇拜主體是一致的。

## 唐代興盛的佛教慈善事業

“唐碑”正面下部，中間刻陵州仁壽縣令李仁義撰文的《施衣社銘并序》，高 66 厘米，寬 21 厘米，行楷書體。全文如下：

施衣社銘并序　敕板授陵州仁壽縣令李仁義述

夫法相澄澈，出於空有之外；妙理疑玄，超乎生滅之表。體十利者，則金地光明；會四緣者，則寶戒清净。或聚沙爲塔、或彩畫成尊、或施衣禦寒、或賑窮救乏者，即我師主蒲姓字惟質。戒行凝清，道心天拔，歸崇三教，守不二門，勸率衆徒，争求勝業。今有益州新都縣寶光寺安樂院施衣社，總七十餘家，并江漢粹靈，岷峨挺秀，遺榮錦里，不事王侯。體正而察彼虚邪，悟空而了之實想。爾乃纖纊雲聚，同謝庭之皓雪；繒帛霧集，似吴門之曳練。豈於一佛、二佛而種善根，不可以思議力也。於是，采蓮花之琰石，鐫瑚璉之金人，斫龍樹之真容，寫像王之妙迹。玉豪發艷，輝夜月之昤曨；寶質舒光，混朝霞之燦爛。爰命老叟，而爲頌曰：

華陽達人，當修福惠。爰率社衆，施衣普濟。證明難窮，祥符有契。

同悟彼兮四生，共達超兮三界。

《施衣社銘并序》兩側，也以淺浮雕的藝術形式體現。除左側第一排第一人刻科頭合十之比丘“門師惟質”、第二人“上座甘保”，第二排第一人“上座李解”，第三排第一人“徐成供養”、第二人“陶封敬造”、第三人“胡楷供養”外，其餘均爲“社人某某”，如王繁、吴果、趙賓、蔡文等。兩側各六排，每排六人（左側第二排爲五人），共 71 人，每尊高約十厘米。他們頭着巾，或合十、或抄袖，向内側而坐，儀態姿勢大體相同。

從《施衣社銘并序》中，可説明施衣社的三大特點：一、施衣社的佛教慈善功能：“或聚沙爲塔，或彩畫成尊，或施衣禦寒，或賑窮救乏”；二、施衣社負責人（師主）的優良品質：“師主蒲姓字惟質，戒行凝清，道心天拔，歸崇三教，守不二門，勸率衆徒，争求勝業”；三、施衣社的龐大規模：“益州新都縣寶光寺安樂院施衣社，總七十餘家，并江漢粹靈，岷峨挺秀，遺榮錦里。”

“唐碑”背面下部，中間刻太原王璆書寫的《施衣社功德頌并序》，高 72 厘米、寬 19 厘米，行楷書體。全文如下（“□”爲字迹不清、難以識讀者）：

施衣社功德頌并序　草澤黄仙游述，太原王瓌書

道而不形，理□無湊，秘由玄鑒，義匪蒙求。心非遥而靡窮，臍是近而何噬？亦猶曉鏡涵象，夜月澄瀾，雖視之見容，而攬不盈手，至要之捷，其在喻乎？門師蒲公，道高□□，上座第一，化導無雙。女弟子等，四德夙彰，三乘早悟，志堅金石，體蔑絹紈。嘗嘆曰："是身如芭蕉，是身如泡幻，欲祈無上，功在有爲。"相與詣伽藍，罄金帛，連峻宇，引層臺。卉木周映，欄楯四設；勢倚晴漢，輝生緑潭。但集以施資，造必於是，堂不虚月，炊無斷烟。每歲肇春，克誠於暇。念兹上善，恤彼下田。錫以麻衣，則鶉捐百結；惠以□□，乃人充二時。善哉善哉，嘆未曾有。嘗厥像是，驟得其真。爰命謏才，而爲之頌。頌曰：

至哉大覺恒處世，蕞爾群迷自多翳。唯此上善忻相締，悟彼玄津勤能詣。莊嚴樓檻光巨麗，賑給貧窮是弘濟。神功爽列，乃垂範於前修；聖道潛通，必流祥於後裔。

《施衣社功德頌并序》兩側，仍以淺浮雕的藝術形式體現，均刻女性施衣社人，如姚大娘、奉四娘、趙妃娘、王細娘等。兩側各六排，每排六人（左側第一排、右側第四排爲五人），共 70 人。她們頭飾髮髻，身着衫裙，或合十，或抄袖，向内側而坐，儀態姿勢大體相同。

從《施衣社功德頌并序》中，可説明如下兩點：一、施衣社社人中，另有女性（女弟子）70 人，她們"四德夙彰，三乘早悟，志堅金石，體蔑絹紈"；二、施衣社的女性社人，同男性社人一道，"詣伽藍，罄金帛，連峻宇，引層臺"，集以施資，培修寺院，功不可没。

不難發現，"唐碑"有一個明顯特點：碑的正面下部兩側，刻屬於男性的比丘、上座、供養人、敬造人、社人共 71 人；而碑的背面下部兩側，乃刻屬於女性的社人 70 人，她們大多是除比丘之外 70 位男性佛教俗家弟子及社人的眷屬。這裏反映出唐代承襲了古代男尊女卑的倫理觀念，以及唐代佛教興盛，四川地區形成了全家信佛的社會風氣。

《施衣社銘并序》和《施衣社功德頌并序》兩篇文章，文辭優美，書法俊秀，主要叙述了新都縣寶光寺安樂院僧人組織在家佛教信衆，建立施衣社，集資開展建寺造像、施衣施物、賑貧濟困等慈善活動的情況，這也是有歷史脈絡可尋的。

在我國古代的各種慈善活動中，佛教界有着突出的貢獻，因爲佛教踐行的基本理念之一就是"慈悲"，《大智度論》中就有"大慈與一切衆生樂，大悲拔一切衆生苦"的觀點。因此，佛教一直把普度衆生、救苦救難、利益有情作爲其基本的行爲準則。在《佛説諸德福田經》中，釋迦牟尼佛號召人們"廣施七法"，即"一者興立佛圖，僧房堂閣；二者果園浴池，樹木清凉；三者常施醫藥，療救衆病；四者作堅牢船，濟渡人民；五者安設橋梁，過渡羸弱；六者近道作井，渴乏得飲；七者造作圊厠，施便利處"，要求世俗大衆多做公益善事，以便得到福報。佛教把福田分爲兩種：敬田和悲田。"敬田者即是佛法僧寶，悲田者貧窮孤老乃至蟻子。此二種田，悲田最勝。"唐代佛教僧人創建的"悲田院"是世界上時間最早、規模最大的慈善機構。它屬於半官半民性質，最初設於都城長安及東都洛陽，以後各州、各縣的佛教寺院也陸續設置，在全國形成了一個龐大的佛教悲田網絡，積極開展安老、扶幼、

助學、濟困等慈善活動。

唐代四川佛教寺院設置“悲田院”和開展慈善活動方面的情況，史籍上記載不多。今熟知者有成都大慈寺僧人英幹在成都街頭施粥，救濟貧困百姓，并爲國家祈福的故事。而這塊“唐代新都寶光寺安樂院施衣社碑”，卻詳細記載了寶光寺安樂院設立施衣社的情況。施衣社的師主惟質，“爰率社衆，施衣普濟”，爲唐代佛教在四川的慈善活動留下了珍貴的文獻資料。

從撰寫《施衣社銘并序》的作者爲陵州仁壽縣令李仁義的狀況分析，唐代新都縣寶光寺安樂院施衣社的影響面，無論從覆蓋地域還是涉及人物來講，都是相當廣泛和頗具聲望的。唐代的陵州，與益州（成都）同屬劍南道，領縣五，仁壽縣爲陵州治所。仁壽縣令李仁義，熱情護持施衣社，文章多用駢體，遣詞造句俱佳，看來此人絶非等閑之輩，這篇文章是會帶來名人效應的。

從古至今，新都寶光寺堅持按照佛教“諸惡莫作、衆善奉行”之準則，致力於社會公益慈善事業。國家改革開放之後，寶光寺恢復宗教活動。1993 年 10 月，時任寶光寺方丈的遍能法師便首先在四川省佛教界建立了寶光寺佛教慈善功德會（現更名爲寶光寺佛慈會），整整 20 年來，爲希望工程、扶貧辦學、賑灾濟困、修橋補路等等社會公益事業作積極奉獻。新都寶光寺佛慈會、成都文殊院福慧功德會、大慈寺菩提功德會等佛教慈善機構的設置和活動的開展，正是與唐代佛教修慈行善的傳統理念一脈相承的。這些都體現了隨着國家的改革開放，隨着社會的向前發展，佛教慈善組織已迅速成爲我國民間組織中一支不可忽視的力量。佛教慈善事業也日益成爲我國社會公益事業的一個組成部分，它也將促進當今社會的安定與和諧。

## 唐代佛像譯名的包容性

“唐碑”左側碑棱，自上而下刻着十尊深浮雕坐佛像，每尊高約 16 厘米。第一尊佛像風化，題名不清。從第二尊至第十尊佛像左邊，分別刻以下佛的名號：“第二式佛”、“第三隨葉佛”、“第四拘樓秦佛”、“第五拘那含牟尼佛”、“第六迦葉佛”、“第七釋迦牟尼佛”、“當來下生彌勒佛”、“極樂世界阿彌陀佛”、“藥師琉璃光佛”。佛像趺坐蓮臺，除“第二式佛”含掌外，其餘皆抄袖。最下面還刻有合十側跪的女供養人像。佛像的右邊，刻有敬造這十尊佛像者的姓名，惜字迹多有風化殘缺處，依稀可見“……女大娘，敬造此像十身，永……”等題記。

“唐碑”右側碑棱，自上而下也刻着十尊深浮雕坐佛像，每尊高約 16 厘米，第一、二、三尊佛像的題名風化，第四尊至第十尊佛像右邊，分別刻以下名號：“第四句樓秦佛”、“第五拘那含牟尼佛”、“第六迦葉佛”、“第七……”、“當來下生彌勒尊佛”、“極樂世界……”、“藥師……”。佛像左邊第三尊至第九尊，刻有敬造供養人的姓名，惜字迹多有風化殘缺處。

尚可辨識者爲："弟子趙好敬造供養"、"清信女姚七娘造供養"、"弟子錢大敬造供養"、"弟子張文成敬造供養"、"清信女任大娘造供養"、"弟子張嗣敬造供養"。

縱觀此碑左右兩棱所刻十尊坐佛，當是"過去七佛"加上彌勒佛、阿彌陀佛和藥師佛。"過去七佛"是指過去莊嚴劫千佛的後三佛和現在賢劫千佛的前四佛，即：

第一毗婆尸佛，梵語 VipaŚyin，漢語音譯毗婆尸，意譯爲觀。以其如月圓智滿，則雲遍見；魄盡惑亡，則雲净觀；既圓且净，則雲勝觀、勝見，是爲七佛之首。

第二尸棄佛，梵語 Shikhin，漢語音譯尸棄，意譯爲火，又云持髻。謂無分别智最爲尊上，過毗婆尸佛三十劫後而成正覺。

第三毗舍浮佛，梵語 ViŚvabhū，漢語音譯毗舍浮、毗舍婆、佛、佛，意譯遍一切自在。謂煩惱斷盡，於一切處無不自在，而爲莊嚴劫中千佛之最後一佛。

第六迦葉佛

第四拘留孫佛，梵語 Krakucchanda，漢語音譯拘留孫，意譯所應斷。謂斷一切煩惱，永盡無餘。於賢劫中第九減劫時，出世成佛，爲賢劫千佛之首。

第五句那含牟尼佛，梵語 Kanakamuni，漢語音譯俱那含牟尼，意譯金寂。謂金則明現，寂則無礙。又名迦那迦牟尼，華言金仙人，於閻浮提出世成佛。

第六迦葉佛，梵語 KāŚyapa，漢語音譯迦葉波，簡稱迦葉，意譯飲光。謂身光顯赫，能飲蔽一切光明，人壽減至二萬歲時出世成佛。

第七釋迦牟尼佛，梵語 Shākyamuni，漢語音譯釋迦牟尼，意譯能仁寂默。能仁是姓，寂默是字。以寂默故，不住生死；以能仁故，不住涅槃；悲智雙運，利物無窮，故立此號。人壽減至一百歲時，出世爲賢劫千佛之第四佛。

但此碑的七佛名號與上述七佛名號有些差異：

第二尸棄佛，"唐碑"題作"第二式佛"（因爲尸棄、式棄都是梵語 Shikhin 的音譯，這裏將"式棄"略去了後面的音節，簡稱"式"）。

第三毗舍浮佛，"唐碑"題作"第三隨葉佛"（因爲毗舍浮是梵語 ViŚvabhū 的音譯，這裏取其第二音節Śva，簡稱"隨葉"）。

第四拘留孫佛，"唐碑"題作"第四拘樓秦佛"、"第四句樓秦佛"（因爲拘樓孫、句樓秦都是梵語 Krakucchanda 的音譯）。

第五句那含牟尼佛，“唐碑”題作“第五拘那含牟尼佛”（因爲俱那含牟尼和拘那含牟尼都是梵語 Kanakamuni 的音譯）。

第五句那含牟尼佛

七佛名號的差異，主要在於：一、“唐碑”減少了名號字數，衹取其主要音節，這樣更便於廣大信衆的記憶和雕刻的簡便。二、當時佛名翻譯的用字不同，標音的微小區别，這是翻譯者們的主觀取向，約定俗成。這些都體現了唐代對佛像譯名的靈活性與包容性。

以下依次爲：當來下生彌勒佛、極樂世界阿彌陀佛、藥師琉璃光佛。

當來下生彌勒佛，簡稱彌勒佛，梵文 Maitreya，意譯爲慈氏，生於南天竺婆羅門家庭，隨釋迦牟尼出家成爲佛弟子。他在釋迦入滅之前先行入滅，升於兜率天内院，爲補處菩薩。經四千歲（即五億七千六百萬年），從兜率天宫下生人間，於華林園龍華樹下成正覺，繼釋迦牟尼成佛，爲賢劫千佛中的第五尊佛。

西方極樂世界阿彌陀佛，簡稱阿彌陀佛，梵文 amita 的音譯，又稱無量光佛、無量壽佛等，是佛教中西方極樂世界的教主。迄今仍在西方極樂世界説法，接引衆生往生西方净土，故又稱接引佛。阿彌陀佛以觀音菩薩及大勢至菩薩爲其左右脅侍，并稱爲“西方三聖”，是净土崇拜的主要對象。

藥師琉璃光佛，簡稱藥師佛，又作大醫王佛、飲光如來、十二願王等，是佛教東方净琉璃世界的教主，日光遍照菩薩與月光遍照菩薩爲其左右脅侍，并稱“藥師三尊”。據佛經説，藥師佛行菩薩道時，發了十二個大願，皆爲滿衆生願，拔衆生苦，醫衆生病，故又被稱爲“消灾延壽藥師佛”。

此碑爲什麽兩面碑棱都刻“七佛”和彌勒、彌陀、藥師“三佛”呢？筆者認爲，“七佛”代表了過去莊嚴劫千佛和現在賢劫千佛，未來星宿劫千佛距今太遠，無須請到。而彌勒佛是現在賢劫千佛的第五佛，釋迦牟尼佛的接班人；阿彌陀佛是西方極樂世界的教主，接引衆生往生净土；藥師佛是東方琉璃世界的教主，解除衆生病苦。這十尊佛像，從唐代至當代，一直受到佛教徒們的信仰，特别具有代表性和實用性，故此不可缺少。

## 唐代新都寶光寺的建築規模

新都寶光寺是我國歷史悠久、規模宏大、結構完整、環境清幽的佛教寺院，佛事鼎盛，文物衆多，現爲中國漢傳佛寺重點開放寺院，全國重點文物保護單位。據清人李惺撰《寶光寺妙勝禪師新請藏經及祖德居士捐金功德碑記》載："寶光寺，新都縣北，創自漢時。迄今一千餘年，相沿不廢，代有高僧主之。"此爲清代碑刻，"創自漢時"的史料不確，難以斷論。但從寺中至今保存着我國早期佛寺"寺塔一體、塔踞中心"的典型布局看來，這座寺院最遲建於隋代，當時是否叫寶光寺尚無法稽考。通過對寺内出土的"唐碑"考證表明，當時這裏已經叫寶光寺了，因此碑《施衣社銘并序》中明確有"益州新都縣寶光寺"之句。益州（治所成都）爲唐高祖武德元年（618）置，轄新都等13縣。

此碑更爲重要的是，在背面右側接近碑棱處，刻有一行題記："維大唐開元廿九年，歲次己巳，冬十二月。""開元"爲唐玄宗李隆基的年號，"開元廿九年"即"公元741年"。這裏又發現了一個問題：開元廿九年的干支紀年應該是歲次辛巳，碑上卻刻的是歲次己巳。但己巳爲開元十七年（729），顯然矛盾。筆者分析："己"字當是"辛"字之誤，不敢斷言，暫且存疑。

據寺内現存清代早期碑刻、康熙九年（1670）新都知縣畢成英撰的《重修寶光寺碑記》載，"因黄巢叛亂，大唐僖宗親御幸蜀，悟達國師隨駕來此，發地得一石函，中藏舍利十三顆，精明瑩徹，光彩射人，由是重興寶塔，即創浮圖"，這是寶光寺重建寶塔和寺院的時間。"唐碑"上"維大唐開元廿九年"題記的發現，證明最遲在唐開元廿九年（741），已有寶光寺的存在，比唐僖宗幸蜀時的中和元年（881）提前了140年。也就是説，寶光寺至今已有1270多年的準確歷史。

寶光寺在唐代的建築規模，《重修寶光寺碑記》僅説"即創浮圖"，没有具體載明寺院到底有多大，不像唐代史籍所載成都大慈寺的建築規模："無相禪師重建大聖慈寺，凡九十六院八千五百四十二間。"但從"唐碑"的《施衣社銘》所載："今有益州新都縣寶光寺安樂院施衣社，總七十餘家，并江漢粹靈，岷峨挺秀，遺榮錦里。"説明當時寶光寺的規模也是很大，寺内分爲許多院，其中的安樂院還設有施衣社。據《施衣社銘并序》和《施衣社功德頌并序》兩篇碑文所述，當時寶光寺安樂院施衣社在四川和成都地區是很有聲譽和影響的。

寶光寺安樂院施衣社，是唐代寶光寺的慈善機構，也屬於唐代四川佛教的慈善機構，類似於中國同時代的"悲田院"。施衣社除師主惟賀外，佛教信士大多以家庭爲單位入社，共計70餘家，有男女社人140餘人，由寶光寺高僧領銜負責，并受到遠近地方官員、社會名流的大力支持。

綜上所述，唐代新都寶光寺安樂院施衣社華嚴三聖石刻造像碑，是國内罕見的、有明確紀年的唐代碑刻。它極富文獻史料價值，爲唐代四川佛教史和佛教藝術增加了新數據，更爲寶光寺的創建年代、寺院規模、佛教慈善活動提供了確鑿的實物證據。它既是唐代佛教的藝術珍品，更是寶光寺悠久歷史的真實見證。

作者單位：四川省人民政府文史研究館（成都）

# 蘇軾的文學理念創新與文化基因的生成機制（下）[①]

楊勝寬

## 三　推陳出新機制

**政治思想的“新”與“變”**　蘇軾是在被歷史譽爲“承平之世”的宋仁宗統治時代出生并成長的。對於史家侈談的這個宋代難得的封建盛世，生當其中的蘇軾卻感受全然不同。他在早年所作《策論·策略一》中，對當時的局勢有這樣的基本判斷：“今天下有治平之名，而無治平之實；有可憂之勢，而無可憂之形。”[②] 他認爲國家處於這種情形，是最危險的。他用名醫治病的道理來説明其危險性：“今且有人恍然而不樂，問其所苦，且不能自言，則其受病有深而不可測者矣；其言語飲食，起居動作，固無以异於常人，此庸醫之所以爲無足憂，而扁鵲、倉公之所以望而驚也。其病之所由起者深，則其所以治之者，固非鹵莽因循苟且之所以能去也。而天下之士，方且掇拾三代之遺文，補葺漢唐之故事，以爲區區之論，可以濟世，不已疏乎！”[③] 或許此時的蘇軾少年氣盛，説話有些危言聳聽，但我們不得不承認，蘇軾對當時形勢的判斷是深刻而清醒的，抓住了問題的要害。

基於這樣的分析和認識，蘇軾相信，現存的三代以來遺文典籍和漢唐兩朝的成敗經驗教訓，不能爲療治仁宗統治后期社會的膏肓之疾提供有效藥方；祇是如庸醫一般地頭痛醫頭脚痛醫脚，也不能够祛除這個時代深不可測的病因。所以，他在《策論》中强烈主張“滌蕩振刷”“卓然有立”，要有除舊鼎新的勇氣與決心，對吏治、外交、財税、軍事等進行全面改

---

① 本文上篇見《蜀學》(第七輯)，巴蜀書社 2012 年，第 56—64 頁。

② 蘇軾:《策論·策略一》,《蘇軾文集》卷八，中華書局 1986 年，第 226 頁。

③ 同上，第 227 頁。

革，并提出了一系列的思路與舉措。觀其“夫當今之所宜先者，莫如破庸人之論，以開天下功名之門，而後天下可爲也”之論[1]，跟王安石熙寧變法的激進思想與言論，簡直別無二致！他以治水爲喻，闡述他的一整套治理天下的道理：

> 夫治天下譬如治水。方其奔突潰决，騰涌漂蕩而不可禁止也，雖欲盡人力之所至，以求殺其尺寸之勢而不可得；及其既衰且退也，駸駸乎若不足以終日。故夫善治水者，不惟有難殺之憂，而又有易衰之患，導之有方，决之有漸，疏其故而納其新，使不至於壅閼腐敗而無用[2]。

跟治水需要疏其壅塞、去其陳腐一樣，治理國家如果不能“疏其故而納其新”，時弊就會越積越多，越來越嚴重，最終無法救治。蘇軾這時强調的“疏故納新”，重點在於革除一切腐朽無用的陳規舊習，創設新的管理運行體制機制，使國家重新具有生機與活力。之所以他要激進地主張“滌蕩振刷”、“卓然有立”，是因爲不如此，不能改變仁宗時期因循守舊、苟且度日的朝野痼疾。

至神宗重用王安石推行激進式“熙寧變法”時，蘇軾卻很快站到了反對者的行列，强烈批評王安石的做法“操之過急”，轉向了主張“漸變”的政治立場，表現出跟此前思想的巨大反差。如果分析其中的原因，自然是十分複雜的，既有蘇軾主觀方面的，也有時局與政治鬥争等客觀方面的。其實，“熙寧變法”的“驟變”與“漸變”的分别，衹是後世區别當時士大夫對於這次自上而下變法活動的不同態度相比較而言的，其間衹有相對和便於言説的意義，根本不能成爲據此判斷其孰是孰非或進步性與否的理由。事實上，對於王安石的操之過急變法舉措，蘇軾所反對的根本理由，不在於變法推進速度的快慢，而在於變法的目的是富國强兵，而不是充分兼顧富國强兵與富民安民的關係；如果富國强兵以犧牲百姓的利益爲代價，這樣的改革得不到人心的支持，終究必然失敗。蘇軾在批評王安石變法主張的代表性奏章《上皇帝書》中，把“結人心”作爲申張自己改革思想的首要觀點，認爲“熙寧變法”的那些改革舉措，大多會導致丢失民心的可怕後果，這是他不贊成王安石變法的根本原因。而這種思想，在他早年的《策論·策略五》中，已經有了透徹的闡述。比較兩篇文章對這一問題的態度，我們可以得出一個清楚的結論，從形式上看，蘇軾在“熙寧變法”時的立場似乎變了，而實質上，他的根本主張是前後一致的，那就是把人心向背作爲改革的根本取向，變化之中有不變者在焉。蘇軾這位新法反對派的代言人，因此受到李定、舒亶等臺諫官員的文字獄陷害，在遭受百日牢獄之灾後，被貶黄州四年多，仕途和人生命運遭遇重大挫折，身心受到巨大考驗。

及至元祐初政治風向轉到“熙寧變法”反對者一邊時，蘇軾又因爲反對廢除“免役法”而與司馬光及其追隨者發生尖鋭矛盾，不僅元祐時期不斷受到“洛黨”群小的困擾和攻訐，而且在宋哲宗親政伊始就受到接踵而至的一連串貶謫，不僅以老邁之年被貶瘴癘之地惠州，

---

① 蘇軾：《策論·策略四》，《蘇軾文集》卷八，中華書局 1986 年，第 235 頁。

② 同上，第 235 頁。

而且最後到了人迹罕至的海外孤島之地儋州。他反對廢除“免役法”的主張也很明確，“免役法”執行了十多年，民衆已經接受并習慣了它，國家没有必要頻繁變更法度，困擾百姓；他更不贊成司馬光意氣用事、因人廢法的政治態度，因爲政治家們意氣相争的結果，遭殃的衹能是廣大百姓。

蘇軾一生，經歷了仁宗、神宗、哲宗幾朝的重大政治事件，他的思想始終是隨着時局和社會的發展變化而不斷改變的，無論是仁宗朝的激進改革主張，還是神宗朝的“漸變”政治立場，不管是熙寧時期的反對新法，還是元祐初期的維護新法，都不難看出中間的變化是實際存在的，無怪乎像朱熹這樣的批評蘇軾者，要發出如此嘲弄般的議論：“東坡初年若得用，未必其患不甚於荆公，但東坡後來見得荆公狼狽，所以都自改了：初年論甚生財，後來見青苗之法行得狼狽，便不言生財；初年論甚用兵——如曰用臣之言，雖北取契丹可也——後來見荆公用兵用得狼狽，更不復言兵。他分明有兩截底議論。”① 事實當然不是朱熹所認爲的那樣，蘇軾的政治思想和改革主張，確實在不斷地更新變化，但他所堅持的改革目的和價值原則始終没有改變，那就是他的樸素的民本思想和與時俱進的時代觀念，用今天的眼光看作爲封建時期士大夫一員的蘇軾，這不僅不是他的缺點和局限，反而是他的進步和難能可貴之處。

**文學藝術的“以故為新，以俗為雅”**　蘇軾《題柳子厚詩二首》其二云：“詩須要有爲而作；用事當以故爲新，以俗爲雅，好奇務新，乃詩之病。柳子厚晚年詩，極似陶淵明，知詩病者也。”② “以故爲新，以俗爲雅”，雖然是針對柳宗元的詩歌風格和詩歌創作“用事”要求來説的，但一般研究者都認爲，這八個字體現了蘇軾的重要文藝創作思想。錢鍾書通過對這一詩歌創作觀念出處和演變過程的考察，并且聯繫西方文論中的類似觀念進行比較分析以後，認爲宋代詩人所倡導的“以故爲新，以俗爲雅”，“不獨修辭爲然，選材取境，亦復如是”，又説“此諦非徒爲練字屬詞設耳”③。表明這一觀念，是宋人普遍認同的重要文學藝術創作原則④。

仔細分析蘇軾上述題跋，主要表達了兩層重要意思，一是詩歌“有爲而作”的觀念，這是蘇軾一生都堅守不逾的基本創作原則，人所共知，毋庸贅述。二是“以故爲新，以俗爲雅”，蘇軾這裏側重强調的是注意防止“好奇務新”的創作傾向，爲奇而奇，爲新而新，顯然已經背離了“有爲而作”的根本要求，所以是他所反對的；另一方面，“以故爲新，以俗爲雅”又是實現文學藝術創新的重要途徑，這種創新理念所包括的内涵，具有宋代文藝思潮的鮮明時代特徵，需要作些深入分析。

宋代的許多文學思想，大都是承繼中唐韓愈而來的。韓愈在《答李翊書》中自言創作經

① 朱熹：《諸子二·蘇氏》，《御纂朱子全書》卷五十九，吉林出版集團有限責任公司 2005 年，第 1450 頁。

② 蘇軾：《題柳子厚詩二首》，《蘇軾文集》卷六十七，中華書局 1986 年，第 2109 頁。

③ 錢鍾書：《談藝録·補訂》，中華書局 1983 年，第 320－322 頁。

④ 楊勝寬：《論“以故爲新，以俗爲雅”——析蘇、黄創立“宋調”的一條作詩原則》，《蘇軾與蘇門文人集團研究》，四川人民出版社 2010 年，第 343－356 頁。

歷云："當其取於心而注於手也，惟陳言之務去，戛戛乎其難哉！"[①] 他在《南陽樊紹述墓志銘》《進學解》等文章中，對自古以來的"剽賊""盗竊"行爲也進行了尖鋭抨擊。表明在韓愈時代，爲了提倡創新精神，是不惜抛棄陳言，鼓勵戛戛獨造的。而到了北宋時代，合理繼承優秀文化遺産，適當運用故實俗語，成爲創作界的普遍共識。周裕鍇認爲，"語言上'以故爲新'的觀點在北宋中葉後纔形成一股强大的思潮"[②]，周先生所説的"以故爲新"，近似於錢鍾書所詮釋的語意："夫以故爲新，即使熟者生也；而使文者野，亦可謂之使野者文，驅使野言，俾入文語，納俗於雅爾。"[③] 由此看出，北宋中葉以來的創作觀念，比之韓愈時代已經有了重要轉變，宋代作家們不再簡單地拒絶包括陳言俗語故實在内的傳統遺産，而是回到書齋，努力攫取古代典籍中一切於自己創作有用的東西，兼收蓄之，點化用之，把這作爲突破唐人創作規範，創立時代風格特色的一大法門，甘之如飴，樂此不疲。

蘇軾把"以故爲新，以俗爲雅"與"好奇務新，乃詩之病"并列在一起，顯然是爲了强調創作時必須把握好"故"與"新"、"俗"與"雅"二者關係的度，超過合理的度，就滑向了爲奇而奇、爲新而新的迷途，容易出現偏離創作宗旨的各種弊端。怎樣處理好"故"與"新"、"俗"與"雅"的關係，讓"故""俗"爲"新""雅"服務，吸收、消化這個"化"的過程非常重要。處理得好，就能够化腐朽爲神奇，使陳言俗語具有新的生命力和表現力，它們此時已經完全成爲作家創作立意的有機組成部分，所以"新"，所以"雅"；處理不好，效果就截然相反。宋代江西詩派的末流，資書以爲詩，生吞活剥，競奇務巧，其陳言俗語就毫無生命力、表現力可言。

蘇軾身處唐宋文學的歷史轉折演變浪潮中，他一方面發揚韓愈所倡導的文學創作師古人之意而不師其辭的創新精神，另一方面又結合時代創作要求，合理揚棄韓愈的儒家道統觀念和對陳言俗語的偏見，積極探索兼收并蓄、綜合熔鑄古代遺産，建立有别於唐代文學藝術風格時代特徵的創作道路，并在這一探索努力中取得了巨大成功。清人葉燮對此有一段見解深刻的評論，可以幫助我們認識蘇軾的成就及其在唐宋文學發展中的地位與意義：

> （韓）愈嘗自謂陳言之務去，想其時陳言之爲禍，必有出於目不忍見，耳不忍聞者，使天下人之心思智慧，日腐爛埋没於陳言中，排之者比之救焚拯溺，可不力乎？而俗儒且栩栩然俎豆愈所斥之陳言，以爲秘異而相授受，可不哀耶！故晚唐詩人，亦以陳言爲病，但無愈之才力，故日趨於尖新纖巧，俗儒即以此爲晚唐詬厲，亦可謂愚矣。至於宋人之心手，日益以啓，縱横鈎致，發揮無餘藴，非故好爲穿鑿也。譬之石中有寶，不穿之鑿之，則寶不出；且未穿未鑿以前，人人皆作模棱皮相之語，何如穿之鑿之實有得也？如蘇軾之詩，其境界皆開闢古今之所未有，天地萬物，嬉笑怒駡，無不鼓舞於筆

① 韓愈：《答李翊書》，馬其昶：《韓昌黎文集校注》第三卷，上海古籍出版社1986年，第170頁。
② 周裕鍇：《鐵與金：陳言俗語的點化與活用》，《宋代詩學通論》第三章，巴蜀書社1997年，第186頁。
③ 錢鍾書：《談藝録·補訂》，中華書局1983年，第321頁。

端，而適如其意所欲出，此韓愈後之一大變也，而盛極矣①。

看來，韓愈提倡“務去陳言”是對當時陳言泛濫的改變，而蘇軾等宋代作家“以故爲新，以俗爲雅”，又是對韓愈“務去陳言”的合理揚棄與矯正，帶來文學創作的新變與繁榮。

如果説蘇軾政治思想上的推陳出新，是以革除積習陳規爲特徵，那麽他在文學藝術方面的推陳出新，就更多體現了對傳統遺産的繼承兼容，合理吸納，對陳言俗語的點化活用，賦予新意。由於他在創作實踐中，能够堅持“有爲而作”的基本原則，正確處理“故”與“新”、“俗”與“雅”的關係，不僅在廣泛的文學藝術領域取得了時人難以企及的成就，而且在創立宋代文藝的時代風格方面，也做出了卓越的貢獻。

## 四　融通轉换機制

**打通文學藝術間的“牆壁”**　清人劉熙載《藝概・文概》有言：“東坡文雖打通墻壁説話，然立脚自在穩處，譬如舟行大海之中，把舵未嘗不定，視放言而不中權者異矣。”② 揣摩上下文義，劉氏對蘇軾文章“打通墻壁”的做法似頗有保留，在有保留的前提下加以肯定。那麽，這裏所説的“打通墻壁”指的什麽?《藝概・詩概》亦云：“東坡詩打通後壁説話，其精緻超曠，真足以開拓心胸，推倒豪傑。”③ 綜觀兩處所言，劉氏認爲蘇軾詩文的共同特點是“打通墻壁”，其結果表現在兩個方面，一是使作家進入一個更加開闊的視閾，創作時能够在更廣闊的範圍内左右馳騁，有如“舟行大海之中”；二是能够開拓心胸，超越别人，達到更高的藝術境界。這兩方面都是蘇軾打通各種藝術創作界綫，綜合運用不同藝術形式和表達方法，進而取得廣泛藝術成就，達到超常藝術水平與效果的成果訣竅。

蘇軾在《書鄢陵王主簿所畫折枝二首》其一中云：“論畫以形似，見與兒童鄰。賦詩必此詩，定非知詩人。詩畫本一律，天工與清新。”④ 徐中玉認爲，“詩畫本一律，天工與清新”，是“指一切藝術都應該有所創新”⑤，所有的藝術都應該追求創新，没有創新就没有生命力，這自然是没錯的。但我們想着重指出的，是蘇軾對不同文學藝術體裁具有相通創作原理的規律性的深刻認識，這不僅是蘇軾在文學觀念上的一大進步，而且對宋代文學藝術的發展，産生了深刻影響和顯著的推動作用。

在中國文學史上，隨着魏晋時期文學觀念的自覺，文體劃分日益細密，文體界綫被提升到保持各種文體獨立特徵的高度，不斷得到强調。唐人專精者居多，而兼擅者并不很特出，才高如李、杜，專精於詩之外，文章方面着實用力不多，成就亦有限；韓愈雖然詩文兼擅，

---

① 葉燮：《原詩・内篇上》，《清詩話》下册，上海：上海古籍出版社，1982年，第570頁。
② 劉熙載：《藝概》卷一，上海古籍出版社1982年，第30頁。
③ 劉熙載：《藝概》卷二，上海古籍出版社1982年，第67頁。
④ 蘇軾：《書鄢陵王主簿所畫折枝二首》，《蘇軾詩集》卷二十九，中華書局1987年，第1525—1526頁。
⑤ 徐中玉：《論蘇軾的創作經驗・自是一家》，華東師範大學出版社1981年，第95頁。

但對當時新興的詞，并未染指。這種情形，并非作家才力不能兼擅，其實深層次的原因，在於時代文學觀念的影響。到北宋中期，傳統文學觀念發生了重大轉變，歐陽修、王安石、蘇軾、黄庭堅等文壇重要人物，都提倡兼擅衆能，打通各種藝術形式的體裁壁壘，從共同規律中藉鑒其他藝術手法，豐富表現方法，增强表達效果，并且在創作中身體力行，其中蘇軾在這方面是做得最好的。比如《書鄢陵王主簿所畫折枝二首》其一雖然是論畫，實際上也是在揭示如何認識和把握文學藝術創作的基本規律，評價一幅畫，衹注重形狀像不像，顯然認識是非常膚淺的；衹就詩説詩，并不是真正懂得詩歌的人。蘇軾所强調的是，要跳出詩與畫的形迹要求之外，去看彼此相通的深層次的基本規律；如果詩與畫的體裁本身已經難以突破和創新的話，那就應該在彼此融通和互相藉鑒方面去嘗試和探索。事實上，蘇軾將不同藝術體裁"打通"進行審視評價的，不乏例證，如人所共知的對王維"詩中有畫""畫中有詩"的評價，又如《韓幹馬》："少陵翰墨無形畫，韓幹丹青不語詩。"① 不僅詩畫如此，文學藝術的其他形式亦然。

蘇軾不僅努力打通文學體裁之間、藝術形式之間、文學與藝術之間的固有壁壘，而且要打通作家與表現形式之間、作品與表現對象之間的壁壘，不斷尋求創新的途徑。《書晁補之所藏與可畫竹三首》其一云："與可畫竹時，見竹不見人；豈獨不見人，嗒然遺其身。其身與竹化，無窮出清新。莊周世無有，誰知此疑神。"② 這首詩一般認爲是蘇軾稱贊文同作畫時的一種投入狀態：畫竹時不僅不見人，甚至嗒然忘記了自己身體的存在；"其身與竹化"，是怎樣一種境界呢？徐中玉認爲指的是"畫家物我兩忘，與竹融化爲一"③。從詩取意於《莊子·齊物論》看，蘇軾描述的是文同進入畫竹的凝神壹志的境界，當此之時，畫家完全泯滅了物我之間的差别，而達到一種忘記物象、忘記技巧的自由表達，畫家與竹、圖畫的點綫色澤與竹的表象之間，已經渾然一體，没有了主客、物我、表現與被表現的差别；表現對象不再是静止的、固態的被描摹者，而成爲畫家心目中鮮活的、靈動的、有生命活力的事物，這樣畫出的竹子，就是完整而有生機的。《文與可篔簹谷偃竹記》叙述文同的畫竹經驗云："竹之始生，一寸之萌耳，而節葉具焉。自蜩腹蛇蚹以至劍拔十尋者，生而有之也。今畫者乃節節而爲之，葉葉而累之，豈復有竹乎！故畫竹必先得成竹於胸中，執筆熟視，乃見其所欲畫者，急起從之，振筆直遂，以追其所見，如兔起鶻落，少縱則逝矣。"④ 文章着重强調的是，對所畫對象要熟悉與整體把握，要體現其生命與精神，如果一筆畫節，一筆畫葉，也許形狀更像竹子，但是可能忽略了表現其内在生命、本質特徵和品格精神。達到了這樣的繪畫境界，就能够"無窮出清新"，不僅可以創新，因爲它是最個性化和最不可複製的，而且可以達到創新的無窮程度，因爲表現對象是千差萬别的，所創作的藝術作品就是獨一無二的創新産品。

---

① 蘇軾：《韓幹馬》，《蘇軾詩集》卷四十八，中華書局 1987 年，第 2630 頁。

② 蘇軾：《書晁補之所藏與可畫竹三首》，《蘇軾詩集》卷二十九，中華書局 1987 年，第 1522 頁。

③ 徐中玉：《論蘇軾的創作經驗·胸有成竹》，華東師範大學出版社 1981 年，第 71 頁。

④ 蘇軾：《文與可篔簹谷偃竹記》，《蘇軾文集》卷十一，中華書局 1986 年，第 365 頁。

打通文學體裁與藝術形式之間的壁壘界綫，是爲了更好地互相借鑒，豐富表現方法，提高表達效果；要做到這一點，就要求作家具備多樣的藝術才能，融會貫通，纔能左右逢源。打通創作中的物我、主客分別，是爲了進入藝術的自由境界，充分感受表現對象的生機活力與獨特品格，放下對形似、工拙、好壞的計較，而全身心地與表現對象化而爲一，去感受其內在的生命脈動。如果作家能够做到這一點，不用説，創作出來的作品是最具獨創性和不朽藝術價值的。

**"反常"與"合道"**　蘇軾《書柳子厚〈漁翁〉詩》云："詩以奇趣爲宗，反常合道爲趣。熟味此詩有奇趣。"[①] 學者冷成金在其所著的《蘇軾的哲學觀與文藝觀》一書中，把追求反常合道而獲得的"奇趣"，作爲蘇軾的藝術精神，進行了專節分析，但是論述的重點，完全在於與"趣"相關的問題上[②]。本文對冷著已經闡述的蘇軾重"趣"問題，不再辭費，而把觀照的重點，放在"反常合道"作爲蘇軾所概括的一種文學藝術創作思維模式的分析上，探討其作爲一種融通轉换機制，在文學創新觀念方面的作用與意義。

在藝術創作上的反常與合道的思維，比較典型地反映在古代繪畫中，最著名的例子要算唐代文人畫的創始人王維所作的《袁安卧雪圖》"雪裏芭蕉"圖景。從宋代開始，圍繞這幅畫是否違背自然常理發生了許多争論，贊揚的、批評的各有理由。贊揚的如北宋沈括《夢溪筆談》云："此乃得心應手，意到信成，造理入神，迥得天意"；批評者又指責畫家不懂自然常識。姑且拋開這些争論不談，我們所注意的是"雪裏芭蕉"的出現與文人畫興起之間具有什麽樣的必然聯繫。稍懂中國繪畫史發展的人們都知道，中國畫經歷了從工筆畫到寫意畫的發展演變，重大轉折點就出現在王維創立文人畫時期。顧名思義，寫意畫就是着重體現繪畫者的思想意趣和主觀感受，其他都需服從於畫家意趣與感受需要的表達。明白這一點，王維畫出"雪裏芭蕉"，就不能簡單從常識常理去解釋和評論，因爲如果那樣的話，就難以理解文人寫意畫對傳統工筆畫突破的事實與意義了。

當然，并不是文人寫意畫都是違反常識常理的。重要的是，"雪裏芭蕉"寫意思維方式的出現，它預示着文人畫在重"意"的創作原則影響下，畫家可以在觀察事物的方式與角度，攝取表現對象的取捨與構造，圖畫意境的凸顯與創新等方面，將會有不同於傳統表現形式的許多方法與立意的拓展空間與創新形式。

蘇軾作爲宋代文人寫意畫的主要代表人物，他用"反常合道"的文學藝術理念與實踐，把宋代重"意"藝術推向了新的發展水平，并形成了宋代文學藝術的鮮明時代風格特徵。在繪畫藝術上，蘇軾非常贊賞繪畫立意新穎獨特，而不拘泥於點畫圖迹的畫工之似。《畫水記》最清楚地顯示了文人寫意畫由傳統工筆畫轉變之後所追求的新的審美標準：

> 古人畫水，多作平遠細皺，其善者不過能爲波頭起伏，使人至以手捫之，謂有窪隆，以爲至妙矣。然其品格，特與印板水紙争工拙於毫厘間耳。唐廣明中，處士孫位始

① 蘇軾：《書柳子厚〈漁翁〉詩》，《蘇軾文集·蘇軾佚文匯編》卷五，中華書局 1986 年，第 2552 頁。

② 冷成金：《蘇軾的哲學觀與文藝觀·蘇軾的藝術風格論》，學苑出版社 2003 年，第 602－623 頁。

出新意，畫奔湍巨浪，與山石曲折，隨物賦形，畫水之變，號稱神逸。其後蜀人黄荃、孫知微，皆得其筆法。……近歲成都人蒲永昇，嗜酒放浪，性與畫會，始作活水，得二孫本意①。

古人畫水，追求的是窮物盡相，得其形似，乃是畫工的技法；而文人畫興起以後，畫家追求的是自出新意，畫出水的變化姿態，是文人欣賞的活水的效果與意趣。《跋蒲傳正燕公山水》云："畫以人物爲神，花、竹、禽、魚爲妙，宫室、器用爲巧，山水爲勝。而山水以清雄奇富、變態無窮爲難。燕公之筆，渾然天成，粲然日新，已離畫工之度數而得詩人之清麗也。"② 顯然，山水之勝，主要不在於一山一水、一草一木的模擬肖似，而在於能够表現出整幅圖畫的詩一般的意境和畫家對所畫山水的意興表達，達到"渾然天成，粲然日新"的藝術效果。《書陳懷立傳神》則反復强調繪畫的根本要領和崇高境界，在於捕捉所畫對象的"精神"，而後將畫家所理解的"意思"成功表達出來："凡人意思各有所在，或在眉目，或在鼻口。（顧）虎頭云：'頰上加三毛，覺精彩殊勝'。則此人意思蓋在鬚頰間也。優孟學孫叔敖，抵掌談笑，至使人謂死者復生。此豈能舉體皆是耶？亦得其意思所在而已。使畫者悟此理，則人人可爲顧、陸。"③

可見，蘇軾提倡的"反常合道"，注重的是突破傳統常規對創作的束縛，努力超越形迹之似的工匠技法表現層次，把創作主體的思想情趣和審美品位融入藝術作品之中，使之更加接近於藝術表現的内在本質，"活水"論、"傳神"論、"成竹"論，都體現了蘇軾關於藝術創作"反常"與"合道"的辨證關係與深刻聯繫，揭示了文學藝術創作的内在實質，體現其努力超越傳統、尋求創新的觀念與追求。

**"自是一家"的範式意義** "自是一家"是蘇軾任職密州時對自己的詞的評價，《與鮮于子駿尺牘三首》其二："近卻頗作小詞，雖無柳七郎風味，亦自是一家。數日前，獵於郊外，所獲頗多。作得一闋，令東州壯士抵掌頓足而歌之，吹笛擊鼓以爲節，頗壯觀也。"④ 詞在北宋的發展，柳永的作用是不能忽視的，他在時人規摹五代以來小令詞的風氣下，開創了具有世俗化特徵的慢詞寫作，從詞的體式、結構、句法、辭彩等方面進行全面改造，使宋詞走向能够爲市井大衆喜聞樂見的通俗化創作方向，在當時産生了巨大影響，宋人筆記中言，"凡有井水飲處，皆能歌柳詞"，其盛況可以想見。蘇軾在柳永之後，决心嘗試不同於柳詞風格的詞風，按照他的審美要求對詞進行革新。

書信所指小詞，即蘇軾熙寧八年（1075）知密州時所作的《江城子·密州出獵》，時年40歲。如果按照薛瑞生對蘇詞的編年，其詞的創作時間始於仁宗嘉祐五年（1060）⑤，則至此時蘇軾從事詞的創作已經十五六年，寫詞約有70多首。考察蘇軾知密州之前的詞作，大

① 蘇軾：《畫水記》，《蘇軾文集》卷十二，中華書局1986年，第408—409頁。
② 蘇軾：《跋蒲傳正燕公山水》，《蘇軾文集》卷七十，中華書局1986年，第2212頁。
③ 蘇軾：《書陳懷立傳神》，《蘇軾文集》卷七十，中華書局1986年，第2215頁。
④ 蘇軾：《與鮮于子駿尺牘三首》，《蘇軾文集》卷五十三，中華書局1986年，第1560頁。
⑤ 薛瑞生：《東坡詞編年箋證》卷一，三秦出版社1998年，第3—4頁。

凡以酬贈别情占多數，且皆爲小令；從知密州開始，蘇軾的詞出現了一些值得注意的變化，比如寫現實生活題材（《江城子·密州出獵》）；表現心志情懷（《沁園春·赴密州早行馬上寄子由》）；出現優秀的悼亡詞（《江城子·乙卯正月二十日記夢》）和幽默風趣的遊戲詞（《殢人嬌·戲邦直》）等。從詞的體式上看，之前基本上以字數不多的小令爲主，而此時已開始寫作像《沁園春》這樣的長調作品（114 字）和《雨中花慢》《水調歌頭》等慢詞。從詞的質量看，之前基本没有産生流傳廣泛和重要影響的佳作，而此時的兩首《江城子》《沁園春》《水調歌頭·中秋》等，都稱得上蘇詞的上乘之作，在後世具有廣泛影響。

蘇軾對《江城子·密州出獵》的矜賞，有基於自己這一時期找到了寫詞自别於柳永詞風的創作路數并初步形成獨立風格的欣喜之情存於其間，其實不單指此詞而言。之所以蘇軾有這樣的喜悦和自負，是因爲詞作爲一種文人染指的新興文學形式，雖然始於中唐，但兩百年間在詞的體式和風格上，并没有太多的創獲，基本没有擺脱“詞爲艷科”、侑酒佐歡的傳統窠臼。柳永對詞的改造引起了蘇軾高度關注，所以他每每把柳詞作爲參照來評判當時的詞壇和作家的水平。但是，柳詞的世俗化創作道路又是蘇軾不能完全接受的，因爲其世俗化傾向的詞作中，出現了不少庸俗甚至淫穢的内容，其過於媚俗的詞作指向導致作品的格調比較低下，因而受到士林的抵制與批評。蘇軾有見於此，决心在詞的改革上，“指出向上一路”（王灼《碧鷄漫志》卷二），使詞的内容更健康，格調轉向高雅。南宋人胡寅認爲，蘇軾對柳詞的革新作用，在於“一洗綺羅香澤之態，擺脱綢繆宛轉之度”（《〈酒邊詞〉序》），是很有見地的。

蘇軾致力於詞的雅化，主要方法就是陳師道所講的“以詩爲詞”，即把詩歌的某些技法運用在詞的寫作中，抒寫作者的性情志意和理想胸襟，創造出接近於詩歌意境和風格的新詞風，後世研究者也把這稱爲詞之“詩化”。蘇軾對柳永詞的低俗化傾向表示不滿，但對部分格調高雅的作品仍然予以肯定，如對柳氏《八聲甘州》中“霜風凄緊，關河冷落，殘照當樓”等句，就極力稱贊其“不減唐人高處”[①]。這裏的唐人，不是指唐代的詞人，而是指唐代的詩人，認爲柳永的詞句，具有唐詩的高雅意境。對時人的詞作，他也用詩歌的標準進行評價，如評價蔡景繁的新詞，儼然“古人長短句詩”，得之驚喜[②]；評價陳慥新詞，“句句警拔，詩人之雄，非小詞也”[③]。用“詩人之雄，非小詞”來稱贊對方的詞作，可以看出蘇軾對詩詞的褒貶態度。當然，這裏顯示的主要不是蘇軾尊詩卑詞的觀念，而是反映了他主張用詩歌的手法和情調來改變過去婉約詞的側艷柔媚風格，使之具備詩歌的表現功能和高雅情調。

在詞學專家葉嘉瑩看來，古代詞發展到北宋中期，士大夫寫詞，往往在詞裏表現作者的學養與襟抱，詞的境界由於作家這種主觀情懷與學養成分的增加而得到提升，這是一個漸進

① 趙令畤：《侯鯖録》卷七十四，《四庫筆記小説叢書》本，上海古籍出版社 1991 年，第 407 頁。
② 蘇軾：《與蔡景繁尺牘十四首》其四，《蘇軾文集》卷五十五，中華書局 1986 年，第 1662 頁。
③ 蘇軾：《與陳季常尺牘十六首》其十三，《蘇軾文集》卷五十三，中華書局 1986 年，第 1569 頁。

的“詩化”的發展趨勢與過程，“一直到了蘇氏的出現，纔開始用這種合樂而歌的詞的形式，來正式抒寫自己的懷抱志意，使詞之詩化達到了一種高峰的成就”。并且認爲，蘇軾之前的作家，這種嘗試基本是無意的，而衹有蘇軾是“帶着一種有意的想要開拓創新的覺醒”①。蘇軾有意識地通過寄予詩人情懷和運用詩歌表現手法對詞風進行革新，最終實現了拓展詞的表現領域，提高詞的品格與地位之目標，使宋詞在此後具備了與詩歌并駕齊驅的表現功能與作用，徹底改變了“詩莊詞媚”的傳統創作格局。

蘇軾對宋詞的革新，不僅改變了詞的發展道路，豐富了詞作爲一種獨立文體的表現内涵，同時也完成了蘇詞“自是一家”的風格創造，奠定了其在宋詞發展史上的不可動摇的地位。其影響從蘇門人士開始，經歷南宋初的豪放詞諸家，直至金、元、明、清各代，千餘年間不絶如縷。其啓示意義在於：文學藝術的發展進步，根本在於勇於創新；衹有具備先進的創新觀念，纔能創造獨具個性和高水平的作品；文學藝術的質量取決於此，文學藝術的發展進步取決於此，作家的貢獻、地位、影響也取決於此。

作者單位：樂山師範學院

① 葉嘉瑩：《論蘇軾的詞》，繆鉞、葉嘉瑩：《靈溪詞説》，上海古籍出版社 1987 年，第 193 頁。

# 讀《南軒集》劄記*

楊世文

張栻《南軒集》留下的詩文一千多篇，系統反映了他的哲學思想、政治主張、文學情懷、人生理想。張栻詩文中涉及許多人物，除朱熹、吕祖謙、劉珙、陸九淵、李燾、吴翌、游九言、吴獵等大家比較熟知以外，也有不少人物我們比較陌生。有的人物在張栻文集中僅一二見，若不仔細考證，難知其詳。另外，弄清所涉人物，對於張栻詩文編年，以及研究張栻學術交游、學術思想演變也至關重要。筆者不揣譾陋，略加疏理，就正於方家。

## 王長沙

《南軒集》卷一有《王長沙梅園分韻得林字》一首，卷四又有《王長沙約飲縣圃梅花下分韻得梅字》一首，云："平生佳絶處，心事付江梅。縣圃經年見，芳樽薄暮開。朗吟空激烈，燒燭且裴徊。未逐征書去，窮冬尚一來。"所謂"王長沙"是誰？張栻文集中并無此人綫索，故須藉助其他文獻。

所幸王柏《魯齋集》卷十一有《跋文公梅詞真迹》一文，云："昔南軒先生與先大父石笥翁在長沙賞梅分韻，有曰'平生嘉絶處，心事付寒梅'；今又獲拜觀文公先生懷南軒之句，曰'和羹心事，履霜時節'。由是知二先生之心事，與梅花一也。"王柏所引南軒先生與"先大父"詩句，正是《王長沙約飲縣圃梅花下分韻得梅字》詩（所異二字爲記憶之誤，無關大體）。

又《瀛奎律髓》卷二十《王長沙約飲縣圃梅花下分韻得梅字》下案語曰："王長沙名師愈，婺州人。早登楊龜山之門，後與朱、張、吕三先生交，仕至中奉大夫、直煥章閣，乾、

* 本文是國家社科基金項目《張南軒著作整理與研究》（12BZX049）的前期成果。

淳名卿也。其爲長沙宰先一年，嘗招南軒賞梅，南軒分得林字，此第二年再會，故云‘縣圃經年見’。師愈生辮，從吕東萊及朱文公游，仕至朝奉郎。辮生柏，號魯齋，著《可言集》，亦載南軒林字韻及此詩，其祖古詩亦附焉。”

由此可知，王長沙即王柏祖父王師愈。朱熹作有《中奉大夫煥章閣王公神道碑銘》云：“軍興官省，更授提點坑冶司幹辦公事，未赴，改潭州南嶽廟，蓋居閑又七八年。……尋改京官，知潭州長沙縣事。”據朱熹所述，“軍興”指隆興元年北伐，“又七、八年”，則王師愈知長沙縣事爲乾道五年前後。朱熹又述曰：“（湖南）帥守張安國舍人知公深，既剡薦之，及移荆州，又奏取以爲屬，而公已有召命矣。”張孝祥於乾道四年八月到五年春帥荆南，據朱熹所述，則王師愈有召命當在乾道四、五年間，時間上有出入。而王柏《復陳本齋》（《魯齋集》卷十七）云：“乾道庚寅（六年），先大父諱某宰長沙”，“五月大父面對稱旨，即差知嚴州，實代南軒張宣公”，明確説王師愈召對時間是乾道六年五月，後差知嚴州，接張栻嚴州任，當以王柏之説爲正。蓋王師愈乾道四年爲長沙令，六年召對。可以推斷，張栻《王長沙梅園分韻得林字》詩約作於乾道四年（1168）春，《王長沙約飲縣圃梅花下分韻得梅字》一詩作於次年（1169）春。

## 宋與道、宋子飛

《南軒集》卷二有《湖南參議宋與道奉祠歸崇安里中賦此以别》，其“憶昔歲丙寅，束書從吾翁”句，指從紹興十六年丙寅（1146）七月張浚以論時事怫秦檜意，落節鉞、職名，提舉江州太平宫，移連州居住。張浚聞命，即日攜子栻、侄杅赴連州。宋與道在連州從張浚、栻父子游。又：“日月遽如許，於今再星終。”本集卷四十四有《祭宋子飛參議》文，云“連陽識君，今兩周星，離合不常，交情愈親”，可知宋與道即宋子飛。案，宋翔，字子飛，號梅谷，崇安（今福建武夷山市）人。幼穎敏，七歲時劉子翬命賦燈詩，援筆立成，大爲稱賞。舉紹興十二年進士，累官國子監簿。韋太后既歸，獻《紹興樂府》十二章。曾通判湖州，攝郡事（《吴興備志》卷六）。受知張浚，爲浚十客之一。後差湖南帥司參議官，以朝散大夫致仕。有《梅谷集》。王十朋有《登清風樓呈通判宋子飛》詩，朱熹亦有《次劉明遠宋子飛反招隱韻二首》。張栻在連州時，曾與之酬唱湟川，作有“連江八景”詩。紹興二十八年（1158）夏，宋翔由崇安來長沙訪張栻，張栻作《仰止堂記》贈之（本集卷十二）。

從宋翔“束書從吾翁”到“於今再星終”，約過了二十四五年，則爲乾道六年之後。考張栻於乾道五年除知撫州，改知嚴州，十二月陛辭，則最遲於是年十一二月已離開長沙，此後直到乾道七年底纔回來。又“歸來洞庭野，乃此相迎逢”，則張栻已歸，是時宋與道尚在長沙。《祭宋子飛參議》文云“湘岸之别，自夏徂秋，詩墨未乾，君已不留”，可知宋翔於夏天與張栻相别，秋天即去世了。但宋翔究竟死於哪一年呢？

考本集卷二十《答朱元晦秘書》（第十三書）云：“子飛家事聞之傷心，其子之喪，恐亦宜早歸土也。”此書爲回應朱熹《答張敬夫》(“所引《家語》”,《朱文公文集》卷三十一)一書而作。張栻書中提到《克齋銘》,實爲朱熹《克齋記》(《晦庵先生朱文公文集》卷七十七),作於乾道八年壬辰(1172)。“某近作一《拙齋記》”,乃張栻乾道八年爲曾撙(節夫)作,見本集卷十二。是書又言及劉珙將再次來帥長沙,魏掞之病重。考劉珙是年十二月到任,魏掞之乾道九年閏正月卒。故張栻此書約作於八年(1173)十二月之前。又本集卷二十八《與吴晦叔》(第七書):“子飛可傷之甚,前書已報去,不知諸喪今誰與殯葬?孤遺誰與收拾?”是書言及“醇叟遂爾,使人感傷”,“醇叟”即趙師孟,卒於乾道八年(1172)九月十七日(張栻《訓武郎趙公醇叟墓誌銘》,本集卷四十)。張栻《祭宋子飛參議》文云“始聞哭子,繼曰悼亡,念君之親,白髮在堂。曾未幾日,亦以訃傳”,與朱熹、吴翌二書所言吻合。可知宋翔死於乾道八年(1172)秋九月。

## 廣德兄、四九兄

《南軒集》卷二有《六月晦發霅川廣德兄與諸友飲餞於漁山已而皆有詩贈别寄此言謝》詩,又卷四十四有《祭南康四九兄》二篇。詩文中涉及的“廣德兄”、“四九兄”是誰?遍查張栻著作,找不到綫索。因此還得擴大視野,從其他文獻中尋找答案。

史堯弼《蓮峯集》卷十《與張丞相》有云:“某近於戒仲四十九哥所竊伏聞相公温清之餘,閉合深居,天游獨得,大《易》微言,著書已就。”史氏此信是寫給張浚的。張浚《易傳》完成於紹興二十八年戊寅(1158)謫居永州期間(張獻之《紫巖易傳跋》,見《宋代蜀文輯存》卷七十九),可知史氏此信當作於是年前後。“戒仲四十九”,即張栻所云“四九兄”,據此可知即張戒仲。

又楊萬里《范公亭記》:“廣德決曹掾官寺之睢子城之椒負東迤南有亭而小,若黝若爽,若倉若晢,若翼斯擊,若咮斯章,若袨服巍弁之旋飭者,范公亭也。公之逸事,孫莘老詩之,江彦章書之。公有遺墨,張君杅戒仲刻之。趙君亮夫懋德啃亭之圮,作而新之。”(《誠齋集》卷七十四)因此知“戒仲”即張杅字。

陸增祥《八瓊室金石補正》卷一百一十三收録張浚《列秀亭題名》云:“張浚紹興丙寅(按,即十六年,1146)秋□命謫居陽山,侄杅、男栻侍行。”陽山在廣東連州,列秀亭在連州州學東南,羣巒拱秀,衆流環繞。紹興十六年張浚謫居連州,常常帶子侄登臨抒懷,張杅與張栻侍行。此後十多年間,張杅一直隨侍張浚。

張栻《六月晦發霅川廣德兄與諸友飲餞於漁山已而皆有詩贈别寄此言謝》一詩云:“平生苕霅夢,邂逅此登臨。青山秀而遠,溪水潔且深。浮玉千古色,飛鳳何年音。小丘闢荒薈,修竹初成林。居然得此客,領略還披襟。已歌《棠棣》詩,更作《伐木》吟。兄嗟弟行役,友念朋盍簪。情深語更質,意到酒自斟。荷風生泊莫,涼雨洗遥岑。翻然放舟去,别緒故難任。我行日以遠,佳處長會心。作詩寄餘韻,并以謝幽尋。”(《南軒集》卷二)苕霅是苕溪、霅溪二水的并稱，在浙江湖州境内。湖州古稱吴興，故歷史上詩文多以苕霅藉指湖州、吴興。張栻此詩作於乾道七年。蓋張栻於乾道六年五月由知嚴州召爲吏部員外郎，兼起居郎，十二月兼侍講。七年六月十三日，張栻因遭虞允文等人排斥，出知袁州。十四日出都，過吴興；七月寓蘇州；八月適毗陵（常州），十二月游鄂渚（武昌），抵長沙。此詩作於七年（1171）六月底。詩中所云"廣德兄"，正是張栻堂兄張杅。何以見得？

張栻《祭南康四九兄》文云"霅川之别，惨焉酸辛"（《南軒集》卷四十四），即指此次相見。"南康四九兄"指後來張杅知南康軍（實未上任而卒）。張栻給朱熹的信中也提到此次與張杅相見之事："某十三日被命出守，次日早出北闕，來吴興，省廣德家兄，翌早可去此。"（《南軒集》卷二十二）張栻原計劃在吴興與張杅見面之後第二天即離去，但實際上停留至"六月晦"，纔與張杅惜别。

這裏有一個問題，乾道七年張杅寓居吴興，而張栻稱他爲"廣德兄"、"廣德家兄"，那麼張杅是否在此前知廣德軍（治今安徽廣德）？由於文獻無徵，衹能存疑。也許張杅乾道間曾知廣德軍，後閑居湖州，或者除知廣德軍，但在吴興候缺。李之亮《宋兩江郡守易替考》於乾道元年至七年廣德軍知軍空缺，乾道八年知廣德軍爲丁仲京。《宋會要輯稿》職官六一之五五："（乾道）八年二月十六日，新知廣德軍丁仲京與新權發遣建昌軍富杞兩易其任，各以私計不便有請故也。"疑張杅除知廣德軍即在乾道七年前數年間。

在吴興寓居多年以後，到淳熙二年（1175），張杅又被除知廣德軍。此次知廣德軍，以合刻《史記》裴駰集解、司馬貞索隱二家注最爲後人稱道（現存殘本，見篇首目録後自跋）。淳熙四年（1177）張杅知廣德軍任滿後，當改知南康軍，候缺。吕祖謙《與朱侍講元晦》："南康見任人趙彦逾已赴召，張戒仲復殂，乃是見次者，公所以斟酌以小壘相處，政欲可受，切不須苦辭。"（《東萊集》别集卷八）可知張杅所候之缺爲趙彦逾。趙彦逾約淳熙三年（1176）知南康軍，淳熙五年（1178）赴召，改知秀州。而此時候缺人張杅已卒。朝廷欲召用朱熹，故於此年八月除朱熹知南康軍，吕祖謙作書勸朱熹赴任。

關於此事，李心傳記載："（淳熙）五年春，史、魏復相，首務進賢，以先生屢召不赴也，必欲起至。始議除中都官，趙衛公時爲參知政事，謂史公言不若以外郡處之，待之出於至誠，彼自無詞，然其出必多言，姑安以待之可也。乃除之南康軍，見次。史公必欲先生之出，又降旨不許辭免，便道之官，俟終更人奏事，仍命南，趣遣牙吏。史公既勉先生以君臣之義，又俾館職，吕伯恭作書勸之，先生再辭，不許，乃上，是時年四十有九矣。"（《建炎以來朝野雜記》乙集卷九《晦庵先生非素隱》）所謂"吕伯恭作書勸之"，即指前引吕祖謙與朱熹書。朱熹《辭免知南康軍狀》："今月（按，指淳熙五年八月）十七日準尚書省劄子，奉聖旨差知南康軍，填張杅闕。"（《晦庵集》卷二十二）可知張杅在五年（1178）八月之前已卒。從以上考證，可以勾畫出張杅的大致生平：張杅，字戒仲，一作介仲，漢州綿竹（今四川綿竹）人，張浚兄滉之子。幼以能文稱。紹興中隨張浚居連州、居永州。乾道中知廣德軍，後居吴興（湖州）。淳熙二年知廣德軍，合刻《史記》裴駰集解、司馬貞索隱二家注，是爲最早的合刻本之一。又刻北宋名臣范仲淹遺墨。淳熙四年改知南康軍，待缺。約五年七月卒於吴興，葬於此。與張栻感情深厚，少長相親，臨終托後事於張栻，卒後張栻爲文祭之，極悲切。

## 但能之

本集卷五有《送但能之守潯州》詩。"但能之"是誰？生平事迹如何？案，但中庸，字能之，湖北齊安人。淳熙初知潯州（雍正《廣西通志》卷五十一），十二年任廣東轉運使（雍正《廣東通志》卷二十六）。楊萬里《淳熙薦士録》："但中庸，有學有文，操守堅正，持節布憲，風采甚厲。"陸游《老學庵筆記》卷七："姓但者，音若檀。近歲有嶺南監司曰但中庸是也。一日朝士同觀報狀，見嶺南郡守以不法被劾，朝旨令但中庸根勘。有一人輒嘆曰：'此郡守必是權貴所主。'問何以知之，曰：'若是孤寒，必須痛治，此乃令但中庸根勘，即是有力可知。'同坐者無不掩口，其人悻然作色曰：'拙直宜爲諸公所笑。'竟不悟而去。"光緒《臨桂縣誌》卷二十一《金石志二》載有但能之等人游龍隱題名。張栻此詩約作於淳熙初年張栻知静江府時。

## 周畏知

本集卷一《次韻周畏知問訊城東梅塢七首》，又卷五《賦周畏知寓齋》。案，周師清，字畏知，玉山（今屬江西）人。官徽州婺源縣令。乾道中官司直、湖南帥屬。與張栻、范成大、趙蕃等人交善。後以目疾卒。見張栻《名周集説》、趙蕃《挽周畏知二首》（《淳熙稿》卷十一）、雍正《江西通志》卷八十五。張栻有《舊聞長沙城東梅塢甚盛近歲亦買園其間念欲一往未果也癸巳仲冬二十有八日始與客游過東屯渡十餘里間玉雪彌望平時所未見也歸而爲詩以紀之》，知是詩作於乾道九年（1173）冬後，約在淳熙元年（1174）春。真德秀《西山文集》卷三十六有《跋南軒先生周氏寓齋詩》："蒙莊氏以軒冕爲寄，以形骸爲逆旅，可謂達矣。然其弊也，舉天下人倫物理一以虚假目之，如此則善不必勉，惡不必戒，此害道之尤者也。周氏以寓名齋，而宣公詩之如此，學者所當佩服。"

## 王昭州

本集卷四《次趙漕贈王昭州韻》。案，趙漕即趙善政，字養民，宋宗室。乾道中權賀州通判，知昭州，淳熙元年爲廣西運判。見《宋會要輯稿》食貨二八之一、《粤西金石略》卷八《碧雲巖題名》、雍正《廣西通志》卷五十一。王昭州即王光祖，字文季，松陽人。淳熙中知昭州，有德政及民，民爲立生祠祀之。歷官大理評事。精於理學，謂朱熹曰："公注《中庸》，不使滋長於隱微之中，愚意當加'潛暗'二字。"熹甚然之。見張栻《昭州新立吏部侍郎鄒公祠堂記》（本集卷十）、雍正《浙江通志》卷一七七。據張栻《昭州新立吏部侍郎鄒公祠堂記》（本集卷十），王光祖於淳熙二年秋知昭州。據"小春"句，此詩約作於淳熙三年（1176）春。

## 臨武雷令

本集卷四《送臨武雷令》詩。案，張孝祥亦有《送臨武雷令序》云："雷氏子潨爲臨武縣令，將行，問所以爲縣於子張子，敬與之言"云云，當作於知潭州時。張孝祥乾道三、四年間（1167、1168）知潭州，張栻此詩亦約作於是時。臨武雷令即雷潨，字朝宗，建昌（今屬江西）人（一作長沙人）。胡銓一見大嘉賞，張栻尤推重之。乾道中知臨武、宜章。淳熙中爲廣東運判、知廣州。紹熙中爲朝散大夫直煥章閣，知平江府，朝議大夫、直顯謨閣、湖北路轉運副使。慶元中爲廣南東路經略使。嘉泰中爲江南西路轉運副使。見《兩朝編年綱目備要》卷五，《宋史全文》卷二十六下，《吴郡志》卷十一，《江西通志》卷四十六、卷九十一，《廣東通志》卷二十六，周必大《文忠集》卷六十、附録卷一，樓鑰《攻媿集》卷三十六。臨武，地處荆湖南路最南部，故張栻詩云"去路連崇嶺，扁舟上漲濤"。

## 周功父

本集卷五《寄題周功父溪園三詠》。案，周嗣武，字功父（功甫），浦城（今屬福建）人。以蔭歷臨州丞，除夔州運判，改湖北提刑。有平蠻猺功，執政以嗣武稽核四州財賦，奏乞於成都、潼州兩路科買一年，以寬民力；又奏蠲興元茶息錢引二十萬；又言蜀號天險，捨劍門無他路，近歲文州開青唐嶺，利州開馬道院，率別駕棧道，以引商販，悉宜撤之。召爲户部侍郎。卒年五十七。見宋本《四朝名臣言行録續集》卷十五、嘉靖《建寧府志》卷十六、雍正《福建通志》卷四十七。周氏溪園在浦城。王炎《雙溪類稾》卷二《題周功甫總領石溪三亭并序》："周丈有石溪三亭，題詠者衆。炎爲崇陽簿，沿檄到郡，周丈作手簡封示南軒三詩，令炎留題，其意甚厚。炎既投三詩，又一歲再見周丈，乃云三詩被游誠之攜去，今炎再録一本"云云。周嗣武任湖廣總領在淳熙五年左右。《新安文獻志》卷六十九《王大監傳》："（王）炎字晦叔，婺源武口人。自幼篤學，登乾道五年進士第，調明州司法參軍，丁母憂，再調鄂州崇陽簿。時南軒先生張公帥江陵，聞而器之，檄於幕府，議論相得。"王炎調崇陽簿約在淳熙五、六年（1178、1179），張栻詩亦約作於是時。

## 李新州

本集卷五《送李新州》。案，李新州即李守柔（1110—1176），字必强，桂林人。與兄守卓自幼力學，相繼登第，補左迪功郎，歷象山、武山尉、析城、海康、臨賀縣令。趙鼎自潮再貶過雷，用故相禮迎，有告於檜者，緣坐十年不得遷。檜死，始轉官通判容州、邕州，擢知宜州，秩滿乞歸。淳熙三年以范成大薦，起知新州，行至蒼梧卒，年六十七。見周必大《朝散大夫知新州李君墓碣》（《周文忠公集》卷七十七），《宋史翼》卷二十一，《宋元學案補遺》卷四十四。李守柔於淳熙三年以范成大薦，起知新州，張栻此詩爲送其上任時作。

## 宇文卭州

本集卷五《寄宇文卭州》。案，宇文卭州即宇文紹奕，字衮臣，乾道中官劍州通判，淳熙中知卭州。好古博雅，敏於吏事，著有《臨卭志》、《石林燕語考異》。乾道中汪應辰舉薦説："左承議郎通判劍州宇文紹奕，好古博雅，敏於吏事。頃四川總領所蠲除劍州和糴，以寬民力，實自紹奕發之，既而民間缺食，紹奕親自外縣徧行山谷，隨事措置，皆有條理。"見汪應辰《文定集》卷六《薦蜀中人材劄子》。史繩祖《學齋占畢》卷三記："淳熙二年春，卭州蒲江縣上乘院僧治基，增築大殿，闢地凡仞，得古竁焉，其封石刻作兩闕狀，中有文二十九字，云：'永憙元年二月十二日，蜀郡臨卭漢安鄉安定里公乘校官掾王幽字珍儒。'臨卭太守宇文紹奕字衮臣，好古博雅士也，聞之，亟命輦致郡齋，龕之壁。以余大父勤齋先生子堅平生留意篆隸碑刻，俾原而釋之。"見《宋史》卷二百四，《直齋書録解題》卷十一，雍正《四川通志》卷四十四，《蜀中廣記》卷八、卷九十一、卷九十四。宇文紹奕淳熙二年左右知卭州，張栻此詩約作於淳熙二、三年間（1175、1176）。

## 陳寺丞

本集卷二《次韻陳寺丞建除體》。張栻此詩有"建議了亡補，歸來謝馳驅。除荒城南丘，有田十畝餘。滿城車馬喧，得此逃空虛"句，知此詩作於乾道七年被排斥出都返長沙後。案，陳寺丞即陳唐弼，陳規子。乾道中知錢唐縣，爲右朝奉郎，除大理寺丞。據周必大《右朝奉郎陳唐弼主管官告院虞似良并除大理寺丞主管右治獄》（《文忠集》卷一百），陳唐弼於乾道八年（1172）正月十六日除大理寺正。則張栻詩約作於乾道八年。陳唐弼淳熙中知貴州。張栻淳熙四年冬《答朱元晦》有云："新貴州守陳唐弼過此，頗有志於事爲，於邊防、兵法、屯田等事皆曾講究，乃一有用之才。其父規，紹興間與劉信叔同守順昌者也。”（《南軒集》卷二十三）朱熹《答張敬夫》曰：“陳唐弼者，舊十餘年前聞其爲人，每恨未之識。此等人亦可惜，沉埋遠郡，計其年當不下五六十矣。”（《朱文公文集》卷三十二）

## 楊文昭

本集卷四《謝楊文昭主簿寄詩楊之父紹興間倅建康不屈於兀朮而死》。楊文昭父邦乂（1085—1129），字希稷，吉水（今江西吉水）人。北宋政和五年（1115），以舍選登進士第。歷任歙州婺源縣尉、蘄州學教授。授宣教郎、知建康府溧陽縣。建炎三年（1129）爲通判建康軍府事。十月，金兵再次入侵，建康留守杜充等投降兀朮，楊邦乂奮勇抗敵，兵敗被俘。金人勸其投降，楊邦乂嚴詞拒絶，并咬破手指。在衣服上書寫“寧作趙氏鬼，不爲他邦臣”。終不屈罵賊，兀朮大怒，命劊子手割其舌，開其胸，剜其心。後被南宋追贈爲朝奉大夫，謚忠襄。後人在其殉難處聚寶山（雨花臺）下土門岡建楊忠襄公墓和祠。如今雨花臺内除了楊邦乂墓外，還保留有“楊邦乂剖心處”以及紀念楊邦乂和文天祥的二忠祠。見葉夢得《褒忠廟記》（《景定建康志》卷四十四）。張栻此詩約作於乾道年間。

## 廬陵胡君

本集卷五《户曹廬陵胡君引年求謝事予視其精力未衰留之逾半載乃今告去不復可挽爲詩送别澹庵君之叔父也》。據周必大《宣義郎致仕賜金紫魚袋胡公昌齡墓誌銘》（《文忠集》卷七十一）：“帥守張敬夫儒宗吏師，不輕許可，咨公以府事，潔廉正平，闔府稱美。滿一歲謝去，敬夫曰：‘君精力尚壯，何去之果?’公曰：‘某昔鋭意亢宗，今蹉跎至此，姑欲應京秩格，爲門户計耳。’敬夫不能奪，賦詩餞之。改承務郎致仕，時淳熙四年也。”可知廬陵胡君即胡昌齡，張栻此詩作於淳熙四年（1177）。周必大有《次張欽夫經畧韻送胡長彦司户還廬陵》詩：“解印陶元亮，居鄉馬少游。久憐高士少，今喜故人優。客至無何飲，身閑有底憂。自然仁者壽，誰羨道家流。”（《文忠集》卷七）胡昌齡（1105—1192），字長彦，吉州廬陵（今江西吉安）人，胡銓之侄。曾師從蕭楚，學《春秋》。乾道五年以特奏名對策萬餘言，唱名入高第。初補將仕郎，類試中選，授廸功郎、静江府司户參軍。淳熙四年改承務郎致仕。轉承事郎，又轉宣義郎。家居優游十有六年，紹熙三年十月卒，享年八十八。見周必大所作《墓誌銘》。雍正《廣西通志》卷五十一《秩官·静江府司户參軍》：“胡昌齡，廬陵人，乾道間任。”案：“乾道”當爲“淳熙”之誤。

## 李崧老

本集卷五《送李崧老歸閩二首》。案，李宗甫，字崧老，侯官（今福建福州）人，李綱之後。乾道二年進士，官終朝奉郎、幹辦行在諸司糧料院。淳熙中官賀州别駕。本集卷二十四《答朱元晦》有云："《孟子解》板不謂鄭少嘉全不解人意，早晚賀倅李宗甫歸，當今攜書往見趙守，專辦此事，須煩李君面看劈版。"此書約作於淳熙三年底或四年初，則此詩約作於淳熙三年底（1176），李宗甫任賀州别駕後歸閩之時。

## 羅孟弼

本集卷六有《訪羅孟弼竹園》詩，卷二十六有《答羅孟弼》。案，羅孟弼，張栻友人，事迹不詳。王庭珪有《送羅孟弼》詩，引曰："孟弼，吾年家子也。少年高薦未第，今之行朝就蔭補，兼謁徑山妙喜和尚。"詩曰："平步蟾宫腳失梯，當年才命巧相違。遭時何必由場屋，但著青袍騎馬歸。君到吴山莫問禪，禪翁無法與君傳。若從妙喜覓言句，掀倒禪床卻悄然。"（《盧溪文集》卷二十一）吴彦夔《傳信適用方》卷上録有"椒紅圓眼藥王醫師方"，注云"羅孟弼傳"。

## 胡提舉

本集卷八《答胡提舉啟》。案，胡提舉即胡仰，乾道六年爲大理正，八年爲湖南提舉，淳熙任浙東提刑。見《寶慶會稽續志》卷二，朱熹《轉運判官黄公墓碣銘》（《朱文公文集》卷九十三）。據"某昨幸朝班，數瞻風宇。方衡門之自省，喜廣蔭之可依"句，此文作於乾道七年底張栻歸長沙之後。胡仰於乾道八年提舉荆湖南路常平茶鹽公事（見《宋會要輯稿》職官一一之五二），張栻此文約作於是年（1172）。

## 劉　宰

本集卷二十六《答劉宰》。案：此"劉宰"非號漫塘之劉宰，《宋元學案補遺》列漫塘爲南軒門人，誤。漫塘劉宰（1166—1239），字平國，生於乾道二年，張栻卒時纔十四歲。觀張栻《答劉宰》一文，顯非對一少年語。《宋元學案》卷七十一全祖望補列漫塘入"游氏門人”，全氏案曰：“先生《宋史》有傳，顧不詳其學術之源流。《潤州舊志》則曰先生與王正肅遂同受學勉齋。予考之，乃默齋游氏弟子，非勉齋也。先生少志伊洛之學，其時丹陽有竇文卿兄弟、湯叔永皆嘗從晦翁游，從之講習，顧未嘗稱弟子。及與周南仲爲同年，又從之問水心之學。至於慈湖，則雖未嘗登門，而亦究心於其説。最後尉江寧，乃得默齋而師之。然則先生當爲南軒再傳也。（先生文集序中俱是鶻突説過，不知何故。）觀先生於默齋稱夫子，於勉齋稱丈，則可見矣。《宋史》又略其諫史、鄭二相之大節，而序其任恤之小事，不知何以草率至此。時朝臣喬行簡等皆薦之，禮部侍郎袁燮又舉先生自代，史彌堅奉祠家居，亦薦之。”

案，《鳳墅帖》前帖卷十五所收張栻《與子澄知縣書》真跡，與《答劉宰》内容一致，除有數處文字殘缺，首尾完備，有“承得邑宜黄”云云。劉清之，字子澄。考《宋史·劉清之傳》“詣吏部銓，得知宜黄縣。茂良入爲參知政事，與丞相周必大薦清之於孝宗，召人對”云云。又考龔茂良於淳熙元年十一月戊戌參知政事（見《宋宰輔編年録》卷十八），周必大於淳熙元年末也有《舉劉清之自代狀》（《文忠集》卷一二二），云“乾道九年秋用舉主考第改官，嘗有旨同張駒召赴都堂審察，清之獨赴部注知縣而去”，則劉清之約乾道九年（1173）秋得知宜黄縣。張栻《與劉宰》一書約作於是時。

又，周必大於乾道八年有與劉子澄書，云：“敬夫卻時復通問，每以力學爲言。近作《主一箴》、《敦復齋銘》之類，字字有意，真可謂後生準式，曾覩之否？”（《文忠集》卷一八六）可見劉清之與張栻、周必大關係甚篤。

## 方耕道

《南軒集》中見兩方耕道。一爲方疇，字耕道，號困齋，弋陽（今江西弋陽）人。趙鼎門人。建炎二年進士。紹興中爲婺源尉，敕令所删定官，通判武岡軍。二十四年十一月，坐與胡銓通書，爲守臣李若樸所告，除名，永州編管。時張浚父子亦居永州，遂與之游。後判建康，以疾終於官。著有《稽山語録》。見雍正《江西通志》卷八十五。本集卷十《永州州學周先生祠堂記》有“前通判武岡弋陽方公疇以書走九江，求先生像於先生諸孫”云云。卷十二有《困齋記》一文，作於紹興二十八年（1158）春二月戊申，云“弋陽方君耕道謫居零陵”，“栻雖晚生，念不爲無契，是以不敢以固陋辭”，知方疇於張栻爲前輩。

另一爲方耒。本集卷十五《送方耕道序》“莆陽方耕道爲尉善化”云云，此爲方耒，字耕道，號困齋，莆田（今屬福建）人。乾道二年進士。調善化尉，歷知潭州攸縣。因朱熹謁張栻，栻深器之，謂其可與共死生、同禍福。後張栻帥荆南，辟耒及游九言爲屬，曰：“是二人者，能攻吾過。”耒感激知己，遇事無隱。終宣教郎、知連江縣，著廉直聲。見《閩中理學淵源考》卷九。劉克莊《後村集》卷三十二《南軒送方耕道詩》：“漢魏以後，士大夫風流掃地，人物流品置不復論，直以權位相操持。桓温謂孟嘉人不可無勢，我乃能駕馭卿。野哉斯言！又以景升大牛況袁宏，欲殺以饗士，其去黄祖也幾希。南軒先生人物之宗，望臨一時，辟一選人入幕，其未至也，望之不翅一日三秋，於一尉之去，登樓餞飲，賦詩惜别。韓子不云乎：死於執事之門，無悔也。故南軒父子尤得天下士心。忠獻之幕，如陳丞相、劉寶學、張安國、王嘉叟、查元章諸公，皆爲南渡名臣。南軒之客，若游誠之、方道耕之流，官雖不遂，亦介潔自守，終身不可屈折，烏虖盛哉！”案，南軒送方耕道詩今不見本集。

## 項秀才

本集卷二十六《答項秀才》，僅寥寥四十餘字：“承來金華，從容師友間，當有進益。爲學之方，循循有序，要須著實趨約，自卑近始。度正字亦必常及此，在勉之而已。”

案，此“項秀才”當爲項安世。安世，字平父（一作平甫），號平庵，其先括蒼（今浙江麗水）人，後家江陵（今屬湖北）。與張栻、吕祖謙論學。淳熙二年進士，調紹興府教授。時朱熹任浙東提舉，相與講理義之學。紹熙四年除秘書省正字，五年，爲校書郎兼實録院檢討官。慶元元年出通判池州。慶元黨禁起，上書請留朱熹，被劾爲“僞黨”罷廢，還江陵家居。開禧二年起知鄂州，遷户部員外郎、湖廣總領。三年權安撫使，因私忿斬吴獵幕僚王度免官。不久復以直龍圖閣起爲湖南轉運判官，未上，用臺章奪職而罷。嘉定元年卒。有《周易玩辭》、《項氏家説》、《平庵悔稿》等。《宋史》卷三九七有傳。吕祖謙於乾道七年九月十六日除秘書省正字，八年二月歸婺丁憂。項安世當於乾道八、九年到金華從吕氏集講，并致書張栻問學。張栻答書約作於乾道九年（1173）左右。

吕祖謙《東萊集》别集卷十有《答項平甫》書云：“某往歲侍郎舅氏自荆南歸，具道左右年雖少，而志操堅正，下至諸表弟，人人敬慕，是時慨然有願見之意。今春聞分教山陰，相距雖不遠，又以病廢，無從會面爲恨。便中忽奉手筆，所以見屬者雖非衰惰之所敢當，然詳味辭氣，懇切質實，益知所存之不苟也。自張丈去世之後，至今心折左右游從既久，講繹必甚精詳，然願深思力踐體‘衣錦尚絅’之義，卑以自牧，馴致充實光大之地，則吾道之幸。”據此書當作於張栻去世之後，而項安世與作者尚未謀面，顯然與項、吕事實不合。據《朱子語類》卷一百二十二：“《吕伯恭文集》中如《答項平父書》是傅夢泉子淵者，如駕曹立之書是陸子静者，其他僞者想又多在。”則吕集《答項平甫》一書非吕祖謙作。

## 舒秀才

本集卷二十七《答舒秀才》，題下注云“周臣”，當爲舒秀才字。據《朱子語類》卷一百二十：“先生問湘鄉舊有從南軒游者爲誰，（黄）佐對以周奭允升、佐外舅舒誼周臣，外舅没已數歲，南軒答其論《知言》疑義一書，載文集中。允升藏修之所正枕江上，南軒題曰‘漣溪書室'，鄉曲後學講習其間。但允升今病，不能出矣。先生曰：'南軒向在静江，曾得書甚稱説允升所見必别，安得其一來？次第送少藥物與之。'"由是知"舒秀才"即舒誼，字周臣。洪邁《夷堅志》戊卷八《湘鄉祥兆》亦記有舒誼事。張栻答書提到與朱熹反復討論五峰之教，當爲《知言》疑義。朱熹、張栻討論《知言》疑義，始於乾道六年初，彙編於乾道七年底。

## 蔣邕州

本集卷三十四《題蔣邕州墓誌銘後》。案，蔣允濟（1104—1166），字德施，興安人。紹興二年登第，任新化令，力除弊政，人多德之。後爲賓州倅，攝昭州。尋知潯州，守邕管，以廉介聞。乾道二年卒，年六十三。見張孝祥《邕帥蔣公墓誌銘》（《於湖集》卷三十）。朱熹有《跋蔣邕州墓誌銘》（《朱文公文集》卷八十二）云："始予讀張敬夫遺文，見所記蔣邕州事，常恨不得蔣君爲人之詳。"末署"淳熙乙巳（十二年）二月庚辰"。張栻文中言及蔣允濟"去邕且十年"，允濟卒於乾道二年（1166），下推十年，當在淳熙二年（1175）。楊萬里有《書張欽夫栻劉文潛焞與蔣邕州書》（《文忠集》卷十八）云："亡友張欽夫、劉文潛皆眼高四海，未嘗輕以一字許人。先後帥桂林，聞蔣邕州遺愛及華夷，大書至數百言，推是以考其平生，則張安國之銘，豈諛墓者！壽禄不於其身，有子而才，自宜光顯於世，而礪也三抑於春官，六十未離選調，以此知遠方賢能阨窮不少矣。予嘗在進退人材之地，深有愧於斯文。紹熙元年九月甲子。"

## 吴益恭

本集卷十八《書示吴益恭》。案，吴儆（1125—1183），初名偁，字益恭，又字恭父，號竹洲，休寧（今屬安徽）人。紹興二十七年進士。歷知泰州。朱熹、張栻、吕祖謙等皆與之友善。栻稱其忠義果斷，緩急可仗。以親老請祠，餘閑與從游者窮經論史，分齋肄業，如安定湖學之法以爲教。淳熙十年卒，年五十七，謚文肅。有《竹洲集》。張栻該文作於淳熙四年（1177）八月甲午。吴儆《竹洲集》卷四有《謝南軒舉狀啟》、《謝南軒舉狀啟》，卷八有《上張南軒書》、《謝南軒薦舉書》、《與南軒論盜賊書》。明程敏政《篁墩文集》卷二十八《竹洲文集序》："歷官知邕州時，南軒方經畧嶺右，而先生獲受教焉。既終更，南軒薦之朝，手書《論語》之剛、《中庸》之强、《孟子》之勇三章爲贈，又以胡子《知言》相付，曰：'此程氏正脈也。'先生之當對也，即上論天下大計在恢復，朝廷大事在近習不當與政。其言甚壯，南軒書報文公，稱其忠義果斷，而文公亦曰'聞其對語不苟，真不易得'，然獨恨世之不能盡所長而用之也。"

## 潘叔度

本集卷十九《答潘叔度》。案，潘景憲（1134－1190），字叔度，金華人。九歲以童子貢京師，後入太學，益自刻厲。好收集異書，學官皆推重，登隆興元年進士。以親老請爲南嶽祠官，秩滿，力請太平教授。父喪服除，不復仕，與吕祖謙同年而齒長，後乃服吕氏之學而游其門，紹熙元年卒，年五十七。著有《記纂淵海》。見朱熹《承事郎致仕潘公墓誌銘》（《朱文公文集》卷九十三），《宋元學案》卷七十三。

張栻《答潘叔度》一書作於何時？考吕祖謙於乾道五年十月赴任嚴州州學教授，《東萊集》外集卷六《答潘叔度》書云："某官次粗安，無足言者。張守議論甚平正，且虛心從善，在今士大夫中殊不易得也。如極稱重劉賓之，而以王龜齡爲未至"云云。所謂"張守"，即張栻，時差知嚴州。劉賓之即劉夙，王龜齡即王十朋。吕書又曰："張守聞年兄誠篤，甚願見，他時到此見之，似無害。"張栻於乾道五年十二月二十九日知嚴州，與吕祖謙講論當在次年。潘景憲雖於乾道六年正月中旬來嚴州，但僅數日，旋以父喪歸婺（吕祖謙《朝散潘公墓誌銘》)。《東萊集》別集卷十《答潘叔度》（第二書）云："張守甚惜年兄之去，云元晦既以憂制不可出，而年兄又復以憂去，信講學之日難得也。"潘來嚴州，未及與張栻相見，即因父喪匆匆歸金華。四月，吕祖謙爲潘父作墓誌銘，《答潘叔度》（第四書）曰："銘志之屬，本非所敢當，第以平時荷年家丈知遇之厚，不敢不盡拙誠。張丈於年兄意極拳拳，欲渠書甚不難，但更徐思義理之所安卻奉報也。"蓋吕祖謙本欲請張栻作，但因義理不安（即張栻與潘不熟）而罷。但張栻還是同意書丹。吕祖謙《答潘叔度》（第七書）曰："書丹張丈欣然欲執筆。前日累書所以難之者，蓋專言在我之義耳。張丈讀來書甚喜，有'悚然加敬'之語，但雲恐有做工夫廹切之病，答書中必自及之也。"張栻此書正是針對"廹切之病"而言，約作於乾道六年（1170）四月。

## 劉炳先

本集卷二十五《答劉炳先昆仲》，有"某求去未得"云云，當指張栻淳熙四年丐祠不獲事。此書約作於淳熙五年春（1178）。劉孝祖，字炳先，其先安福（今屬江西）人，徙長沙。淳熙初楊萬里寓長沙，孝祖與其弟述祖（字繼先）來見，萬里稱其兄弟既好學而又雍穆怡怡。因書其楣曰怡齋，并作《怡齋記》（《誠齋集》卷七十三）。又周必大《跋劉炳先家五賢帖》："劉君光祖、昭祖兄弟自廬陵徙家長沙，兩邦賢士如林，王盧溪、胡忠簡公、劉子駒、張敬夫、楊廷秀又兩邦之喬木，皆推其孝友，或賦詩，或作記，或通問，諄諄稱道。"（《文忠集》卷十九）

## 喻郎中

本集卷二十六《答喻郎中》。喻郎中即喻樗（？—1180），字子才（一作子材），號湍石，又號玉泉。其先南昌人，後徙嚴州。受業於楊時，登建炎二年進士。爲人質直好議論，趙鼎與語奇之，薦授秘書省正字。以不主和議出知舒州懷寧縣，通判衡州致仕。秦檜死，起爲大宗正丞，轉工部員外郎，知蘄州。孝宗即位，用爲提舉浙東常平，以治績聞，淳熙七年卒。《宋史》卷四三三有傳。據《宋史》喻樗本傳稱："（秦）檜死，復起爲大宗正丞，轉工部員外郎，出知蘄州。孝宗即位，用爲提舉浙東常平，以治績聞。淳熙七年卒。"張栻答書中所謂"激觸"，疑即乾道六、七年與虞允文之争。此書約作於是時（1170、1171）。

## 宋教授

本集卷二十七《答宋教授》。案，宋教授，不詳。考宋傅（1125—1194），字岩老，温州平陽（今浙江平陽）人，徙居永嘉。紹興二十四年進士。爲台州黄巖縣主簿、郴州州學教授，知福州閩縣，江西轉運司幹辦公事，通判袁州，授沿海制置司參議官。乞致仕，紹熙五年七月丙子卒，年七十。官至朝奉大夫。見葉適《參議朝奉大夫宋公墓誌銘》（《水心集》卷十四）。疑所謂"宋教授"即此人，爲郴州州學教授，張栻此答約作於乾道年間。

## 鄭仲禮

本集卷二十七有《答鄭仲禮》書。據書言"自到郡"云云，當爲張栻静江府上任不久。"早晚稻皆濟"，約淳熙二年（1175）夏秋間。案，鄭仲禮，張栻門人，《南軒集》中衹此一見，生平不詳。考朱熹於紹熙四年（1193）有《答鄭仲禮》書云："一别二十餘年，不復聞動静，但中間得季隨所寄疑義，獨賢者之言偶合鄙意，而厄於衆口，不能自伸，初不知其爲誰何，既而乃知改名曲折，甚慰别後之思也。兹辱惠書，益以爲喜。比日春和，遠惟德履殊勝。熹憂患衰朽中間幾有浮湘之便，竟以病懶迂疏，不復敢出，今又紛紛，度其勢終亦難動。每念吾敬夫逝去之後，不知後來諸賢所講復如何，比得季隨書，又無復十年前意象矣。歲月易失，歧路易差，無由相聚，痛相切磨，千里相望，徒有慨嘆耳。"（《晦庵集》卷五十）可知朱熹多年未與其通問，且鄭仲禮已經改名，故朱子不知其爲誰。

## 曾致虚

本集卷二十六《答曾致虚》。案，曾集，字致虚，贛州人，楙孫。於吕祖謙爲中表。承其從祖開幾之學，又從張栻游。紹熙間累官知南康軍，勤理庶務，篤信仁賢。慶元二年知嚴州。見《明一統志》卷五十二，《江西通志》卷九十四，《萬姓統譜》卷五十七。張栻答書有“某去歲作《主一箴》”云云，《主一箴》約作於乾道八年（1172），此信當作於乾道九年（1173）。

## 直　夫

本集卷二十七《答直夫》書。案，《南軒集》中見兩直夫：一爲李浩（張栻《吏部侍郎李公墓銘》，本集卷三十七），一爲周去非。案，此爲周去非，字直夫，永嘉（今浙江温州）人。隆興元年進士。歷欽州教授，淳熙中，通判静江府。代歸，撰《嶺外代答》十卷，分地理、土風、物産、邊帥、法制、財計等二十門，記載當時嶺南的山川、古迹、物産資源，以及少數民族的社會經濟、生活習俗等情况，兼及南海諸國和大秦、木蘭皮國等。爲研究當地史地的重要文獻。官終紹興府通判，卒年五十五。見樓鑰《祭周通判文》、弘治《温州府志》卷十三。淳熙四年（1177），欽州州學教授周去非秩滿道桂，與張栻相見（本集卷九《欽州學記》）。據“念無以復來意”句，此書約作於是時。

## 秦致政

本集卷四十四《祭秦致政》。秦致政，據《粤西叢載》卷二伏波巖題名：“秦舜卿、李南夫淳熙甲午重陽日來遊。”《桂故》卷六：“舊志載栻《祭秦致政》文，秦失其名。伏波山有秦舜卿、李南夫淳熙甲午紀游，南夫乃化字，則舜卿必致政字也。”張栻本文約作於淳熙二、三年（1175、1176）知静江府時。

## 甄總管

本集卷四十四《祭甄總管》。案，甄總管即甄援，成都人。本爲太學諸生，靖康中曾十上疏論利害。宋欽宗遣詣河東見折可求計事，命以官。宋高宗趙構至平江，兵衛寡弱，甄援上書請持詔過江招集衛兵以充實行在，及還，遷保義郎。苗、劉之亂，甄援潛至平江面見張浚，矯高宗趙構“今日張浚、吕頤浩必起兵，劉光世、韓世忠、張浚等必竭力相輔”語，令早來勤王，詞旨甚切。張浚微察其意，不復窮問，即遣詣張俊軍。浚與其將士聞之，皆感慟，浚遂令援徧往韓世忠、劉光世諸軍宣諭，援明辯善爲説詞，諸將人人自以爲上所倚望，感泣争奮，繇是士氣甚振，卒平苗、劉之亂。張浚宣撫川陝，甄援以合門祗侯從行，爲知長寧軍、權隨行幹辦官。後權知施州。見《建炎以來繫年要録》卷二十、二十一、二十五、六十二、六十六，《宋史全文》卷十七，周必大《文忠集》卷九十五。祭文云“考先世平江之牘，想一時共濟之人”，正指苗、劉之亂時甄援潛至平江面見張浚之事。“屬兹假守，適值喪舟”，當爲知江陵府之時，約淳熙五、六年間（1178、1179）。

作者單位：四川大學古籍所

# 《古今考》的寫作始末與流傳情況

彭東焕

《古今考》一卷，南宋魏了翁撰。魏了翁（1178－1237），字華父，號鶴山，學者稱鶴山先生，邛州蒲江（今四川蒲江縣）人。南宋著名理學家，向來爲學界所重，被視爲蜀學集大成者。與真德秀并稱當時，有"真魏"之目。

《古今考》是魏了翁生前并未完成，而由後人萃集成編的一部作品。它的寫作時間與魏了翁另外兩部作品——《九經要義》、《周易集義》同時，二者牽連較大。雖然没有最終成書，但在魏了翁學術生涯中占有重要地位。圍繞此書的寫作始末的考察，可以窺見魏了翁的學術思想與學術觀念。本文謹對其寫作始末及流傳情況略作考察。

## 一 《古今考》的寫作始末

寶慶紹定年間，魏了翁遠貶靖州，其地偏遠，不免讓人有"山深日永"之嘆。或許也正因爲如此，使得魏了翁可以在爲官餘暇，專心於學術。他在此處創辦鶴山書院，授徒講學，致力於研究諸經大義。靖州七年，是魏了翁仕宦生涯的低谷，也是魏了翁學術生涯的顛峰時期。在此期間，魏了翁完成了《九經要義》、《周易集義》的撰寫。《古今考》是與這兩部經學著作相伴而生的一個副産品。

魏了翁於寶慶年間在靖州創辦書院，遠近士子負笈來學，友人亦有不遠千里前往商討學術者。其中不乏博學之士。在與友人門人研究讀經典的過程中，尤其是讀"三禮"的過程中，倍感古禮淪喪，故發願考究古制浸微始末，以勵世風。這種意願，不難從其片斷文字中得到答案。如其《答許介之解元》一文略謂："山中自課以聖賢之書，日有程限，諸經義疏重與疏剔一遍，帝王典則，粗見端緒。《儀禮》一書，幸而存者，以之參考諸經，尤主有功。

今咀嚅經味已久，便覺秦漢以後，體格瓊別，况晉魏隋唐文人所作，又是一格，此甚難言。”[1] 此爲《古今考》撰寫之端倪。

《古今考序》云：

> 渠陽山中，暇日編校經傳。自兩漢諸儒，去古未遠，已不能盡識三代之制。凡冕服車旗，類以叔孫通所作漢禮制度爲據，其所臆度者，無以名之，則曰猶今之某物。然孔、賈諸儒爲之疏義，則又謂去漢久遠，雖漢法亦不可考。因嘆三代遺制始變於周末，大壞於秦漢而盡亡於魏晉以後。雖名物稱謂、字義音釋，亦鮮有存者。故使經生學士白首窮經，而弊弊於訓故占畢之末，有終其身而不能盡知者。嗚呼，是誰之咎與？《解》之繇曰："有所往，其來復吉；有攸往，夙吉。"漢承秦弊，大難既解，是無所往也。而昧於來復夙往之戒，徒能隨世就事，爲秦漢以後規模。賈誼所謂建久安之勢，成長治之業者，蓋欲及時定制，盡復三代之舊，爲萬世太平計。而一時君臣不足以知此，至董仲舒王吉，則寖遠寖疏，蓋自是人情習於簡陋，古制益不可考矣。姑即漢紀隨文辯證，作《古今考》[2]。

顯然，其撰寫《古今考》是有感於古制浸微而引起的經義不顯，有正本清源之意。他的這種撰述初衷數見於其與友人的信札之中，紹定年間魏了翁與師友論學，最爲關切的問題之一即是對諸經解讀中的主觀臆斷以及學風的兩極分化，在《巴州郭通判黄中》一札中，敘説最詳：

> 某囚山恰二載，温尋舊讀，書味雋永，益覺從前涉獵疏鹵。今已邁始衰之年，方粗見端緒。而歲月易得、義理無窮，深懼因循玩愒以貽無窮之悔。晝鈔夜誦，迫之不置，又懼有欲速助長之病。大抵此等事姑以世間習讀善記覽爲詞章亦云可矣。要一字一義不放過，則面前何限合理會處。且如先王禮樂刑政始變於厲宣幽平，浸微於春秋，浸滅於戰國，大壞於秦，不能復於漢，而盡亡於劉石之亂。今僅從殘編中搜討，於孔、毛、王、鄭、伏、杜諸儒對注中參求古今之物。稱謂各異，風氣亦殊。漢去古未遠，諸儒已是臆度懸料，其大者如……往往一人之見、一時之意，遂定爲不可易之制。其不可忽者，音訓聲韻、偏旁點畫，往往諸儒所未及，今驟然理會，人亦驚怪，不知要作窮理格物工夫，無三代以前規模胸次，祇在漢晉諸儒脚迹下盤旋，終不濟事。程邵張朱諸公亦皆由此而充者，方叔以爲如何？山中日永，方欲專心於所當事，而四方之知舊間亦以文字相撓，有不得不應者。時一下筆，亦欲借此與朋友講磨，謹摘數篇求教[3]。

魏了翁及其門人讀經，是本着“一字一義不放過”的審慎態度，極其認真，在這個過程中，魏了翁發現，在漢唐諸儒的注疏中即已存在“稱謂各異，風氣變殊”、“往往一人之見、一時

[1] 《鶴山先生大全文集》卷三十四，《四部叢刊》縮印本，第 165 頁。
[2] 《鶴山先生大全文集》卷五十四，《四部叢刊》縮印本，第 466 頁。
[3] 《鶴山先生大全文集》卷三十六，《四部叢刊》縮印本，第 308—309 頁。

之意，遂定爲不易之制”的現象，去古制已遠，故而多有偏差。而當時的學者多是亦步亦趨，“祇在漢晉諸儒脚迹下盤旋”。在魏了翁看來，應當對古制洞察，不拘泥於漢晉諸儒的解説，纔可能使經義得到正確的闡發，亦即“當有三代以前規模在胸次”。

魏了翁發願撰寫《古今考》一書，同時也反映了魏了翁對當時學風的不滿。他在《袁衢州甫》一札中稱：

> 某山間三閲寒暑，於六經名數文義上重下鈍工夫，的然見得古人所志所學歷戰國暴秦以後無傳焉。至於劉石之亂，影滅迹絶。豈無經生學士隨其才分有所建立？然鶩於高遠者惟欲直指徑造，以步步而行、字字而講者爲卑近；而安於卑近者則又以區區記誦、小小詞章爲學問之極功。所謂合内外、貫精粗者，百數十年間始有人講尋，以發漢唐之所未講。又苦於實未有所見者剿説雷同、爲聲利計，以爲斯道之病。方欲通古今爲一書，使後之有志於王道者猶可以推原尋流。而學未能信，不敢容易下筆也。近又有數篇不得已而爲之者，漫録求教，其視高文猶禪律之不相侔也。望爲過目以一語可否焉①。

“鶩於高遠者惟欲直指徑造，以步步而行、字字而講者爲卑近；而安於卑近者則又以區區記誦、小小詞章爲學問之極功。”是魏了翁對當時學風的認識，這種兩極化的治學方式，在魏了翁看來是當時學風之弊。而《古今考》的撰寫，正是欲糾正這種弊病，“合内外，貫精粗”，“通古今爲一書”。至於“使後世之有志於王道者猶可以推原尋流”，則更有着學人經世方面的考慮。魏了翁於端平元年（1234）春應詔上書，所論十事，大約以恢復前朝舊典爲主，其中有云：“臣嘗讀書，於二帝三王之制粗知顛末，每謂始變於周末，大壞於秦，不能復於漢，而再變於魏晉，盡覆於五胡之亂。”② 蓋其撰《古今考》意欲通古今爲一書，有以古鑒今之意。

上引兩札，均爲紹定二年（1229）所作，此時正時魏了翁與門人讀經，撰寫《九經要義》之時，説明《古今考》的撰寫是與《九經要義》等經學著作的撰寫相輔而行的。從其中“謹摘數篇求教”、“數篇不得已而爲之者，漫録求教”來看，至遲在紹定二年，《古今考》的撰寫已經開始，并且陸續撰文與師友相切磋，發表態度極爲審慎。

紹定四年（1231），魏了翁復原職，離開靖州。之後幾年，魏了翁輾轉多地，疲於政務，其事遂寢③。

《古今考》的撰寫的中輟，是魏了翁晚年的一大憾事，他經常會因此事而耿耿於懷，産生有心無力之嘆。如其在紹定六年寫給友人程遇孫的一封信中吐露心事云：“向來渠陽七年，亦粗有讀書工夫，嘗欲以古今典禮名物之變輯爲一書，或有補於世教。今一作吏，此事盡廢，須亦欲乞身以去，卒酬此願。”④ 言辭之中，頗具傷感，似乎是心有餘而力不足。雖時

---

① 《鶴山先生大全文集》卷三十四，《四部叢刊》縮印本，第 295 頁。

② 《鶴山先生大全文集》卷十八，《四部叢刊》縮印本，第 165 頁。

③ 紹定五年（1232），魏了翁歸蒲江家中，尋出知瀘州，既而赴京，以至於病卒。

④ 《鶴山集》卷三十七《程運使遇孫》，題下小字注云：“甲午。”知爲紹定六年（1233）所作。

有撰寫，實未竟其事。其門人税與權在後日談及此事，亦深爲嘆息：

嘗見先生移書蒙齋袁侍郎云：‘某於六經名數文義重下鈍工〔夫〕，的然見古人所志所學，歷戰國暴秦以後無傳焉。……方欲通古今爲一書，使之有志於道者猶可推原尋流，而學未能信，不敢容易下筆也。’嗚呼，先生此志未酬而天奪之矣，不爲千載之恨?![①]

咸淳三年，方回從魏了翁之子手中得其書手稿，萃爲一卷，并續寫三十七卷[②]。《古今考》最初以刊本形式面世，就是與方回續本一并刊行的，刊於元至正二十年（1360）[③]，是爲初刻。雖原刻本今佚，但明代以後的幾次刊行，及時起到了補救作用，使得《古今考》得以流傳至今。

## 二 《古今考》的流傳情况

方續本《古今考》在元代的刊刻，拉開了《古今考》流傳的序幕。《古今考》在後代大致以兩種面目流傳於世：一者，單行，即純以魏了翁所撰一卷單獨刊行；《宋史·藝文志》，稱爲“一卷”。後世如《續通志》、《續文獻通考》等皆着録爲“一卷”[④]。即單就魏了翁所作而言。一者，以魏了翁所撰一卷與方回所續三十七卷一并刊行。爲叙述方便起見，二種分别稱爲“三十八卷本”和“一卷本”。

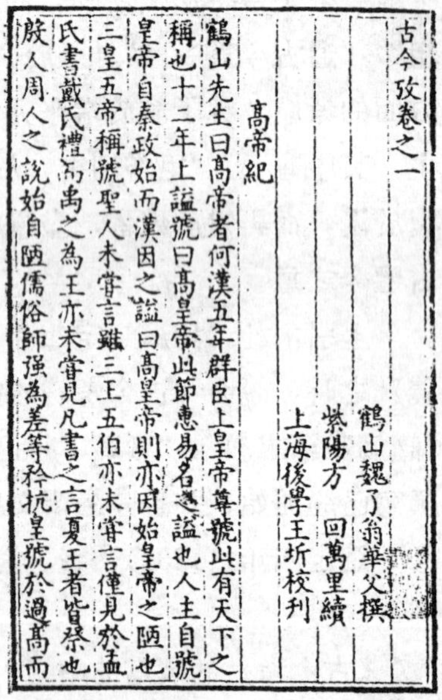
古今攷卷之一
鶴山魏了翁華父撰
紫陽方　回萬里續
上海後學王圻校刊
高帝紀
鶴山先生曰高帝者何漢五年群臣上皇帝尊號此有天下之
稱也十二年上謚號曰高皇帝此節惠易名之謚也人主自號
皇帝自秦政始而漢因之謚曰高皇帝則亦因始皇帝之陋也
三皇五帝稱號聖人未嘗言雖三王五伯亦未嘗言僅見於孟
氏書戴氏禮而禹之為王亦未嘗見凡書之言夏王者皆祭也
殷人周人之説始自陋儒俗師强為差等矜抗皇號於過高而

### (一) 三十八卷本

元本今佚，後世流傳以明代兩刻爲基礎。

1. 明萬曆十二年王圻刊本

是書現存北圖等處，傳本較多，《北京圖書館善本書提要》卷稱：“三十八卷……明萬曆十二年王圻刊本。”王重民先生《中國善本書提要》亦有著録，稱：“三十八卷，二十册。明萬曆間刻本，十一行二十四字。《增訂四庫簡明目

① 税與權：《鶴山師友雅言序》，載《全蜀藝文志》卷三十一。

② 《四庫全書總目》：“其書未成，僅得二十餘條。又有録無書者四條。咸淳丁卯，回得手稿於了翁之子，乃推衍其意，續成是編。”

③ 其書前録周文英序，按周文英，爲天曆二年（1329）所作，其書之編定，當爲是年。末附周文英序，乃作於至正二十年（1360）

④ 《續通志》卷一百六十、《續文獻通考》卷一百七十六。

録標注》稱此本十一行二十九字[①]，誤。王圻（1530—1615）字符翰，號洪洲，自號“梅源居士”，上海人，祖籍江橋（時屬青浦縣）。王圻學問淵博，著述宏豐，傳世的有《洪洲類稿》4 卷、《三才圖會》105 卷、《兩浙鹽志》、《海防志》、《續文獻通考》、《謚法通考》、《稗史類編》、《雲間海防志》等，并主纂萬曆《青浦縣志》。萬曆間，王圻曾爲邛州判官。乾隆年間《四庫全書》編修，以此本爲底本。臺灣學生書局曾據此本影印，易於見到。

2. 明崇禎丙子謝三賓刊本

王重民《中國善本書提要》著録二種，一存北大，一存美國國會圖書館。前者稱十六册，後者十二册。然據其所描繪版本款識，皆“九行二十字”，題款相同卷一題“鶴山魏了翁華父撰，紫陽方回萬里續，明四明謝三賓象三定”，卷二以後題“宋紫陽方回萬里續，明上海王圻洪洲校，上明謝三賓象三定”。版框尺寸亦同爲 20.1 厘米×13 厘米，同爲崇禎間刻本，當爲同一版本。後者缺崇禎九年謝氏序、魏氏自序、方回序。疑後者殘缺，或重作裝訂而致册數不同。又據王重民先生所記，前者“卷内有‘古觀陸氏藏書記’、‘朱印從遜’、‘聖楫’、‘古潭州袁卧雪廬收藏’，”知爲陸氏、朱衆遜、袁芳瑛等所藏，後輾轉流入北大；後者“卷内有‘北平謝氏藏書印’、‘謝寶樹印’、‘珊嶠’等印記”，知爲北平謝氏家藏，後流入美國國會圖書館。

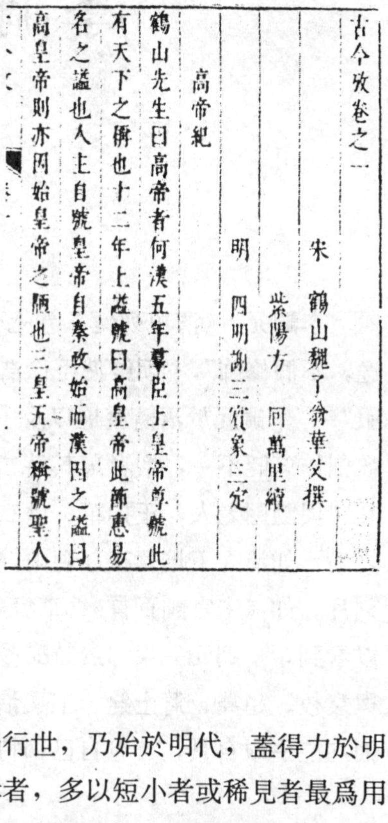
古今攷卷之一
宋　鶴山魏了翁華父撰
紫陽方　回萬里續
明　四明謝三賓象三定
高帝紀
鶴山先生曰高帝者何漢五年羣臣上皇帝尊號此
有天下之稱也十二年上謚號曰高皇帝此稱惠易
名之謚也人主自號皇帝自秦政始而漢因之謚曰
高皇帝則亦因始皇帝之稱也三皇五帝稱號聖人

## （二）一卷本

魏了翁所撰《古今考》一卷，冠於方回所撰《續古今考》三十七卷之前，實有附麗之嫌。而其以一卷本形式單獨行世，乃始於明代，蓋得力於明代叢書纂輯之風。明代，叢書之纂輯漸成風氣，而叢書之輯者，多以短小者或稀見者最爲用心。好事者遂截取魏氏所撰而獨立成篇，是爲“一卷本”。今可考知者，明代諸叢書之版本尚有明陶宗儀《説郛》本、明陳繼儒寶顔堂秘籍本[②]、《詒經堂藏書》本、《續百川學海》本等，民國時期，叢初集成初編據續《百川學海》本影印，比較通行，易於見到。

作者單位：四川省社會科學院文學所

① 法式善，字開文，號時帆，别號陶廬，蒙古正黄旗人。其藏書處爲詩龕及梧門書屋。葉昌熾《藏書紀事詩》卷五述其藏書事甚詳。

② 《四庫全書部目》卷一百二十六《子部雜家類存目三》著録稱：“自東直胡麻賦以下，皆記其他雜事。注曰：“以下雜識諸條附。”考方回所補了翁《古今考》，仍以原書爲第一卷，無此諸條。知爲後人以爲篇頁寥寥，不盈卷軸，竄入他文以足之。”所云甚有理。按而風氣有欠審慎，質量自是魚龍混雜。叢書之風行，一方面可以利於作品的傳播，但同時，若稍有疏忽，則易於以訛傳訛。

# 李調元詩歌創作述論

孫文剛

李調元，《清史列傳》卷七十二《文苑傳》三有傳。《列傳》稱其“所爲詩文，天才橫逸，不假修飾”，“朝鮮使臣徐浩修見其詩，以爲超脱沿襲之陋，而合於山谷、放翁、極爲敬服”①。李調元於清詩發展以及中外文化交流應有一定貢獻。然時人和後人長期以來對其詩歌創作褒貶不一，憎者駡其詩“俗鄙尤甚，是直犬吠驢鳴，不足以詩論矣”②，愛者則認爲其“與隨園老人，正如華、嶽二峰，遥遥相峙；風雲變化，兩不可測”③。當然也不乏公允之論，如清人王培荀在《聽雨樓隨筆》中認爲“雨村詩文，後人或不滿之，亦名高則責之必刻耳。如《宋宫詞百首》，華貴藴藉，豈寒儉人所能學步”④。今綜觀其《童山詩集》我們可以看到，李調元一生“於詩酷愛陶淵明、李太白、杜少陵、韓昌黎、蘇東坡”⑤，并在當時與袁枚、趙翼、蔣士銓、王文治等性靈派著名詩人交往甚密，其詩在思想内容、藝術表現方面均能手眼自具，有着自己獨特的風貌。

## 一

李調元（1734—1802 年），清代著名文學家、詩人、戲曲理論家。字羹堂，又字鶴洲、贊庵。號雨村、童山、童山老人、蠢翁、四桂先生等。綿州羅江（今四川德陽市羅江縣）人。父李化楠，乾隆七年（1742）進士。調元自幼聰明好學，又受家學熏陶，五歲入鄉塾習

① 王鍾翰點校：《清史列傳》，中華書局 1987 年，第 5917 頁。
② 郭紹虞編選，富壽蓀校點：《清詩話續編》，上海古籍出版社 1983 年，第 2367 頁。
③ ［清］李調元：《童山文集》，商務印書館 1936 年，第 122 頁。
④ ［清］王培荀：《聽雨樓隨筆》，巴蜀書社 1987 年，第 22 頁。
⑤ ［清］李調元著，詹杭倫、沈時蓉校正：《雨村詩話校正》，巴蜀書社 2006 年，第 14 頁。

《四書》、《爾雅》，過目成誦；七歲即能詩，以《疏雨滴梧桐》："浮雲來萬里，窗外雨霖霖。滴在梧桐上，高低各自吟"一詩名震鄉里，被鄉鄰視爲"神童"。十二歲，有吟稿名《幼學草》。十九歲中秀才，六年後中舉，乾隆二十八年（1763），李調元中進士，改爲翰林院庶吉士。李調元從此步入仕途，歷任吏部文選司考功司主事、考功司員外郎、直隸通永道等職。乾隆三十九年（1774）和乾隆四十二年（1777），李調元先後以"廣東鄉試副考官"和"廣東學政"的身份赴廣東組織科考和整飭教育。其間，他遍覽嶺南風物民俗，憑吊先賢遺址，有詩集《粵東皇華集》及《南越筆記》等留世。乾隆四十七年因"黄箱事件"[①]坐罪入獄，後被遣發伊犁，以"母老"、"彼處稱才子"等爲由，納萬金贖歸。乾隆五十年（1785）回家鄉居，晚年以著書刻書營建"萬卷樓"、課伶演戲創建"家樂"戲班等自娱。嘉慶五年（1800），因四川羅江一代的白蓮教匪禍所纍，"萬卷樓"被焚毁，由是萬念俱灰，終日抑鬱哀傷，惚惚不樂，惘惘不甘，於嘉慶七年（1802）十二月二十一日帶着遺憾和悲傷離開人世，享年69歲。

## 二

李調元一生，著作等身。就文學創作而言，其涉獵範圍極廣，如詩、詞、曲、劇、賦、文等皆有嘗試和創建，然總體看來，能代表其最高文學成就的還是詩歌。詩歌創作是貫穿李調元一生的文學活動。李調元詩集《童山詩集》中，收録其一生的詩歌作品兩千多首。其中除少數頌揚清政府鎮壓少數民族反抗和宣揚孝義節婦，缺乏詩味的作品外，大都思想内容深刻，抒情真切深摯，具有很高的思想價值和文學成就。他的詩歌内容博大精深，爲了全面宏觀地把握其詩歌創作的思想和成就，我們按照其詩抒寫内容和風格的不同，姑且將其詩歌創作分爲三個時期。

三十歲中進士以前（即乾隆二十八年以前），這個時期是李調元學識積纍和詩歌的初創期。此間他的詩歌作品多爲寫景抒懷之作。這類詩歌多借描寫景物來抒發他青年時期振羽欲飛的遠大抱負。如《巫山高》[②]：

> 巫山高，高入雲。雲中十二峰，五色何氤氳！琪花玉樹紛難詳，遥見碧樹開天閶。黄金爲門白玉墻，中有雲鬟明月璫。含情弄態如相望，亦猶藐姑射山旁。飄飄似仙雲中翔，陽臺何山無斜陽！爲雲爲雨山之常，底事誣山誣襄王。

遥觀巫山十二峰，風光無限；翹首宇宙，壯懷萬里，詩人的開闊胸襟得到了典型的體

---

① 乾隆四十七年（1782）五月，李調元奉旨運送一部《四庫全書》赴盛京，行至盧龍，遇到風雨，裝載書籍的"黄箱"被淋濕。調元和盧龍知縣、永平知府弓養正互參，均落職。

② ［清］李調元：《童山詩集》，商務印書館1936年，第8頁。

現。又如《丈夫行》[1]：

丈夫持此身七尺，安能終日心逼仄？何不躍上天街游，汗漫九垓馳八極。不然萬里邊庭開，請纓仗劍從軍臺。龜兹國邊拍騎去，烏思藏裏斫頭回。胡爲跼蹐藕穴裏，出亦不喜入不喜。平生事業竟何成？卑哉著書漆公子。

天街遠游，馳騁八極；請纓從軍，征戰疆場。詩歌生動地表現了詩人青年時期的高遠心志和闊大胸襟。

在這個時期，李調元的寫景抒懷之作中還有一些抒寫恬淡閑適心境的詩作。如《由白塔灞渡東津》、《自東津步至西澗》、《游富樂山》、《由富樂禪林至西山觀宿》、《游雲龍山》等詩歌抒發了詩人漫步游山時的悠閑安逸的心情。

從小生活在農村，詩人獨有的那種敏感，使他對農村四時的美景和農民的生活有很深的感觸。在三十歲以前的這段時期，李調元除了寫景抒懷，表達自己遠大抱負的詩作外，他還寫有一些饒有趣味的田園詩。如《田家四時雜興》[2]：

春至催耕鳴，薄言向田裏。戒婦預爲黍，呼兒先載耜。荷鋤帶晨出，晚歸泥滿趾。田磽藉人力，糞壤須肥美。眷言興農事，努力自兹始。

繞屋桑柘稠，掩蔭虚落翠。新穀麥已登場，餘蠶猶待飼。青秧及時移，田婦携餉至。杯盤俱瓦缶，初不擇精緻。高樹席草茵，隴上各飽醉。睡到不自知，安知天與地。

種稻已成穗，黄雲倒平原。村村枷板急，人牛一時喧。腰鐮既獲秷，碌碡卧場園。得穀甫入廩，科吏夜打門。丁男輸租回，優游且晚飧。

嚴冬百草枯，鄰里及閑暇。田家重農隙，翁媼相邀迓。列坐酒三巡，或起四五謝。盤薦園中蔬，壺傾家甕醉。酣呼遞相酬，笑語雜悲咤。客散送柴門，月色耿凉夜。

組詩以時間爲序，詩人給我們生動地再現西南農村一年四季的農忙活動。其中，既有耕耘插秧時的悠閑自在，也有揮汗如雨、龍口奪食時的熱火朝天，還有豐收慶功宴上的歡喜與盡興。但詩歌中"得穀甫入廩，科吏夜打門"似乎還透露出詩人對官吏搜刮百姓的斥責以及對受此遭遇的農民的幾分同情。李調元入仕後，由於目睹農民生活的艱辛和農村的凋敝，這種思想傾向成爲他後來的描寫下層人民的詩歌的主題。這一點我們在後面還要做進一步的分析和探討。此外，此類詩歌還有描寫農村平淡生活和田野新景象的《農父詞》，以及描寫牧童騎牛晚歸、笛聲嘹亮的《牧童詞》等等。

從乾隆二十八年（1783）至乾隆五十年（1785）是李調元詩歌創作的第二個時期。這個時期是李調元入仕做官的時期，也是他詩歌趨向成熟和不斷發展、豐富的時期。這個時期他頻繁往返於各個任所，飽嘗仕途的艱辛和目睹農民生活的慘淡，寫下了不少思想内容深刻、藝術成就極佳的詩歌作品。這個時期的詩歌内容和主題主要集中在兩個方面，一方面抒寫自

① ［清］李調元：《童山詩集》，商務印書館1936年，第20—21頁。
② 同上，第21—22頁。

己官場生活的坎坷和人生道路的曲折，一方面則繼承和發展了青年時期田園詩歌中揭露社會黑暗，同情農民不幸遭遇的傾向，對田園詩進行了内容的拓展和思想深度的發掘，創作出了藝術成就更高的描寫下層人民生活的詩歌。

李調元三十歲中進士後，面對坎坷的仕途和人到中年的艱辛，詩歌成了他抒發内心情感的主要方式。他的許多詩歌就記述了這些官場的憂樂。如其在考功司任職時，由於性情剛直，拒奉賄賂，被高太監奚落，他初次嘗到了爲官的辛苦，心有所感道："早知命不延，功名亦逝水。"① 殘酷的生活和仕宦現實，使他不得不陷入深深的思考中。有時他勉勵自己堅守貞操，不斷進取："我本纖毫塵不染，底須明鏡照人懷"②，"君如問我踪，泥上覓鴻爪"[11]③。儘管他也曾爲自己的仕途和生活苦心經營，然而兩袖清風，性好直率的他還是擺脱不了生活的困境和窮困的命運，如他在《憶編修祝芷塘德麟》中寫道："今君在金閨，錦綉出金鉸。而我泣窮途，蓬頭雜山獠。清官無一錢，稚子方饑 嗷"，"漂泊四十口，嗷嗷衹心攪"④。李調元和祝芷塘爲同榜進士，然二人命運卻是天壤之别。慘淡的生活，暗淡的前途，使他有時對做官和人生心灰意冷。他在"黄箱"事件中被永平知府弓養正等誣陷入獄，在牢獄中他凄慘地寫道："沉冤似海誰能白，薄宦如冰念已灰。"⑤ 又如《重經大悲庵有感》⑥：

再來蕭寺暗傷神，風景依然似隔旬。
幻影泡花生死夢，鬢絲禪榻去來因。
雲烟有態徒過眼，天地無情不庇身。
到底虚名竟何益？如今真是大悲人。

有時他也會産生"不如歸去"的念頭。如他在《感懷（二首）》中寫道⑦：

仕宦亦何謂，田園胡不歸。
半生妻子累，一死友朋稀。
病每無醫覓，貧惟有力依。
道旁誰可愬，流涕自相揮。

一歲疲奔命，千秋恨結冤。
人心縱如此，天道亦寧論。
蕉鹿知今夢，蒓鱸負昔言。
堪傷清白吏，遺得子孫存。

① ［清］李調元：《童山詩集》，商務印書館 1936 年，第 96 頁。
② 同上，第 116 頁。
③ 同上，第 113 頁。
④ 同上，第 113 頁。
⑤ 同上，第 321 頁。
⑥ 同上，第 110 頁。
⑦ 同上，第 109－110 頁。

半生辛勞，遍嘗人生之苦痛，一切辛酸和冤氣，痛感無人可訴。得失如夢，“田園胡不歸”？

李調元在這個時期還寫有很多的描寫民生凋敝，同情農民不幸，痛斥統治者暴政的詩歌。這類詩歌無論從思想深度還是從藝術上看都具有很高的成就。這類詩歌中最具代表的是“三行”，即《石匠行》、《窑户行》和《乞兒行》。試舉《石匠行》爲例來看①：

有翁折脚啼道上，皮肉淋漓新吃杖。如狼差吏驅出門，不許攔街呈訴狀。旁人指點翁來因，舊是南山伐石匠。問翁胡爲遭鞭箠，眉皺胸填氣沮喪。往時縣中倒立碑，去思德政屹相向。不知有益黔首無，各爲甘棠何足讓。十字市口樹爲林，幾欲斫盡青山嶂。自吾祖父供此役，日往高岩親度量。車輦夫扛百不停，巍巍鰲戴萬人仰。立時官府顏色歡，給賞纔足沽村釀。此項名爲里下派，何曾一家解索償。而今室内無一丁，衹餘老身權補放。字刻青天過手多，至今名姓半遺忘。朝來新令初升堂，便有循聲千口揚。不即鳩工垂不刊，龔黄未免心怏怏。昏夜傳呼急於火，天明縣前聽點唱。可憐蕭條一細民，囊橐無錢倩誰餉。今者稍稍恕私情，拍案立即遭考掠。君看腰間錘與鑿，薄技陷入無地藏。但是官名果不朽，身雖餓莩亦何妨。

老石匠世代以伐石刻碑爲業，但仍囊中羞澀，食不果腹，無奈之下他攔街呈訴狀，卻被如狼似虎的差吏鞭杖得血肉模糊。有苦無處訴，孤苦無助的老石匠衹好跛脚來到街邊，向路人訴説着自己的酸辛與痛楚。此詩近似白描似的描寫了下層勞動者的艱難處境，深切地表達了詩人對他們的同情和對統治階級暴政的不滿。此類詩歌李調元均能以現實主義的筆法真實地記録、描述眼前之事，深刻地剖析事情背後的社會根源。除“三行”外，還有《石壕》等詩也表達了此類思想感情。

此外，這時期李調元詩歌創作中還有一些描寫南國風俗的清新俊爽之作。這類詩歌多寫於詩人兩次赴廣東爲官途中及期間，收録在《粤東皇華集》和《童山詩集》卷十五甲午上、十六甲午下，卷二十一戊戌、二十二己亥中。迥異於北國的嶺南的山川景物、奇特的民俗風情、土歌民謡等無一不使他感到新鮮親切，無一不通過其靈動的體驗捕捉下來見之於筆端。這類詩歌的創作，不僅豐富了其詩歌思想内容，而且也爲他的“詩道性情”性靈詩學作了很好的注脚。如《淘鵝謡》（并序）②：

淘鵝其大如鵝，能沉水取魚。頤下有皮袋，嘗盛水二升許以養魚，每淘河一次，可充數日之食。亦呼水流鵝。漁童謡云：“水流鵝，莫淘河，我魚少，爾魚多，操弓欲射汝，奈汝會逃何。”嫌其詞俚，不足以風，故易之。

淘鵝淘鵝，汝勿淘河。我淘魚少，汝淘魚多。汝用皮袋，我用網羅。網羅魚可漏，皮袋魚難過。可漏魚尚可，難過魚奈何？一支竹弓，一支枉矢，射殺淘鵝，淘河應止。

李調元《南越筆記》卷一載“粤俗好歌”，《雨村詩話》卷十二又載：“余試粤東諸生古

① ［清］李調元：《童山詩集》，商務印書館1936年，第117頁。
② 同上，第211頁。

學，先以詩，次必以《竹枝詞》命題，蓋以觀其土俗民情也。記其最佳者，頗可譜入《風謠》。”[①] 土風民謠這種來自民間的原生態的創作激起李調元的極大興趣，他不僅以此來試學以觀民風，而且還陶醉於此，利用這些鮮活的“眼前詩料”進行再創作，如《花燕》（并序）、《青騅引》（并序）等。同時，受粵地民間情歌的影響，李調元的也創作了一些詩風明快，感情熾烈“代言體”情歌，如《沓潮歌》[②]：

沓潮來，沓潮去，來如乘風去如雨。與郎朝暮同沓潮，不知郎船在何處。虎頭門外波淫淫，羊城門內信沉沉。春汛冬汛尚有定，唯有郎心無定心。郎心不似潮，儂心與潮赴。與郎今往來，但以潮爲度。

又《浪花歌》[③]：

搖槳過郎船，滴水上郎身。語郎勿相怪，水是郎媒人。

此類詩歌雖然爲數不多，然就思想内容而言，它卻能上承《詩經·國風》傳統，以更加自由的形式給我們展現了一幅幅有别於“十五國風”的“粤風”的獨特畫面。

乾隆五十年（1785）五月，李調元辭官回鄉。從此他隱居“醒園”，謝絶了一切官場和應酬活動，鑽研學術，課童演戲。晚年生活的悠閑爲他詩歌的創作創造了良好的環境條件，他晚年鄉居期間寫了大量的閑適詩。其中最典型的是《醒園遣興（二首）》[④]：

笑對青山曲未終，依樓閑看打魚翁。
歸來祇在梨園坐，看破繁華總是空。

生涯酷似李崆峒，投老閑居杜鄠中。
習氣未除身尚健，自敲檀板課歌童。

醉心絲管，陶情花鳥，閑時課童，生活悠游自在。此類詩歌中頗具代表性的還有《獨游醒園》、《移居醒園四首》、《戲作》、《醒園晚興》、《遊寶圖山》、《栽花二首》、《困園雜咏四首》、《移居困園二首》、《小築四章十句》等等。李調元晚年所寫的這類閑適詩多能即景遣興，能化深沉的人生感觸於平淡自然的詩歌語言之中，讀之令人回味無窮。

## 三

李調元的詩歌在藝術上也取得很高的成就。這主要體現在三個方面：

① ［清］李調元著，詹杭倫、沈時蓉校正：《雨村詩話校正》，巴蜀書社 2006 年，第 280 頁。
② ［清］李調元：《童山詩集》，商務印書館 1936 年，第 212 頁。
③ 同上，第 346 頁。
④ 同上，第 161 頁。

第一，詩歌藝術風格多樣化。他年輕時追慕詩仙李白，直言“我詩頗向謫仙偷”①、“余本今之詩狂者，非李太白不取也”②，甚至在他筆下也創作出“下筆直搗三峽江，翻濤攪浪不肯住，竟欲手摘龍耳，刳鰲腹，拔鯨尾，以與光焰萬丈之李杜争豪强”③ 這類效法李白豪放、飄逸、自然詩風的抒懷之作。到了中年，由於仕途的坎坷和人生經歷的豐富，他的詩歌風格也開始發生了新的變化，其中慢慢多了一些像杜甫詩歌那樣的“鬱折往復之致”。在這個時期，他多能藉助自然質樸的語言和靈活多樣的形式，表達自己對整個社會人生的真實看法和想法，詩歌内容豐富而深刻，氣調愴涼而悲慨，具有深刻的思想性和極强的藝術感染力。晚年在家幽居，心無旁騖，生活安逸。這個時期的詩歌較以前相比，詩風又有了新的變化，其詩歌語言清新自然、樸實平淡，然意味卻深長雋永。

第二，詩歌形式衆體皆備。調元詩學李白，不僅表現在風格模仿上，他還在詩體運用上對李白有所借鑒。他自稱“一生愛學青蓮體，祇恐三分略似詩”④。在李調元的《童山詩集》中，“樂府歌行體”⑤ 詩占有很大比重，并且其中不乏襲取“樂府古題”創作的詩歌，如《上之回》、《巫山高》、《艾如張》、《烏夜啼》、《猛虎行》、《來日大難》、《少年行》、《子夜四時歌》、《苦雨行》、《練時日》、《帝臨》、《西顥》、《元冥》、《君馬黄》、《將進酒》、《邯鄲行》、《蛺蝶詞》等；同時，他還不斷自創新題，創作了大量的“新樂府”、“歌行體”和“歌謡體”詩。《童山詩集》中還有大量的長句四、五、七言古體，這類詩歌往往具有很强的叙事性。《童山詩集》中同時也有一些短小精悍、富於理趣的五七言絶句。

第三，詩歌語言清朗多趣。這與其詩學理論是分不開的。李調元在《雨村詩話·序》云：“詩者，天之花也。花閱一春而益新，詩閱一代而益盛。……夫花既以新爲佳，則詩須陳言務去。”⑥ 花以新爲佳，詩歌也應力避陳詞濫調，保持清新自然。他還在《雨村詩話》（十六卷本）卷一中對詩歌語言提出了三大審美標準：“詩有三字訣，曰：響、爽、朗。響者，音節鏗鏘，無沉悶堆塞之謂也；爽者，正大光明，無囁嚅不出之謂也；而要歸於朗，朗者，冰雪聰明，無瑕瑜互掩之謂也。”⑦“響”、“爽”、“朗”三字分别從三個方面對詩歌創作和審美提出了要求：“響”，指詩歌的節奏、韻律方面應鏗鏘有韻，要有一種音樂美、音律美，這樣纔能給人以聽覺上的美感；“爽”，指詩歌應該是詩人性情和磊落人品的自然流露，

---

① ［清］李調元：《童山詩集》，商務印書館 1936 年，第 245 頁。

② 同上，第 245－246 頁。

③ 同上，第 1 頁。

④ 同上，第 535 頁。

⑤ 對於樂府、歌行及其相互關係的界定學界尚存争議，本文不打算對此進行過多論述。但根據目前學界的比較普遍的觀點，“樂府”包括舊題樂府（古樂府）和新題樂府（新樂府），“歌行”出自“樂府”，其主要特徵有以下幾個方面：一、句式以七言、雜言爲主；二、詩題中包含歌詞性字樣（如“歌”、“行”、“歌行”、“曲”、“引”、“謡”、“詞”、“吟”、“嘆”、“咏”等）或具有歌詞性質；三、主觀抒情性；四、有酬贈性質。以上述標準衡量，我們發現李調元《童山詩集》中有大量的樂府歌行體詩。這類詩中，古體樂府大多是其年輕時期的作品，而新題樂府和歌行體詩的創作則貫穿其一生。據此，我們以爲“樂府歌行體”詩在李調元所有詩歌中占有很重要的地位，它是李調元詩歌成就的典型代表。本文僅提出這一觀點，俟資料和研究充分後，將寫專文對李調元樂府與歌行的創作成就予以論述。

⑥ ［清］李調元著，詹杭倫、沈時蓉校正：《雨村詩話校正》，巴蜀書社 2006 年，第 26 頁。

⑦ 同上，第 27 頁。

而非假以修飾的結果；“朗”，則强調詩歌語言要有錘煉，極力追求一種簡潔精煉之美。此三字訣是其詩歌語言清朗的關鍵所在。同時，在詩歌創作中，李調元又不失蜀人善謔的特點，如《蠟梅》一詩云：“東風昨夜有機事，開破封書第一丸。卻被蜜蜂漏消息，先差蠟鳳報衙官。枝枝蕊似雕黄玉，陣陣香疑爇紫檀。道是梅花君不信，如何臘月并衝寒?”① 上述這些一起形成李調元詩歌“瀟灑有致，清朗多趣”② 的語言風貌。

## 結　論

概而言之，李調元是一位善於汲取前人經驗而又富於獨創精神的詩人。他的詩歌創作，無論在思想内容還是在藝術方面，都取得了較突出的成就。他的詩歌在當時引起了世人的關注和喜愛。袁枚在讀了李調元的詩歌後稱贊道：“西蜀多才君第一，鷄林合有綉圖供。”③ 王懿修評論其詩歌成就爲：“英辭絢爛，壯氣騰騫，以西蜀之淵雲，爲南宫之冠冕。”④ 程晉芳“三復其詩”評論云：“合觀全集，大矣美矣。”⑤ 朝鮮詩人李德懋在《清脾録》（朝鮮本、卷之四）中則認爲：“羹堂詩步武騰驤，邊幅展拓，每一讀之，襟抱豁如，雄秀博達，浩無端倪。”⑥ 在詩歌方面所取得的巨大成就，奠定了李調元作爲文學家的地位，他無愧於清代“四川詩壇盟主”⑦ 的稱號。

作者單位：三亞學院人文學院

① ［清］李調元：《童山詩集》，商務印書館 1936 年，第 29 頁。
② 嚴迪昌：《清詩史》，浙江古籍出版社 2002 年，第 945 頁。
③ ［清］李調元：《童山詩集》，商務印書館 1936 年，第 29 頁。
④ 同上，第 470 頁。
⑤ 同上，第 27 頁。
⑥ ［朝鮮］洪大容、李德懋、鄺健行點校：《乾净衕筆談·清脾録》，上海古籍出版社 2010 年，第 261 頁。
⑦ ［清］李調元著，羅煥章主編：《李調元詩注》，巴蜀書社 1993 年，第 9 頁。

# 彭端淑道德文章論略*

## ——與李調元、張問陶比較

鄭家治

彭端淑（1699—1779），字儀豐，號樂齋，四川丹棱人。祖父彭萬昆爲明朝崇禎例貢，清初任簡州判官，因功擢都督僉事；父彭珣爲清康熙貢生，其二叔、五叔爲舉人，大叔、三叔、四叔、六叔、七叔均爲生員，父輩科名已漸盛，家境亦富。彭端淑《先大夫家傳》説："遺業頗饒。"[①]《先將軍玉吾公家傳》："先將軍家有餘蓄，設粥場於通衢之傍，四方就食者，日不暇給……所活數千人。"[②] 家境富，科名盛，人才亦多，可稱丹棱望族。

彭端淑幼而穎異，十歲能文。十二歲入縣學，雍正四年（1726）中舉人，雍正十一年與孿生弟彭肇洙同榜中進士，彭端淑授吏部主事，肇洙授刑部主事，乾隆二年（1737）二弟彭遵泗中進士，授兵部主事，弟兄三人供職京師，一時京師有"三彭"之目，且堂弟彭端節、彭大力、彭承緒等亦中武進士。功名科甲之盛，顯於當時。不過此後彭端淑久不升遷，乾隆十年始擢吏部員外郎，是年起由治古文轉而攻詩。次年進階文選清吏司郎中。乾隆十九年擢廣東肇羅道觀察使，以吏治明敏、敬慎無私名聞廣東。彭端淑自雍正十一年中進士爲吏部主事始，歷官員外郎、郎中，前後二十二年，乾隆十九年擢廣東肇羅道，仕途没有出現大的波折，可稱平順，但也因無人援引及不善逢迎而蹭蹬下僚，因此時有歸隱之意。乾隆二十四年受命赴廣西救灾，誤墜水中，經奮力營救，始得免。因嘆曰："人於宦途不滿意輒以咎人，此誰擠之者？今不葬魚腹，天於我厚矣，復何望焉？"[③] 遂決計告歸。乾隆二十六年63歲時辭職回川，受聘掌錦江書院，出其門者如李調元、李鼎元、張翯、姜錫嘏、鍾文韞、龍煜岷等。乾隆三十二年期滿，兩年後又接任，課士育賢，直至辭世。

* 本文爲四川省哲社規劃項目《清代四川三大才子道德文章研究》前期成果。編號爲：SCLIE024。

① 李朝正、徐敦忠：《彭端淑詩文注》，巴蜀書社1995年版，第354頁。

② 同上，第314頁。

③ 同上，第553頁。

## 一　彭端淑的個性思想

彭端淑與同時代絕大多數知識份子一樣，崇奉儒家仁愛思想，以修齊治平爲理想與價值觀，所謂“達則兼濟天下”，但卻又潔身自好，時懷退隱之念，走的是一條由科舉到仕途的道路，志在做清朝的循吏幹員。

### （一）彭端淑的個性

彭端淑的個性體現爲“清慎自矢”，“崇實黜浮”[①]，“外若渾淪，内實精核”[②]。所謂清慎自矢，就是以爲官清廉、爲人謹慎、爲事勤勉自誓、自勉；所謂崇實黜浮就是辦實事，求實效，而不誇誇其談；所謂外若渾淪，内實精核，就是俗語所謂外圓内方，這些都是複雜情況下爲官辦事的個性與品質，也是秉持儒家思想官員的共通個性品格。他的《江邊别舍弟仲尹》説：“處世存吾拙，齊家應汝癡。”[③] 所謂存拙即守拙，語出陶淵明《歸園田居》：“開荒南野際，守拙歸園田。”[④] 即安於愚拙，不學巧僞，不争名利。後世常以抱朴守拙相連，源自《老子》：“見素抱朴，少私寡欲。”[⑤] 有道家無爲而無不爲的思想。對彭氏的個性與爲人，《錦里新編·彭端淑傳》評敍説：“善氣迎人，絶無官狀，遇鄉老高年，必盤旋敍舊，即接後進，亦平易如常。故知與不知，咸稱盛德。”[⑥] 梁國治説他：“德器從容，涵養純粹。”[⑦] 因此他精於吏治，近三十年宦海生涯没有大的波折，最大的挫折是乾隆四十七年因福建更换調整教諭事失職而降職一級留任。

### （二）彭端淑的思想道德

彭端淑一生崇奉儒家，積極入世經世。他説：“人生過半百，此志將焉托？本無經世才，矧不忘丘壑？”[⑧] 詩歌感嘆没有經世之才，暗寓有經世之志，且終身不渝。又云：“濟世才常拙，謀生計亦疏。”[⑨] 以濟世之才常拙爲憾事，希望有濟世之才，當然便有濟世之志。又云：“數卷圖書藏敝篋，半生事業愧清朝。”[⑩] 感嘆一介書生，祇有“數卷圖書藏敝篋”，因此經世無成，愧對國家朝廷。因爲以儒家入世經世爲終生追求，所以他特别贊賞一生憂國憂民的

① 李朝正、徐敦忠：《彭端淑詩文注》，巴蜀書社 1995 年版，第 323 頁。
② 同上，第 552 頁。
③ 同上，第 67 頁。
④ 同上。
⑤ 同上。
⑥ 同上，第 553 頁。
⑦ 張維屏：《國朝詩人徵略》，中山大學出版社 2004 年，第 929 頁。
⑧ 李朝正、徐敦忠：《彭端淑詩文注》，巴蜀書社 1995 年，第 39 頁。
⑨ 同上，第 75 頁。
⑩ 同上，第 114 頁。

杜甫："亦有杜陵翁，題詩悲時事。"[①] 贊揚杜甫之詩關心時事，充滿經世入世情懷。又云："少陵冠古才，文章垂典則。平生千萬篇，惓惓在京國。未展契稷懷，微官且被謫。"[②] 贊揚杜甫才華冠古，而且"文章垂典則"，落實到思想情感方面便是忠君愛國，即杜甫所謂"許身一何愚，竊比稷與契"[③]。因爲經世入世，所以他便宣導儒家的仁愛與忠愛。又云："天心本仁愛，斯須惠澤溥。豈惟解暑愁，豐歲良可睹。"詩歌同情農夫，心憂旱灾，説"天心本仁愛，斯須惠澤溥"，則天子及官員之心則更當有仁愛，時時處處關懷百姓，所謂"惠澤溥"，即儒家所謂民胞物與。又云："平生忠愛意，涕泣滿篇章。"[④] 贊揚杜甫的詩歌真誠地表現了濃烈的忠君愛民思想。文章亦有論述。其《離騷中正序》云："《離騷》者，千古詞人極則，而忠愛之所激而成也，探古今之變，窮草木之情，旨遠思深，搜奇抉怪，驚風雨，泣鬼神，雖其徒宋大夫不能窺其堂奥，況餘子乎？……若乃精白之志，幽憤之忱，期致君於前聖，悲社稷之巔隕，黨人塞路，中正邅迍，君不見信，親亦致疑，思騁目於四荒，憶上下之求索，占靈氛，卜巫咸，遠游雖樂，故都難忘，美政無期，彭咸是蹈，悲乎傷哉！推此志也，雖與日月争光是已。林君發微闡幽，字解句釋，比於六經之旨，而引諸孔孟之門，其言豈爲過哉！"[⑤] 認爲屈原的《離騷》是"忠愛之所激而成"，屈原一生"精白之志，幽憤之忱，期致君於前聖……故都難忘，美政無期，彭咸是蹈"，因此詩歌抒發的便是忠君愛民而不成的悲憤情懷。他進而認爲林君解釋闡述《離騷》時"比於六經之旨，而引諸孔孟之門"，是正確有識的。他還宣導孝道，表現孝心。《早發臨潁》云："走馬過潁橋，懷古思考叔。羨爾純孝心，有母堪遺肉。"[⑥] 贊揚潁考叔割肉食母的純孝之心，彰揚孝道。又云："父没不憑棺，母没不臨柩。積此萬古恨，殘生空宇宙。"[⑦] 詩人情感真摯，以不能爲父母送終爲萬古遺恨。聯繫詩人平生，可知他在家盡孝，爲官盡忠盡職，説明他以忠孝爲基本倫理道德。不僅詩歌如此，他的文章亦如此，尤其是傳記與墓誌銘幾乎都以表現彰顯忠孝、忠義、節烈人物爲主題。因此他是儒家倫理道德的忠實宣導者與踐行者。他不僅重視忠孝義節，也重視禮，且對禮有獨到的見解。《禮以養人爲本論》説："古之聖人，仁足以育天下，義足以正天下，知足以别天下，天下之人，亦可安於聖人之治矣。然仁足以育，義足以正，知足以别，而天下有背吾仁，越吾義，且有知所不及施者，則仁義與知有時而窮。夫仁義與知之治俱窮，天下之人終不能相生相養，各順其自然，以安於聖人之治。於是聖人始因人心所不容已者，通乎仁義與知之窮而制之爲禮。"[⑧] 認爲禮本於仁義知，可補仁義知之不足，源於私欲及争鬥，目的卻在抑制人的私欲與争鬥，因此禮有一定的强制性，所以後世禮法相連。但他

---

① 李朝正、徐敦忠：《彭端淑詩文注》，巴蜀書社 1995 年，第 265 頁。
② 同上，第 174 頁。
③ 楊倫：《杜詩鏡銓》，上海古籍出版社 1980 年，第 108 頁。
④ 李朝正、徐敦忠：《彭端淑詩文注》，巴蜀書社 1995 年，第 96 頁。
⑤ 同上，第 360 頁。
⑥ 同上，第 5 頁。
⑦ 同上，第 6 頁。
⑧ 同上，第 443 頁。

又認爲禮非强人之術，乃養人之術，這種觀點非常獨特，明顯高於同時代其他人。

彭端淑的儒家倫理道德思想主要落實在愛民盡職的實際行動上，相關記載甚多。如在吏部爲郎官期間深得上官信任與倚重，説明其盡職；外任廣東肇羅道時獨當一面，政績突出，深得民心，則更是顯示了他清慎幹練、愛民盡職的作風。據《錦里新編·彭端淑》記載，彭端淑在肇羅道任期間幹好了三件大事好事：一是清廉勤政。他以冰操自矢，敬慎無私，不僅自身十分清廉，而且幹練縝密，使隨從胥吏也不敢不能弄權納賄。二是重視教育。僅僅三年他便扭轉了當地教育長期落後的局面，爲此他不惜“每暇則至講堂爲之指授”。三是親自審結案件。三千餘件積案旬月俱清，致有“神明”之稱，連總督楊應琚也嘉贊其才，引爲上座。三件大事中，教育與審理積案道員都衹有督察之責，但他卻以愛民安民爲己任，不避攬權嫌疑，不辭辛苦，勇於自任，這種精神與做法在任何時代都是非常難得的。乾隆二十三年，他受命赴廣西處置軍事民政事宜，次年又督運糧米赴廣西救灾，均能圓滿完成任務，甚得官民稱賞。其《寄仲尹》説：“余謬膺簡命，觀察嶺海邊。安民在察吏，負性異鷹鸇。勤勤修厥職，夙夜凜冰淵。”[①] 説爲政的要務在察吏與安民，察吏之目的在安民，爲政者的心地要仁慈、仁愛，所謂“負性異鷹鸇”，而且要勤懇、謹慎。

他的詩歌也多所記載與表現民生疾苦。如上舉《七月十六日》以仁愛之心憂旱灾，憂百姓的生計。《元日喜雪》云：“三川無儲蓄，矧當大旱餘？東北猶薄歉，粟米貴於珠。”[②] 因喜雪而念及三川大旱之餘没有儲蓄糧食，更放眼全國，心憂天下，念及“東北猶薄歉，粟米貴於珠”。《雨不絶》云：“陰盛三農歉，螟生萬户哀。那堪大旱後，是物尚爲灾。”[③] 憂慮澇灾與蟲灾。《夏鎮》云：“粟米貴如珠，頻年遭水浸。男婦多鳩形，魚蝦實爲命。盛世感恩惠，漕餉百萬振。天灾固無常，人事亦堪勝。奈何此邦人，坐守甘懸磬。所重勤與儉，懶侈轉成性。”[④] 詩歌前四句先描寫其地連年遭受水灾，以致米貴如珠，百姓以魚蝦保命，人因饑餓而身體瘦削、面容憔悴的慘狀，對百姓的苦難表示同情。接着四句認爲天灾無常，但人事可爲，朝廷以漕餉加以賑濟，即他所謂“盛世感恩惠”。最後四句批評夏鎮之人“坐守甘懸磬”，甚至“懶侈轉成性”[⑤]。他的批評是否是事實可以討論，但卻表現了他不僅憂民愛民，而且重視安民與富民，即以勤儉爲本。這與他在《耗羨私議》中的觀點一致。《耗羨私議》分析議論清朝敏感的“耗羨”政策，認爲耗羨歸民而民不富，歸官而去養廉銀則官貪，歸公則有利於國用。他進而認爲耗羨歸公也不能發展生産增加財富，是治標之法。治本之法當澄清吏治，建立有效的行政體制。“安民在察吏”[⑥]，具體而言，便是督撫督郡縣，郡縣勸農桑，這樣纔能安民富民。他還認爲富民卻不可推行井田制、人人種田，而應當多種經營，

---

① 李朝正、徐敦忠：《彭端淑詩文注》，巴蜀書社 1995 年，第 20 頁。
② 同上，第 172 頁。
③ 同上，第 201 頁。
④ 同上，第 154 頁。
⑤ 同上。
⑥ 同上，第 19 頁。

各行并舉，獎勤罰懶，即古所謂勸農節用，反對奢侈。他的愛民還體現爲執法審案之盡職。《陽江舟中》云："念彼民間訟，積案動成丘。孰非吾赤子，哀哉何所求……詎敢憚勞劇，一一剖其由。決獄無大小，得情方始休。明以播諸吏，毋貽父母羞。"[①] 因爲百姓是赤子，所以他同情百姓的冤屈，不怕麻煩與勞累，無論案件大小，都細心審理清楚，辨其冤屈，還將其作爲示範，讓其他官吏學習，以免因濫用律法而羞爲百姓父母官。對於案件的審結與律法，他在《讀史》其五中認爲當以德化感人，而不致濫施酷刑嚴法。

彭端淑所受佛家思想的影響極小。他的詩文中説到佛家思想的僅有《丹棱八景》："唤醒夢中人，回頭是彼岸。"[②] 此所謂"彼岸"不過是歸隱的意思。他晚年也曾如居士一樣生活，如云："八十老翁何所慕，焚香掃地樂天倪。"[③] 他也有一些游覽佛寺的詩歌，但都以寫景爲主，而決不在其中談論佛理。他唯一與僧人交往的詩歌《贈僧》云："志士苦行能若此，人間何事尚難成?"[④] 題爲《贈僧》，按理當談論佛理，但他卻將佛家苦行之僧與儒家志士相比較，表現的是儒家積極入世、明知不可爲而爲之的精神。相比較而言，他受道家思想影響較深，詩中常常有所表現，如他傾慕神仙般的生活："若使神仙真可至，一生長吸明月中。"[⑤] 嚮往李白那種曠達、飄逸、放浪的生活："當讀太白詩，夢想峨眉月。羡君曠達人，登臨坐超忽。飄然絶塵宰，來往白雲間。"[⑥] 常常感嘆世事無常："今古世事如蒼狗，王侯螻蟻同枯朽。"[⑦] 又云："人生得喪渺難尋，今古茫茫瞬息中。"[⑧] 他也在詩中表現出世思想："洞古煙霞護，樓高色象空。塵心消不盡，物理息微躬。"[⑨] 他甚至想要學道成仙："安得身騎大蝴蝶，從君嘯傲白雲巔。"[⑩] 又云："大造鼓洪爐，萬象歸陶鑄。元氣渺無痕，真精原自固。開閉失其官，一散不復聚……我生萬事盡自由，誤落塵網三十秋。展開此圖心悠悠，安得相從物外游，同君攜手上十洲。"[⑪] 不過他的道家道教思想并不濃厚，是與儒家"窮則獨善其身"相似的亂世歸隱思想。他想做的是達人："烈士多壯心，達人鮮拘束。冥觀通萬象，奚事競馳逐?"[⑫] 又云："我生如夢幻，消息渺難憑。仿佛夢中夢，依稀身外身。達人能識變，愚者自勞神。萬事何須計，忘機自屈伸。"[⑬] 詩中所謂達人是通達人生之人，生性豁達之人，即所謂"鮮拘束"與"能識變"之人，與"烈士"及"愚者"相對。其他詩歌，如云："人生

① 李朝正、徐敦忠：《彭端淑詩文注》，巴蜀書社1995年，第81頁。
② 同上，第164頁。
③ 同上，第238頁。
④ 同上，第230頁。
⑤ 同上，第251頁。
⑥ 同上，第234頁。
⑦ 同上，第48頁。
⑧ 同上，第180頁。
⑨ 同上，第87頁。
⑩ 同上，第58頁。
⑪ 同上，第185頁。
⑫ 同上，第57頁。
⑬ 同上，第276頁。

貴適意，胡爲久羈束？他日復歸來，高歌抱吾獨。”[①] 又云：“大峨仙人絶代無，風流瀟灑不受拘。富貴浮雲過太虛，有時笠屐混樵漁。”[②] 希望像陶淵明那樣歸園田而居，追求“適意”，像蘇軾那樣“有時笠屐混樵漁”，“風流瀟灑不受拘”，而不爲世俗所拘束，視富貴爲浮雲，表現的也是達人思想。簡言之，是積極入世經世，而又豁達通達，不受拘束。

對道家的態度，他的《書元白放詩後》詩云：“放言無當嗤元白，兩晉風流家國亡。一息尚存敢自懈，寸陰是惜莫輕荒。聖賢名教真堪樂，莊列虛無總屬狂。須識吾身當盡事，慢將生死等彭殤。”[③] 題目的“放詩”，當是元稹、白居易的《放言》詩。白居易七律《放言五首》是一組政治抒情詩。詩前有序：“元九在江陵時有《放言》七言詩五首，韻高而體律，意古而詞新。……予出佐潯陽，未届所任，舟中多暇，江上獨吟，因綴五篇，以續其意耳。”[④] 據序文可知，這是憲宗元和十年（815）詩人被貶赴江州途中所作。當年六月，詩人因上疏急請追捕刺殺宰相武元衡的兇手，遭當權者忌恨，被貶爲江州司馬。詩題“放言”，就是無所顧忌，暢所欲言。白居易憤激之餘，以詩寓理，在五首詩歌中説明要辨別真僞、禍福、忠奸、貧賤、生死，且要正確對待。但因爲憤激，所以便有真僞、忠奸難辨，禍福、貧賤、生死無常之意，義近道家的虛無思想。彭端淑此詩首句首先斷言“放言無當”，進而“嗤元白”。此“放言”既指元、白的《放言》詩，也指其詩是無所顧忌之言。所謂肆意之放言，所謂“放言無當”是説白居易之説義近道家虛無思想，貌似高明，卻無當。次句“兩晉風流家國亡”，是説兩晉士人信奉虛無思想，以清談爲能事，玄風玄言盛行，自詡風流，即貌似才華出衆，不拘泥於禮教，但卻誤國誤民，以致國破家亡。頷聯轉寫他絶不相信道家的虛無思想，而是要珍惜生命與時間。頸聯承寫他珍惜生命與時間，目的在踐行儒家思想，且以此爲樂；相反，莊列道家一類著作則大而無當，高而不切，虛無縹緲，義近虛無，因此“總屬狂”，不值得信奉與踐行。尾聯認爲長壽夭折是自然的，不值得去考慮，所謂“慢將生死等彭殤”，關鍵在抓住有限的生命入世經世，爲國爲民，盡職盡責，盡事成事。這首詩説明他思想主體是儒家，不僅信奉踐行，且以此爲樂，對道家則基本上持否定態度，認爲其虛無而近乎狂，偶爾談談可以，用其安撫受傷的心靈也行，但不可真正信奉與踐行。

綜上可知，彭端淑個性“清慎”，雖然偶爾流露出一些道家的意念，但卻是堅決信奉并踐行儒家思想與倫理道德的醇儒，一生憂國憂民盡職盡責的循吏、幹員。其道德品行儘管有時代的局限，但總體卻是高尚的，無可指責的。

彭端淑的這種個性品格、思想道德與辦事風格，在政治清明、吏治純良之時自當事業有成而仕途順利。然而雍乾時期在所謂“文治與武功”鼎盛的表像下，土地兼併日趨激烈，貴族官僚揮霍無度，吏治腐敗，加上天災人禍，民族矛盾、社會矛盾相當嚴重。乾隆中後期，皇帝日益昏庸剛愎，政治日益腐敗，吏治日益敗壞，社會動亂的苗頭漸顯。這與彭端淑的理

---

① 李朝正、徐敦忠：《彭端淑詩文注》，巴蜀書社 1995 年，第 144 頁。
② 同上，第 59 頁。
③ 同上，第 283 頁。
④ 白居易：《白氏長慶集》卷十五，《四部叢刊初編》影印本。

想相去甚遠，一片光明的仕途也顯得黯淡起來。先有他在吏部因調整福建教諭事受到革職降一級留任處分，接着二弟彭遵泗、五弟彭端澂先後因忤大府上官被解官，於是他深感不滿與厭惡，卻又無力反抗，苟且偷安又於心不忍。既然"兼濟天下"難，於是便轉而"獨善其身"，這與道家的出世思想近似，這種頗爲複雜的思想在《秋日感懷》、《黄河遇潮》、《憶山居》、《題成化山人調鼎圖》等詩歌中有所表現。這當是他晚年退避官場，轉向興辦教育，以實學造士的思想動因。彭端淑功名成就正盛之時急流勇退，也與家教及長輩訓示有關。祖父玉吾公告誡子孫："惟忠惟孝，克勤克儉，無蓄舊怨而侮鰥寡，各守厥訓，以啟後人。"① 外祖父王廷詔教誨："汝輩當體先志，崇實黜浮，又宜力學，勿自棄。"② 因此他早年"壯而勤學，淹雅宏通，沉酣經術"③，中年以後置身官場，觸目混濁，思想便由清慎穩重而漸趨隱忍保守，其後思想便落入沉鬱苦悶，徬徨消極，最終以避官自適而求得一定程度的解脱。彭氏因失足落水而感悟人生，進而主動歸隱，其後二十年間以育賢課士造士爲己任，這與李調元罷官後悠游林泉，以詩酒戲曲自娱，張問陶憤而辭職僑居繁華的吴門，以書畫自娱與謀生，都有很大的不同。最大的不同，是他始終以儒家思想爲主導，其育賢課士是其儒家經世濟世思想的延伸，而李調元罷官後享受的是世俗人生，張問陶的退隱則更多一份佛道自適思想。

## 二　彭端淑的詩文成就

彭端淑現存作品有《白鶴堂文集》四卷、《雪夜詩談》二卷、《粤西紀草》一卷、《曹植以下八家詩選》若干卷、《蜀名家詩抄》二卷，以及《晚年詩稿》、《肇慶府志》等。其中《白鶴堂文集》最爲有名。李朝正編著的《彭端淑詩文注》彙集《晚年詩》、《晚年詩續刻》、《白鶴堂戊戌草》，另加搜羅，得詩歌近三百題，311 首，其中《題杜工部草堂詩》重出，總共 310 首。搜羅編選彭端淑文章計六卷，共 70 篇。

《錦里新編·彭端淑》與《清室列傳·彭端淑》均稱其"幼而穎異，十歲能文"，但未見記載與傳誦。今存可考最早之文當是康熙五十八年作者 21 歲時作《萃龍山記》；雍正十一年 35 歲中進士，次年與蔡謙雪夜談詩，後集成《雪夜詩談》四卷，標誌着他的文學思想基本成熟；乾隆五年 42 歲與名士胡天游訂交，作《論文》、《與友人論陶杜詩》，標誌着他的文學思想完全成熟；乾隆十年 47 歲晉升吏部員外郎，始由古文轉而攻詩；乾隆十九年 56 歲官肇羅道，次年與肇慶知府吴繩年共修《肇慶府志》，彭負責藝文部分；乾隆二十六年 63 歲決意歸隱，任錦江書院山長，後三年在錦江書院之旁置房，名"白鶴堂"；乾隆三十二年 69 歲編選《曹植以下八家詩選》，次年編撰《蜀名家詩抄》，二年後成；乾隆三十六年 73 歲抱病整

① 李朝正、徐敦忠：《彭端淑詩文注》，巴蜀書社 1995 年，第 316 頁。
② 同上，第 325 頁。
③ 同上，第 563 頁。

理詩稿一百二十餘篇，成《白鶴堂詩稿》,《白鶴堂文集》家刻本問世；乾隆四十一年78歲編撰成《白鶴堂詩文稿》交給王昶，希望其審定後出版，次年撰成《粵西紀草》(至今未見此書)，又次年編成《白鶴堂晚年自訂詩稿》二卷刊行；乾隆四十四年春病逝之後，王昶將彭端淑的詩文彙編爲《白鶴堂集》六卷出版行世。

## （一）彭端淑的詩學思想

彭端淑有《雪夜詩談》及其他一些論詩詩歌與文章，從中可以看出他的詩學主張。

一是强調人品胸襟思想對詩歌創作的影響。《雪夜詩談》卷上引《晉書》贊揚劉琨詩，其後[①]彭氏認爲“《贈盧諶》詩全是一片忠義之氣所激而成，骨氣高奇，動作振絶，一時無偶”。劉琨是大士族，早年是豪奢浪蕩公子，是投靠賈謐的“文章二十四友”之一，其人品自然不高。但他後來因爲時代的變化而成了復國的忠義之士及民族英雄，人品發生了根本變化。因爲是忠義之士，所以便有忠義之氣之情，人便“骨氣高奇，動作振絶”，這種忠義之氣激而成詩便自然表現了他的人品人格與忠義之氣，有“骨氣奇高”的風格特色。劉琨是英雄，陶淵明是隱士，陶的人品思想對其詩歌也具有巨大的甚至是決定性的影響。卷上彭氏引王安石語評淵明，認爲：“然則淵明趨向不群，詞彩精拔，晉宋以來一人而已。”這個“趨向不群”正是陶淵明的人品人格特徵。經歷了仕隱矛盾後的陶淵明堅持自己的人品與人格操守，不羨慕榮利，不趨附權貴，崇尚自然與自由，嚮往平静的田園農家生活，是當時真正的“趨向不群”者。文如其人，他的詩歌與散文辭賦都表現了他那種剛正不阿、淡泊自守與嚮往自然自由的人格操守，因此他的詩文就“意興兼到，妙入自然”，就成了晉宋以來的第一人。其《超脱》説：“雕鶚翔於千仞，瞬息而上下者，超也；蟬蜕於濁穢，皭然泥而不滓者，脱也。是二者，豈復有世俗之累哉？文家之不能超且脱者，溷於俗也。故體輕則能超，神清則能脱。”[②] 詩人忘記自身，忘記世俗，物我皆忘，則俗體輕而又神清氣爽，它既是一種極高的人生境界，也是一種極高的胸襟，更是一種極高的人格境界。人超脱，詩文才能超脱，這也説明了人品胸襟對創作的影響。《雪夜詩談》卷下説：“凡遊大山大水，必先其胸中有高出此山此水氣象，然後下筆自豪，若無此一段胸襟，終不能出色。”認爲有大胸襟纔能駕馭大題材，寫出大氣豪放的作品來。

二是主張詩歌要有所爲而作。卷下説：“詩有感慨，然必須有爲而發，無疾而呻，非吉也。”認爲詩中的感慨必須觸景而生，因事而發，真實可信，而不能無病呻吟。其《與友人論陶杜詩書》認爲先秦的《詩經》、《楚辭》都是有爲而作，其後的漢詩亦如此，所以“猶有取焉”，魏晉以還的詩歌則不儘然。他盛贊陶淵明，認爲陶潛“處鼎革之際，屏跡躬耕，托意詩酒，澹逸冲融，别見至性”。即陶潛本於其人格思想性情，發而爲詩，故都是有爲而作，所以便能感人傳世。他説杜甫“胸次近於陶，而撫事感事，愛國憂君，不得已形於詩。其自

① 彭端淑：《雪夜詩談》,《續修四庫全書》本，以下引同書衹在文中著名卷别。
② 李朝正、徐敦忠：《彭端淑詩文注》，巴蜀書社1995年，第453頁。

夔州以後，去君愈遠，世變愈滋，故其詩鬱然以深，幽然以渺，氣格力量有非文人才士所能到者”，認爲杜甫的詩歌基於其人格思想，所以其詩歌“撫事感事，愛國憂君”，都是有爲而作的結晶。聯繫他對人品胸襟思想對詩歌創作影響的强調，此所謂有爲而作，其含義一是詩歌當以抒情爲本，表現詩人的人品胸襟思想情感，即所謂“志動而爲情，情發而爲言，是以詠歌嗟嘆，皆出於有爲”；二是詩歌當如杜甫那樣“撫事感事，愛國憂君”，也就是表現時代生活，抒發憂國憂民的情懷。

三是審美上重視自然與雄渾。基於以上兩點，他的詩歌審美觀特别重視自然與雄渾。《雪夜詩談》卷下説：“詩之造句，以自然爲上，雄渾次之，秀逸又次之，雕琢粉飾，其下焉者也。”此處既指詩歌語言，更指風格與審美。仔細審視他的詩論，他應該是主張詩歌風格不拘一格、百花齊放的，所以他標舉多種風格，諸如秀逸、清新、含蓄、工雅、平淡，以及通俗平易、奇奥典贍、詼詭譎怪、雕琢工致等等，不過主要標舉的卻是自然與雄渾。他對自然之美的强調，主要表現爲贊揚詩歌語言的自然之美。卷上引鍾嶸語稱贊曹植之後又説：“陳思《美女》、《白馬》二篇，雍容閑雅，語歸自然。如化工付物，千古才人之最也。王元美評云：‘才太高，詞太華。’褒之耶抑貶之也?”卷下云：“太白《送楊山人歸嵩山》詩……一氣相生，妙入自然。此前惟陶靖節‘結廬在人境’一章而已。”認爲李白的《送楊山人歸嵩山》也如同陶淵明的名詩一樣，“一氣相生”，而達到了“妙入自然”的境界。《明人詩話補》云：“朝鮮人偰遜《山雨》絶句云……皆妙入自然。”

自然者必然真實，所以他多次强調真實，直接强調表現内容與表現效果的真。卷上説：“《十九首》不知何人所作，《詩譜》稱其情真、景真、事真、意真，得之矣。或以爲曹、王所制。吾從皎然，斷屬蘇、李。”或者間接論述表現情感與表現效果之真。卷上説：“李陵《與蘇武》詩三首，全是一片真摯肝腸，激而成語，後人刻意揣摩，總不能到。”説李陵的詩歌“真摯肝腸，激而成語”，也就是表現了内心真實真誠的情感，而後世人因爲没有這種感情，所以即便刻意揣摩，也不能達到這種藝術效果與藝術境界。卷上説：“皎然曰：仲宣《七哀詩》‘出門無所見’云云，事在耳目，故情見乎詞。至‘南登灞陵岸，回首望長安’，構思則已極，覽詞則不傷。一篇之功，併在乎此。沈約云：‘不傍經史，直索胸臆。’吾許其知詩也。”所謂“事在耳目，故情見乎詞”，就是描寫表現真實的見聞與真實真摯的感情；所謂“不傍經史，直索胸臆”，就是直抒胸臆而不引經據典。卷上説：“金昌緒《春怨詞》……眼前事，口頭語，遂成絶唱。”説《春怨》之所以是絶唱，一是因爲它描寫表現了真實的事與情，强調真實是成功的必要前提；二是因爲它使用了“口頭語”，即通俗自然的語言。卷下説：“詩須肺腑中自然流出，不可依傍前人。古云：‘學步邯鄲，未得國能，先失其故步矣。’”主要論述詩歌創作不能邯鄲學步、依傍前人，强調“詩須肺腑中自然流出”，也就是抒發真情是詩歌成功的關鍵，强調真實的絶對重要性。

彭端淑雖然將“雄渾”排在第二，但他所贊賞的唐代最有創造性最有影響的三大詩人中，杜甫與韓愈都以陽剛之美爲主，李白之詩亦多陽剛，杜甫有“掣鯨碧海”之説，韓愈有“横空盤硬語”之自詡，且在整個《雪夜詩談》中論述標舉雄渾之美最多，這説明他也非常重視推崇雄渾之美。他論詩與作詩都尚氣骨，尚雄渾，尚力量。《雪夜詩談》卷下："作詩從盛唐入手，氣骨自高。從晚唐入手，氣骨自卑。學盛唐，出入中晚可也。學晚唐，欲移而之乎盛唐，則水火不相入矣。"强調與崇尚盛唐詩歌的"氣骨自高"，鄙視晚唐詩歌的卑弱。卷下說："作詩入手要雄。入手一卑，則通身不振矣。此古人所以力争上流也。"認爲詩歌入手雄渾則振，卑弱則不振。卷下還說："晚唐七律往往至五六而不振，結尤衰颯。看老杜、右丞，是甚力量。"對比評價盛唐、晚唐的七律，認爲杜甫、王維的七律整首雄渾有力，而晚唐則後半首不振，甚至衰颯。這種觀點是他評論歷代詩歌的總的指導思想。《雪夜詩談》從曹操開始到清代結束，縱向論述標舉了各個時期主於陽剛的詩人及詩歌，簡直可稱一部陽剛詩歌史。卷上引《晉書》來贊揚劉琨的詩，彭氏認爲"《贈盧諶》詩全是一片忠義之氣所激而成，骨氣高奇，動作振絶，一時無偶"。卷上他引許彦周的話說："明遠《行路難》壯麗豪放，若決江河，詩中不可比擬，大似賈誼《過秦論》。"許彦周的話準確概括了鮑照《行路難》等詩歌的風格特點是"壯麗豪放"，即後世所謂"雄麗"，以氣勢力量取勝，"若決江河，詩中不可比擬"，還"大似賈誼《過秦論》"。彭氏對此有進一步的評價。卷上說："明遠《行路難》如龍跳天門，虎卧鳳閣，前人未之有也，後來惟李杜韓三家能盡其妙。"這話概括了鮑照《行路難》等詩歌情感慷慨激昂，節奏起伏變化，既有"如龍跳天門，虎卧鳳閣"的動態之美，又有感人的力量，不僅達到了空前的境地，而且"後來惟李杜韓三家能盡其妙"。卷上說："子昂《送崔融等從梁王東征》詩起四語'金天方肅殺，白露始專征。王師非樂戰，之子慎佳兵'，不惟寓意遙深，筆亦高健，獨步一時。"他評論李白詩歌共計五條，引用李陽冰的《太白集序》說："自三代以來，風騷之後，馳騁屈宋，鞭撻揚馬，千載之後，惟公一人。陳拾遺横制頹波，天下質文，翕然一變。到今詩體，尚有梁陳宫掖之風。至公大變，掃地并盡。今古文集，遏而不行。唯公文章，横被六合，可謂力敵造化也。"肯定陳子昂與李白在改變詩風方面的巨大功績，給李白詩歌的評價是所謂"横被六合"，"力敵造化"，其實也肯定了李白詩歌的自然飄逸而又雄放不羈的風格美。

彭端淑學詩重視繼承，乾隆三十二年69歲編成《曹植以下八家詩選》，唐以前重陶潛，唐詩中重視李白、杜甫、韓愈，且乾隆四十一年，他已經77歲高齡了，還乘"秋閑居無事，手録李杜二公詩"①，説明他對李杜詩歌的偏愛。李杜比較，他更重視杜甫，除了《與友人論陶杜詩書》外，詩歌中彰揚杜甫及其詩歌最多，如《過草堂吊杜工部》、《題杜工部草堂》、《書杜工部入蜀詩》、《同友人泛草堂》、《讀杜工部詩》，《雪夜詩談》論杜詩也最多，尤其是評價贊揚其雄渾陽剛詩風。如卷上引蘇軾云："子美詩'五更角鼓聲悲壯，三峽星河影動搖'，又'旌旗日暖龍蛇動，宫殿風微燕雀高'，雄渾悲壯，爾後寂寂無聞。"蘇軾所贊都是杜甫的寫景詩句，確實是"雄渾悲壯"的典型。卷上說："唐子西曰：'子美洞庭湖詩，纔四十字耳，而氣象雄放，含蓄深遠，遂與洞庭争雄。太白、退之輩，率爲大篇，不逮也。'"卷上說："'乾坤萬里眼，時序百年心'；'錦江春色來天地，玉壘浮雲變古今'，古今同一春色，

① 李朝正、徐敦忠：《彭端淑詩文注》，巴蜀書社1995年，第135頁。

自杜出之，遂覺氣象雄大，不同俗響。”卷上説：“杜工部生平最服鮑明遠，至《出塞》詩‘朝進東門營’一章，雄健俊逸，無一閑語，無一懈筆，與明遠并駕可也。”卷中説：“李杜而後，天才豪放，獨推牧之。雖有淺率處，已目空一時。如《題宣州開元寺水閣》起四語云：‘六朝文物草連空，天淡雲閑今古同。鳥去鳥來山色裏，人歌人苦水聲中。’又《早雁》起四語云：‘金河秋半虜弦開，雲際驚飛四散哀。仙掌月明孤影過，長門燈暗數聲來。’是甚氣概！”認爲杜牧是唐代李杜之後天才豪放的第一人，其《題宣州開元寺水閣》、《早雁》都很有氣概，是以陽剛爲主而兼俊逸的佳作。卷中又説：“牧之絶句尤佳，如《長安秋望》云：‘南山與秋色，氣勢兩相高。’筆力甚健。”杜牧此詩的意象雄麗，情懷開朗，極有氣勢，彭氏贊其“筆力甚健”，就是肯定其有陽剛之美。《雪夜詩談》卷下説：“余於明人詩李崆峒外，獨喜徐文長，如……皆雄偉壯麗。……一氣豪放，直與崔顥、劉禹錫争長矣。”徐渭以繪畫與戲劇揚名後世，而詩歌并不出名。彭氏卻非常喜歡徐渭的詩歌，認爲其詩歌主要表現爲陽剛之美，可以與盛唐著名邊塞詩人崔顥、中唐號稱詩豪的劉禹錫争長。

明清鼎革，中原板蕩，空前激烈的民族矛盾與鬥争唤起了漢族文人的民族意識、憂患意識、歷史責任感及創作才情，給文學注入了新的生命。清初富有民族思想與忠君思想的遺民詩人的沉痛作品，體現了該時代的主旋律，即便一度仕清的詩壇名流，如錢謙益、吴偉業等也在詩歌中抒發家國之痛與興亡之感，寄寓失節的痛悔。這些詩歌以對現實的敏感反映而具有鮮明的歷史特徵。稍後的康熙後期、雍正時期及乾隆前期，神韻派與格調派盛行，詩人雖無强烈的民族思想與家國之悲，但也感慨時事，俯仰人生，寫出了具有獨特風格的篇什。簡言之，清前期百餘年的詩歌以表現家國時事與人生感慨爲主，以慷慨悲壯爲主體風格。彭端淑對此别有會心，故而在其詩話中多次肯定贊揚陽剛之美。《雪夜詩談》卷下説：“杜於皇《登金山》、《北固》諸作，雄渾悲壯，直入少陵之室，真一代之冠冕也。”彭端淑論詩崇尚陽剛之美是明顯的，其原因應該較爲複雜，大致有以下幾點：一是個人的氣質性格使然，二是詩人詩歌創作宗尚的影響，三是時代的影響。今不具論。

### （二）彭端淑的詩歌成就

彭端淑出身書香之家，“幼而穎異，十歲能文”，青少年時期必然創作有一些詩歌。但他以憂國愛民爲己任，走科舉出仕的道路，所以青少年時期注重科舉時文，如他《晚年詩序》所説：“余一生盡力於制藝。……近五十始爲詩，今已二十五年矣。總計前後所作六百餘篇。”① 於今所見，全是四十七歲以後的作品，收集在他所親自編訂的三種集子中。《晚年詩序》説有六百餘首，其中應該有青壯年時期的作品，但編集時即删削大半，今存作品最早是寫於乾隆十二年的《瑞草圖》、《題老人看瀑布圖》，此時他已 48 歲，而《途中感懷》、《早發臨穎》等則作於乾隆十四年，青壯年時期的作品全部被删除。這在古代文人中是少見的，其原因一是律己甚嚴而“悔其少作”，二是他青壯年時期或在家攻讀而無暇旁騖，或長期在京

---

① 李朝正、徐敦忠：《彭端淑詩文注》，巴蜀書社 1995 年，第 1 頁。

爲官而閱歷、思想均欠豐。其後編集的《晚年詩續刻》、《白鶴堂詩戊戌草》更多是晚年作品，所以他的詩歌今傳僅三百餘首，是他中年以後思想生活及表現。其數量比起同時代文人爲少，也大大少於同爲才子的李調元與張問陶。彭端淑詩歌從內容角度大致可分爲一下四類。

一是記游寫景及詠物詩。著名者有五古，如《途中感懷》、《早發臨穎》、《金牛峽》、《大士岩》、《喜雨》、《登同慶閣》、《游中岩》、《鳳嶺》；七古如《黃河遇潮》、《猛雨行》、《杜鵑行》、《桂嶺道中山水歌》、《秋日登放鶴亭》、《三峽吟》、《題龍雨蒼觀海圖》、《題尹澄瀾羅浮讀書圖》、《東坡笠屐圖》等題畫詩亦可算作寫景詩，多齊言，亦有少量雜言；五律如《嘉陵舟中》、《月夜聞雁》、《渡河》、《望峨》、《清明》、《舟行晚步》；五絶如《早渡函關》，其中《采蓮曲》似六朝采蓮曲，《東山》、《西嶺》、《題畫》、《對月》等似王維五絶，另有《牡丹》等一組題花詩十五首，是單純詠物之作；七絶如《立夏郊外口占》。《游中巖》作於乾隆十六年奔喪期間，起四句自然而又不乏老道，流利而又沉着，有民歌風。接六句以對仗描寫景物，有聲有色，有動有静，形神畢肖，意境優美，語言簡潔。接下來重點描寫中巖寺與蘇軾的書法，使詩歌有厚重的歷史感。最後四句以抒情感興寫景作結，感慨無端，餘味無窮。胡天游評："起老橫結，悠然有餘韻。"[①] 七古如《黃河遇潮》："駭浪驚濤瀉天漢，百里沸騰聲不斷。老蛟奮怒黿鼉驕，拆岸沖沙勢汗漫。水師斂棹寂無言，簸宕孤舟若輕翰。人生得失誰能料，對此茫茫空自嘆。多得强弩萬點來，射落潮頭永無患。"[②] 詩歌爲七言短古，前面四句寫景，極爲壯闊有氣勢，如龍雨蒼所説："黃河之水天上來，何等氣魄！"[③] 接着的"水師斂棹寂無言，簸宕孤舟若輕翰"，刻畫黃河舟師氣定神閑、舉重若輕、駕舟渡河的動作神態，十分傳神。最後四句抒情寓理，情極悠遠，而希望黃河無患則表現了詩人的博大胸懷。詩歌有李白、韓愈的雄奇，又有老杜的胸懷，不失爲紀行寫景詠懷的佳作。胡天游評曰："如杜集中《石犀》等行，最是扶疏放筆處。"[④] 是爲確評。

二是民生時事詩。著名者有五古，如《宿荒墅》、《七月十六日》、《苦雨》、《種蔬》、《陽江舟中》、《夏鎮》、《元日喜雪》、《晴》、《喜雨》；五律如《雨不絶》；七律如《上龍泉山》。彭端淑一生入世經世，以忠愛爲本，所以這類詩歌雖然不多，卻非常有光彩。如《七月十六日》，詩歌題下自注云："是日課士，其熱倍常。午後倏忽大風，至夜雷雨交作，晨起未已。當事者方憂旱祈雨。喜而賦詩。"詩中前面寫炎熱難耐："老夫氣不蘇，諸生汗垂楮。"接着寫大雷雨："際夜鼓雷霆，沛然施膏雨。"末尾云："憂旱幾經旬，農夫心獨苦。既沾彼禾苗，次及我園圃。天心本仁愛，斯須惠澤溥。豈惟解暑愁，豐歲良可睹。"[⑤] 詩歌由己及人及民，以仁民愛物爲本，所謂"天心本仁愛，斯須惠澤溥"，天如此，天子更當如此。彭肇洙説：

① 李朝正、徐敦忠：《彭端淑詩文注》，巴蜀書社 1995 年，第 144 頁。
② 同上，第 41 頁。
③ 同上，第 42 頁。
④ 同上。
⑤ 同上，第 30 頁。

“波瀾意度，純似杜陵。”《夏鎮》一詩本是紀行寫景之作，但卻紀行寫景、抒情、寓理相結合，對民生的關懷，對國事的憂慮躍然紙上。何報之云：“藹然仁人之言。”① 是作者仁人能吏情懷的真實體現。作者直接表現時事的詩不多，或藉懷古來表現其憤世之情。如《杜鵑行》云：“深山夜月一聲啼，天地有春留不得。今古世事如蒼狗，王侯蟻螻同枯朽。試看蠶叢開國來，金牛貢罷非昔有。胡爲歲歲啼不住，似含孤憤争自訴。”② 詩人極力渲染杜鵑淒啼之苦，仍挽留不住春去冬來的時移變换，杜鵑的孤憤自訴正是詩人借來爲蒼生黎民對黑暗現實的有力控訴。或寫對現實的切身感受，可謂觸目驚心：“空餘城闕河山壯，一望荆榛狐兔横。”③ 或表面對黑暗現實回天無力的情感，如：“客路驚時變，愁心兼日長。如何頻阻閘，不復見通航……有懷難自遣，獨立眺斜陽。”④《錦城有感》：“風塵擾攘幾經秋，老去歸來卧益州。自昔蓉城如畫景，只今錦水尚清流。詩書遠憶文翁澤，耕鑿猶傳李牧休。薪桂米珠緣底事，不堪戎馬日星稠。”⑤ 詩歌通過今昔對比，感慨成都“不堪戎馬”而至凋敝，風景不再，文教亦衰，李冰開鑿的水利工程也殘破了，甚至弄得薪桂米珠。《冬季偶題》云：“田家共慶豐年兆，邊土無憂瘴氣泯。聞道捷書連日至，立看平虜静烽煙。”⑥ 前後對照，可知作者對時事民生的一貫關注，既希望農業豐收，更祝賀平定大小金川，所謂“邊土無憂瘴氣泯”，與“平虜静烽煙”。《上龍泉山》先紀行，接着古今對比，贊美今日糧食豐收。再轉而描寫人口稠密，已經將梯田梯地開墾到了雲際。最後感慨：“蜀地無遺利已盡，須知來者不勝繁。”⑦ 詩歌由紀行而感慨人口太多，地利已盡，是一首富有遠見卓識的民生時事詩。

三是親情詩。彭端淑的親情詩數量不多，但極爲真摯感人。如五古《途中哭老母》是彭氏現存較早的作品，詩歌語言樸素，將子對母的深情與孝心表現得極爲真摯感人，讀之令人淚下，不愧爲同類詩歌中的傑作。胡天游評論説：“至樸至真，如古歌樂府。情摯極到，直可繼《蓼莪》之詩。”其餘寫兄弟真情的五古《途中哭兄》、《夢兄》、《北風》、《送别舍弟仲尹》、《送杜羽豐旅櫬歸里》都是表現至情的名篇。此外還有七古《哭弟子徹》、五律《江邊别舍弟》都非常真摯感人。彭端淑有悼亡詩云：“死别真難測，他鄉白骨寒。幸聞櫬歸里，始覺食加餐。鸞鳳千春合，梧桐半樹殘。佳城今已葡，暫得遠人安。”⑧ 詩歌先感嘆與妻子死别的難料，不能歸葬的難堪；接着寫妻子靈柩能歸鄉安葬，他稍覺心安。再轉寫夫妻本當伉儷情深，白頭偕老，所謂““鸞鳳千春合”，不料妻子卻半道而亡，留下他獨自咀嚼苦果，如賀鑄所謂“梧桐半死清霜後，頭白鴛鴦失伴飛”⑨，即他所謂“梧桐半樹殘”。最後以再次

① 李朝正、徐敦忠：《彭端淑詩文注》，巴蜀書社 1995 年，第 154 頁。
② 同上，第 48 頁。
③ 同上，第 103 頁。
④ 同上，第 76 頁。
⑤ 同上，第 213 頁。
⑥ 同上，第 116 頁。
⑦ 同上，第 115 頁。
⑧ 同上，第 86 頁。
⑨ 賀鑄：《東山詞》卷上，陶湘涉園影宋本。

感嘆拴緊題目。詩歌對妻子的不幸早亡與不能早日安葬故鄉感到悲哀，也表現夫妻間的真情，應該是與元稹、蘇軾、賀鑄的悼亡詩詞一樣情真意摯，值得傳誦。此詩風格近似蘇軾的悼亡詞，所以報之評："淒婉中，筆力尤健勁不凡。"彭端淑重親情，亦重友情，其七律《閏重九和魏聯暉》、七絕《駟馬橋送開制軍之伊犁》都是表現友情的佳作。後詩云："河梁送別欲魂消，翹首伊犁萬里遙。正是秋風楊葉下，一行班馬聲蕭蕭。"[①] 開泰得罪朝廷遠謫伊犁，一般人可能避之而恐不及，但詩人卻親送之駟馬橋，還作詩道別，足見詩人的情感之真與膽量之大胸懷之廣。詩歌既直抒其情，又借景寓情，顯得深沉有味。彭肇洙評論說："衹寫馬聲，而無限離情在言下，似龍標諸公。"[②]

四是言志懷古詩。他早年多抒發繼承前賢豪壯之情的詩歌。如："憶昔方弱冠，讀書紫雲巔……文章鄙流輩，志欲追雄遷。懷奇不相下，戰筆橫戈鋋。"[③] 詩人在青少年時代就立志要與揚雄、司馬遷并肩，想在文學上有所建樹。超拔平俗的欲望促使詩人勵精潛思，躬行探索，去實踐自己"高步追前英"[④] 的諾言。《酬沈範翁見寄》云："昌黎既已没，眉山起大蘇。雄文泄造化，草木到今枯。嗟餘生歲晚，相望七百餘。詩書希前哲，平步仰天衢。"[⑤] 至於其"一息尚存敢自懈，寸陰是惜莫輕慌"[⑥]，表現的是整個人生事業都要不懈追求，自然也包括詩文超越前賢。其懷古詩之著名者，五古如《鴻門阪》、《赤壁懷古》，七古如《戲馬臺》，五律如《臨邛懷古》、《湘江懷古》、《過草堂吊杜工部》、《登太白樓》，七律如《舟過白帝城懷古》、《武連驛次放翁先生韻》、《紫雲寺感舊》。《湘江懷古》："重華昔不返，聞此駐巡旌。帝子悲何及，湘波恨未平。精靈留竹影，蘭芷起騷情。千古愁人地，茫茫百感生。"[⑦] 詩歌爲詩人決計北歸故鄉由水路返川時所作。彭肇洙云："句句警拔，懷古詩之最佳者。"《臨邛懷古》云："南宋真君子，西京作賦才。鶴飛煙冷院，鳳去草侵臺。往跡今如此，古人安在哉？邛山千載秀，臨眺獨徘徊。"[⑧] 吴成久評："懷古之意殷然。而詩之體格亦高，真佳作也。"

彭端淑之詩題材較爲廣泛，也較爲集中，佳作主要在紀行寫景、民生與親情詩中。體裁可稱多樣，也可稱各體皆工。總體而言，是古體勝於近體，五言高於七言，律詩高於絶句。就古體而言，長篇極少，集中最長詩歌當是《寄仲尹》，長達八十二句，此詩敘事抒情言志寓理，縱横開合，洋洋灑灑，不愧爲長篇佳作。何報之評論説："大手筆洋洋灑灑，可繼杜韓。小家數不能仿佛。"[⑨] 這説明他不是不能寫作長篇，而是不妄下筆。彭端淑早年肯定有

---

① 李朝正、徐敦忠：《彭端淑詩文注》，巴蜀書社 1995 年，第 130 頁。
② 同上。
③ 同上，第 19 頁。
④ 同上，第 167 頁。
⑤ 同上，第 24 頁。
⑥ 同上，第 283 頁。
⑦ 同上，第 88 頁。
⑧ 同上，第 70 頁。
⑨ 同上，第 71 頁。

詩歌，但今存都是中年以後的作品，這個時候他的思想已經非常成熟，語言藝術功底相當深厚，且對各種詩體有自覺的藝術追求與仿效趕超的典範，這就是他在《晚年詩序》各體前面的簡要論說，在《白鶴堂詩話》中也有相似的表述。他的五古以漢魏爲宗，以李杜爲典範，數量不少，而名篇也最多。其七古以李、杜、韓及蘇軾爲典範，與杜甫的七言歌行的共同之處更多，以氣勢豪壯爲追求，詩歌數量雖少，但佳作頗多，基本齊言而又夾雜言，齊言者多短篇，夾雜言者則多中篇，名篇如《黄河遇潮》、《杜鵑行》、《龍蒼雨太守見示韓昌黎手書》、《七星岩》、《桂嶺道中山水歌》與《東坡笠屐圖》。其《題龍蒼雨觀海圖》云："君不見海勢洶洶不可度，駭浪驚濤撼山嶽。又不見海中樓閣何重重，日出煙消空復空。世間萬事盡如此，桑田一變沙塵起。"[①] 那無法遏制的感情像潮水一般從胸中洶湧奔出，極具氣勢與力量。他的五律則效法李白、孟浩然之流動自然，王維的高渾，杜甫的沉雄，佳作也較多。他認爲七律"較諸體爲難"，以王維、杜甫爲典範，所作數量不少，水準較高而且整齊。杜甫的《秋興》八首是歷代七律，或者説七律組詩的經典之作，後世名家模仿之作甚多。彭端淑也如此，他的《秋興》八首功力甚深，感慨亦深，應該不在錢謙益等之後。其五絶以李白、王維爲典範，追求自然而然與餘味無窮，所作不多，風味近似李、王。七絶以李白、王昌齡爲典範，所作不多，有一些佳作。彭端淑之詩有明確的藝術追求與仿效趕超典範，其好處是取其上者則不致低下，負面作用便是缺少突破，且因個性與思想經歷之不同，仿效必然有差距，如他的五絶、七絶就佳作偏少。相反，其五言古體與近體及七古則佳作較多。

彭端淑詩歌風格是雄渾勁健，樸素自然，如王昶所説："樂齋詩大抵質實厚重，不爲聱牪之習者也。"又如張邦申所謂"詩學漢魏"，即有後世所謂的漢魏風骨，即陳子昂所謂"骨氣端翔，音情頓挫，光英朗練，有金石聲"[②]。李祖陶云："此真參之太史，以著其潔者。"此處用"潔"評其文，亦可用以評詩，所謂"潔"就是簡潔乾淨幹練有力，近乎王昶所謂"質實厚重"，少雕琢，也即張邦申的"詩學漢魏"，有漢魏風骨，惜其多中短篇而缺少長篇。李元度云："樂齋近體不及船山，五古蒼勁沉鬱，有杜意論者，謂在船山之右云。"張維屏稱："二百年來蜀中詩人以船山爲最，樂齋五七言律不及船山，至五言古詩，蒼健沉鬱，大有杜意，似非船山所及。"[③]

### （三）彭端淑的古文成就

彭端淑的詩歌相比李調元、張問陶而言，數量少得多，但古文數量卻不少，且文名高於詩名。他説："余一生盡力於制藝。四十爲古文，五載成集。"[④]《錦里新編·彭端淑傳》記載説："丁卯分校京闈擬墨出，諸城相國劉公首稱之，同事十八房，多負衆望，及閲公作，咸斂手推服。於是諸館各曹司，造門求文者日相屬。南北知名士如蔡芳三、胡稚威、竇東皋

① 李朝正、徐敦忠：《彭端淑詩文注》，巴蜀書社 1995 年，第 49 頁。
② 陳子昂：《陳伯玉文集》卷一，《四部叢刊》影明本。
③ 張維屏：《國朝詩人征略》，中山大學出版社 2004 年，第 930 頁.
④ 李朝正、徐敦忠：《彭端淑詩文注》，巴蜀書社 1995 年，第 1 頁。

諸人，尤尊稱之，謂之‘不世之才’。”制藝不是文學，且對文學有負面影響，但也有正面影響，即制藝雖代聖賢立言，但文章甚短，故必須追求簡潔，所以他長於古文，特點是“潔”，他之所以在今幾乎家喻户曉，便因爲他長於古文。

其文章理論與詩歌差不多，一是强調人品胸襟思想對詩歌創作的影響，“清慎自矢”，“崇實黜浮”是他的人品，也是他的文品；二是主張詩歌要有所爲而作，反對酬酢宴游、雕詞琢句的無病呻吟之作，彰顯忠孝忠義節烈的作品很多；三是審美上以自然真切、簡練雄渾、實質厚重爲尚，敍事簡潔，追求思想性、教育性與藝術性的結合。其主要内容一是人物傳記，二是專論，三是雜論，極少寫景之作，絶無風花雪月之作。

彭端淑的傳記題材頗廣，精妙可比左史。有寫鄉賢名臣與忠義人物的《張文端公傳》、《榮禄大夫滿江王公傳》、《倪公懋功傳》、《龐穎傳》、《九如公傳》、《彭湜傳》，寫前代傳奇人物的《石哈生宋石芝傳》，寫長輩的《贈懷遠將軍玉吾公家傳》、《遁庵王公傳》、《楚錫公家傳》、《先大夫家傳》，寫靈異之《羅節傳》，彰顯節烈的《張節婦傳》、《陳烈女傳》、《廖氏傳》、《王氏女紀傳》、《郭孺人傳》，以及寫晚輩的《弟子澈家傳》。《錦裏新編》認爲彭端淑“古文學左史”，《左傳》、《史記》是中國古代史傳的源頭與典範，他既“學左史”，其史傳當然非常精彩。李祖陶認爲其“集中傳最佳”，說：“此真參之太史，以著其潔者。”“大略其人眼高於頂，力大於身，讀書能提要鈎玄，行文則擺脱一切，浩浩落落，絶無滓渣，視人世之氾濫之文，如以朝衣朝冠坐於塗炭，觀其以白鶴名堂，可知其用意之所在矣。”[①] 認爲其特點是潔，也就是清楚乾淨簡潔有美感，其原因是其眼光遠大，志向高遠，胸懷開闊，氣勢充沛，讀書能汲取其精華，所謂“提要鈎玄”，於是行文則“擺脱一切，浩浩落落，絶無滓渣”，也即潔而美。李氏所言不虚，彭的這些傳記即便與《左傳》、《史記》中的優秀作品相比也一點都不遜色，遑論其他？

論説之文亦有不少好作品，可稱議論精當。其《離騷中正序》認爲《離騷》是“千古詞人極則，而忠愛之所激而成也”[②]，表現的是屈原忠憤之情，其志可與日月争光。《冷吟居士詩序》贊賞冷峻的詩歌風格，説：“然格不冷不老，筆不冷不古，骨不冷不秀，神不冷不清，世之所避，吾之所趨也。”“是其格老，其筆古，其骨秀，其神清，得冷之味也。”[③]《碧山堂詩序》以簡潔形象的語言概括田榕的詩歌：“讀之若遠山横翠，杳靄有情，又若清水芙蓉，天然去飾。”[④]《送弟子澈序》殷殷告誡其弟彭瑞澂當“甘言疾也，苦言樂也”，因爲古代聖賢聞過則喜，因此“聖者益聖，賢者益賢”，今之人卻拒諫飾非，“視天下無一若己”，結果則“衹益之愚也”。末尾説：“余弟年方盛，能取科第，兼有至性，他日將有大過人者，而短於受言，是其病也。故於其行，不以甘言譽，而以苦言規。”[⑤] 文章極短，但主旨鮮明，説

① 李朝正、徐敦忠：《彭端淑詩文注》，巴蜀書社 1995 年，第 558 頁。
② 同上，第 360 頁。
③ 同上，第 365 頁。
④ 同上，第 370 頁。
⑤ 同上，第 389 頁。

理清楚深刻，行文情深意長，有藹然長者之風。《鎮遠蔡侯碑記》記蠻僚造反，殺良冒功者屢屢升遷，足見吏治不清。其弟彭遵泗的《蜀碧》成書於事後百餘年文字獄盛行之時，因此文人自然諛當政而誣古人，史料性肯定不强。彭端淑也認同書中所說，其《蜀碧後》說："獻賊之三入蜀也，分道屠戮，流血成川，蜀之慚極矣。"不過他又接着說："蜀非有深怨積怒於賊也，而殘忍若此，天實爲之耶？抑人事使然耶？"① 後面又進行分析，可知他所謂"人事使然"是陳奇瑜受賄，楊嗣昌以鄰爲壑而驅賊，邵捷春無知無能，致張獻忠入川，再致川難，是朝政腐敗，官員無能與勾心鬥角的結果，與流行的衹譴責張獻忠殘暴成性"屠川"的觀點不大相同。《禮以養人爲本論》與《耗羡私議》一議禮，一議財政治本之法，甚爲有識。《文論》認爲作文需要學識才，且特別强調才，說："才，所以輔吾之學識以達於文者也。有學有識，而才不至，則無以達其所見，以行於自然之途，使天下後世，厭心而悦目。顧才有小大，授於天而不可强者也。""學可充之而富也，識可引之而高也，惟才不可强，才固授於天者也。"② 文章論述清楚，識見也甚爲高明。《答高工部選歸震川文書》認爲作文當廣大悉備，明義理之精微，晰古今之異同，明治亂安危，即有爲而作，以文直、氣足、理精爲追求。《讀史》六則雖然簡短，但都有理有據，具有較爲高明的史識，對後世有藉鑒作用。其一論"治天下者，莫慎於州縣之選"，認爲"顧治天下易，而察吏爲難。"③ 其二議論孔子"有德者必有言，有言者不必有德"之説，末尾說："蘇子瞻以語言文字取嫉於世，亦云不如不作之安，由是言之，在彼不在此。"④ 即在德不在言。其三認爲小才小智多外露而遭禍，"是故君子不以長矜人，不以短自晦。"⑤ 其四認爲選官用人當量才録用，否則便誤事亦誤人，有一定的辯證思維。其五論以德化感人，而不致施以酷刑嚴法。其六認爲凡人都有功有過，小人可以有功，君子可以有過，但君子小人不可混淆。其《爲學一首示子侄》故事生動，寓意深入淺出，且富有深刻的哲理，因此被選入小學課本，最爲世人所熟知。

彭端淑的古文當時即有盛譽。同時代的胡天游云："先生少時即用力於此，歲月既多，方夫從政之暇，尚勤勤焉，而自以爲未至也。學之可爲至篤，而其進以愈深，其法度森嚴，不肯妄有所作。"⑥ 認爲彭氏古文成功的原因是用力甚勤而其進甚深，厚積薄發，不肯妄作，特點是法度森嚴，即以左史爲典範。蔡時豫云："余讀其集，如《懷遠將軍傳》、《石宋合傳》、《擇交説》及《禮論》、《送弟》諸篇，雖古人何以難之？其他氣格力量，皆卓然自命。思與唐宋諸公共相馳騁，固非一代之才也。"⑦ 贊賞其文可與唐宋諸公共相馳騁，尤以紀傳與説論著稱，特點是氣格高，力量足，有一定創造性。王昶認爲彭的文章"以古人爲師法，

---

① 李朝正、徐敦忠：《彭端淑詩文注》，巴蜀書社 1995 年，第 418 頁。
② 同上，第 451 頁。
③ 同上，第 479 頁。
④ 同上，第 481 頁。
⑤ 同上，第 483 頁。
⑥ 同上，第 528 頁。
⑦ 同上，第 530 頁。

其文清而婉，簡而有要"[①]。後世張邦申認爲彭的古文"學左史"，贊揚其文"皆詣極精緻，幾幾乎跨越一代，獨有千古矣"。李祖陶《白鶴堂文録引》以"潔"概括彭的古文，說："此真參之太史，以著其潔者。"又說："大略其人眼高於頂，力大於身，讀書能提要鉤玄，行文則擺脱一切，浩浩落落，絶無滓渣，視人世之氾濫之文，如以朝衣朝冠坐於塗炭，觀其以白鶴名堂，可知其用意之所在矣。"即眼光高遠，力量充足，行文自由恣肆，相比較而言，"集中傳最佳，議論之文，未能奥衍，要之可當一潔字"[②]。李元度稱其詩文都"實質厚重，不爲鞶帨之習"。今人張舜徽認爲彭論文"宗仰司馬遷"，重視才學識的融通，故其之文"氣勢雄厚，筆力剛健，非善司馬遷、韓愈之文者，不能幾也"[③]。綜而言之，則彭氏的古文以有爲而作爲宗旨，以彰顯忠孝義節的職責，功力深厚，法度森嚴，語言樸素，以文直、氣足、理精爲追求，風格清婉簡潔，以一字概括，則是"潔"，且潔而深刻，潔而有力，潔而美，是其"清慎"個性與"德器從容，涵養純粹"的體現，不失爲清代名家，其影響遠大於其詩，也大於稍後的李調元。

## 三　清代四川三大才子比較論

就清代巴蜀三大才子相比較而言，三人儘管年齡相差三代四十年，但都主要生活創作在乾隆時期，都出身仕宦之家，都是進士，其個性都可用"清"字來概括，有巴蜀詩人總體的正直、和善、不事張揚的群體特徵，都具有較强的爲政能力，且甚有政績，都做到知府道員一類官員，都是才子，以道德文章著稱，且都長於詩歌。

不同者在彭端淑主要活動在雍正乾隆之交，出身普通仕宦之家，其一生分爲在家鄉攻讀、在京、桂等地爲官、講學故鄉成都等三個時期，人生經歷較爲單純，一生以"清慎"自矢，崇奉踐行儒家思想，受釋道的影響甚小，是典型的醇儒良吏，無論是爲人爲官都可稱該時代道德高尚的楷模。就文章而言，他青少年時期專攻制藝，且長於制藝，明其訣竅，彭氏父輩都取得秀才以上功名，同輩弟兄中文武進士、舉人達十人以上，當與這個有密切關係。晚年歸隱後掌教錦江書院十多年，專事教育，便發揮了他長於制藝的長處。因爲奉行儒家入世經世思想，長於制義，所以他作古文的時間長，作品較多，佳作也不少，詩歌則多是年近五十以後的作品。他古文學左史，詩學漢魏李杜，特别推崇杜甫及陶淵明，宗尚明確，功力深厚，且不苟作，以潔勁爲特點。其詩論文論近似，都重視人品對詩文的影響，宣導有爲而作。古文彰顯儒家仁愛忠義節烈的作品極多，以紀傳與論説最多最好。詩歌以紀行寫景、表現民生與親情的作品居多，佳作也較多；體裁上則少長篇而多中短篇，雖然可稱各體皆工，

---

① 李朝正、徐敦忠：《彭端淑詩文注》，巴蜀書社 1995 年，第 533 頁。

② 同上，第 558 頁。

③ 同上，第 566 頁。

但古體勝於近體，五言勝於七言。

李調元主要生活在乾隆中後期及嘉慶初年，出身新進仕宦之家，平生經歷頗廣也頗複雜，可分爲少年家鄉求學、問學江浙、京都爲官、粵地主學政、悠游林泉等時期，受巴蜀文化、江浙文化、京都文化及南粵文化等多種文化的影響，因而成爲學者而兼才子之典型。作爲學者，他博學多聞，研究頗雜，曾編輯過大型叢書《函海》，單以文藝理論研究而言，則有詩話二十二卷，還有詞話、賦話、劇話、曲話傳世，這些都有較大的影響。因爲出身新進仕宦之家，加之父輩的影響，他一生以“清剛”著稱，先以被填入“浮躁”落職，最後以和同官攻訐而得罪歸鄉，悠游林泉詩酒，所以有關他的風流韻事頗多。他一生雖與佛道交往頗多，但思想上所受的影響則不大，主要受儒家思想影響，但世俗之念頗濃，修身齊家稍差，前期進身爲官治國甚爲積極，晚年則多以詩酒自娱，可稱道德頗爲高尚的幹員能吏。作爲才子，其創作則不僅有詩文，還有詞、賦，甚至還修改或創作過戲劇，不過其成就與影響都偏小。其文藝理論著作特多，多是輯録他人觀點而成，以《雨村劇話》、《雨村曲話》影響最大，近世研究戲曲者多所引用，輯成的《賦話》影響亦大，研究辭賦理論及辭賦者常常引用，《雨村詞話》有特點，但缺乏系統與創造性。其詩話有三種二十二卷之多，總體而言，可稱内容豐富，所論亦很全面，其中以論古的二卷本涉及最廣，理論性最强，其餘言今二十卷則爲詩紀事，近乎怡情之作。他論詩重杜甫，學詩尚李白及蘇軾，以“響”“爽”“朗”爲宗旨，風格上主張百花齊放，但最推崇提倡天然平易之美，也重視風骨，提倡陽剛之美，以及清遠閑放之美、輕倩秀豔之美。其《童山詩集》計有四十二卷，數量多，體裁齊備，且有頗具創意的形式；題材廣泛，如紀行寫景、懷古詠懷、民生時事、親情友情，還有大量的酬唱之作。詩歌風格當是實踐他的詩論的結晶，以天然平易之作居多，清遠閑放之作次之，也有不少雄肆陽剛之作。因爲他是重視乾嘉漢學的學者，學問廣博，喜歡對偶，所以排律特别多，有百韻排律。粗看其詩，排律功夫甚深，歌行甚有氣勢，表現民生疾苦的新樂府真切大膽，不失爲明清時期的優秀之作，紀録各地風物的作品具有民俗及史料的價值。至於大量的近體律絶則可讀之作極多，可傳的一二流作品卻極少。其文的美學追求與其詩近似，自編爲二十卷，計 182 篇，體裁可稱齊備，長者如其父的《行述》六千多字，《峨眉山賦》長達近四千字，短則《主客圖跋》不足百字。文章林林總總，内容上，爲詩文所作的序文表現了他的文藝觀，涉及學問的考辨與跋等不少，時有新見，至於敍事寫景的賦、記、傳、墓誌銘、行述等亦甚可稱敘寫清楚。與彭端淑的古文相比，其特點是體式極多，内容極廣，以論説類最多，喜歡逞才，因此駢偶多，用典也多，思想内涵則欠深刻，因此傳播不廣，影響也不大。

張問陶生活在乾隆末年嘉慶時期，出身顯宦世家，生於山東，長於山東湖北等父親仕宦之地，成年之後始回四川家鄉，此後曾多次回川探親或者守孝，因此其所受巴蜀文化的影響最少。其後中進士，在京爲郎官多年，晚年到山東任知府不到兩年，仕宦經歷簡單。但他因出身及少時流寓而多貧困，其後爲官時亦甚清貧，且稟性清狂，所謂倜儻風流而又廉介正直，所以思想遠較彭端淑、李調元複雜，既有積極入世經世崇奉儒家思想的一面，一生憂國憂民，甚至有從軍報國之念，又受釋道思想影響頗深，中晚年則越來越深而濃，不僅在與僧道交往時談佛論道，不少論詩也大量使用釋道理念。他以詩名世，同時又是著名書畫家，是典型的清狂型才子。他論詩尚氣，重視性情的抒發。爲詩尚杜甫、李白及蘇軾，也有不少近乎白居易的平易之作，及袁枚輕靈之作。總體而言，其沉鬱頓挫稍遜於杜甫，狂放不及李白，但卻兼有二人之長，與蘇軾近似之處亦頗多。其詩内容廣泛，尤以時事民生詩、紀行寫景詩、詠懷抒情詩、愛情親情詩及題畫詩著稱，其中時事詩雖然不多，卻最具光彩，將乾隆嘉慶之交清朝由盛轉衰的歷史與詩人的心靈史表現得淋漓盡致，是對杜甫安史之亂前後詩歌的繼承與超越；其紀行寫景詩特别多，尤其是八次出入川陝川鄂途中的詩歌生動形象，蘊意深廣；其詠懷抒情詩情感複雜，蘊意深廣，感慨無端，且多以無題命名，有越李商隱而至杜甫的趨勢；其愛情親情詩多情真意切，尤其是愛情詩，雖然不多，但卻是古代罕見的寫夫妻真情的佳作；作爲畫家，他的題畫詩自然相當出色。合言之，則内容豐富，思想複雜深邃，情感複雜而感染力衝擊力甚强。他的詩可稱各體皆工，無論古體與近體、律詩與絶句、長篇與短篇、組詩與單篇都有不少佳作，一流作品亦復不少，但逞才的長篇排律不如李調元多。

總之，三人都以儒家思想爲主，都是有較强行政能力的道德高尚的良吏，帶有巴蜀詩人總體的正直和善不事張揚的群體特徵，都宗尚巴蜀前代詩人李白、蘇軾及杜甫，而受同時代詩人及詩派如沈德潛、袁枚的影響較小，不同處在彭端淑“清慎”，儒家思想更醇一些，其詩文宗尚明顯，詩歌始終主要是有爲之作，風格詩潔勁厚重；李調元“清剛”，世俗之氣較多，傳世詩文較多，逞才的傾向明顯，其詩多倡和與怡情之作，風格爽朗飄逸；張問陶“清狂”，釋道思想較濃，其詩則多肆情之作，風格沉鬱空靈。就其才來講，除詩歌之外，彭端淑之才主要在制義與古文；李調元之才主要在學問與文學理論；張問陶之才主要在書畫等藝術創作。單就詩歌而言，彭端淑之詩題材較爲集中，體裁上少有變化與創新，思想較爲單純，但很少隨意之作，作品功力甚深，精品率較高，且水準較爲整齊，風格特點鮮明，以一字概括，便是“潔”，所謂潔包括思想情感的純潔，篇幅的簡潔，語言的淨潔，即樸素自然，主要指風格的潔，即“骨氣端翔，音情頓挫，光英朗練，有金石聲”；以二字概括，便是“潔勁”，即潔而勁，與其“清慎”個性緊密相關；再具體則是雄渾勁健，樸素自然。李調元的詩歌較多，以平易爽朗爲特色，且有一些長篇，以表現世俗之情與風物見長，但思想欠深邃，情感衝擊力較弱，可讀性較强，而一流作品偏少。張問陶以詩著稱，不僅傳世作品較多，而且内容豐富，思想深邃，情感複雜而衝擊力甚强，不愧爲盛世悲歌，不乏一流名篇。

作者單位：西華大學人文學院

# 清代捐納對成都東山蘇氏家族的影響

劉　春

在中國傳統社會，所謂捐納，即官吏捐加級、封典；平民捐職銜；生員捐貢生、監生。清乾隆朝以後，貢生、監生專指由捐納而得，名義上成爲國子監的學生。其目的是花錢買個文憑，爲以後繼續走科舉正途或異途捐納爲官獲取資格。報捐者自捐監後，與走科舉正途獲得功名的人相比，儘管官場地位低下，地位卑微，但其身份地位也必然發生根本變化。他們主要活躍在社會下層，是下層知識分子和下層紳士的主流，在社會中所起的作用也不容忽視。有關捐納制度的研究目前學界已有不少①，但多從制度、社會功能及影響進行探析，少有關於這一制度對某一家族影響的個案研究。本文考察的清代成都東山客家蘇氏家族對功名的追求，擬從一個側面反映出一個家族通過捐納獲得名望後對自身和當地社會的影響。

## 一　蘇氏家族求取功名的歷程及實證

在中國傳統農業社會裏，一個農民家庭要想生活穩定并獲得社會聲望，就如黄仁宇先生所闡釋的，“惟一的道路是讀書做官”。而要達到這一目的的通常方式是“一家之内創業的祖先不斷地勞作，自奉儉約，積銖累寸，首先鞏固自己耕地的所有權，然後獲得别人耕地的抵押權，由此而逐步上升爲地主。這一過程常常需要幾代的時間。經濟條件初步具備，子孫就得到了受教育的機會”②。蘇氏家族自雍正年遷往成都東山後，其發展亦經歷了經濟實力逐漸壯大與文化資本纍積增長的較長時間過程。

---

① 如伍躍：《中國的捐納制度與社會》，江蘇人民出版社 2013 年；王海研：《明代捐納研究——以文捐爲考察對象》（博士論文），2009 年；魏彩霞：《清朝捐監制度及其影響》，《貴州文史叢刊》2006 年第 4 期；梁嚴冰、劉蓉：《清代的捐納制度》，《歷史教學》1996 年第 9 期；王躍生：《清代生監的社會功能初探》，《社會科學輯刊》1988 年第 4 期。

② ［美］黄仁宇：《萬曆十五年》（增訂本），中華書局 2007 年，第 193 頁。

土地是傳統社會中最爲基礎的生産要素，是經濟資本最重要的内容。對於農民來説，它不僅是維持生計的根本，也是衡量其社會地位的基本指標。一個家族在當地社會地位的凸顯首先要依賴於其經濟實力的增長。蘇氏家族自雍正朝遷入成都東山後，以佃田起家，其中涌現出創業先鋒蘇成勇，中興人物蘇定倫、蘇秉權[①]、蘇國寬等。到第四代蘇定倫時，該家族的經濟地位發生了根本性變化，已由自耕農轉變爲招佃地主了。作爲客家後代，客家人的耕讀傳統對蘇家人的影響亦根深蒂固。客家的耕讀傳統既是其基本生産生活方式，也是其宗族興旺之本。蘇家在追求經濟利益之時，在條件允許的情况下，不忘通過多種途徑爲子弟創造獲取功名的機會，以提升家族聲望。

蘇氏家族向有崇文重教之風，早在其祖遷川之前就有較深厚的家學淵源，這可從其《華陽蘇氏族譜》中載其入川始祖“蘇公諱子盛、字永霏”，“伯祖蘇公諱子昌、字永霖”得知。因爲在古代中國，一般衹有知識分子和做官之人纔會有“字”，“號”、“諱”等稱呼。普通百姓大多有“名”無“字”，更不用説“號、諱”了。正是有此家學背景，蘇家對功名的追求在其入川的第二代蘇元德就已經開始。據其族譜記載，“元德、字文化，妣氏謝，文華公係華邑庠生，所謂粵東人在四川省開科者也”。而要參加政府的考試，首先要擁有屬於自己的田地，是有産者，納糧户。因爲政策規定“蜀省流寓之民、有開墾田土、納糧當差者、應準其子弟在川一體考試”[②]。由此可知，蘇家在入川後的第二代就已是有一定實力的自耕農了，從而反映出蘇家應是帶了一筆較爲可觀的川資入川，纔會有如此快的發展速度。另外，據《嘉慶華陽縣志》記載，雍正十年時華陽縣庠生的名額衹有 12 人[③]。要取得這種稀缺的機會，對於普通家庭往往需幾代人的努力，而蘇氏家族能在入川後第二代就中庠生之一，亦可見其家族學風對後人的影響。從此後人受此鼓勵，雖身處農村，仍屢有人獲得此種榮耀。據其族譜可知，從蘇子盛於雍正四年（1726）入川始，至清癸卯年（1903）商議續修族譜這 180 年發展中，由蘇家入川始祖的三兒子始，受重文家風的熏陶，蘇家後人或攻讀、或捐納，其中僅第三代成勇公這一支人就捐了 13 名監生，3 名貢生，8 名九品，還出了 7 名庠生（秀才），3 名實職官員，共取得 34 個功名。可見蘇氏家族對功名的重視程度，這對一個家族的發展影響是巨大的（下文將有論述）。據其後人蘇淘聲回憶，這些有功名之人大都在成勇公祠裏被立有牌位供奉，并配有官服的神像。這不僅是個人的榮譽，也是家族的榮耀。尤其在《龍泉驛區百年契約文書》中，就有關於蘇氏父子因捐監生和貢生獲得的《户部執照》與《監照》的原始文件。該文件表明：蘇秉權在道光三十年（1850）52 歲時捐銀 108 兩，遵例由俊秀[④]捐納文監生，獲得國子監監生之名，并領得户部執照和國子監監照[⑤]。後來又

---

① 蘇邦賢，字三希，印秉權。其中秉權係對外用名即官名。本文因其捐納所用名爲秉權，故采用其官名。其子蘇國寬用名亦同。

② 《清聖祖實録》卷一百四十九。

③ 《成都舊志·嘉慶縣志》。

④ 俊秀是指没有任何學生身份的民間人，可以循捐納取得國子監監生的資格。

⑤ 清代的户部是主管全國土地、户籍、賦税、財政的機構，户部執照是户部發給捐監者交銀納糧的正式收據。監照是國子監發給納監者的監生執照，也就是監生的資格證書。

安排其長子蘇國寬（本支家業繼承人）於咸豐六年（1856 年）41 歲時先捐監生，後又於同治元年（1862）48 歲捐得貢生，這足資證明該家族經濟實力豐厚後，不惜以銀兩捐得功名追求現實聲望，以鞏固家族社會地位。下面對蘇氏父子所獲“兩照”做一簡略分析。從蘇秉權、蘇國寬父子倆所獲“兩照”可看出政府開捐的緣由；所捐銀兩數量的變化；爲防假冒，在兩照中均要寫明所捐者的户籍、年齡、體貌特徵及祖上三代人的姓名等。如在給蘇秉權所獲《户部執照》中，就反映出嘉慶四年，“户部奏籌備各省封貯銀兩，請在外省報捐監生，普收捐監著照□，請準於外省捐納監生，概收折色，徑赴藩庫[①]交納”[②]。至其子蘇國寬捐納監、貢生時，在其所得的貢生《户部執照》中，寫得更爲清楚：捐納乃爲籌軍餉，而爲了廣開餉源，將“空白職銜、封典”等虚銜用來捐納，鼓勵各省家庭殷實者踴躍報捐。由此可知，捐納的理由多爲籌備户部國庫銀兩。而爲了籌足上級部門所定指標，要求所開捐納省份若所獲捐納銀兩不足時，也可向外省實行捐納。捐納所得銀兩可不再直接交往户部，而由各省、各部收捐。爲此，户部所發執照不僅精減了程序，即所發執照由各省、各路糧臺直接頒發，而且還降低捐納實數，除“按照核減例定銀數二成收捐，隨時填名給領。其每百兩應加平余銀四兩免其交納，至應交解部飯銀每百兩交銀一兩五錢，每張照費銀二錢，均照向例核減，用資鼓勵，亦凑準在案”[③]。故此，蘇秉權在 1852 年所捐監生銀兩數爲 108 兩，到蘇國寬時，其在 1856 年所捐監生僅費銀兩 88 兩，較前減銀 20 兩，符合收捐銀減兩成的規定。至蘇國寬於 1862 年捐納貢生時，所花捐銀 116 兩，加上飯銀兩 7.4 錢，照費銀 3.45 錢，共 118.09 兩[④]。可見蘇國寬捐貢生所納銀兩要比捐監生要高，乃因所捐貢生的社會地位要比監生高些，自然花費也要多些，但仍是按規定捐納銀兩減少了兩成。由此可反映出國門洞開後，面對西方資本主義的侵略、國内的農民起義以及開辦洋務的需要，政府國庫空虚的現狀。爲此衹有通過降低捐納門檻，鼓勵百姓認捐，以數充量，儘可能滿足政府的財政開支。這些皆反映了至清中後期，捐納泛濫的事實。而這也恰好滿足了衆多殷實家庭通過走捐納功名這一捷徑提升社會地位的需求。

蘇氏家族對功名如此孜孜以求，緣於有了功名後，做爲官場中人必然會帶來許多切實的好處。而且蘇家對功名的追求走了兩條路，一方面通過鼓勵子弟勤奮讀書走正途獲取，另一方面在條件允許的情況下捐納功名，以資獲得較豐厚的文化資本，爲家族參與地方社會事務打下基礎。畢竟在傳統農業社會，文化資本是一種稀缺性的社會資源，需要花費大量的財力、時間去積纍。獲得一定的文化知識對於一般普通農民家庭來説也是一種奢侈。作爲家學較厚的蘇家自然不會放過自己所擁有的文化優勢，不斷鼓勵後人追求功名，以期維護家族的社會聲望。

---

① 清代布政司所屬的糧錢儲庫。

② 胡開全主編：《龍泉驛區百年契約文書》（1754—1949），巴蜀書社 2012 年，第 403 頁。

③ 同上，第 413 頁。

④ 同上。

## 二 捐納對蘇氏家族的影響

科舉時代的中國社會倡導“萬般皆下品，惟有讀書高”，由此形成了一種普遍、持久的讀書風氣。有一定經濟基礎的家庭一般都會鼓勵後人發奮讀書，搏取功名，光宗耀祖。蘇家向有重文傳統，故在其入川基本穩定之後，就安排家中有讀書天賦者獲取功名。從蘇氏家族成勇公這一支人所獲取的功名來看，大多爲捐納所得，且所得實職也不高。那爲何蘇家人對功名仍是孜孜以求呢？尤其是到了蘇秉權這一代，他不僅爲自己通過捐納獲得監生文憑，而且還爲其子蘇國寬先後捐納監生和貢生文憑，這不能不讓筆者考慮到獲得科舉功名對一個家族的現實意義。

據楊懋春研究可知，一個富裕的家庭可能以富裕出名，但不一定會受到尊敬。要受到尊敬還必須具備兩個要素：與鄰居相別的一些顯著而體面的特徵并在社交活動中成爲人們樂於談論的話資[①]。中國科舉制度下的一般庶民（農工商階層）與最高社會階層——士大夫階層相區別的重要條件之一就是有無科舉功名。如果該家庭有了一定的科舉功名，實質上就跨越了平民百姓階層，取得紳士地位和許多特權，成爲士大夫階層的一員，爲進一步的加官晉銜提供開端。按照清朝的法律規定，監生和貢生等享受包括免稅和禮儀等方面的很多特權。比如庶民獲得生員身份後，這不僅是作爲進入官場的前提條件，而且在當官者與平民百姓面前，均具有一種身份，掙得一副面子。上司對待生員，“有禮貌之施 ，有愛養之義 ，有勉勵之道”，享受官僚禮遇。生員可以“則免於編氓之役，不受侵於里胥；齒於文冠，得於禮見官長，而無笞捶之辱”[②]，既可終生免除各種苛捐雜税，還可“保身家”免受里胥的煩擾，有機會在官場活動。如果要出游，衹要有了官場人這一身份，一般不會遭到關隘的過多糾察，方便離家遠行，增長見識。可見，衹要有了國子監監生的身份，也就是有身份的人了，在社會上的地位也就不一般。蘇國寬在短短幾年時間內，不僅捐了監生，還捐了貢生。個中緣由也是因爲貢生的名氣要高於監生，還可享有高於監生的待遇。因爲貢生相當於舉人副榜，做了貢生後理論上就可以做官，而且貢生也算是地方層面的高級知識分子，其名聲與地位也高於監生。捐得功名不僅在生前是種榮耀，死後還能加級用在葬禮、墓碑和家譜上，如其家譜就記載蘇秉權“誥授奉政大夫”（五品）。此外，從其族譜看，蘇氏家族對功名如此重視，在其入川後的180年間基本延續不斷，另一重要原因在於宋代以後的中國傳統社會“士大夫的社會身份與社會地位不是固定的，而是處在不間斷的再生産和變動之中。祖先的金榜題名并不能自動保證子孫後代可以享有和祖先同等的社會身份和社會地位。子孫如果未能取得一定的功名，那麽就會在社會流動的過程中下滑，失去祖先曾經享有的社會身份和社會地

① ［美］楊懋春：《一個中國村莊——山東臺頭》，江蘇人民出版社2001年，第54頁。

② 王炳照、徐勇主編：《中國科舉制度研究》，河北人民出版社2002年，第340頁。

位。在充滿了身份的流動性和不安定性的社會之中，維持或提高自身的社會身份和社會地位的重要手段就是取得儒學的生員學籍……”[①] 可見，蘇家爲了保持家族的社會地位不至於下滑，也必然會選擇捐納這條捷徑。

另一個現實的考慮是，對蘇家人而言，有了官場中人身份，就可參加當地上層社會的各種活動，如參加當地衹有有功名的人才可加入的文昌會。這不僅通過參加地區的文化活動來展示家族特有的地位，纍積社會資本，提升家族聲望，還有了享受文昌會所例優待的機會。據民國三年在洛帶古鎮江西會館前重建的東文昌碑記載，凡參加該會者除交必要的會費即“在會子孫有援例游泮[②]者各上會底錢一千二百文”外，更爲重要的是，與會者若“子孫有人中舉者會内幫給京費銀三十兩給楚；如有出仕别省者，五品以上均照中舉京費”；“會内子孫有中三大魁者加倍賞給”。由此可知，如果與會者中有子孫中舉者，至少可獲得白銀 30 兩，而這 30 兩相當於當時購買一畝左右田地所需費用[③]；但如果還能出省做官則可再得 30 兩白銀；如果有極聰慧者在秀才、舉人和進士考試中得第一名者，則又加倍賞銀。這些金錢的實惠與社會地位的提升必然會刺激家庭中有讀書天賦者鼓勵其博取功名，或家庭殷實者不惜捐納獲得出身，獲取各種社會資源。對於蘇氏家族而言，這些社會活動的參與無疑擴大了其交際圈，他們在社會地位大致相同的人群中交往，彼此認可與接納，同時積累鄉土社會中稀缺的社會關係資源。家族中有名望之人不僅可與周圍地方的親朋好友頻繁交往，還可涉足到當地之外的境域，構建廣泛的社會關係，成爲獲取外來資源的窗口與紐帶。他們又把所獲資源帶入本地區域滿足民衆需求，赢得當地民衆的感激與信賴。這可從蘇氏家族積纍的人氣與對地方經濟的發展做出的貢獻得知。

由於蘇氏家族内部的崇文重教之風，僅把讀書寫字作爲自身修養及外出考試、做事之用，而非謀生。他們在日常行爲生活中把儒家的仁義禮智信體現在對社會弱勢群體的善行和關愛上，這在地方上樹立了很好的形象。如爲幫助家族内部經濟困難者，專門“置義田數十畝，以贍宗族”；對佃户來討陰地者分文不取，從而成爲地方上的望族。另據蘇淘聲回憶，其家族在青龍埂的成勇公祠和蘇家大院也遠近聞名，附近地方上的人發生糾紛，有時就請蘇家老人參與“斷公道”，歷代很多蘇家老人被親切稱呼爲“蘇老師”，使得此處聚集了相當的人氣。以至於新中國成立初人民政權就利用蘇家大院的規模及人氣基礎，設立青龍鄉政府(現十陵鎮前身)[④]。此外，蘇家較廣泛而必要的社會交流，爲其提供了瞭解有價值的經濟信息的途徑，并通過自身實踐，帶動了地方經濟的發展。據瞭解，成都東山的兩大特産“二筋條辣椒”和大頭菜形成就與蘇家有一定關係。因爲蘇家的紳士與官場人身份，其出外交流和

---

① 伍躍：《中國的捐納制度與社會》，江蘇人民出版社 2013 年，第 49 頁。

② 清代稱考取秀才爲入泮。

③ 據謝桃坊在其《成都東山租佃關係試析——以〈成都龍泉驛百年契約文書〉爲例》中介紹，在龍泉驛土地買賣契約中，乾隆三十五年（1770）每畝地價爲 30 兩銀，嘉慶六年（1801）爲 42 兩，道光十四年（1834）爲 36 兩銀，光緒二年（1876）爲 32 兩，民國十四年（1925）爲 46 兩銀。故此取最低值 30 兩銀購一畝地爲標準。

④ 胡開全：《清代成都東山蘇氏家族經濟考察》，《成都龍泉驛“百年契約文化”學術交流座談會論文集》，2013 年，第 232 頁。

見識的增多，瞭解到二筋條辣椒、大頭菜等經濟作物更適合東山的黄泥巴土質；加之其家族所具備的開拓進取精神和商業意識，蘇家人在經過試種後，在新都大豐和龍橋一帶形成育秧基地，在東山上形成種植基地，帶動了一方經濟的發展。

## 小 結

綜上所述，通過對蘇氏家族捐納功名的相關考察，筆者可得出如下結論：蘇氏家族追求功名受兩種社會因素的影響，一是受客家耕讀傳統的影響，僅就有記載的蘇成勇這一支人中，該家族即是在立足於耕、進行經濟擴張的基礎上，不斷鼓勵後代子孫追求功名，或攻讀或捐納，在家族中形成崇文重教之學風，這不僅體現在獲取功名上，并且還根據家學需要編寫儒家經義，如由蘇兆奎於 1901 年編著出版的《輯宋四書五經義式》就是一例，從而維護了家族文人儒雅之風。另一方面，科舉制度下人的社會地位也不是固定不變，即便是普通庶民，衹要能通過科舉考試，社會地位亦隨之發生根本性變化，一躍而成爲士大夫階層，踏入上流社會之中。但要想保證此種上層社會地位不變，僅靠祖先的金榜題名仍然不行，其後代子孫必須不斷的走科舉考試之路，并取得一定功名，纔能提高或維持自身的社會身份和社會地位，防止在社會流動的過程中地位下滑。從明朝開始的國家選官制度，爲知識分子提供了一種在走科舉正途時，亦可靠捐納國子監監生的方式來滿足普通民衆對功名的追求，并且一直延續至清朝結束。迄 1903 年蘇氏家族在川發展的 180 年時間中，該家族先後通過捐納或參加科舉考試共取得 34 個功名，這無疑對鞏固蘇氏家族在當地的社會地位發揮了極爲重要的作用。而事實也證明了這一點，由於家族功名的持續獲得，爲該家族積累了連續不斷的文化資本與豐厚的社會資本，從而維繫了蘇氏家族在地方社會的名氣，也帶動了地方經濟的發展。

作者單位：四川大學

# 清代蜀中第一家遂寧黑柏溝張氏家族探析

胡傳淮

人類誕生至今，有六千多年的文明歷史，而這些文明傳統之所以能流傳至今，正是由數以萬計的家族所延續和傳承的，家族文化是中華文化重要組成部分之一。幾千多年來，巴蜀地區先後出現了三家最有名的大家望族，即宋代眉山蘇氏家族（蘇洵、蘇軾、蘇轍）、明代新都楊氏家族（楊廷和、楊慎）、清代遂寧黑柏溝（今屬蓬溪）張氏家族（張鵬翮、張問陶）。黑柏溝張氏代有達人，名碩相望。張鵬翮號稱名相，是清代入關 268 年間蜀中官位最顯赫、相業最優異、名聲最響亮的人物；其玄孫張問陶（號船山）是清代蜀中詩人之冠，亦是元明清巴蜀第一大詩人。家中男男女女數十人，都是詩人、文學家，文化素質之高，令人嘆爲觀止。以張鵬翮、張問陶爲代表的黑柏溝張氏家族，是一支興盛時間長達兩百餘年，在中國政治上、文學上、書畫史上均有重要影響的家族，爲有清一代蜀中第一大家望族，人稱"清代蜀中第一家"。

據民國十三年（1924）刻本《遂寧張氏族譜》載：張氏原籍湖廣省麻城縣孝感鄉白獭河（今湖北省麻城市白塔河村）之緑柳村，明洪武二年（1369），遷入四川省遂寧縣黑柏溝（今屬蓬溪縣任隆鎮黑柏溝村）居住，入川始祖爲張萬。至清初宰相張鵬翮，已歷九世。遂寧黑柏溝張氏家族，從入川至今已繁衍 22 代，廣泛分布於蜀中遂寧、蓬溪、安居等地，尤其是在清代康乾盛世，黑柏溝張氏家族達到鼎盛，但進入近代，就走向了衰落。探討張氏家族興盛和衰敗之原因，對研究蜀學、巴蜀文化、明清移民運動、"湖廣填四川"以及中國移民史，不無益處。

# 一　遂寧張氏家族興盛概況

## （一）從政治實力上考察

文到閣老武到侯，官居宰相方到頭。蜀中遂寧，據涪水之上游，乃東川之都會；水陸交衝，佳氣盤結；風教重地，文獻名邦；人才輩出，風俗淳美，爲全蜀之冠。民國十八年（1929），抗日名將李家鈺爲《新修遂寧縣志》撰《序》云："家鈺束髮受書時，聞鄉先輩談蜀中舊事，莫不曰：相業以張文端公（張鵬翮）爲最優；科第以榜眼李仙根爲最早。至以詩書畫三絶，樹幟立壇，爲後賢所景仰企慕者，前則潜叟吕半隱（吕潜）；後則檢討張船山。問其人，皆遂寧也。夫勝清一代，二百餘年，以總揆（宰輔）謚文端者，蜀中僅二人，而遂寧居其一；以鼎甲顯者，蜀中僅三人，而遂寧又居其一。"遂寧真乃人文踵起，可云極盛。

遂寧黑柏溝張氏，賢才代有，載在邦史。張鵬翮、張問陶等人，以經濟文章，焜耀宇内，爲巴蜀争光，爲江山生色。張鵬翮（1649—1725），字運青，號寬宇，康熙九年（1670）進士，選翰林院庶吉士，歷任兖州知府、蘇州知府、江南學政、浙江巡撫、河道總督、兩江總督、刑部尚書、户部尚書，文華殿大學士兼吏部尚書等職，人稱"賢相"。曾隨索額圖勘定中俄東段邊界，爲簽訂《中俄尼布楚條約》作準備。主持治河 10 年，多有成效。位極人臣，揚歷中外，清正廉潔，秉公辦事，剛正不阿，不畏强權，是傑出政治家、治河專家，清代四川地位最顯赫、政績最卓著者。朱紹侯主編《中國歷代宰相傳略 · 張鵬翮》（1997 年大象出版社出版）云："天下廉吏無出其右，時稱賢相。"張鵬翮與狄仁傑、姚崇、包拯、况鍾、于謙、海瑞、于成龍齊名，號稱中國古代最著名的八大清官。

明末清初，四川遭受了今天難以想象的大戰亂。社會崩潰，經濟蕭條，文化板蕩，人才鋭減。清代蜀中考中狀元者僅一人（駱成驤）；官至宰輔（大學士）者，僅三人（胡世安、張鵬翮、卓秉恬），可見衰落之甚。清朝四川進士 786 人，多爲州、府、縣級官員，官階最高者是張鵬翮、周煌、卓秉恬三人。胡世安（1593—1663），四川井研縣人，明崇禎元年（1628）進士，累官詹事府少詹事。後降清授原官，順治時官武英殿大學士；康熙時任秘書院大學士。胡氏爲明臣降清，爲人可鄙，毫無建樹，名聲不好，人所不齒，列入《貳臣傳》乙編，可見清廷對其亦討厭。卓秉恬（1782—1855），四川華陽（今成都）人，嘉慶七年（1802）進士，道光三十年（1850），晉武英殿大學士。卓氏爲官主要在道光朝，朝廷争鬥激烈，國勢江河日下，危如壘卵，卓氏無所作爲，故其政績、名聲與張鵬翮相比，難以望其項背。在三人中，入祀清代國家賢良祠者，僅張鵬翮一人而已。

清代四川文官，除胡世安、張鵬翮、卓秉恬三人官階正一品外，涪陵周煌（張問陶前妻周氏之祖父），乾隆時官至工部尚書、兵部尚書，卒贈太子太傅，官至從一品，但未拜相，故其名聲、功績亦無法與張鵬翮相比。

## （二）、從文化實力上考察

巴蜀之地，古稱天府之國，山川鍾秀，英才挺生，以文學擅天下之勝者，幾二千年。故國學大師梁啓超説："我國裏頭四川和江西，向來是産生大文學家的所在。"有清一代，四川詩家輩出，張問陶、彭端淑、李調元合稱"清代蜀中三大才子"，而張問陶成就最大，袁枚稱其爲"清代蜀中詩人之冠"；彭端淑次之，詩名不彰；李調元以編輯爲主，嘉慶本《四川通志》一百五十四卷《人物》介紹李調元時云："其自著詩文集，不足存也。"彭、李二人之詩，不能與張船山媲美，書畫更在船山之下遠矣。可見文宗在蜀，而蜀中清代文宗詩冠是張船山。

張問陶（1764—1814），字仲冶，號船山，張鵬翮玄孫。乾隆五十五年（1790）進士，曾任翰林院檢討、江南道監察御史、吏部郎中。嘉慶十五年（1810）出任山東萊州知府，政聲卓著，斷案如神，號稱"大清神斷"。最後因社會黑暗，船山"一怒辭官去"、"詩酒傲公侯"。著有《船山詩草》26 卷，存詩 3500 餘首、書畫作品數千件，泛傳宇内，兼工書畫，名重一時。其詩，天才踔厲，價重鷄林。"才雋之士，多則效之……朝鮮使人求其詩，至比之鷄林紙價。"日本明治漢詩重鎮小野湖山《讀張船山集》云："淡遠蕭疎迥絶塵，寶鷄之什最精神。詩才已富深詩學，袁趙而來獨此人。"（《湖山樓十種·湖山詩集》）可見船山詩在清代已在日本、朝鮮等國産生了很大影響。當代清詩研究專家錢仲聯先生"力主將乾隆三大家中之蔣士銓换爲張問陶"（載《錢仲聯學述》第 160 頁，1999 年 3 月浙江人民出版社出版）；學術界將袁枚、趙翼、張問陶合稱"清代性靈派三大家"，淵源有自矣。其書畫，蜀中從清代後期起民間就有"家無船山畫，不算書香門"、"家無船山字，枉爲讀書人"之説。張問陶係清代第一流的大詩人、書畫大師，公認的"清代蜀中詩人之冠"，時有"青蓮再世"、"少陵復出"之目。在夕陽西下的晚清，張船山確實是才情并茂的詩林高手、才士無雙的詩國殿軍。巴蜀詩壇，東坡之後，一人而已。

## （三）從綜合實力上考察

黑柏溝張氏家族既是清代政治望族，又是文化望族、精神望族，他們"以功德顯，以文章著，以孝友稱"。明清以來，黑柏溝張氏家族，詩書之澤不衰，已經成了名副其實的著名文學世家。家族成員中進士者 6 人、舉人 18 人、貢生 18 人；爲官者 80 餘人，1 人入《中國通史》、2 人入《辭海》、3 人入《清史稿·列傳》、4 人入《中國文學家大辭典》、7 人入鄉賢祠；有詩文著述流傳至今者 50 餘人，可謂"一家男女盡能詩"。清代名臣、文華殿大學士兼吏部尚書張鵬翮和大詩人、大書畫家張船山二人，更把張氏家族聲名推上頂峰；張問安、張問陶、張問萊三兄弟及其妻陳慧殊、林佩環、楊古雪三妯娌分别被世人稱爲"三弟兄詩人"和"三妯娌詩人"，爲古今中外詩壇所罕見。黑柏溝張氏從明初入川至清代 400 餘年，有文學家 13 代 80 餘人。這一代代衆多的作家個體對文學的情有獨鍾，不斷地續寫出這個家族在文學上的輝煌，爲其在當時文壇上贏得了很高聲譽，論者贊云："風雅之盛，萃於一家，海内所罕見也。”青蓮詩人康熙、雍正兩帝還親自爲張家贈匾、賜書甚夥，當時蜀中張家可謂榮光之至，享譽西南，名滿天下。蜀中世家望族，無出其右者。

清代巴蜀地區文學世家除遂寧黑柏溝張氏外，尚有新繁費氏、丹棱彭氏、羅江李氏等，然以張氏家族較之，亦若有上下床之别。

由於張鵬翮、張問陶等人的巨大成就、卓越貢獻和崇隆地位，遂寧黑柏溝張氏，也就無可争辯地坐上了清代巴蜀望族的頭把交椅，成爲清代巴蜀第一望族、有清一代“蜀中第一家”。

## 二　遂寧張氏家族興衰探原

蜀中遂寧黑柏溝張氏家族，有兩次興盛。第一次興盛在明代，明洪武二年（1369），張萬由湖北遷入蜀中黑柏溝定居，入川始祖張萬與其子張永成兩代，皆爲布衣。經過100餘年的發展，至第三代張贇，家族的處境開始發生變化，即“由讀書而科舉”。張贇於明景泰五年（1454）考中進士，歷官禮部主事、員外郎、郎中、雲南姚安府知府，惠政卓著，吏民稱歌。此後，從景泰年間張贇至崇禎時張莢，共考中進士2人、舉人6人。張贇子張猷，明成化十六年（1480）舉人。張氏族人中張倫爲天順二年（1458）進士；張睿爲正統十二年（1447）舉人；張紀爲景泰元年（1450）舉人。張睿爲工部尚書黄珂（遂寧人）之岳父、女詩人黄峨之外祖父。因明代遂寧張氏科甲興盛，朝廷旌表其門曰：“科第世家”。正德年間修纂了張氏入川以來第一部族譜，即正德本《遂寧張氏族譜》，譜後有明代遂寧名人、工部尚書黄珂，禮部尚書加武英殿大學士席書二人所作《跋》語。有明三百年，張氏家族已發展到十三房、一萬餘人，子孫繁衍，科第聯綿。張氏從一般的耕讀之家發展成爲科第世家。第二次興盛在清代。明末清初，四川進入了一個比宋元之際時間更長、情況更烈的戰亂與殘破時期，四川人民再次遭到了今天難以想象的灾難。劫運後，張氏族人逃散死亡，靡有孑遺，獨張烺從萬死一生中，得延餘生。至康熙九年（1670）張鵬翮考中進士，纍官至文華殿大學士兼吏部尚書，張氏重新崛起，其聲勢超越了明代之興盛，最終成爲一支興盛時間長達200年左右，在政治上和文學上都有重要影響的大家望族。黑柏溝張氏從明初入川至清代400餘年，有文學家13代80餘人。這一代代衆多的作家個體對文學的情有獨鍾，不斷地續寫出這個家族在文學上的輝煌，爲其在當時文壇上贏得了很高聲譽，論者贊云：“風雅之盛，萃於一家，海内所罕見也。”但到近代，張氏家族便銷聲匿迹了。張氏家族何以興？何以衰？特作初步探討。

### （一）黑柏溝張氏家族興盛原因

1. 社會經濟方面的因素

黑柏溝張氏家族鼎盛於清朝前期康熙、雍正、乾隆年間，正值“康乾盛世”時期，當時政治清明、社會安定、文化發達、經濟繁榮、人民安居樂業，爲世界第一强國。加之蜀中遂寧自古土沃泉甘，物産豐饒，唐宋以來，代稱雄鎮。社會的安定、經濟的優勢，推動了黑柏溝張氏家族文化的發展。張氏家族崛起於清代前期，是時代機遇給張氏提供了契機。

2. 社會文化方面的原因

黑柏溝張氏，從一般的耕讀之家發展成爲清代蜀中第一的文學世家，首先經歷了一個文化積纍的過程。一個世家大族要成爲文學世家還必須在文學上代有其人，也就是在通過文化積纍成爲世家大族的同時，還需要有文學上的傳承，這種傳承是一個家族中一代又一代的文化個體對文學活動的積極參與。黑柏溝張氏文學世家的情况正是如此。張氏家族具有書香傳家的文化傳統，在由科舉成爲蜀中世家大族的同時，張氏在文學上也不乏其人，從清初張鵬翮至清中葉張問陶五代，共有文學家 20 餘人。這種在文學上生生不息的態勢，使黑柏溝張氏世家成爲名副其實的蜀中第一文學世家。

3. 天分才能方面的原因

張氏家族多異才：現代遺傳學研究成果表明：在人類中，的確存在着智能等方面的差别，這種差别是指一個人不同於他人的獨特的内在因素，它既反映社會生活的環境影響，又顯示了先天遺傳素質。實質上，像智能的遺傳問題，决定於遺傳和環境兩個因素的相互作用。但我們的研究界思考問題時卻存在過於注重後天環境的因素，如政治地位、經濟狀况、教育培養等，相對忽略了先天的遺傳素質。即如張氏家族，假如先天智能有限，就是再好的教育環境也很難在競争日趨激烈的明清科舉中長期立於不敗之地。應該承認，張氏子弟普遍顯露出高智商的傾向。考中進士很不容易，唐代流傳着“三十老明經，五十少進士”的説法，即謂 50 歲考上進士也算年輕。因爲不少人考到 80、90 歲亦未考中；清道光年間，廣東考生陸雲叢赴京師參加會試時，已年高 103 歲。而張鵬翮 21 歲中進士，張問陶 26 歲中進士，張問彤 24 歲考中解元，可謂文思靈敏。張問陶十歲能詩文，日誦千言。從中我們不難看到張氏族人領悟力超群、記憶力不凡、文藝鑒賞力過人，最重要的是他們具備超常的、令人贊嘆的文化才能，尤其是有好幾位幾歲就具有創作詩賦的才華，這種文學能力與其説來自於後天培養，毋寧説來自於先天的家族遺傳。在閲讀一些文化世家相關的傳記材料時，我們也常驚奇於不少世家成員靈敏而優異的文化天賦，如眉州蘇氏家族，蘇洵年近而立始發憤讀書，“遂通六經、百家之説，下筆頃刻數千言”。蘇軾蘇轍兄弟的才思靈敏無疑也有其祖其父的文學遺傳因素在其中。張氏家族成員的早慧或智力優異的現象頗爲普遍，它們成爲明清蜀中張氏家族文化得以繼續發揚的重要條件。總之，張氏多天才，天分極高，能够輕易獲得才名和取得科舉的勝利，維持門第興盛。

4. 家族教育方面的原因

精神望族是中國文化傳承的中堅，這類家族的主要特點是：以功德顯，以文章著，以孝友稱。功德即事功，主要指做人是否德高望重，是否熱心鄉里公益事業；文章則不僅指信筆爲文，更指廣泛的精神文化修養，當然也包括參加科舉考試。孝友作爲道德範疇，指能够妥善處理家族内部上上下下不同人物之間的關係，家族是否團結穩固。他們大都生活在鄉村和小城鎮，出仕或許能做一任地方官，退則躬耕壟畝，安貧樂道，子孫世世繁衍不絶。但這類家族，把堅守道德規範作爲人生最大信條，以忠孝節義爲人生追求目標，以禮義廉耻爲做人做事準則。他們對道德操守的追求，超過對物質享受的要求。在日常生活中，往往是耕讀并重，平安度日，守成爲本。他們可能經濟狀況不佳，但卻能貧賤自守，後人往往能恪守先輩遺訓，保持家風不墜。家族中數代文化積纍，偶然會出現一兩位在文化思想上有突出貢獻的人物（張鵬翮、張問陶），後人往往能克紹箕裘，發揚光大。中國文化能傳承至今，實賴這些家族從精神上執掌着中國文化的傳承鎖匙。張氏家族有强大的教育功能，因爲在中國古代始終没有建立真正的公共教育體系，所以家庭的教育和以家族教育爲核心的私塾教育就特別重要。俗話説三代培養一個貴族，一個家族要建立起一種足以影響家風的家學淵源，就需要幾代人的努力，它可以形成一種類似於物理學中的“場”那樣的環境，使得家族的下一代人能在不知不覺中得到熏陶。

5. 長壽多子方面的原因

黑柏溝張氏家族，是一個長壽家族，且人丁興旺。據民國本《遂寧張氏族譜》統計：玆將張氏人物知其生卒年者簡列如下：第三代：張贊，75 歲；第六代：張惠，97 歲；第八代：張烺，90 歲；第九代：張鵬翮，77 歲；張鵬翼，75 歲；第十代：張懋誠，71 歲；第十一代：張勤望，64 歲；第十二代：張顧鑒，76 歲；第十三代：張問達，100 歲；張問時，87 歲；張問達享壽百齡，恩榮七品，列入《遂寧縣志》及《遂寧張氏族譜·大年》。至今仍然生活在蓬溪縣金橋鄉翰林村黑柏溝三社的張鵬翼第九代孫張隆娥（字照明），生於 1919 年，現年 93 歲，筆者采訪老人時，他的思路仍十分清晰。從以上數字看，張氏家族在清代可以算做是長壽家族了。張鵬翮四世同堂，張問陶之父張顧鑒之名，就是張鵬翮任宰相時取的。幾位官至高位的人物，多享高年。這對整個張氏家族的發展起到了非常重要的作用。要知道，家族中人好不輕易謀得功名，漸至顯貴，可以封妻子、蔭宗族，至高位者享高年，對宗族蔭補的機會就自然增加了許多，有利於保持門第。張氏族人科第入仕者固多，蔭補入仕者亦不在少數。另外，家族中人躋身高位，還可以幫助整個家族增强反抗意外和困難的能力。明末清初，蜀中戰亂，張氏族人生存窘迫，就多虧張烺盡力收撫幫助，使家族不致星散湮没。不管怎樣，家族成員多長壽、多子孫、陸續出現有地位、有名望之士，則是一個家族能够長久興盛的重要基礎。總之，張氏家族中人多長壽，且官至高位，他們的長壽使家族中人獲得蔭補和其他社會照顧的機會大大增加。張氏多子孫，并代有人才，使家族能够久盛不衰。

6. 婚姻關係方面的原因

張氏自張鵬翮光大其門，跨入世家大族行列，因此具有了與衆多高門聯姻的基礎。張氏家族多賢婦才婿，張氏擇婦較重婦德和出身，張氏婦大都賢淑知禮，出身於具有一定文化知識的士人家庭。與張氏家族聯姻的世家大族有：

閬中羅家：羅大美，四川閬中人，清順治十四年丁酉科（1657）舉人，官居河南省汝州知州、山東省青州知府。子羅廷璋，字文城，康熙二十年辛酉科（1681）舉人，官山東諸城縣知縣。女羅氏（1669—1731），配張鵬翮長子張懋誠，爲張船山的曾祖母。

山東孔家：張鵬翮次子張懋齡娶山東第 67 代衍聖公孔毓圻之女。孔毓圻（1657—1723），字鍾在，又字翊宸，號蘭堂，山東曲阜人，孔子第六十七代嫡長孫。康熙六年（1667）襲封衍聖公。九年（1670），授光禄大夫，十五年（1676），晉階太子少師。好詩文，工擘窠大字，善畫墨蘭，得元人趙孟頫之旨。卒謚恭慤，有《蘭堂集》、《幸魯盛典》。妻方氏，江蘇昆山人，山東按察副使方恒女，工詩，善畫。

南江岳家：在四川南江縣，散居着一支岳飛後裔，估計有數萬人。南江支系，代有名人。清初岳貞，名允昌，字子介，號石齋，順治十一年（1654）舉人，順治十五年（1658）入翰林。康熙元年，授山東博昌縣令，後升禮部祠祭司主事、儀制司員外、順天府鄉試副主考、台州府知府，封朝議大夫，因上"安海策"不用，辭歸故里，著有《幾江詩集》，今存北京博物館。岳貞子八：長子岳越，封中憲大夫；次子岳廣，字平公，考授同知；三子岳康，字伯和，太學生；四子岳度，字伯憲，號文江，康熙二十六年（1687）中舉，康熙三十三年（1694）進士，翰林院檢討，曾參與編修《大清一統志》；五子岳綸，號山公，舉人；六子岳兆元、八子岳經，均爲國學；七子岳維，字叔世，康熙四十五年（1706）中進士，授廣西荔枝縣知縣。他家有"一門三進士，父子雙翰林"之譽。張勤望娶翰林院檢討岳度之女（張問陶祖母）。

海寧陳家：浙江省海寧陳家，世代簪纓，科名之盛，海内無比。三百年來，位居宰輔者三人，尚書，侍郎、巡撫、布政使者十一人，進士達到兩百多人，足見海寧陳家的偉大，歷數中國上下五千年，没有一個姓氏家族能和海寧陳家相媲美。《清宫十三朝演義》中説乾隆原來是海寧陳閣老的兒子，被雍正用調包之計换了來。乾隆長大後，從乳母嘴裏得知此事，便藉南巡之名，去海寧探望親生父母。因陳閣老夫婦早已去世，乾隆衹好到陳氏夫婦的墓前，用黄幔遮着，行了做兒子的大禮。張問安娶浙江海寧陳家、江西南安府同知陳億之女陳慧殊。

涪州周家：周氏一門三進士，三十多舉人。周煌（1714—1785）字景桓，號緒楚，又號海山，清代重慶府涪州（今重慶市涪陵區）人。乾隆二年（1737）進士，任翰林院編修 19 年。1756 年奉詔出使琉球，3 年後歸，升侍講學士、内閣學士。1755 年任《四庫全書》總閱，後歷任工部、兵部尚書，皇太子總師傅，都察院左都御史等職。能文工詩善書，著作頗豐，有《琉球國志略》、《海山詩稿》等近 10 種。《清史稿》有傳。子七人：長宗岐，乙未進士，翰林院編修；次興岱；興嶧、興岷、興岳、宗華，俱孝廉；宗畬，太學生。周興岱（1744—1809）字冠三，號東坪，涪州周煌次子。擅長書法。乾隆三十六年（1771）進士，改庶吉士，散館授編修、武英殿提調官，纍遷侍講學士，禮、吏、户諸部侍郎，充江西考官擢内閣學士。嘉慶十四年（1809）晉都察院左都御史。卒葬涪陵長里插旗山。事見《清史稿》卷三百二十一、薛天沛《益州書畫録》等。張問陶娶周興岱之女周孺人。張問陶係周煌孫女婿，船山與周孺人在京師結婚時即居其宅，周煌、周興岱對船山有較大影響。

北京林家：林儁，字西清，號西厓，生於清雍正十一年（1733），北京大興縣廩膳生，習詩經。乾隆二十五年（1760）舉人。二十六年（1761）揀發入川，歷署四川安縣、威遠、樂山、温江、榮縣等處捕頭。乾隆三十一年（1766）授四川内江知縣。乾隆三十四年（1769）至三十五年（1770），調任成都知縣，兼署華陽知縣。勤政愛民，明於聽斷，頌聲載道。乾隆二十八年（1763）至四十年（1775）任重慶府知府、分巡川南永寧兵備道。四十一年（1776）二月，清軍收復大小金川，戰争勝利結束。林儁特調四川通省鹽茶分巡成（都）綿（陽）兼管水利道，駐省會成都。在任18年，經理鹽茶，没有絲毫擾累，商民感戴最深。乾隆五十八年（1793）至六十年（1795），林儁任四川按察使，嘉慶二年（1797）擢四川布政使（從二品）。嘉慶五年（1800），以勞疾乞歸。清代官員考語云："鹽茶道林儁：識見優長，辦事公正，在川年久，實能料理裕如，洵屬爲守兼擅之員。"林儁曾祖孟卿，祖文正，父國柱，母嚴氏。娶姜氏。有子三：長子林芬（芳），字樸園，號雨亭；次子林華，字松巖，曾官襄樊同知；三子林蕃，江西候補縣丞，其妻爲都察院左都御史周興岱次女（周興岱長女爲張問陶前妻）。女一：林頎，號佩環，生於蜀中，係四川才女、女詩人。乾隆五十二年（1787）九月，林頎與船山結婚。

廣元楊家：楊璽（1734—1806），清代廣元縣高城堡（今旺蒼縣普濟鎮）人，乾隆庚辰（1760）舉人。授四川納溪縣教諭。後任四川潼川（今三臺）府教授。江蘇安東（今江蘇漣水縣）知縣、太倉（今太倉市）知州、蘇州府水利同知、松江府知府。楊璽爲學官，審理明決，處事精當，平允精詳，關心民間疾苦，以勞瘁卒於任所。張問萊娶楊璽之女楊繼端（號古雪）。

張家與這些望族聯姻，多能爲張氏增光添彩，有利於維持和擴散張家的聲譽。這些家族的女子由於家庭熏染，大多具有相當的德行和文化，素質很高。張問安之妻陳慧殊、張問陶之妻林佩環、張問萊之妻楊古雪，均爲清代著名女詩人，號稱"清代三妯娌詩人"，她們的詩集，流傳至今。張氏家族其姻親多文學家，增强了張氏文學家族的可能性和穩定性。不難想象，作爲母親，她們的知書達禮對兒女先天資質和後天修養産生的影響。正是由於她們的操持家務，相夫教子，纔使張姓男子能够專心學問或舉業，增大了成功的比率。她們構成了維繫張氏代有文名、家聲不墜的重要一環。雖然與名門世家的聯姻有利於提高和維持自己家族的聲望，獲得許多政治上的幫助和其他便利。但張氏更多的還是與一般官僚通婚，是否名門高第并非張氏通婚時考慮的首要條件。這主要與張氏自張鵬翮後，子孫雖不乏以文學知名的才士，卻多爲中下層官員有關。清代的科舉取士制度加速了社會的流動，因此擇婚時主要憑藉的是擇婚人當時的政治地位和實力，實行基本上趨近於與擇婚人自己門户相當的婚姻，家世聲名衹是其中一個非主要考慮的因素。

### （二）黑柏溝張氏家族衰落原因

中華禮儀之邦，五千年文化創造了無數世代簪纓。他們的繁盛，他們的優雅，他們的富麗，成爲人們茶餘飯後津津樂道的話題。但仔細品味，又有多少在中華文明史上留下自己的痕迹呢？衹餘斷壁殘垣、浮碑剩碣供人憑吊罷了。孟子早就説過："君子之澤，五世而斬。"

民間亦有“富庶不過三代”的説法。提起世家大族，中國人總忘不了的代表魏晉風流的王謝家族，但實際上他們也早已成爲陳迹。隨着政治舞臺的變化，他們被急速地湮没了，正如辛棄疾所歌唱的：“舞榭歌臺，風流總被雨打風吹去。”

黑柏溝張氏家族在康乾時期堪稱望族，然而這個大家族繁榮百餘年後就在近代開始走向衰落，今天已默默無聞了。同張氏興盛一樣，造成張氏衰落的因素也是多方面的，有張氏家族本身的，也有國家政治環境的，還有一些偶然因素。此擇其主要因素論之。

1. 政治風雲不利

政治望族有一個致命弱點，在社會大動亂的危難之際，在改朝换代的當口，他們很容易成爲首要打擊目標，隨着某些社會勢力、政治勢力的衰亡而衰亡。張氏家族崛起於清代前期，經歷了近代中國的百年戰亂後，社會的幾次翻天覆地的變化，能繁衍至今，已屬不易。許多過去的世家大姓，今天亦默默無聞，這與中國文化百餘年的走向軌迹是重合的。而文化的品位與異化，也導致這類文化家族的傳承難以達到數代以上，因爲這類家庭的文化根基是建立在財富的基礎上，一旦家道中落，往往家族文化難以爲繼。明末清初和近代中國近百年的戰亂，是兩次社會財富的較大重新分配過程，在這期間，幾乎所有的文化望族都遭受了滅頂之灾，所以黑柏溝張氏家族亦難以幸免。

2. 家族成員開拓不够

張鵬翮、張問陶以科舉、功業、詩畫名世，但張氏子孫中，卻鮮有考中進士者。清代，顯要之職基本屬於翰林進士。明代朱元璋規定不設丞相，皇帝自己裁决，卻讓翰林備顧問，作智囊。明成祖以官階較低的翰林入皇宫午門内值班爲内閣成員。所以明高拱説：“雖無宰相之名，有其實矣。然皆出自翰林。”康熙明文規定不是翰林出身的不得做經筵官，不能成爲名譽上皇帝的老師。清代掌文詞翰墨的南書房行走和皇子師傅的上書房行走都要由翰林充任，衹有翰林纔稱爲“太史”，非翰林出身死後不得謚以“文”字，可見翰林地位不同一般了。明清的重臣宰輔大都從翰林院出去，翰林院一向被認爲是儲材的地方。讀書人來這裏升官也快。《道咸以來朝野雜記》記：“道、咸間，士人多以點翰林爲仕官捷徑，由編修、檢討十年可至侍郎，雖未必盡然，亦差不多。”張氏族人中，有些人不求進取，無所事事，坐享祖業，其一官半職，皆以恩蔭而得，以蔭得官，往往升遷困難，難有顯達者。勢必導致家族的衰落。

3. 核心人物不壽無子

張氏子孫中亦有德才兼備者。可是核心人物張問安 58 歲而卒、張問陶 50 歲而卒。才志俱佳，天不假年。著名學者、國子監祭酒吴錫麒《哭張船山》云：“如此驚才僅中壽，問天何苦更生才？”張氏家族在鼎盛時期人丁興旺，子女衆多。如：第六世張惠，有子 5 人；第七世張應禮，有子 9 人；第八世張烺，有子 6 人；第九世張鵬翮，有子 2 人；第十世張懋誠，有子 5 人；第十一世張勤望，有子 8 人；第十二世張顧鑒，有子 3 人；第十三世中，生子不蕃：張問安、張問陶、張問萊三弟兄，除問萊有一子外，問安、問陶均無子，同抱伯道之悲。族人也認爲“船山爲一代名人，固不可無後；而亥白係六房大宗，尤不可闕如，因飭族議，以讀書明理者嗣之。”（《族譜》）。由於張氏兄弟不壽，無子，人丁不旺，門庭單薄，這不能不説是影響張氏家族發展的一個很大的因素。因此張氏家族數代之後，即衰敗不聞矣。

**参考文獻：**

[1] 張鵬翮．張文端公全集［M］．遂寧：光緒八年（1882）刻本，1882．
[2] 張問陶．船山詩草［M］．北京：中華書局，1986．
[3] 胡傳淮．張問陶年譜［M］．成都：巴蜀書社，2005．
[4] 張崇階．遂寧張氏族譜［M］．遂寧：民國十三年刻本，1924．
[5] 胡傳淮．張問陶研究文集［M］．北京：中央文獻出版社，2009．
[6] 王懋昭．遂寧縣志［M］．遂寧：民國十八年刻本，1929．
[7] 胡傳淮．張鵬翮研究［M］．北京：中國文聯出版社，2011．
[8] 胡傳淮．清代蜀中第一家：蓬溪黑柏溝張氏家族［M］．北京：中央文獻出版社，2012．

作者單位：四川省蓬溪縣政協

# 劉咸炘的思想來源*

歐陽禎人

認識劉咸炘的思想來源，是我們研究劉咸炘的重要途徑。筆者在《劉鑒泉的經學思想概述》中已經點到爲止地説過：劉咸炘的思想有三大理論來源，第一是其祖父劉止唐；第二是浙東學派的章學誠；第三是風起雲湧的新文化運動。由於該文主要是討論劉咸炘的經學思想，所以對劉咸炘的學術思想的來源以及理論背景語焉不詳。本文就是在這個問題上作進一步的討論，以就教於方家。

## 一　家學淵源流長，使劉咸炘有根本之識

劉沅（1767—1855），字止唐，號青陽子。他創立的“槐軒學派”，其“劉門”養心功在四川國學界有深遠影響。清末民初，蜀中國學大師，多出其門。《清史稿·劉沅傳》記載：“咸豐中，（福建）侯官林鴻年爲雲南布政使，至蜀得沅書，讀之驚喜。求問時，沅已死（據此推測當在1856年），因受業於沅弟子、内閣中書劉芬，盡購其書去。及罷官歸，遂以其學轉相傳習，閩人稱爲川西夫子云。”

在《推十書》中，劉咸炘反復引用劉沅的觀點，多次指出他的很多觀點直接來自劉沅。這并不僅僅來自劉咸炘的純孝和感恩的人格，而且也是來自中國古代學術的傳統，講的是學養，講的是傳承。中國古人認爲，衹有這樣，學術的相關問題，纔有可能得到持久的、深沉的思考；同樣的學術問題纔有可能經得起時間的考量，使之成爲永恒的問題。所以，學術脈絡的源遠流長，是劉咸炘的學術有“根本之識”的原因之一。所以，筆者把劉沅的學術思想

* 本文是教育部人文社會科學重點研究基地重大專案（10JJDZONGHE009）《劉咸炘對中國傳統文化的創造性改造》成果的一部分。

視爲劉咸炘的理論來源之一。

劉沅自幼體質孱弱，然聰慧過人，好學不倦。7 歲能文，邑人目爲“神童”。8 歲入私塾，10 歲時到離家 20 里的板橋子文昌宮（在今雙流縣黄甲鄉境内），受業於貢生古鶴峰，首尾達 8 年之久。文昌宮西牆官道旁有一塊丈餘高的石碑，上刻伍肇齡翰林楷書的“清儒林劉止唐先生兄弟讀書處”（惜毁於 1966 年冬“文化大革命”之劫）。乾隆五十四年（1789）劉沅考中拔貢。乾隆五十七年（1792）秋，考中舉人。時年 25 歲。

嘉慶元年（1796），劉沅之兄劉芳皋（沼）在北京考中三甲第六十六名進士（本科狀元爲趙樸初之先祖趙文楷），授翰林院庶吉士（三年後任工部主事、廣西直隸鬱林州知州）。當時，劉沅落榜。兄弟二人從北京回家，途經湖北當陽，同游紫蓋山（道教“三十六洞天”之一），遇静一道人，相談甚契。静一道人精通儒、釋、道三教，學修并重，主張三教合一，贈劉沅“純陽子”注疏的《道德經》。劉沅從此潛心研究國學，尤其是道家學説。這件事情對劉沅的學術思想産生了重大的影響。

劉沅的體質一直不好，尤其是家裏遭到了惡鄰的欺負之後，更是元氣大傷，一病不起，多方延醫服藥，始終没有好轉。嘉慶四年（1799）一天，劉沅在彭家場街上，遇一擺攤賣藥的長髯老翁，仙風道骨，閑雲野鶴，目光炯炯有神。劉沅求賜祛病療疾之方。老翁端詳良久，説：“君病除須重用培補氣血，養心安神之藥外，尤應格外注意修身養性。”并援引《抱朴子》：“若德行不修，而但務方術，皆不得長生也”，把儒家與道家的思想精華運用到養生上，對劉沅進行了具體的教導，使劉止唐茅塞頓開。

經老人施治，劉沅逐漸康復，旋拜老人爲師，執弟子禮達五年之久。劉沅在《槐軒全書》中，多次尊稱其爲“野雲老人”。此翁傳授的道家静功，使一個先天體質孱弱的病夫子，得以樂享 88 歲高壽。劉沅後來回憶野雲老人對他的教誨時説：“人生天地氣化之中，修短豐嗇，前人謂爲氣數之命，無可如何，而不知聖人以守身存身之學，教人補造化之窮，不留缺憾，所以至誠盡性而盡人物之性，參贊化育。”這就是説：如果遵循聖人的教導，按照“守身存身”之義去修身養性，就可以彌補先天不足而樂享天年。劉沅終生恪守“守身存身”之義，他解釋道：“凡傷身致疾之事，自少弗爲，不延年者寡矣。《周易·繫辭》云：‘龍蛇之蟄，以存身也。’”（見《槐軒雜著》卷四）

劉沅三次會試不中，30 歲後，聽從母命，絶意仕進，在家奉養老母，潛心經史，講學課徒，著書立説，惠及後人。嘉慶十八年（1813），劉沅從雙流移居成都南門純化街，築建大宅一座。院有老槐一株，遂命名宅院爲“槐軒”。此後 42 年，劉沅一直在此治學講學。其教學方式是平時令諸生自學，留存疑難，定期會講，一一解答，并指導學生晨昏静坐，養心存神，强身健體。學費則不計多寡，聽任學生視自家財力而定，家貧者無饋亦可。《清史稿·劉沅傳》記載：“著弟子籍者前後數千人，成進士登賢書（即中舉人）者百餘人，明經貢士三百餘人。……賢名播於鄉曲者指不勝曲。”僅以劉沅子孫爲例，80 年内，竟有八人中舉和中翰林。“槐軒”於是成了四川最負盛名的大型書院式私塾之名，學生最多時達三百餘人，學習期限最長的達十多年。民國時期，“槐軒”門額尚鎸刻著伍肇齡先生楷書的“清儒林劉止唐先生第”。惜1959年建造錦江賓館時拆除。

道光六年（1826），禮部下文，選授劉沅爲湖北天門縣知縣。先生時已59歲，辭以丁艱守制。朝廷念其孝誠，改國子監典簿，然先生不久又乞假還家。劉沅一生，實未做官。劉沅的一生做官的機會多多，但是不做官，是劉沅的終生信條。劉沅云：“人生切不可做官，做官最易壞人品，尤礙聖修。”這種觀點也深刻地影響了劉咸炘。劉咸炘一生也有很多做官的機會，但是，他不爲高官厚禄所動，終生從事學術研究，樂此不疲。

劉沅著作等身，其著名的總名爲《槐軒全書》。其中包括：《周易恒解》六卷、《詩經恒解》六卷、《書經恒解》六卷、《周官恒解》四卷、《儀禮恒解》四卷、《禮記恒解》十卷、《春秋恒解》八卷、《四書恒解》十卷、《大學古本質言》一卷、《孝經直解》一卷、《史存》十六卷、槐軒文集四卷、詩集二卷、《約言》一卷、《拾餘四種》二卷，又有《蒙訓》、《豫誠堂家訓》、《保身立命要言》、《下學梯航》、《子問》、《又問》、《俗言》、《性命微言》、《醫理大概約説》、《醫法追源説》等等，在學術界，至今都還有深遠的影響。

劉沅一生從教七十年，其學會通三教，歸宗孔孟，頗具思辨性，當時即有很大的名聲，入《清史稿·儒林傳》。劉沅在經學、宗教、醫學等領域對蜀學的發展起到了顯著的作用。尤其是他創建的儒、釋、道三教合一的劉門“養心功”，曾經造福一方，舉世矚目，在中外學界都有深遠的影響。劉沅的學術是一種儒、釋、道三教合一的龐大體系。劉沅的三教合一，就主體架構來説是儒、道會通，佛教居於次要的位置。所謂道，即道教内丹學中儒化傾向較重一派的内丹理論。所謂儒，則包括先秦儒家元典與漢、宋、明、清儒學。因爲唐宋以來道教内丹學以及宋、明理學本身就包含有大量佛教因素，衹是在此意義上，劉沅的儒、道合一纔可稱之爲三教合一。劉沅的儒、道合一主要側重於天道性命之學的合一，因爲劉沅的自我認同是儒家，所以他的儒、道合一又是以儒學爲主體的。至於儒學内部，雖然劉沅也相容了漢人訓詁之學，但其重心卻是宋、明、清三代理學的合一。天道性命、成人成己、守身誠身，是劉沅學術的重中之重。就此而言，劉沅學術思想的形態應當屬於清代新理學的範疇。所以，劉咸炘的很多學術問題完全是跟著劉止唐繼續地探索，劉咸炘是在劉止唐基礎之上的升華與超越。没有劉止唐，就不可能有劉咸炘的思想。

## 二　私塾章學誠，掌握了以合御分的方法

1925年11月20日晚上，劉咸炘應學生之請，寫了一篇《三十自述》的文章。明確説自己“私淑章實齋先生也”①。在其《經今文學論》一文中亦云：“吾宗章實齋‘六經皆史’之説，於經學今古文兩派皆不主之。”② 章學誠把自己歸屬於“浙東學派”，其卒年與劉咸炘

① 劉咸炘：《推十書》（增補全本，戊輯二），第519頁。
② 劉咸炘：《推十書》（影印本），成都古籍書店1996年，第109頁。

之生年相距近一個世紀，從空間和時間上來講，都相距遙遠。古今中外成果卓異、思想精深者車載斗量，爲什麼劉咸炘就單單看中了章學誠呢？這需要我們略作分析。

章學誠（1738—1801），字實齋，會稽（今浙江紹興）人。祖籍福建，出生於浙江紹興。其祖父章如璋是一位資深的師爺，晚年研究司馬光的《資治通鑑》。章學誠的祖父與父親都對當時流行的道教善書《太上感應篇》具有濃厚的興趣。章學誠的父親章鑣是乾隆時期進士出身，1751 年被朝廷任命爲湖北應城知縣。同年章學誠隨父親全家移居湖北省應城縣。章鑣的知縣生涯結束以後由於没有回故鄉的盤纏，一貧如洗，所以全家依然住在湖北。從此以後，章鑣擔任應城書院的教師，同時還在章學誠的協助下編寫地方志謀生。這樣一直到 1768 年去世，章鑣始終都在湖北生活。换言之，章學誠在湖北居住的時間至少有 17 年。

章學誠是章家的獨生兒子，有一個很大的姐姐和幾個妹妹。14 歲與俞姓女子結婚，是年遷居湖北應城。1760 年，章學誠首次參加鄉試未果，一方面在性格上桀傲不馴，另一方面又不能不完成父親的遺願，所以一直到乾隆四十三年（1778）纔考取進士。章學誠對當時官場的腐敗無能一清二楚，所以，他以進士的出身，終生没有當官。但是他對當時紅極一時的乾嘉漢學也非常厭惡。其家庭背景、個性特徵與學術觀點，與劉咸炘有驚人的相似性。

章學誠用王陽明“六經皆史”的命題來批判當時的經學，并且對這個命題進行了新的詮釋與理論充實。首先，他告訴理學家們，儒家經典不是爲了闡述空虛的天理和深奥的人性，而是爲了記録史事；其次，他告訴漢學家們，應該抛棄皓首窮經的做法，要用歷史的眼光重新還原經典的本來面目。章學誠反對治學各分畛域而致文人相輕、相互攻擊的風氣，主張“學者不可無宗主，而必不可有門户”。由此而屢遭朝中士大夫的嫉恨與排擠。他認爲自己的觀點是絶對正確的，但是也是不合時宜的。因此，終其一生不公開發表自己的學術觀點。

章學誠的史學思想淵源，可以追溯到明末清初的浙東學派。所謂“浙東”，是唐宋以來對錢塘江以東寧波、紹興、台州、金華、衢州、嚴州、温州、處州等地區的傳統稱謂。歷史上在浙東地區曾誕生過兩個影響比較大的浙東學派，一個是以南宋時期吕祖謙、陳亮等爲代表的“浙東理學”，至明代王陽明而成蔚然大觀；另外的就是由黄宗羲、萬斯同、全祖望等發端、以章學誠爲集大成者的“浙東史學”。梁啓超在《中國近三百年學術史·史學》寫道：“清代史學開拓於黄黎洲（黄宗羲）、萬季野（萬斯同），而昌明於章實齋（章學誠）……實齋才識絶倫，大聲不入里耳，故不爲時流宗尚。”所以，窮愁潦倒的章學誠在學術的追求上具有别人無法企及的根源與背景。

章學誠於乾隆三十七年（1772）起開始撰寫《文史通義》，20 餘年從不間斷。還應聘纂修過和州、永清縣、亳州、常德府和荆州府等地方志，參與《湖北通志》的修訂。章學誠一生主要靠講學和修地方志維持生活，十分拮據。他學識淵博，史學理論有獨到見識。章學誠在世時，他的絶大多數著作都没有出版。成名作《文史通義》生前衹刻印了篇目，道光十二年（1832 年）其次子首次刊印了 8 卷。另有《史籍考》、《校讎通義》、《方志略例》、《文集》、《外集》、《湖北通志檢存稿》及《未成稿》、《外編》等都從未刊出過。一直到去世 120 年後《章氏遺書》的出版（1922 年）。

首先注意章學誠的學者是日本人内藤湖南（1866—1934）。此後梁啓超、胡適接踵而上。内藤湖南接觸章學誠著作的時間是1902年。内藤介紹的章學誠，有三個方面的内容，一是“道”的觀念，二是“六經皆史”，三是方志學的理論。内藤湖南引用了章氏的話“道者，萬事萬物之所以然而非萬事萬物之所當然也”，并認爲章學誠的“道”是一個逐漸發展的觀念，并且必有“器”來承載，而所謂六經等著述，都是承載了“道”的“器”，“六經皆史”就延續了這一理路。内藤將章氏的史學思想推廣爲一種歷史哲學。

梁啓超在《清代學術概論》中説章學誠“實爲乾嘉後思想解放之源泉”，并且贊譽説：“會稽有章學誠，著《文史通義》，學識在劉知幾、鄭樵上。”[①] 章學誠是清代“唯一之史學大師”[②]。梁啓超的《清代學術概論》發表於1920年。1922年1月胡適以近代的學術眼光和新的視角撰成《章實齋先生年譜》。該年譜抓住了章學誠史學理論家的特點，全面深入地挖掘了章學誠在史學理論方面的卓越貢獻。

根據本書對劉咸炘在各個方面的介紹，我們可以知道，劉咸炘與章學誠實在是有很多方面很相似。他們都有書香門第的文化背景；都有離群索居的癖好，都自封爲“不合時宜”的人。他們兩人看書的時候都善於看到别人看不到的地方，都有力透紙背的功夫，都有叛逆的批判精神，而且都是獨生子。也許是上述三位大師的影響，唤起了劉咸炘惺惺惜惺惺的情懷。劉咸炘在其《學綱》一文中寫道，中國古代的經學，“争鬥日甚，書籍日繁，人厭把卷而思焚書，其故皆由統系不明，各趨極端，往而不反，終不能合。不自知其位置，務欲壟斷。方今大道將明，豈可任其繁亂，使來者循其疲勞而終不達哉？故近世東西學人皆求簡求合，統系明則繁歸簡。納子史於兩，納兩於性，易簡而天下之理得。既各分盡專長，又同合歸大體。區區之心，竊願此耳。若樹異幟以强人，騁大言而無主，已懲前人，不敢自蹈也”[③]。對置身於熙熙攘攘的五四時期的劉咸炘來講，不能不説隱含了對五四時期某些現象的批評，但是，如果僅僅從這個層面來理解劉咸炘，則是遠遠不够的，因爲，劉咸炘是從“校讎學”出發，横以用中，縱以御變，儒道互補，而歸宗於老子的倚伏、正奇和孔子的“執兩用中”，具有深厚的文化底藴。因此，“方今大道將明”之謂，是劉咸炘胸懷老莊的學術理想，返本開新，體現了他對新文化運動的期望和他自己的學術目標。暴秦以來，漢學支離，宋學空虚，乾嘉考據，又“佞漢惡宋”[④]，均“各趨極端，往而不反，終不能合”。繼方東樹《漢學商兑》之後，章學誠不屑於考據之學，尊崇劉歆《七略》，大張王陽明“六經皆史”的旗幟，辨章學術，考鏡源流，成一家之言，“以史概經，以今代古”，經世致用，“千舉萬變而不窮於辨，昂首天表而不汩於俗”，下開龔自珍、魏源，爲乾嘉後期思想解放運動的源頭。劉咸炘置身思想解放、中西融匯的五四時期，深感千百年來天下學術各趨極端，往而不返而争鬥日甚的嚴重性，理應“各分盡專長，又同合歸大體”，方可復“大道”之

---

① 梁啓超：《梁啓超論清學史二種·清代學術概論》，復旦大學出版社1985年，第15頁。

② 梁啓超：《梁啓超論清學史二種·中國近三百年學術史》，復旦大學出版社1985年，第446頁。

③ 劉咸炘：《學綱》，見《推十書》（影印本），成都古籍書店1996年，第10頁。

④ 劉咸炘：《〈大學〉〈孝經〉貫義》，見《推十書》（影印本），成都古籍書店1996年，第56頁。

"明"。由劉歆的《七略》而來的章實齋"校讎學"，"博求古今之載籍，則著録部次，辨章流別，將以折衷六藝，宣明大道"① 的理路，正好滿足了劉咸炘的需要。從《推十書》的無數篇章中，我們也清晰地看到，由於劉咸炘掌握了章學誠的校讎學，其考鏡源流、明統知類、以合御分的手段可謂出奇制勝，確實是取得了巨大的成就。

在中國近現代學術史上，抱有這種學術理想的人并非衹有劉咸炘一人。梁啓超就曾説過："社會日複雜，應治之學日多，學者斷不能如清之專研古典；而固有之遺産，又不可蔑棄，則將來必有一派學者焉，用最新的科學方法，將舊學分科整治，擷其粹，存其真，續清儒未竟之緒，而益加以精嚴，使後之學者既節省精力，而亦不墜其先業，世界人之治'中華國學'者，亦得有藉焉。"② 與上面引自《學綱》中的話在思想的出發點上是基本一致的。我們知道，當時的梁漱溟、胡適、熊十力、馮友蘭等，都在建立宏大的理論構架上付出了相當的努力，但是現在看來，劉咸炘卻同時也有這種舉動，而且，依托中華先聖之精神，將爲學與爲人聯繫起來，視爲學之法即爲人之法，劉咸炘引用劉止唐云："爲學曰爲人、爲道，曰事天。"因爲"道之大原出於天"，所以，"業道曰學，學聖人以全其性"③。在現代文明極爲發達，知識與道德嚴重脱節（《一事論》謂之"知與行歧"）的今天看來，劉咸炘天與人合一、知與行合一的爲學體系所折射出來的思想當更爲深遠。尤其奇特的是，劉咸炘深得原始道家之精髓，爲了避免"道術將爲天下裂"，而歸依老子"無狀之狀，無物之象"的大道境界，與胡適等哲學史一定要追究出一個"爲什麽"（其論詳見《人道》），條分縷析的現代時尚大不相同。其中依托於天人、超越於時代的深刻思想，還有待於將來進一步發掘。

值得注意的是，劉咸炘雖然出自章實齋，但其實與章實齋之學亦有重大的區別：第一，章氏之學是對乾嘉考據學的反動，而劉咸炘雖然植根於先秦儒家、道家的哲學土壤中，其"縱"爲御變，以觀學術之源流；其"横"爲用中，以觀學術之偏正，但是，他已經徹底走出了中國學術的古典時代，進入到了現代思想的領域，對數千年的學術史具有自覺的反思和重鑄的精神。第二，章氏"六經皆史"的思想雖然在乾嘉考據學甚囂塵上的時代，帶有巨大的革命性，但是它畢竟完全局限於儒家範圍之中，始終没有，也不可能脱離儒家聖道，唯一正統、正宗的軌道。因此，章實齋衹能説是一位出色的史學家和文獻整理學家。而劉咸炘則完全打破了這種思想學術上的禁錮與疆域，文史兼備，歸於史而不限於史；儒道雙修，歸於道而不限於道。在《一事論》中，劉咸炘把古今中外的各種知識體系全都匯入筆端，辨别真僞，考鏡源流，"莫非人也，莫非學也，何以爲人？何者當學？千萬方，千萬年，千萬人，惟此一事而已"④。故《學綱》云："納子史於兩，納兩於性，易簡而天下之理得"，把學術的發展與人的性情、質性相結合，并由此視學問之基，在於知性："論世必本於友善，知言必本於養氣。非實踐存察，何以能之？苟不知性，雖能言明兩，不能信也。故以文字言，譬

① 章學誠：《文史通義校注・校讎通義》，中華書局 1994 年，第 952 頁。

② 梁啓超：《梁啓超論清學史二種・清代學術概論》，復旦大學出版社 1985 年，第 87—88 頁。

③ 劉咸炘：《推十書・一事論》成都古籍書店 1996 年，第 13 頁。

④ 同上。

之成室，校讎爲門，史子爲堂，明兩爲室，而知性爲基。若基之不固，則全室傾覆。”[1] 這種依托於先秦儒、道之天道與人道的理論張力，充分吸收其中的養分，古今中外兼收并蓄，超强的整合精神，是章氏不能相比擬的。第三，劉咸炘在“捨經而言史，捨儒而言道”[2]。“捨經而言史”，是對“六經皆史”命題之革命性的重鑄，從而建立了新的“人事學”：“此‘史’是廣義，非但指紀傳編年，經亦在内，子之言理，乃從史出，周秦諸子，亦無非史學而已。”[3] “捨儒而言道”，一方面，劉咸炘認爲原始道家與原始儒家在思想的最終旨趣上是一致的，不僅不矛盾，而且還互爲支持：“吾常言吾學乃儒家兼道家。儒家是横，中合兩爲一；道家是縱，觀其兩，知兩乃能合一。”[4] 但是，另一方面，從整體的理論建構上來講，其“既各分盡專長，又同合歸大體”的理想後面，劉咸炘所追求的確乎是浩瀚、寬容，萬物自化、任其自然而終歸於“樸”的“大道”。章實齋也追求學術源流之“大道”，但是他的理論指向是中國古代的學術史，而劉咸炘所追求的“大道”則是基於古代，有意重鑄而指向未來的哲學境界。毫無疑問，這是對章氏“校讎學”的重大發展。深究其内蘊，劉咸炘乃是借助儒道用中、御變的思維方式來針對中國學術“各趨極端，往而不反，終不能合”的弊端，試圖以“道”的胸懷無所不包，無所不有，千萬方，千萬年，千萬人，復歸先秦元典精神，重鑄中國學術的存有形態。其旨趣在於“發於一，成於二，備於三”[5]，分而能合，群而能一，得易簡之理，合歸大體，均得“大道”之明。

## 三　隔岸觀火，從新文化運動中吸收營養

在《三十自述》中，劉咸炘把自己的學問與劉止唐、章學誠的異同進行了一番比較，其文曰：“吾之學，《論語》所謂學文也。學文者，知之學也。所知者，事物之理也。所從出者，家學祖考槐軒先生，私淑章實齋先生也。槐軒言道，實齋言器。槐軒之言總於辨先天與後天，實齋之言總於辨統與類。凡事物之理，無過同與異，知者知此而已。先天與統同也，後天與類異也。槐軒明先天而略於後天。實齋不知先天，雖亦言統，止明類而已。又止詳文史之本體，而略文史之所載。所載廣矣，皆人事之異也。吾所究即在此。故槐軒言同，吾言異；槐軒言一，吾言兩；槐軒言先天，吾言後天；槐軒言本，吾言末而已。實齋名此曰‘史學’，吾則名之曰‘人事學’。其範圍詳於《一事論》中。”雖然劉止唐、章實齋與劉咸炘很是不同，但是，從劉咸炘自己的表述，我們就可以發現，没有劉止唐與章實齋就不可能有劉咸炘。劉咸炘與他們是相互裹挾，不能分離的。没有五四運動時期思想文化的大解放，劉咸

---

① 劉咸炘：《推十書·學綱》，成都古籍書店 1996 年，第 10 頁。
② 劉咸炘：《推十書·道家史觀説》，成都古籍書店 1996 年，第 32 頁。
③ 同上。
④ 劉咸炘：《推十書·認經論》，成都古籍書店 1996 年，第 24 頁。
⑤ 劉咸炘：《推十書·左右》，成都古籍書店 1996 年，第 39 頁。

炘的返本開新，融會整合，是完全不可能的。

劉咸炘又寫道："實齋先生雖長統紀，而無根本之識，又見聞未廣。其時徵實發見，亦未造極。今則其時矣。爲聖道足其條目，爲前人整其散亂，爲後人開其途徑，以合御分，以淺持博，未之逮也，而有志焉。"① 章實齋"無根本之識"，關鍵是没有劉咸炘的後天條件，没有"見聞"之"廣"。這裏的"徵實發見"既是指的當時中國的考古大發現，也是指的國外各種理論的輸入。所以，劉咸炘"爲聖道足其條目，爲前人整其散亂，爲後人開其途徑，以合御分，以淺持博"的理想，是有厚實硬紮的時代根基作爲基礎的。我們完全可以斷言，没有新文化運動的風起雲湧，劉咸炘是説不出來這段話的。

所以，筆者認爲，新文化運動實際上是劉咸炘思想的根本性來源之一。而且，劉咸炘的學術思想不僅是對中國數千年來各種學術的超越，而且也是對五四運動期間風起雲湧的中西文化之争的一個評判。蕭萐父先生説得很清楚：劉鑒泉先生"生當晚清，面對'五四'新潮及開始向'後五四'過渡的新時期。中西文化在中國的匯合激蕩，正經歷著由膚淺認同籠統變異，再向察異觀同求其會通的新階段發展。在其重要論著中，已有多處反映了這一主流文化思潮的發展趨勢；通過對比中西思想文化的異同，而力求探索其深層義理的匯通，找到中西哲學範疇的契合點"②。如果深究劉咸炘討論的相關問題，我們會首肯蕭老先生判斷的正確。

例如，1923 年，中國隨著新文化運動的推進爆發了"科學與人生觀"的大論戰，除了主將張君勱、丁文江外，梁啓超、胡適、梁漱溟、陳獨秀、王星拱、唐鉞、張東蓀、范壽康、林宰平、吴稚暉等人都捲了進去，事後由亞東圖書館汪孟鄒先生搜集了論戰各方的文章，總名爲《科學與人生觀》於 1923 年 12 月出版，其後多次再版，産生了深遠的影響。但是，没有人注意的是，地處西蜀成都的劉咸炘也參加了這場論戰，他寫了一篇題爲《人道》的文章，初稿於 1923 年，修改、定稿於 1929 年，歷時五年，應該是一篇在思想上深思熟慮的作品。其文與《推十書》中《内書》的《群治》(1923)、《故性》(1921)、《善惡》(1928—1930)，《外書》的《進與退》(1925)、《動與植》(1925) 諸篇在思想上有深刻的照應，該文首先批判胡適先生的"功利主義"，然後批判梁啓超、梁漱溟二位先生的自由主義，最後發揚其祖父劉止唐先生"吾以聖人之道定百家，不以百家之謬溷聖賢"③ 的學術思想，顯示了劉咸炘作爲一名後五四時期思想家的遠見卓識。

又如，在劉咸炘的《推十書》中有《撰德論》一文，其文首先説："西方之學，精於物質而略於心靈，彼亦有道德學，而多主'義外'，罕能近理，流覽其書，得一二精論，足與先聖之言相證發，爰撰録而引其義。"全篇文章引述了很多方學者及時人論著，初步統計，有斯賓諾莎、康得、費希特、亞里士多德、詹姆士、柏格森、托爾斯泰、彭甲登、利勃斯、

① 劉咸炘：《推十書》(增補全本，戊輯二)，第 519—520 頁。

② 蕭萐父：《〈推十書〉成都影印本序》，見《吹沙二集》，巴蜀書社 2007 年，第 458—459 頁。

③ 劉止唐在其《槐軒約言》中説："吾以聖人之道定百家，不以百家之謬溷聖賢。"這種精神完全被五四時期的劉咸炘繼承了，劉咸炘是在跟隨劉止唐的觀點繼續深入地討論問題。

帕爾生、傅銅、胡適等十餘人。對西方的哲學、美學、倫理學等方面進行了徹底的評述。劉咸炘寫道："倫理學者，價值之學也。西人之學，以哲學爲最高，而其義本乎愛知，起於驚疑，流爲詭辯，其後雖蕃衍諸科，無所不究，然大抵重外而忽内，重物理而輕人事。故求真之學則精，而求善之學則淺，倫理一科，僅分哲學一席，其弊然也。"毫無疑問，這些觀點都是正確的，值得我們高度重視。

劉咸炘的目的，就是要博采兼綜古今中外各種學説，既於同見異，又於異觀同，旨在揚榷古今，會通中西，"外之不後於世界之思潮，内之弗失固有之血脈，取今復古，別立新宗"（魯迅語），"有選擇地吸納和藉助西學、新學，用以促進和優化中華固有學術之發展。這正是'後五四'時期文化主流思潮的總趨向。先生所謂'采西方專科中系統之説，以助吾發明整理也。昔印度之學傳入中華，南朝趙宋諸公，皆取資焉，以明理學，增加名詞，緒正本末。以今況古勢正相甲。此非求攻鑿於他山，乃是取釜鐵於陶冶'（《淺書·塾課詳説》）。這表明他確已意識到中華學人所面臨第二次文化引進，正如當初取資印度佛學以發展理學一樣，必須系統地消化西學，通過陶冶，自求國學的發展與創新"①。

筆者深以爲，相對於梁啓超而言，劉咸炘的學術設想顯得嚴正、大氣，富有草根性；相對於錢穆而言，劉鑒泉先生對中國文化更充滿絶對的自信精神。總之，劉咸炘努力創造的學術體系，不僅具有中國思想文化的原創性，而且大有用先秦原始儒家、道家的精神整合全世界一切學術的氣概。實在是值得我們反思。與馬一浮以"六藝"統合世界一切學問的理論設想也是大不相同的。

作者單位：武漢大學中國傳統文化研究中心

① 蕭萐父：《〈推十書〉成都影印本序》，見《吹沙二集》，巴蜀書社 2007 年，第 458—459 頁。

# 劉咸炘的天道觀略論

陳　中

自古而謂"思知人，不可以不知天"①，且"古之欲明大道者，先明天，而道德次之"②。今則謂"中國哲學最注重人生，然而思'知人'，則不可以不'知天'。所以亦及於宇宙"③。對於中國哲學而言，"天"或"宇宙"之重要性不言而喻。何謂天或宇宙，其爲何物？自宋明以降言之漸多。對有志於"爲聖道足其條目，爲前人整其散亂，爲後人開其途徑"④的近世天才學者劉咸炘先生而言，當然不可能不深究於此。劉咸炘先生說："天者，宇宙之總名也。"⑤并認爲"凡道術皆言人生，而其所言人生之當然莫不本於所見宇宙之自然。世常患言道術者所見宇宙之不同，然其所見故皆宇宙之真，特有全與否之異耳。未有無所見而立説者也。人本居此宇宙中，自爲宇宙則律之所囿，故非特所見不出乎此，其心思之勢亦不能出於宇宙大理之外焉"⑥。由此，他直言"即未有不知宇宙而自成一家，不明事實而遂自立主義者也"⑦。於是，他在"貫串人道群理之根本題目，形而上及道德之大綱"⑧的《推十書·内書》中，專闢《天地》、《氣道》、《二五》、《神釋》、《心物》及《養氣》諸篇以論其所見之天道。他梳理宋明諸儒，辨明《周易》，重釋《老子》，駁斥西學，由對道、理與氣之關係的分疏，進而會通儒道而發其天道一氣、神氣不二、心物一元的天道觀，讀來精核宏通，似有可"知天""知人"之感。

---

① 《中庸》。

② 《莊子·天道》。

③ 張岱年：《中國哲學史大綱》，江蘇教育出版社 2005 年，第 447 頁。

④ 劉咸炘：《推十文·傳·自述》，《推十書》（增補全本，戊輯二），上海科學技術文獻出版社 2009 年，第 520 頁。下引《推十書》皆爲此版本，不再詳注。

⑤ 劉咸炘：《人道》，《推十書》（增補全本，甲輯二），第 641 頁。

⑥ 劉咸炘：《天地》，《推十書》（增補全本，甲輯二），第 705 頁。

⑦ 劉咸炘：《淺書·教程淺説》，《推十書》（增補全本，己輯一），第 115 頁。

⑧ 劉咸炘：《塾課詳説》，《推十書》（增補全本，己輯一），第 119 頁。

## 一　道、理與氣疏正

在中國哲學中，言天則不能外道、理與氣而另立所見，總是在此關係之梳理中呈現天道之所以然。關於道、理與氣之關係，自北宋諸子始已成立說所繞不開之話題。其中顯然以《易傳》之"道"與"器"之論及《老子》"道"與"萬物"之關係爲引起議論之源頭和焦點。在劉咸炘先生看來，歷來引起議論之根本原因之一不外乎一方面由於"自《易傳》、《老子》語多簡渾，後世學者說之有離有合"①；另一方面則由於"宋儒非《老子》道生一，無生有之言，而又自爲理生氣之說，及太極無極之辨。明儒明理氣之不可分，而仍排《老子》"② 之故。

首先，從上述《内書》諸篇即《推十書·左書·讀〈學案〉記》看來，宋明諸子關於道、理與氣關係之論劉咸炘先生幾乎無一不涉及而評論之，但他認爲爲程、朱之說最易引起歧說而誤導學人。總體看來，劉先生認爲程、朱并非完全不明道、理與氣之關係，但卻又難免"失之不析"、"徘徊矛盾"或是"誤駁"。他說："理不離氣，宋儒固知之。而末流漸失之，視理如一物，至明儒乃申明之。"③ 而末流視理爲一物，也不無原因。劉先生認爲"理不離氣，程、朱皆知之，而程子必分言所以然者爲理。朱子承而衍之，遂成支說。朱子曰：未有無理之氣，無氣之理。兩個不曾相離，是也。然終謂當先有理。其言曰：理氣本無先後，然必欲推所從來，則須說先有理，然理非必爲一物，即存乎是氣之中。又曰：未有天地以前，畢竟是先有理。理與氣決是二物，但在物上看則一，可分開各在一處。此其徘徊矛盾固可見。雖知理非一物，而務分言之，乃浸浸遂爲一物矣。"④

針對程子"必分言所以然之理"，劉咸炘先生則認爲在根本上中國哲學是不主張超現象而另言本體，既然知理不離氣，而又要離氣而另找氣之"所以然"，便是矛盾。他認爲：

> 天者，宇宙之總名也。人在宇宙中，固不能超之，亦不能變之，彼持鬥争分別之態以對宇宙者，妄也。故《傳》曰：成象之謂乾，效法之謂坤。《老子》曰：人法地，地法天，天法道，道法自然。吾華先聖之觀宇宙，不於現象之外更求本體，蓋知更求之徒勞而不可得也。故曰：道法自然⑤。

由此，劉先生不贊成程子於氣外去立個"所以然"，也反對朱子"理先氣後"之說。在他看來，中國哲學不應該被誤衍而導致本體與實在、理念與現象分而爲二元之地步。所以他

---

① 劉咸炘：《氣道》，《推十書》（增補全本，甲輯二），第722頁。
② 同上。
③ 同上。
④ 劉咸炘：《讀〈學案〉記》，《推十書》（增補全本，甲輯一），第188頁。
⑤ 劉咸炘：《人道》，《推十書》（增補全本，甲輯二），第641頁。

指出“程、朱之説理，曰物之所以然。言所以然，若預有模型焉，而物乃其模本，如柏拉圖之説矣。故不得不言理在先，理生氣矣。然所以然者，乃一概念耳，何以能在先而生氣耶”①。

其次，劉咸炘先生以戴震分“謂之”“之謂”爲證，明確《易傳》中所説的道決非一空無之概念，并以此澄清所謂“形而上”與“形而下”也不是一爲在先之虛無之道而一爲在後之器物世界。他説：“近世戴東原亦承明儒理氣之辨，而駁程朱所以之説曰：氣化之於品物，則形而上下之分也。形乃品物之類，非氣化之謂。《易》直舉陰陽，不聞辨别所以陰陽而始可當道之稱，豈聖人立言皆辭不備哉。一陰一陽，流行不已，夫是之謂道而已。古人言辭之謂，謂之有異。凡曰之謂，以上所稱解下。……凡曰謂之者，以下所稱之名辨上之實。……形爲已成之質，形而上猶曰形以前，形而下猶曰形以後……陰陽之未成形質，是謂形而上者，非形而下明矣。”② 對此，劉咸炘先生認爲：“戴氏之説，最爲詳明，合《易傳》之本義。所以知其合者，核諸《易傳》之本文也。戴氏舉謂之、之謂之辨誠爲重要。蓋謂之者，定名之詞也，言此可明之以某也，之謂者，辨名之詞，言此是某而非他也。”③ 劉先生進而不厭其煩，詳舉《傳》爲證，强調無氣外之“所以然”，道若衹空理亦無生氣之可能。他説：

> 通觀《易傳》，未嘗别言所以。其所謂道，實不止指理而指有理之氣，以理固在氣中故也。《易》之所謂道，亦名爲易，是誠止一概念，概念非實體，其實體乃氣，故即以陰陽爲道，乾坤爲易。陰陽乾坤，一氣之二態也。此氣之未形也。其形則謂之器，謂之法象天地是也。……《易傳》曰：易無體。此言道之不拘於一物中也。然豈空名哉？必有其内容，故又曰：生生之謂易。生生者何物耶？一氣之變也。言即此是易，非别有一易也。……一陰一陽之謂道。言即此陰陽是道，非别有一道也。……乾、坤、陰、陽，氣也。天地萬物，器也。故曰：形而上者謂之道，形而下者謂之器。……言道者即此氣之理，亦不可離形以見道④。

劉咸炘先生要强調説明的是，道、理、陰陽、乾坤都衹是一氣之變化，不可視爲氣外之所以然。此處需注意的是，他補充强調“夫《易》、《老》之所謂道固氣矣。而道字之本義固止是理義”⑤。因此，劉先生又真誠而中肯地爲程、朱澄清其易混之處，指出：“程、朱之言所以雖有病而其必别言道，豈無故哉？正以道之本義止是理，當合看亦當離看也。朱子固知理不離氣而獨存，雖有理在氣先，理生氣之語病，而後人之誤以理爲别一物，則固非朱子本義矣。”⑥ 也即是説，道與理當離看時，在漢語本義中衹是一概念稱謂，而合看則指氣之道、理而與氣爲一，而非脱離氣外另立之道、理概念空名。

---

① 劉咸炘：《讀〈學案〉記》，《推十書》（增補全本，甲輯一），第188頁。

② 劉咸炘：《氣道》，《推十書》（增補全本，甲輯二），第723頁。

③ 同上。

④ 同上。

⑤ 同上，第726頁。

⑥ 同上，第722頁。

再者，劉先生順此思路，同樣力據爲《老子》澄清其中道與物之關係，闡明《老子》書中道亦當合看亦當離看之本義與實指之義，絶非歷來被有意無意誤認之無中生有之説。他指出：

世之淺者，每誤以老子所謂道爲別一物。……吾讀《老子》，而知老子之所謂道亦不止指理而并指氣。首章言道常無常有，《韓非》即以理釋之。書中如是謂道紀乃天道，道常無爲諸語。其所謂道，固指理，與群書之言道者同。若道之爲物，惟恍惟惚。恍兮惚兮，其中有物。有物混成，先天地生。則名言道之爲實物矣。又如道生一，一生二，二生三，三生萬物。苟止概念，何以能生。……諸所謂道，皆當指氣。……凡《老》、《莊》書之形容道者，依概念説之則玄幻，依氣説之則皆易解矣。道家之言道，詳言其莫使而自然，不別言其所以然，故無程、朱之語弊焉①。

劉先生反復强調老子之道與物之關係亦有離合之別，而合方爲老子實意，否則一貫當離看時則流爲虚無之道理概念，而導致二元之論。他總程、朱及《易》、《老》之辨而曰：“戢山曰：理者，氣之理也。吾將爲下一轉語曰：理者，有理之氣也，奚不可哉？凡且一概念必合實體，言形上絶對，必徵諸形下實事，即理即事，雖分必合，乃華人之通風，亦華人之特長也。自《老》、《易》以來，用道字者常有數義。其一爲理，其本義也，或以爲自然之狀，或以爲當然之則。其一爲宇宙之源，是則指有理之氣。夫理氣二名固宜析。無離氣之理，明儒之辨固當。既然無離氣之理，則所謂理者其實體故皆氣，又皆不可名此氣爲理乎？”②

同時針對張載非老子有生於無之論，程尹川謂老子言虚生氣之説，朱子承程子亦非老子有生於無之言，以及薛敬軒指老子無能生有而成理爲無、氣爲有而截理氣爲兩段之論，劉咸炘先生認爲“諸説皆誤駁也。《老子》本無虚生氣之説，若朱子所謂理生氣，乃誠當受伊川、横渠、戢山之駁耳。至於有無，則《老子》言道常有常無，正是有無混一。正如戢山即有即無之説，何嘗截爲兩段”③。而至於鳩摩羅什將老子“有物混成”之説解爲“妙理常存”之義，劉先生認爲“此乃以釋家空宗之言解之，本非道家本旨。蓋理止一名義，何能先天地而生？朱子謂未有天地先有理，正同其誤”④。劉先生之意很明白，他始終堅持以道、理即氣之道、理，氣即有道、理之氣合而解之。

## 二　天道一氣

爲思辨玩弄空頭概念不是劉咸炘先生之所爲。爲了語境討論及比附之便而把天劃分得支

① 劉咸炘：《氣道》，《推十書》（增補全本，甲輯二），第725頁。
② 劉咸炘：《讀〈學案〉記》，《推十書》（增補全本，甲輯一），第191頁。
③ 劉咸炘：《氣道》，《推十書》（增補全本，甲輯二），第727頁。
④ 同上，第728頁。

離破碎，顯然在劉先生看來是一種“不幸不見天地之純，古人之大體，道術將爲天下裂”①的做法。相對於馮友蘭先生所謂“天有五義”② 之説，劉咸炘先生則認爲“天者，宇宙之總名也”，并言“吾華之言宇宙本體，本止一氣。莊周通天下一氣之言，乃一切聖賢愚賤所共認，本無如柏拉圖理世界之説，即程、朱亦不過析言理耳，非有理氣二元之見也”③。而近代以來人們在論天或宇宙時對道、理與氣以及形之關係的“玄幻迷誤”是有原因的：

> 華夏聖哲之論宇宙，一氣而已。一氣之變則謂陰陽，其行謂之道，形則謂之器，本易明也。然自《易傳》、《老子》語多簡渾，後世學者使之有離有合。宋儒非老子道生一，無生有之言，而又自謂理生氣之説，及太極無極之辨。明儒明理氣之不可分，而仍排《老子》。歐學西來，以相比較，日本人始以理一元、氣一元，理、氣二元諸名分加諸儒，流俗沿之。明人書亦少人讀，學者乃疑儒、道二家道理太極諸説，以概念爲實體，與柏拉圖之理型説同被玄幻迷誤之譏矣。此不可無述也④。

劉咸炘先生通過上述道、理與氣之闡疏，已指出天或宇宙祇一氣之流行。他認爲：“道者，理也。氣之理也，即有理之氣也。理指條理，氣指實質。名雖有二，其爲物則不貳也，何復爭乎?”⑤ 將天或宇宙分爲所謂的“理一元”、“氣一元”或“理氣二元”等等是日本人以西學諸名理概念格義中國哲學，而人們加以沿用，應該早日糾正此種錯謬做法，本來是很清楚而没有什麽可以争議的。

同時，劉咸炘還特地對於千百年來易誤混的“陰陽五行”説給予重新闡明。他反對陰陽家玄密而繁瑣的推演，認爲祇能使人迷而厭之，同樣也反對以此與西方哲學的原質説、印度的種子説妄加比附。他指出：“希臘古哲家論萬物原質有水火風諸説，傳者以爲是指有形之質，不知是否其真。（自注：古希臘哲學説多爲近世人解釋推衍，失其真義。）或亦得諸印度。要之執一物爲宇宙本體及多元之論，固皆不可通。”⑥ 對於印度吠檀多派以梵爲宇宙實體，而謂從梵生空，從空生火等推衍，劉咸炘先生認爲“以空爲質，尤爲大病”⑦。而對於佛家的地水火風空之説，劉先生依然認爲其多爲“抽象”或“異説”，“蓋後來佛家推衍之過。吾疑其初亦不過如吾華五行之説。地水火風之排列，亦以固液氣爲次。地最實，水次之，風最虚，火次之，大略亦與五行之金木土實，水火虚相類。特彼氣體有二，而固體止一，此則固體三而氣體止一耳”⑧，并認爲“曷若華人一氣而變爲二五之賅整乎”⑨。

劉先生認爲，陰陽五行之説實則少有人真正闡釋明白，以至於到了近現代被物質科學家

---

① 《莊子·天下》。
② 馮友蘭：《中國哲學史》，華東師範大學出版社 2011 年，第 27 頁。
③ 劉咸炘：《氣道》，《推十書》（增補全本，甲輯二），第 730 頁。
④ 同上，第 722 頁。
⑤ 同上，第 730 頁。
⑥ 同上，第 734 頁。
⑦ 同上。
⑧ 同上。
⑨ 同上。

視爲粗陋之說。他認爲："五行者，即陰陽之分也。朱子曰：陰陽是氣，五行是質。雖是質又自有五行之氣，是二氣截住五個，不是陰陽外别有五行。此言是也。而未明五行是質，蓋指有形之金木水火土而言。然五行之義，實不止此五質。向來説者皆由誤執此五質，故説不可通。與希臘執一物爲萬物原質者同。世間萬物不獨非一物所該，亦非五物可該，無惑乎物質科學者鄙爲粗陋矣。朱子知之故仍歸於氣。"① 在劉咸炘先生看來，朱子祇知其一，不知其二，對五行説仍然是一種誤解。劉先生則給出了一似乎無人言及的五行新解，其謂：

> 蓋一陰一陽，一收一發，乃大概耳。收與發又可分爲兩段，收之始爲肅縮，而終爲潛藏，發之始爲生發，而終爲長茂，加以中間發而未流，收而未固之態，（自注：是可名之曰渾滯，但須善會。）是即謂之五行。名之曰行，明其爲動之態也，以其虚而難明，固以五實物表之。以木表初生萌達之狀，以火表即長昌盛之狀，以金表初收凝固之狀，以水表即藏暗晦之狀，以土表中間發而未流，收而未固之狀。以横之五種表之，尤不易明也，以縱之五時表之，則易見矣。春夏秋冬之變，人所感覺也。順其變則爲相生。故曰，木生火，火生土，土生金，金生水，水生木。逆其變則爲相克。（自注：克非害也，勝也。）故曰，木克土，土克水，水克火，火克金，金克木。皆謂使其凝者散，散者凝而失其性也。世人不察，執五質而説之，遂多不可通。如火生木木生土，就質而言，皆强鑿而不足爲證矣。（自注：張子厚詳論五行即多就質而言，故多臆謬糾紛。）②

在此，劉咸炘先生認爲在古人祇是以五行表一氣生化萬物過程之五態，横以此五質表之，而縱之則表四時，因此，凡是將五行視作固定之五質，而以此推演生物之做法，當然都是强鑿附會。就連張載、朱子也難免臆謬，從而引起人們對於一氣而陰陽五行之誤解。

## 三　神氣不二

如果説上述劉咸炘先生謂天道祇是一氣，而呈現一通常所謂之樸素唯物論的氣化觀的話，那麽在篇幅不小的《神釋》一文中，他則借釋神，系統而明徹地闡發了其并非流於所謂樸素唯物之見。

首先，劉先生仍然堅持盈天地間萬物同出一元，他認爲"一元者，同一質也。此質甚微，中國聖哲謂之爲氣"③，并認爲近代以來西洋化學分析亦得出近似一元的結論，但是他們認爲祇是物一元，而與哲學家唯心派心一元相反對。而劉先生則認爲所謂心與物祇是此甚微之氣的一質之兩面，并指出"中國本無心物之争也"④。劉先生認爲在中國哲學中心物之

① 劉咸炘：《氣道》，《推十書》（增補全本，甲輯二），第732頁。
② 同上，第732—733頁。
③ 劉咸炘：《神釋》，《推十書》（增補全本，甲輯二），第737頁。
④ 同上。

關係即神氣之論。"俗所謂有心無心，不不過注意與否，自覺與否之别耳。……實皆神之態，不過程度之差二。"[①] 就宇宙本體而統言之，劉先生更願意將心物之論放大爲神氣之論。他認爲："曰承認有氣而不承認有神，即如西洋承認有物，而不承認有心之論，此由疑神之虚渺耳。實則虚與實亦止此一質，不過以固定有形，有礙感覺甚著者爲實，以不固定無形，礙感覺較微者爲虚耳。實則虚者，亦是有而非無也。且進而言之，古聖賢之以無有二名論宇宙本體者，亦止是此一質之二面。無亦有也，非果無也。"[②] 從這裏可以看出，劉先生以虚實解神氣實則沿襲了他一貫强調的《易》之所謂"神無方而易無體"之虚，"一陰一陽之謂道"之實，以及《老子》以"無"爲虚，以"有"爲實，而終則"有無相生"、"同出而異名"之關係，以證二者非别爲二物，而闡明了他反對以空無虚幻的道理概念生有生物之見。

那麽，何謂神，神之存在又何狀呢？劉先生謂：

《易傳》曰：神也者，妙萬物而爲言也。此是神字確解，蓋謂萬物之靈妙也。言神之直且多者莫如《易傳》。《易傳》曰：陰陽不測之謂神。曰：神無方。曰：圓而神。皆言其靈妙。究何爲靈妙，吾欲强以一名詞説之曰：能動。不止曰動，而曰能動者，以此物固非止動而無静，雖静亦有動之能耳[③]。

形容所謂"神"，無非是一氣之"靈妙"，劉先生則更名之曰"能動"。他認爲古人謂萬物之靈妙爲神，而於人身之神則謂之"志"。并引《孔子閑居》中所謂"志氣塞乎天地"、"志氣不違"以及《孟子·公孫丑》之言"志，氣之帥也。氣，體之充也。志至焉，氣次焉。持其志勿暴其氣"等言證明"神統氣"之謂。他引朱子説"鬼神不是氣，又是這氣裏面神靈相似。又曰：神乃氣之精明者耳"爲證，認爲朱子"語皆明也"[④]。而他自己則更進一步認爲："夫此非别一物而又可分言爲一物者，嘗能有一代名以表之乎？曰：是謂之機，亦可謂之力。"[⑤] 并認爲"機者，即今譯詞之機能，謂其物所以能動之能力也，非别一物也。西人又有一詞，譯曰：有機體。有機體者，其構造部分與全體之相關聯，此類以人體爲最著，一感而全體動。其所以動者爲神經，神經爲最微之腺體。夫腺體何以能動，此自有其能，即神也。"[⑥] 劉先生在此引用西方科學中所謂"有機體"爲説，證明物有相應生命活力的根本所在即是中國古人所説的神，二者祇是名詞不同而已。

而針對長期以來人們慣於引用以證所謂唯物論的范縝形生神存、形滅神亡之説，劉咸炘先生并不覺其説之在理。他認爲："應以喻氣之於神，而不當喻形之於神，因形亡氣不亡也。有氣即有神，正如有刃即有利耳。前世駁范論者，皆力證形神之兩與神之寄於形，皆止證神

① 劉咸炘：《神釋》，《推十書》（增補全本，甲輯二），第745頁。
② 同上，第737頁。
③ 同上，第737—738頁。
④ 同上，第738頁。
⑤ 同上，第738—739頁。
⑥ 同上，第739頁。

之非形，而未證神即氣也。蓋徒證神之别與形，要不能證其不滅也。”[①] 劉先生所力證神之存在，其目的無非要破除自西學東來以後人們總是妄加套用，言中國哲學之氣論而流於所謂樸素唯物之説。他反對僅以唯物和機械的觀點看待中國哲學中的天道一氣。他不僅證明神存在，而且爲更明白地加以證明，更言及鬼神之説。他謂：

> 所謂有神無神者，靈與不靈也，非一别有所得而一無之也。靈與不靈者，即前人所謂清濁之異也。明乎皆氣而不皆神，皆聚而不皆靈，則神祇魔鬼四生六道之高下可知矣。清純而靈者神也，不甚清靈者鬼也。雖不甚清靈，然濁聚而有力，則爲魔。魔也者，猶人間之有虎豹也。其氣稟有偏勝焉，是以有天神地祇陰魔物精之别也，是無足怪也。同爲人也，而愚智魯敏則又異矣[②]。

而且，劉先生還指出，對於哪些質疑既然同爲一氣，何又有清濁之别者，他認爲這并不能成其爲一元論之難。他説：“一體不能二用者，謂世間已成之物，如水不能出於火耳，豈所語於宇宙之總體乎。世間事物本同末異者多矣。縱之以時間論，則寒暑之相反著矣。《莊子》所謂始乎陽，卒乎陰也。横之以種類言，則一胎之發育著矣。耳不能爲目，目不能爲耳，而其初固一胎而發也，豈其細胞中固有耳細胞、目細胞耶?”[③] 因此他認爲：“故一氣而分萬形不足怪也。化學家證明萬化原質之同一，以多少配合而異，何疑乎清濁哉?”[④] 他强調氣之清濁之程度即爲神靈之得失，而如木、石等則祇有氣而無神靈，即所謂“盈天地間固皆氣而非皆有神之氣，皆聚而非皆聚而有靈”。

關於世人常論之人與鬼神的關係，實際上由上述已不難看出，他們之間也不過爲靈覺與否和感應而言。劉先生認爲一方面，“心之善惡即神之明暗，神之明暗即氣之和戾，此言之似不明而驗之則可覺者也。常人之所以多不覺者，終日紛擾，罕見心之本體耳。能修養者，則念動於惡而覺其氣戾矣”[⑤]；另一方面，“宇宙之氣，無處非陰陽，即無處非鬼神。人之心神，刻刻與之相通，自身之三屍以至於門户廚溷道路所遇無非鬼神者。故《中庸》曰：洋洋乎如在其上，如在其左右，體物而不可遺。一念之善神應以和，一念之惡鬼應以戾。此正如水之流濕，火之就燥，神應之即賞也，鬼應之即罰也。謂人爲也可，謂神意也可，自力他力，皆宇宙之神氣也”[⑥]。因此，“欲合此歧，必明宇宙一氣，氣與心非二。氣之明暗通塞，即心之善惡，亦即身之禍福，亦即鬼神之賞罰。宇宙本明也，通也，其末乃有明暗，是自然也。鬼神與人感應亦自然。”[⑦] 總之，鬼神與人之神而感應，清感神靈，濁感鬼魔，聖人感天神，惡人感鬼魔，本應爲平常而非神奇之事。劉先生的目的正在於“以平常解神奇，使人

---

① 劉咸炘：《神釋》，《推十書》（增補全本，甲輯二），第739頁。
② 同上，第743頁。
③ 同上。
④ 同上。
⑤ 同上，第746頁。
⑥ 同上。
⑦ 劉咸炘：《不熟録》，《推十書》（增補全本，乙輯二），第702頁。

知神奇之本平常也。夫平常神奇者，相對之詞，宇宙固如是，即平常，即神奇，本無分別，特以人間所見有常有罕，遂以較罕者爲爲耳"[①]。

由是，劉咸炘先生一方面證明神乃宇宙一氣之清靈妙動之機，隨萬物所稟氣之清濁而有神靈或不甚神靈直至無神靈可言。正所謂"盈天地間固皆氣而非皆有神之氣，雖皆聚而非皆聚而有靈"。人之神志心意與一切有機體之所具之"機能"亦無非元氣之清濁靈妙與否之别而已。另一方面，他認爲人生之終極目的不過於修己以上達天道神聖。按劉咸炘先生所言，即"人之行爲，亦有不注意，不自覺時，此與自覺注意之界甚微，實皆神之態，不過程度之差耳。注意自覺之熟處，亦往往如不自覺不注意，修德爲善，且以此不思不勉爲成熟矣。神亦與人心同，其不思不勉，正其所以爲天"[②]。因此，劉先生指出："蓋人之所以生者，神也，非止形也。久者，通形神之言也。神不滅者，儒道佛家之所共承，非方士俗僧之私言也。今之持神滅論，特迷信物質科學及肉體感官耳。"[③]

當然，劉先生仍然要强調的是，神不是虚空無物而衹有一道或理或太極之概念，這也是劉先生所反對鳩摩羅什解老子"有物混成，先天地生"爲"妙理長存"之故，因爲如此很容易使人落空而覺衹有道理之空寂，因此將本爲氣之清靈之神視爲離氣而别有一物，則易流於西方哲學上之唯心論混淆。不難理解，爲何哲學大家黑格爾奇怪老子何以"道生一，一生二，二生三，三生萬物"之故，正因其以自己所謂"絶對精神"而將道理解爲空無一物之先天之理，這正是劉咸炘先生力反人們隨西方哲學之謬見而妄加格義。所以他說："中華聖哲用力於此，故非西人所及。須知所以爲整個者，即是神氣，且須兼言氣，乃是整個。不但西人分析破碎，止詳觀念感覺之非，即今所謂佛學，亦止詳觀念感覺。"[④]

## 四　心物一元

對於劉咸炘先生而言，"值得注意的是，其學說誕生於'後五四'時期，具有相當强烈的針對性，故而具有深遠的意義"[⑤]。劉先生心物觀的形成，也正值西學甚囂塵上，人們亂相比附而盲目套用以格義中國哲學之際。而所謂"唯心"與"唯物"之争，在當時顯然已是學説中根本性的問題之一，同時也正是妄加劃分中國哲學最爲嚴重的分歧之一。鑒於此，劉先生專著《心物》一文申明之。

對於心與物之關係問題，劉先生的見地很明確："中國本無心物之争也。"[⑥] 而之所以有

① 劉咸炘：《神釋》，《推十書》（增補全本，甲輯二），第737頁。
② 同上，第745頁。
③ 劉咸炘：《人道》，《推十書》（增補全本，甲輯二），第639頁。
④ 劉咸炘：《書劄·復徐季廣書》，《推十書》（增補全本，戊輯二），第608頁。
⑤ 歐咸禎人：《劉鑒泉先生"性説"研究》，《武漢大學學報》（哲學社會科學版）2006年第5期。
⑥ 劉咸炘：《神釋》，《推十書》（增補全本，甲輯二），第737頁。

心物之争，衹因西學東來，日本人肇始以及流俗妄加比附，謂天道之爲一元二元等等，纔使問題複雜化。劉先生始終認定：

> 中人之言宇宙，無論深淺，皆主一元，無主多元者。又其説皆持兩即之通觀，近於印度，與西方之執一相反。故凡唯心、唯物、自由、定命諸説，在西方視爲不可調和者，中人皆無所争執，而認識論又其所無，故論中國理學者，不特不可以西方哲學論題相比附，且亦不可用西方哲學之部類①。

因此，硬要以西方哲學歷來執一而難以調和的唯心唯物之論來格義分疏中國哲學，顯然是錯謬的做法。對於西人唯心唯物之争執，中國并無此狀，最多相類似的衹有後來的理氣之辨，但其性質與結果也與其大異。在劉先生看來，宋明時期理氣之辨類似西方唯心唯物之争，但即使是程朱理學與陽明心學兩派，也無有主理氣二元之説，始終不離理氣一貫，即心即物。因此，“近世論中國哲學者，乃妄以西方哲學名詞强加之耳”②。對於西方哲學中唯物唯心之争，劉先生認爲：

> 蓋心與物之二名，固無嚴格之定義，不過以其不占空間，感官所不能接，器度所不能量者爲心，而反是者爲物耳。唯物論者謂宇宙間所有皆受物理之定律，凡不受是律者，皆爲非有。唯心論者則舉意識之不受是律，詆唯物論遺棄事實不能包括，而更謂物生於心。平心論之，則見二者皆是而皆非③。

對於西方唯物唯心兩派，劉咸炘先生認爲兩派之争皆不盡在理。針對唯物派之謂凡有皆受物理定律支配，劉先生認爲，即使放開意識不論，就物論物，唯物論者之争也不可盡該。他認爲：“蓋所以論心與物者，論宇宙之充也。充者必有體，體必占空間。占空間者固不盡受物理定律，即物理學者所推之原子電子，亦已非物理定律所能繩。西人惟以受物理之律者爲物質，其認本非。”④ 而另一方面，唯物論者也更應明白，所謂“精神”亦不過是物質之一種“能力”，是與物無分，因此唯物論者切不可視其爲無或者又視其爲離物質而另存者，正如唯心之論易讓人認爲物外當有一空無之道或理之概念性存在一樣。劉先生認爲，心與物或精神與物質衹是一虚一實，而虚實皆相盈而不離，所以在他看來，“故唯物論者之謂世無精神者，乃執實而忘虚也”，同樣，“唯心論之謂物生於心者，誤虚以爲實也”⑤。

而對於有西方唯心論者謂存在物衹是觀念的集合而否認身外之實在，劉先生則認爲：“《莊子·齊物論》已論之矣。曰：非彼無我，非我無所取。非我無所取者，即唯心家之説物必經感覺概念而後有之。然而我身以外之物果不在邪？我也者，區别於外物之名也。彼唯心論者豈不曰我思故我在（自注：笛卡爾説），以我之感覺概念爲實有乎？我以外果無物，則

---

① 劉咸炘：《〈子疏〉先講·附録》，《推十書》（增補全本，乙輯一），第35頁。
② 劉咸炘：《心物》，《推十書》（增補全本，甲輯二），第718頁。
③ 同上，第717頁。
④ 同上。
⑤ 同上，第718頁。

我奚由立？故又曰：非彼無我。"[①] 劉先生引莊子"彼"與"我"以論物與心，并説"西方哲學者駁唯心家之否認物在者多矣，不及斯言之至也"[②]。同樣，對於康德的時空觀及"二律背反"論，劉先生認爲其仍流於唯心論，指出"康德之論，不過以時空若有限則當更有限外，而無限又不可設想，二律背反，終不可通。故謂時空止在人心"[③]，而劉先生則認爲"雖然，無限故不可設想，而無時空又安可設想？苟無空間，即此能思時空之人心又安所托乎？既本無時空，則是無所謂宇宙矣。無宇宙之不可設想，不更甚於宇宙之無限乎"[④]。可以説，劉先生此駁不無深刻中肯之效。在劉先生看來，也許像黑格爾等不解老子"道生一"以及萬物之説，正因其與康德等同流爲唯心之論，因而導致其對中國哲學形成甚深之誤解。

總之，劉咸炘先生對於西方哲學中唯物唯心二派皆不主而又皆辯駁其是非之處，而以中國哲學心物虚實該之，主心物"歸於一元"[⑤]。對於劉先生而言，"中國之説可名之曰唯氣論。以西人物心相争之狹言，則非物非心；以物心之廣義言，則即物即心也。然印度人之唯識，則偏近於唯心以與唯氣相對，則唯氣反近於唯物矣"[⑥]，而劉先生自己則是"吾今論心物，亦實偏於唯物而實非。願效《莊子》之言曰：唯心之論，在物之虚；唯物之論，是物之居。唯心唯物，在物一區"[⑦]。顯然，在劉先生看來，所謂的唯心與唯物都衹是"一曲"之論，而西方哲學上兩派之争衹是"穿鑿迷障"，"心物之争固不止是，其所以紛然難決者，乃在於機械與生機之解釋不能相容。然誠以華夏聖哲兩即通一之理觀之，則又不成難也"[⑧]。劉先生所謂"兩即通一"，則正是即心即物而通於心物"歸於一元"。

## 五 結 語

綜上所述，劉咸炘先生由辨明宋明儒之非道家有生於無之論之非，指出程、朱等人理氣之論易流於析理氣爲二元之不當，而明證《易》、《老子》"道"、"器"之論及"有"、"無"之説，皆非一生一成，一前一後而實爲一氣之行與形，而"神"與"氣"乃一質之二面，爲相盈而不二。即論天道一氣而又非如西方哲學之機械唯物，天道雖一氣同元而又神妙有機，人神同質，天人終可合一。神氣不二正證心物一元，從而辨明中國哲學之天道觀并非二元論以及所謂之樸素唯物論，而根本在主神氣不二，即心物一元。劉先生的天道觀爲其會通儒道打通了一個重要統合點，也爲其申明儒道二家皆反不自然而歸於當然從而"盡人以合天"之

① 劉咸炘：《心物》，《推十書》（增補全本，甲輯二），第718頁。
② 同上。
③ 同上。
④ 同上。
⑤ 同上，第717頁。
⑥ 劉咸炘：《不熟録》，《推十書》（增補全本，乙輯二），第702頁。
⑦ 劉咸炘：《心物》，《推十書》（增補全本，甲輯二），第721頁。
⑧ 同上，第719頁。

論陳其通貫之理，而這也正是中國哲學之主題“天人合一”之據是所在。

值得注意的是，毋庸諱言，劉咸炘先生確具有難與倫比之家學傳承。其對於老子之“常道”、孔子之“一貫”及《中庸》之“不勉而中”和孟子之“養氣”等皆自道“非徒言説”而有“身心實功”① 之傳持。此則無疑更可承接而彰明中國哲學之注重由修養體證而明天人之統續。因是，劉咸炘先生相對於作爲大修養家的其祖父而謂“槐軒言先天，吾言後天”②，則又賦予其學新舊承轉之特殊意義。張岱年先生曾謂中國哲學“重瞭悟而不重論證”，③ 而劉先生在傳承中國哲學之根本所在之“重瞭悟”之同時，更是開啟新的所謂“架構表現”④ 而精思明辨從而亦“重論證”。因此，其對於中國文化重建近代以來破碎的道統學統，同時又不外於新的世界時勢，確乎意義重大。

作者單位：武漢大學中國傳統文化研究中心

① 劉咸炘：《書劄·與蒙文通書》，《推十書》（增補全本，戊輯二），第 604 頁。這是劉咸炘先生在復蒙文通的信中所强調其祖父之“身心實功”。而從《書劄·與徐季廣》的兩封信中可知，劉咸炘先生一直實踐修持著祖傳的“身心實功”。而且，他在《推十書》中又有多處提及，并强調“心氣交關”，同時在《三進》篇中認爲“心氣交關”的“身心實功”乃明代以來儒釋道三教合一的必然走勢和結果，并很在意地將此看法告訴蒙文通。這也許正是蕭萐父先生在《推十書·前言》中所指出的“融合心性道術”之謂。劉咸炘先生認爲此乃傳統心性之學與道家丹道結合之必然走勢。

② 劉咸炘：《推十文·傳·自述》，《推十書》（增補全本，戊輯二），第 519 頁。槐軒是劉咸炘先生之祖父，清代道、咸間大儒，名劉沅，字止唐。其學乃融合三教而重“静養功”或曰“養性功”。其創立的“劉門教”在當時乃中國兩大民間教派之一，影響盛極一時。被列入《清史·儒林傳》，有《槐軒全書》留世。劉咸炘先生所謂其“言先天”，乃指其以“養性功”爲根基的所謂“先天之學”，實際即融合三教修養體證之傳統而强調道性體驗。

③ 張岱年：《中國哲學史大綱·序論》，江蘇教育出版社 2005 年，第 9 頁。

④ 此語乃藉用牟宗三先生之説。其所謂中國文化中衹有“運用表現（Functional Presentation）”而無“架構表現（Constructive Presentation）”。參見《政道與治道》，吉林出版集團 2010 年，第 43—60 頁。牟先生認爲中國文化衹有基於類似張岱年先生所謂“重瞭悟”之上的智慧運用，而無西方的學術思辨和演繹及其體系化架構表現。而牟先生所指的“架構表現”則主要指其所謂開出“新外王”的西方近現代以來的科學與民主。此實不無道理。可是，應該注意的是，中國文化的根基卻正恰恰在於所謂的修證“瞭悟”型的智慧之“運用表現”。如果要强調所謂的“論證”和“架構表現”而卻忽略了前者，對於中國文化和哲學而言，毫無疑問是一種捨本逐末之舉。而實際上從西方基督教傳統乃至古希臘哲學與近現代以來的科學民主之演進關係看來，此兩者即“瞭悟”和“論證”、“運用表現”和“架構表現”完全可以是并行而不悖的。歷來的各種極端顯然未能貫通。此點，劉咸炘先生在當時早已契會。他一方面指出現代社會已不可能用傳統所謂“外王”之路治國，他指出儒道二家皆主“感化”和教化，而此已不適應現代大社會之治，并指出法治和其他現代政治已必需。但是，他認爲，決不可丟掉所謂“中華之恩物”，而此實則正是基於修證瞭悟之儒釋道心性修養及心氣交關和丹道學等中國道文化之内核。

# 劉咸炘老、莊研究述論

湯 君

劉咸炘（1896—1932），字鑒泉，號宥齋，四川雙流人。家世儒業，蜀人甚重。其學遍覽四部，博通中西，熔鑄古今中外天地人寰之理，鍛煉經史子集匯成一家之言。雖細大而不捐，既佛老而涵容。其遺著《推十書》乃皇皇巨著，初不廣被，然見者訝異。近年來，其學問、人品漸爲學界所廣知，然比之建樹所至，猶遠遠未濟。其中老、莊之學，似更爲學界所未嘗重視。本文不揣淺陋，大略述評其老、莊概觀，以見其道家哲學的獨特之處，以供方家指正。

## 一

劉咸炘對先秦以來諸家之解《老子》，看法是相當保留。他説："古今説《老子》者，吾皆不信爲完善。"[①] 又云："吾今於古今説《老子》者，皆不專信。"[②] 在劉咸炘看來，韓非子初治《老子》，後世遂目《老子》爲法家，然其《解老》、《喻老》篇，皆未嘗以刑名爲説。其解《上德》、《三寶》諸章，精純且過於後人。王弼之解老，自有可取者，不少於吴澄、陸希聲。而程大昌引《易》以説老，最爲近老。宋人説老者最多，長於衍暢之弊，則如姚氏所詆之繳繞，且往往因指實而使廣義反狹[③]。相對而言，他最爲肯定的還是先秦老學成果："《韓非》明解之，《莊周》暗解之，《淮南》既明説，復暗説，皆最可信。"認爲雖然《韓非子》有的訓義比較牽强，《淮南子》常常衍説支離，《喻老》篇多權詐之言，而《駢拇》、《胠

① 劉咸炘：《推十書》（增補全本）甲輯（壹）《戊辰講語》第 118 頁，上海圖書館、上海科學技術文獻出版社 2009 年。以下所引《推十書》皆同此版。又原書因需體例統一，故没有盡用現代標點。本文對原書標點有改動之處。

② 劉咸炘：《推十書》甲輯（壹）《戊辰講語》，第 119 頁。

③ 劉咸炘：《推十書》甲輯（壹）《〈老子〉二抄》之乙《文義抄》，第 113－114 頁。

篋》多恣肆之論，但有所傳承，非後人所及。魏晉人多“泛然言道”，但於本文無所發明。趙宋人“每强貫其不可貫，然皆有精於名理之語，非元明後人所能言”，又獨能將老子平實處推之使高，多以莊子、釋氏超越之言附會老子，此皆不安不通。劉咸炘以爲道爲理，則：“世雖變，道本不變。老子之言道，本也，所謂陰静者，道之本狀也，非徒盛熱之劑也。文、景稍得其意，宋、明偶觸其言，何足以概其全哉?”① 此就《老子》對古代中國的政治影響而言，謂文、景、宋、明政治稍微能夠用之而已。楊椿言：“道家者流，其來最遠，逮秦、漢間遂名曰黄老之學。中古以來，蓋當於堯、舜、周、孔之道并行於世而不相戾。”劉咸炘以爲此能見其人民性之深②，肯定《老子》對秦、漢以來歷代社會現實的作用。

那麽，劉咸炘自己是如何治老的呢？他認爲，《老子》篇章難定、訓詁難明、語意難定、體非成篇，不可能有“具備之定説”。必欲求近於《老子》之本旨，則不如上求周、漢，不依文作訓：

> 是書固不能有具備之定説，其故有三：一則篇章難定，常有單文孤節不可强貫，如從事於道者，道者同於道樂與餌人之所教之類。二則訓詁難明，如揣而鋭之，扔無敵及襲明教父諸名詞。三則語意難定，或渾言而未詳，如吾不知誰之子實其腹、絶學無憂之類。或兩説而皆通，如不見可欲，孰能安以久、動之徐生之類。乃至正言若反，如芻狗萬物、絶仁棄義、民復孝慈之類。凡此，殆居全書之半，雖舊説盡有精正之言，而終無以質定其信。是蓋當時本無著述之事，老子爲關尹所强，隨口而説，時非一日，體非成篇，固無由以文法求③。

他以爲孔子所言，多切指顯處，老子則多言隱處。故儒門雖有分歧，而流失之甚者，僅荀卿之禮，變爲韓非之法耳。老派則流失最繁。一則自然之道，由慎到之勢，變爲韓非之法。一則陰静之道，變爲申不害之術，范蠡、鬼谷之權。兵家、法家，悉歸本道家，道家乃爲古今詬病。西漢以降之黄老學，僅得濡弱謙下之表。魏、晉以降之老、莊學，又成放恣頹惰之風④。所以劉咸炘自己對《老子》的解説，也不追求完整的體系，而專注於以類貫通可知可解者。具體而言，其老學觀主要包含以下幾個方面：

首先，以絶對論解説《老子》之道、名、有、無，虚、實等概念。劉咸炘以爲《老子》之“道”即“周物，分爲理、德，合而爲道”。“老子所謂道，并指有理之氣。”關於“故常無，欲以觀其妙；常有，欲以觀其徼（盡也）”句，劉咸炘云：“所謂常道者，亦虚亦實，必兼無與有二名，始足以形容之。故亦曰常無，亦曰常有。言常無者，欲以觀其神妙之不滯，書中所謂渾成、寂寥、恍惚、窈冥者也。言常有者，欲以觀其邊際有盡，所謂逝曰遠，遠曰反，萬物并作，吾以觀其復也。蓋恐人逐末而忘本，故言無；又恐人以爲果無離器而言道，

① 劉咸炘：《推十書》甲輯（壹）《〈老子〉二抄》之甲《評論抄》，第109頁。
② 同上。
③ 劉咸炘：《推十書》甲輯（壹）《〈老子〉二抄》之乙《文義抄》，第113—114頁。
④ 劉咸炘：《推十書》甲輯（壹）《戊辰講語》，第118頁。

故又言有。"[①] 仍是對"道"即"理"的進一步説明。關於"此二者同出而異名，同謂之玄。玄之又玄，衆妙之門"句，劉咸炘云："無、有二名，本是相對而生，所指又實止一，但異名耳。泯此異名，則謂之玄。玄之又玄，即所謂玄德深矣、遠矣者也。要須知此皆所謂顯示絶對之性質而已。何以得之？自有功夫。"[②] 此以"絶對之性質"釋"道"、"理"、"德"等，此劉咸炘初接受西方哲學而得到的體悟。

其次，將"道"指向"德"、"情"、"性"、"無己"、"得人"、"名"、"實"等人性修養範疇。關於道德之分，劉咸炘以爲名異實同，二位一體，衹是隱顯不同而已。他援引《莊子》《天地》、《繕性》、《徐無鬼》、《庚桑楚》等説，以爲"道""德"的關係，實即裏與表的關係。他同意《淮南子》《齊俗》、《謬稱》的説法，將"情"和"性"與"道"和"德"相比照，并同意《鶡冠子·環流》篇所説"道者，無己者也"，"德者，得人者也"，將老子的"道"與"德"指向了人的自我修養範疇。他贊同賈誼《道德説》所説"物所道始謂之道，所得以生謂之德"[③]，將老子的"道"與"德"指向了利他的方向。

再者，將"道"引向名實、有無、善惡、仁愛等相對、當然的世俗方向。宋人吕惠卿《莊子義》論述"道"之名、實問題，以爲"道"殆而從"常道"一變而爲"非常道"，"名"去則從"長名"一變而爲"不可名"。"道"與"名"同一層面，其"實"在於永恒和不可言説，而其"異"則在於有欲、無欲之不同形式[④]。劉咸炘贊同此説。又《莊子》之《則陽》、《庚桑楚》以爲"名實"之"有"和"無"，不過是"物"的"居"和"虚"兩種存在形式。"道"則物之"虚"，故"無"；"有"則"居"，則不虚、不道。生命從"無有"中來，繼而有生與死。生與死名實雖異，然而都在"有"的層面上，皆從"無"而來。"無"與"有"本質爲一，則生與死也就本質爲一。又："道與名之最簡括者，曰無與有。天下萬物生於有，有生於無。……無之一名，所指尚在天地之先。由多而一，由一而無也。有之一名，則萬物由此衍生，由有而一，由一而多也。無言其虚，故止曰始。有言其實，故曰母。猶《易》言乾知大始，坤作成物，亦一虚一實也。"[⑤] 可見劉咸炘論"名"與"實"時走向有欲、無欲的世俗修養層面，論"有"與"無"時走向生死、虚實的生命哲學。對於《老子》第二章"天下皆知美之爲美"至"斯不善已"一段，劉咸炘認爲古道家及宋、明儒家的"無善之善"説，是用超相對之善惡，以求絶對之善，難免會使人懷疑絶對之善兼包惡於其中，與相對之善不同，反似不足爲善。而老子之意"本未及無善之説。其意但謂自皆知善之爲善，斯有惡與之相對。蓋一本是善，但以無惡相對，其善不顯，而惡亦遂有矣"。故劉咸炘認爲，老子并未謂善惡無别，出於誤解而争引釋氏超越之論以如《老經》者，皆失其本旨[⑥]。劉咸炘對

① 劉咸炘：《推十書》甲輯（壹）《戊辰講語》，第121—122頁。
② 同上。
③ 劉咸炘：《推十書》己輯（貳）《誦老私記》，第476頁。
④ 同上。
⑤ 劉咸炘：《推十書》甲輯（壹）《戊辰講語》，第121—122頁。
⑥ 劉咸炘：《推十書》己輯（貳）《誦老私記》，第477頁。

"絶對之善"的否定，對"相對之惡"的肯定，顯然也是將老子的善惡論，指向世俗現實。關於《老子》的"天地不仁，以萬物爲芻狗"之意，劉咸炘認爲："蓋仁爲有心愛之，而天地則無心也。然聖人固亦人也，且仁之愛亦是自然，何嘗不可謂之無心？天地之生生，即人之仁所由出。生生之自然，何嘗不可謂之仁耶？道家雖主自然，實以自然貫乎當然。爲以天貫人，天亦當然，人亦自然也，不可泥此言而離之也。此爲道家説之一危險易誤處。"① 此謂道家之"自然"，實貫乎"當然"，故從天人相貫的意義説來，人之"當然"亦屬天之"當然"，天之"自然"貫乎人之"自然"。天與人不可離而言自然。此説較之高延第之"天地但使自遂其生死之情"，王道之"芻狗喻聖人過化之妙"，王安石之"愛者仁，不愛亦仁"，吕惠卿之"仁，人心而已。天地體此道，無所事仁"，曹道沖之"不自以爲仁"，黄茂材之"若無顧愛"等諸説而言，顯然宏觀和現代，是將《莊子》之闡釋與西方哲學相結合的研究。

最後，在歷代注解中，最重《莊子》，於《莊子》中，最重《天下》篇。劉咸炘認爲："論《老子》者，莫古於《莊子》，其言亦最詳。《莊子》承關尹、列子，於老子之傳，較他家爲近且正，其説雖多過當，要較他人爲可信。"② 與歷代諸家所不同的是，相對於《莊子》内篇而言，劉咸炘最重《天下篇》對《老子》的意義。《天下篇》云："以深爲根，以約爲紀。"劉咸炘謂："此即本也，一也，簡也。"③ 又《天下篇》云："以本爲精，以物爲粗；以有積爲不足，澹然獨與神明居。古之道術，有在於是者。"劉咸炘云："本即本篇首段所謂本，數所謂皆原於一物，即首段所謂末度。所謂其數，一二三四是也。凡事物及理，初必粗，後乃精。一粗多精，積然後足，固常見也。此則反之，即所謂少者得，多則惑，其出彌遠，其知彌少。聖人不積，知足常足，廣德若不足也。神明即首段所謂'神何由降，明何由出'，謂天地之生命。"④ 此以莊子之"數理"來解《老子》之"道理"者。他運用西方哲學概念闡釋其中的絶對和相對的關係："超相對以言絶對，則曰一。然一仍多中之一，與二三四對。超此相對之一則曰無，然無仍與有對也。故合言之曰'無有'，即無即有。分言之曰'常無、常有'。又恐誤爲二也，故合言之曰'常無有'。此《莊子·齊物論》所謂兩行也。此以對多，亦可曰一。但此所謂一，非於二三四對之一，故名之曰太一。超相對者，實貫相對。"劉咸炘甚至認爲人們之所以讀不懂《老子》首章之意，概在於未能瞭解《天下篇》中以關尹、老聃"建之以常無有，主之乙太一"及爲"古之博大真人哉"之語的深意，在他看來："人皆知首章爲全書之綱，而説者分歧，得失互見，於文不順，皆由未明莊子所言。今試本《莊子》此語以釋之，蓋有冰釋理順之快焉。"⑤ 可見，劉咸炘重視《天下篇》的根本，在於其中樹立了關尹、老聃的最高哲學家的地位。當然，劉咸炘總能將《天下篇》引向對《老子》的世俗化、現實化解釋。

---

① 劉咸炘：《推十書》己輯（貳）《誦老私記》，第480頁。
② 劉咸炘：《推十書》甲輯（壹）《戊辰講語》，第119頁。
③ 同上，第121頁。
④ 同上，第120頁。
⑤ 同上，第121—122頁。

## 二

劉咸炘對《莊子》的總體看法，是最稟老氏，然參差過當，難得其全。他說："《莊子》參差，又多過當之言，其他道家，則皆不得其全。儒學崇盛之後，又陰取而不肯自明。故直至今日，即道家之說，亦尚無調理完具之書，無論《老子》之全也。"① 又說："《莊子》似較《老子》易通而實亦難通。蓋《老子》之難通，以其言簡諢，而説者易失之支泛也。《莊子》之難通，則以其言俶詭，而説者易失之詰鞫也。工訓詁者，不達名理，則空多其考證；有思理者不顧訓詁，則自成其論説。是以注愈多而正文之晦滯者如故也。"② 可見，在他看來，古今研究《莊子》者，其弊端無非在於不能兼顧名理和訓詁："魏、晉人訓詁既有所承，又長理學，如司馬昭統輩殊不讓郭子玄，而其注今已遺佚，不克與郭《注》相參證，以求完足。近人校勘之功多矣，而名理之學，則視宋世蘇子由、吕吉甫輩猶遜。"③ 在莊學史上，劉咸炘似乎更重魏晉間成果，然他以已遺佚之"司馬昭統輩"成果而懷念那個時代，顯然不夠誠懇。換言之，他對歷代的莊學成果，也是鮮有滿意者的。

劉咸炘在總結莊學之兩種弊端的基礎上，闡述了自己的基本莊學觀：

> 説《莊子》者亦有二弊：《老子》本無超越兩空之言，而説者以莊周之義附之。莊周固有超越之言，然於道家之本旨則未嘗離。此所謂荒唐而上，遂於宗者也。道本自然，自然之上，不容更説，不容更求其使之者。（第一因）自然本善，雖極言無是非，實止復於初之善。此二義者，道家、儒家所同，乃中華形上之學所以異於印度、歐洲，而説者乃以唯識唯心，無生無善之説推衍之，其失一也。諸子之書，皆出門人纂録，非自執筆而爲文，其編次止量簡册而爲之，非首尾完整，而莊周之文尤以多端著。蓋患道體之難明，知絶對之不可以名言直説，故雜舉隨拈，東鱗西爪以示之，此所謂參差以觭見之者也，而説者每强爲貫穿，遂多生枝節，其失二也。凡説古書，先須勿益其所無，而《莊周》書俶詭，爲文士所喜，各以所見附之，雖郭子玄不免，頗易混而難辨④。

劉咸炘此説要點有四：一、《莊子》所謂超越之言是自創，非出自《老子》；二、《莊子》未嘗疏離《老子》本旨；三、《莊子》之文難解、渙漫、優美，易爲文士附見，强爲貫穿枝節；四、他擬以道家、儒家之所謂中華形上之學與印度、歐洲唯識唯心學説的對應關係來解讀《莊子》。考劉咸炘之莊學觀，的確基本未離乎此四點，兹試論之。

首先，劉咸炘以《老子》、《周易》、周秦諸子并歐洲哲學之本體論、現象學，來解説

---

① 劉咸炘：《推十書》甲輯（壹）《戊辰講語》，第118頁。

② 劉咸炘：《推十書》乙輯（貳）《莊子釋滯》，第519頁。

③ 同上。

④ 同上，第519—512頁。

《莊子》之"自然"概念，令人耳目一新。關於《齊物論》之"夫吹萬不同"至"怒者其誰邪"段，劉咸炘云：

> 《老子》曰：天法道，道法自然。本謂道即自然，更無所法。此段即其注疏也。道家宗旨曰自然，自然者，莫使無故之謂也。此乃中華唯一之宇宙本體論。歐洲哲學之本體論，多於現象之後，追求最終之主使，與所以使現象如此者是何因。目的機械之争，由是而起。中華聖哲則無此争。其視現象惟曰即是如此，本來如此而已。此即所謂自然，更無主使，亦無原因。雖有天與道之名，即指一氣，不過一切現象之總體，非别有一物①。

在《齊物論》中，莊子以"風吹萬竅"爲喻，來言説無人主使的"自然"概念。這個概念在郭象之後，遂多被學者朝向玄虚的方向解説。劉咸炘於此，則將老子所謂"自然"與莊子所謂"自然"完全等同，以爲即是無人使之、莫可爲之之謂，是一切現象之總體之謂。劉咸炘稱其爲中華之自然宇宙本體論，以其與歐洲之主使宇宙本體論相對。這樣全新的莊學，至少有着鮮明的時代意義。而一切現象之總體的"自然"觀念，必然對郭象之玄學和西歐的神學造成了結構，使得莊學也被引向世俗的現實關懷。

其次，劉咸炘以爲"不得已"爲老、莊哲學的一貫宗旨，故而强調"戒盈"、"養中"，把莊學引向人生修養的道路上來。劉咸炘解《人間世》之"一宅而寓於不得已"句，以爲當從馬敘倫所校，爲"而宅於不得已"。他説，"宅"即"托"意：

> 《老子》重反復而戒盈，《莊子》申之，貴休天倪，而不加入人力。蓋稍用力，則必强盈。欲不失天倪，難矣。正之之道，已動則用反。未動之先，爲之於未有，則惟有不得已而後動，庶幾近之。不得已，則幾於自然，天倪見矣。非不得已則爲，可已而不已，彼盈矣。此老、莊書一貫之旨②。

此實承其"自然"引出"天倪"、"人力"、"不得已"三層意思，强調莊子并不絶對否定人爲，而是否定失天倪而人爲，違自然而人爲。莊子以爲，"不得已"而人爲，則不失天倪，不失自然，這是需要人們養中、修德纔能做到的。此説切於現實人生，獨特而新鮮。劉咸炘認爲《人間世》之"凡溢之類妄"至"以養中至矣"一段，似不貫而實貫，也强調了"戒盈"和"養中"的關係：

> 溢大至國度，即甚奢泰也，亦即《老子》所謂盈也。養中，即得其中也。得中不溢，即所謂"盡其天而不益以人"也。實喪易危，惡成不及改，即《淮南·詮言》所謂"動之爲物，不損則益，不成則毁，不利則病，皆險也之意"③。

劉咸炘援引《老子》和《淮南子》，從正、反兩面强調了"戒盈"與"養中"的道理。結合

---

① 劉咸炘：《推十書》乙輯（貳）《莊子釋滯》，第522頁。
② 同上，第532頁。
③ 同上，第533頁。

前面的“不得已”，我們説這些解説還是切合《人間世》的本意的。

再次，拈出“當然”一詞，介入老、莊所謂“自然”之後，以明莊子的天人合一觀，規避天人爲二觀的絶對之誤。《大宗師》云：“庸詎知吾所謂天之非人乎？所謂人之非天乎？”劉咸炘以爲：

> 此乃合天人而一之，與他篇之分天人而二之者不同。蓋一爲言原頭，一爲言現在；一爲言本體，一爲言功夫；一爲通言，一爲别言也。道本自然，自然本善，由自然而後引出當然之義。而自然之末流既有過甚，當然之推衍亦多支離。《老子》以去盈復本爲宗，《莊子》承之，明始初自然之天倪，而排斥後起人爲之僞。然天倪之與非天倪，固止一間①。

劉咸炘把“天”對應“自然”、“天倪”、“原頭”、“道”、“本體”，把“人”對應“當然”、“現在”、“功夫”、“人爲之僞”、“末支”，兩者原本一體，都屬自然。即使後者使得“盈甚”，也是“自然”之一種形式而已。是故承認“人”，就要承認“當然”，承認“當然”，是爲了更好地辯説“自然”：“然止言本體，則功夫將無用。物皆自然，無不合道，尚何須斤斤辯講邪？故又不得不分言也。”考其本意，也還是把《莊子》之“自然”之理，拉向人間現實之中。其又解本篇之“其心志”云：

> 宣曰：“志”當做“忘”，是也。《老子》曰：“弱其志”。老、莊皆不以志爲尚，以志近於强也。成疏引《老子》“强行有志”，不知彼乃反言。如自勝者强，知足者富，皆實非尋常所謂富與强也②。

此以老、莊有弱志之意，亦爲的見。

再次，以爲“等得喪”、“通成毁”、“齊死生”等是莊周相對論之無價值的地方，是莊子理論的根本錯誤所在。在解説《德充符》“物視其所一，而不見其所喪”句時，劉咸炘云：

> 蓋外物倘來，固不足計，而吾生自貴，則當求全。爲己而傷人固惡，而爲己則非惡。毋徇物以害生，以失性爲大戒，固《莊子》述《老子》以言道德。德者，得也，本指個體。《莊子》放論，往往過言道而忘德。彼嘗戒過度之妄，而其言每有過度者，學者慎取之③。

按，此實討論了外物與個體之關係。他謂雖然理論上講，莊子的等得喪之説，與通成毁、齊死生之説一貫，“皆俗所謂肉爛在鍋中之意”，即個體雖有成、毁，而總體歸於一氣。但這個理論，雖然足以破私弊而體大公，然非所以論個人的人生價值。因爲固然從大宇宙無外而言，無甚得失可言。然於個體而言，則必有得失之别。他舉例説：“若以總體言，則貧者曰

---

① 劉咸炘：《推十書》乙輯（貳）《莊子釋滯》，第536頁。
② 同上，第537頁。
③ 同上，第535頁。

無錢無害，錢固在國中，可乎？其若饑寒何？”[①] 故他以爲“等得喪”、“通成毁”、“齊死生”等皆是莊周對《老子》詮釋得過了頭的結果。劉咸炘解《天道》篇“夫兼愛”至“乃私也”一段云：

> 《老子》曰：“非以其無私邪，故能成其私。”若此所述，《老子》之言，則非之言與是之言乃相同也。且《莊子》固言有親非仁，至仁無親，以明仁親之爲私。今又以無私爲非，則是以謑髁無任宛轉屢變之言禦人也，人將何若而後當《莊子》之意乎[②]？

由於劉咸炘解《莊子》，并不勉强其整體之連貫，换言之他本不認爲《莊子》諸篇一定連貫，所以他常常跳出諸家解説之藩籬，對《莊子》之哲學進行批判。如其言《秋水》一篇，兼有《逍遥》、《齊物》二篇之義，然“語多過當自陷，不如《齊物》之圓”[③]。他説：

> 蓋凡相對之物，皆有是，皆有非。是非之與一切相對之形勢，乃一經一緯。因見相對之各有是，而遂謂是非當齊同，是混經以爲緯，此《莊子》論理根本之誤也[④]。

劉咸炘如此解莊者，可謂莊子學史中另類者。然考其工具，乃一則在於在西方哲學中尋邏輯之嚴密與否，另一則即在於其從《老子》源頭上視其出入多少及合理與否。

劉咸炘解《莊子》常常語淺而意顯，不似前人追求艱深。如前文所引之所謂“肉爛在鍋中”等云云皆是。這種通俗易懂的語言，和指出《莊子》“放言”過頭一樣，都有意無意的把《老子》和《莊子》的玄秘色彩弱化甚至去掉了。如其解《至樂》篇“至樂無樂”句云：

> 俗所謂樂，皆《老子》所謂盈甚泰奢，樂極生悲，似樂實苦。至樂者，平易恬愉。自俗觀之，反若無樂可言也。郭注“無爲之樂”曰：無憂而已。極得道家消極之義[⑤]。

此“自俗觀之”一轉身，則使得《莊子》之辯證之處，更爲淺顯易懂了。再如其解《寓言》篇“生有爲死也”至“無自也”一段云：

> 《老子》曰：民之生，動之死。地以其生生之，厚求生而反趨死，其生乃若以死爲目的矣。此其矛盾，正如人之勤勉於公，益爲其私利也。止見人由生而漸死，未嘗見人由死而漸生，故曰死也有自，而生也無自。此亦即郭子玄所謂忽爾自生之義[⑥]。

此處“勤勉於公，益爲其私”，“止見人由生而漸死，未嘗見人由死而漸生”云云，確乎通俗而形象者。前人解莊者，未有如此新奇者。而劉咸炘能做到這一點，關鍵在於“自俗觀之”的方法，其拉世俗檢驗老、莊哲學的意圖很是明顯。

---

① 劉咸炘：《推十書》乙輯（貳）《莊子釋滯》，第533頁。
② 同上，第547頁。
③ 同上，第550頁。
④ 同上，第552頁。
⑤ 同上，第553頁。
⑥ 同上，第564頁。

## 三

劉咸炘解老、莊，方法靈活而現代，有證以先秦其他諸家學説者，有輔以佛教概念者，有借西方哲學概念者，故其説多顯得堅實或新鋭。此爲劉咸炘所處之西學東漸的大時代背景，顯然有著密切聯繫。劉咸炘家族之私學，在蜀中成都别有一種神秘的類似宗教的特色，其本人又學養深厚，舊學根底極强，勇於涵容而貫通之，故其老、莊之研究，呈現出迥異於前人的不同面貌，既時尚，又通俗，有新意，有見地。然由於其學術理想十分宏大，而人生壽考偏不能足，所以其《推十書》尚有許多值得商榷的地方。

首先是關於老子生平事迹，劉咸炘的考察既有大量功力深厚的結論，也有語出驚人，超出常理，偏袒偏愛的地方。如其在《老孔授受考》一文中對老子研究中的諸多重大未解之謎題，給予了八種結論：其一，老子爲孔子師，老授孔受一定是客觀歷史事實[①]。其二，《論語》之“竊比老彭”中的老彭即老子，老聃、彭祖非爲二人[②]。此人在《太史公書·老子列傳》被稱周守藏之史，《莊子》被稱徵藏史，《高士傳》云生於殷時，爲周柱下史，轉爲守藏史。《神仙傳》云文王時爲守藏史，武王時爲柱下史。雖先後稱謂不同，要之歷事商、周，爲守藏、柱下史則同[③]。其三，《太史公書》之《老子列傳》稱老子送孔子以言，及《老子列傳》中孔子稱老子爲龍，皆實録[④]。其四，孔子訪老聃非一年之功，當多次行爲[⑤]。其五，孔子求書於老子，得黄帝玄孫帝魁之《書》、《周史記》、百二十國《寶書》等凡三千二百三十篇[⑥]。其六，《莊子》所載老子告孔子語諸事，多其徒之説，不皆真老子之言，當分别觀之[⑦]。其七，老子化胡之事可信，《莊子》所謂老聃死，秦史吊之是寓言，“未足憑信”[⑧]。“要之，老子開佛之先。釋迦文佛前，固有佛也”[⑨]。其八，《太史公書》所載老子名耳，字伯陽，謚曰聃無誤[⑩]。此考證老子生平，如言老子生活與殷、商、周三代的可能性，如言老子化胡的可能性等等，多爲驚世之論。然我們若將其置於二十世紀三四十年代，中國民族主義情結正濃，而劉咸炘家族本身具有不爲外人詳知的練功方法的具體情況下，則亦不難理解其結論來。

劉咸炘對《莊子》的一個基本看法是易爲文士附見，所以其著意於篇目真僞的考察。這

① 劉咸炘：《推十書》甲輯（壹）《老孔授受考》，第546頁。
② 同上。
③ 同上，第547頁。
④ 同上，第551頁。
⑤ 同上，第549頁。
⑥ 同上。
⑦ 同上，第550頁。
⑧ 同上，第551頁。
⑨ 同上，第552頁。
⑩ 同上。

些看法，既有言前人未言的獨到之處，也難免憂疑矛盾之處。如他説“《莊子》内篇究爲莊周所著與否未可定，其篇題也不亦不一定完全能純貫全篇”，似乎對内篇是否出自莊子之手，并不確定。但又稱：“莊周《内》七篇，條暢明整，吾疑其已爲自定之本。自定之與自作一間耳”①。也就是説，内篇即使不是莊周自作，但也經過他自己的修訂。他認爲《莊子》書首尾一貫者，“僅《駢拇》、《馬蹄》、《胠篋》、《刻意》、《繕性》、《説劍》、《漁父》、《天下》八篇耳”②。《莊子》中《刻意》、《繕性》諸篇……不惟不碎不復，且能極其條理，皆疑是自著③。又《讓王》、《漁父》之篇，蘇東坡謂之僞托。但劉咸炘以爲它們并非僞托，實爲莊氏之學者所附益者④。他如《田子方》、《知北游》、《天運》、《天道》諸篇，也多莊子之徒縱言附會之處⑤。然都不能算是僞作。因爲諸子時代，徒裔之欲存其術者多此類：“諸子之書，其成也不以一時，其作者不必一手。”⑥ 故其徒裔之欲存老師道術，言行兼記，成爲一人之史的現象很常見，《莊子》也一樣，與《論語》同類罷了⑦。以上是被他肯定的出自莊周本人或其門徒手筆的篇目，不以内篇、外篇、雜篇爲檻。然他又説：“《讓王》、《説劍》、《駢拇》、《馬蹄》、《胠篋》諸篇，詆儒最甚，而其所載事，有非周所及見者，蘇輿以爲非莊周之言，宜矣。”⑧ 顯然與前面自相矛盾了。

劉咸炘老、莊研究的學術淵源和走向，一方面是受到了上個世紀二三十年代西學東進的新刺激、新影響，是其努力運用中西結合的新方法的結果。另一方面，也與其對傳統四部的總體看法有關：“蓋天下之文，以内容分，不外三者：事爲史，理爲子，情爲詩。以體性分别，不外記載與著作。史，記載也；子、詩，則著作也。詩不關知識，知識之所在，則史與子而已。天下之學惟事理，故天下之書惟史、子矣。集則情文而兼子、史之流也；經則三者之源也。此四部之大義也。”⑨ 在劉咸炘看來，子就是言理的，所以其老、莊觀必然會以求“理”爲主導。劉咸炘認爲老、莊之書之於六經，是道與器之關係。六經、《論》、《孟》説器多而説道少，是蓄薪以求生焰者。老、莊之書，説無多於説有，是謂六經説薪已多，不必贅言者⑩。他以爲：“自漢以來，儒者騖於器末，宋儒始知返本。其所得，正從《老》、《莊》來。可知《老》之詳本，正所以補六經之所略耳。”⑪ 因爲子是言理的，而理當然不離生活，所以劉咸炘的老、莊研究始終都在關懷現實，通往世俗，以人生和社會檢驗哲學，故而其檢討老、莊學史時，自由其獨特的觀察角度。如中古以來的老、莊之學，劉咸炘否定魏晉時

① 劉咸炘：《推十書》丁輯（壹）《校讎述林》卷一《子書原論》，第 115 頁。
② 同上，第 112 頁。
③ 同上，第 115 頁。
④ 同上，第 109 頁。
⑤ 劉咸炘：《推十書》甲輯（壹）《老孔授受考》，第 550 頁。
⑥ 劉咸炘：《推十書》丁輯（壹）《校讎述林》卷一《子書原論》，第 110 頁。
⑦ 同上，第 111 頁。
⑧ 同上，第 114 頁。
⑨ 劉咸炘：《推十書》丁輯（壹）《續校讎述林》上册《通古今第一》，第 4 頁。
⑩ 劉咸炘：《推十書》甲輯（壹）《〈老子〉二抄》之甲《評論抄》，第 104 頁。
⑪ 同上，第 105 頁。

期，老、莊之學於滅棄曆法推波助瀾的說法。他認爲："當時老、莊之學，乃專講莊之名理。後又雜入佛家，非兩漢之舊。非借言語也，謂是皆以蓋覆，乃苛而不審之論。王（導）正是（張）良、（陳）平一流，謝（安）尚過之。稱張貶謝，乃宋人不善讀史而習謬之論。"[①] 又魏源稱魏、晉之士，無欲不及莊周，且不知無爲治天下者，於是不禁己而禁人之欲，不勇於不敢而勇於敢，不忍於不忍而忍於忍："魏晉之世，不言黃老而言莊、老。其言莊也，又不師其無欲，而專排禮法以濟其欲，故不勇於不敢，而勇於敢動，行一切之法，使天下屏息待命而已。得以清淨自在，與黃老慈儉不敢先天下之旨，若冰炭天壤之相反。"對此，劉咸炘以爲甚是。然若以爲魏晉人的老、莊之學導向了法家的道路，"則又可笑"。相反，"魏、晉諸人之廢事，正是鄙棄法家耳。魏氏之論恰可移以論韓非，於魏、晉諸人學術，全未審也"[②]。劉咸炘對魏晉老、莊之學的廢事、名理、雜佛的走向，頗不以爲然。依此可知其對老、莊哲學的研究，也必定走向社會和人生。

劉咸炘對道教頗爲器重。其《道教徵略》一著，分上、中、下三卷，而重在爲道教梳理源流、開列傳承、稽考道藏書目。在他看來，老、莊之思想，誠爲道教之一端，然道教更有其他源頭："道教之遠源，古之巫、醫、陰陽家、道家也。即今之道教，無過内修與冥通。内修養氣，醫也；冥通事神，巫也。特非如後世巫醫之淺褊耳。"[③] 他言老、莊作爲古道家，雖與道教有異，然道教之内修、養氣之旨，實發於老、莊："清淨煉養，初非二事，服食本煉養之一端，老、莊重本輕末，故不言也。"[④] 他感嘆："不幸道門之高者，多不顯於時，而顯貴者大都敗類，論者遂一例譏之，而失於辨别。"劉咸炘對道教的青睞，一則源於其家學中的較爲神秘的練功一端，二則還是與其標新立異的學術個性相關。

學術不離時代，劉咸炘的老、莊研究亦是。在西學東漸的背景下，劉咸炘以其淵博的功底預流其中，用中西學的雙重視角，重新審視傳統的道家哲學。這讓他的理論往往切實而新奇，但對古老而熟悉的中華文明的偏愛，也使得其不乏荒唐謬悠之言。但我們考量其所處的民族災難憂患深重、新舊觀念交替過度的特定時代，也就不會苛求其更多了。其以不系統、不完美、不連貫、不嚴謹的預設前提來研究老、莊，畢竟能給我們帶來新的啟發。

作者單位：四川師範大學文學院

① 劉咸炘：《推十書》甲輯（壹）《〈老子〉二抄》之甲《評論抄》，第111—112頁。
② 同上，第112頁。
③ 劉咸炘：《推十書》丙輯（貳）《道教徵略》（上），第620頁。
④ 同上，第621頁。

# 曾琦的詩及詩的本事

熊飛宇

曾琦（1892—1951），原名昭琮（一説名宗），字慕韓，號愚公，四川隆昌人。成都高等學堂分設中學畢業，入四川法政學堂。辛亥革命後，執筆於成都《商會公報》、《四川公報》，并出任重慶《國民新報》主筆。1913年8月，在重慶參與發動討袁。1914年，入上海震旦學院，與左舜生、李璜爲同學。1916年，赴日本中央大學，攻讀法律。1918年回到北京，與王光祈等人發起成立少年中國學會。1919年8月到法國留學。1923年擔任《新聞報》駐巴黎特派記者，同年12月，與李璜等人在巴黎組成中國青年黨，任黨務主任。1924年回國，主要從事青年黨活動，創辦《醒獅》周報，宣傳國家主義，并於10月10日創刊號發表《編寫醒獅周報訖，感賦一絶》："浮海歸來念愈痴，士夫依舊嘆無爲，拼將熱血臨風灑，唤醒人間老睡獅。"曾兼任大夏、同濟、學藝等大學教授。1926年夏，中國青年黨一大，當選爲中央執行委員會委員長。1927年因與國民黨産生矛盾，復去日本。曾策劃刺殺蔣介石，後改爲刺殺鮑羅廷。抗戰時期，呼籲國民黨結束"訓政"，實行憲政。1938年後任歷届國民參政會參政員。1941年夏，移居香港。太平洋戰争爆發後，到淪陷區上海、南京、華北等地活動。抗戰勝利後返重慶。1945年12月，參加青年黨十大，當選爲主席。1946年，被指定爲制憲國民大會主席團主席。先後任國民政府委員、總統府資政。1948年秋赴美。1950年游學歐洲，赴法、比、葡等國，致力於"民主國際"的建立。1951年5月7日卒於華盛頓。曾琦善詩，但鑒於其政治信念和政治活動，今人多趨而遠避。現輯其詩作，兼述本事。

東京期間，曾琦有《雜感》詩五十首，《學藝》1917年第1卷第3號刊25首，未完。

始事者東南，收功者西北。會看起人豪，揮戈能返日。
亦有徙薪論，愁聞築室謀。行吟帶海畔，西望淚横流。
鼉叢及魚鳧，浩劫正堪哀。莫論天下險，何日出群才。
滔滔看此日，誰爲障横流。百年樹人計，懷古心悠悠。
夙悟原才旨，終流克己功。寸心先自懈，何計挽頽風。

微管其被髮，微禹其爲魚。中原寂無人，念此增欷歔。
撥亂反諸正，旋乾并轉坤。書生鮮成事，吾欲雪斯言。
二竪苦相侵，萬事成蠟味。藉問療何方，浪游與美睡。
亦有千秋願，寧爲一日謀。藏山業未就，閉目且神游。
朝讀養生主，夕吟秋水篇。但能齊萬物，胸境自脩然。
吾道以一貫，心同理亦同。無間海東西，象山語何雄。
惟恒作聖基，好學乃近智。寄言揠苗者，終古無成事。
學海浩無涘，吾生信有涯。逢原能自得，何用讀五車。
朝來還悵望，四海殷其雷。誰信拏雲手，藏身故紙堆。
入世萬魔嬲，浮海一身輕。百戰我何有，所恃惟心兵。
神州方鼎沸，袖手俟河清。晚來頻望海，潮平意未平。
已作唐衢哭，還爲屈子歌。平生憂國淚，孰與海潮多。
土崩與魚爛，何用較短長。祇應付盲史，秉筆述梁亡。
信有中行説，曾無太子丹。荆卿魂已渺，賈傅淚空彈。
禦侮稽功業，我懷虞允文。書生能卻敵，曠古幾曾聞。
乘時而立功，因勢以爲治。孰云王介甫，執拗不曉事。
忍見四郊壘，寧忘九世仇。寄言當路者，藉箸一爲籌。
海水看真涸，遺珠若可收。心能知膺鼎，神自逐虛舟。
淑世亦多術，舉網挈其綱。愛才如性命，宗法在湘鄉。
心學吾能説，平生仰陸王。此中無一物，何用設堤防①。

1923年，又有《三續雜感》10首：

重靈而輕肉，爲人而忘己。惟彼孔佛耶，其愚有如此！
濁世亦當愛，浮生漫自嗟。冤親解平等，胸境擴無涯。
博浪椎秦帝，乾坤一暴徒。何如黄石子，隱姓著奇書？
去山中賊易，去心中賊難。偶懷王氏語，永夜發長嘆。
物亦有生命，胡爲忍相煎。從知人性惡，念此增慨然。
理欲交相搏，天人未易通。我思古名哲，遺憾應無窮。
超世愧未能，遯世庶無悶。苟未斷愛根，曷能忘大任。
佛説大無畏，獻身能飼虎。成仁而取義，賁育安足數。
西方有超人，厥名曰尼采。其言俗所驚，其義我所采。
閑居多瞑想，愁來發浩歌。何當燬此世，無道亦無魔②。

① 曾琦：《雜感》，《學藝》1917年第3期，第218頁。
② 曾琦：《旅歐雜詩》，《學藝》1923年第9期，第1—2頁。

1924 年，再作《續雜感三首》①：

有生三十年，牙牙始學語。自笑爲何事，曰惟求智耳。

有涯隨無涯，吾生亦殆哉。偶憶莊生語，懷哉歸去來。

計拙謀衣食，在陳幸遇陳。諒哉工部語，儒冠多誤身。（予前年在巴黎絶糧，賴友人陳登恪貸款相助，始免於難。）

陳登恪（1897－1974），陳三立八子，陳寅恪之弟。1946 年，曾琦録“淑世亦多術，舉網挈其綱。愛才如性命，宗法在湘鄉。才難自古嘆，國瘁只今哀。吾衰何足論，淚眼望真才”贈《青年生活》編者，發表時有按曰：“本年三月十日，余由渝來滬，行前曾向曾愚公先生拜辭，愚公贈余蘇淵雷纂《經世文綜》一册，并録其近作《勉青年同志詩》一首相勗，由其夫人周若蘭女士代題，讀之令人無限感奮，兹載録如次。”② 該詩爲《雜感》之一，稱爲“近作”，似有不知。不過，後四句原無，則恐是後來補續。

曾琦旅歐，詩作尤多。1919 年 10 月，曾琦抵巴黎車站，乃口號一絶，寄國内友人：十年浪迹走天涯，又趁征輪向海西。爲報神州故人道，病夫今日到巴黎③。

1921 年，《學藝》第 3 卷第 3 號，刊其《巴黎病院口號五絶》：

人世真如駒隙過，百年上壽未云多。静中參透無生諦，放眼乾坤一嘯歌。

自頂至踵皆有病，不愧人呼作病夫。舉目衆生都是病，即今無病復何如。

四海爲家了半生，千秋垂範祇虚名。高談救世終何補，空使深閨有嘆聲。

自笑身如不繫舟，十年浪迹走三洲。壯游尚有雄心在，踏遍東西兩半球。

古籍翻來意轉新，少陵詩好義尤真。細推物理須尋樂，何用浮名絆此身④。

又有《登巴黎鐵塔最高層，與友人羅季則喬裝飛行家，口占一絶，示季則。時一九二一年九月六日（舊曆八月初五日），爲予三十初度日也》：乘槎我欲問天公，快吐胸中氣若虹。君執機關吾把舵，任他風烈自翔空⑤。羅季則（1891－1966），名益增，字春驪，湖南湘鄉人，時在巴黎大學法學院攻讀研究生。

其後，曾琦去德國旅游，亦可見於詩。《赴德旅行，留别巴黎同志周太玄、李幼喜兩君》：平生畏友數周無，學海探驪竟得珠。偶像憑君一拳碎，可能淑世勝耶穌？（予與周君同反對宗教。周君著論數萬言，攻宗教尤烈。然予以爲宗教既失其存在之價值，代之者當爲一種新道德，此則所願與周君努力建設者也。）感情理性辯紛陳，難得宣尼判孰真。一語詰君還答我，乾坤何事不沈淪？（予以爲天地之所以不息，人類之所以進化，皆以感情爲基礎。

① 曾琦：《續雜感詩三首》，《少年中國》1924 年第 11 期，第 2－3 頁。

② 曾琦《詩一首》，《青年生活》1946 年第 1 期，第 10 頁。

③ 曾琦：《一九一九年十月，帶病出國，抵巴黎車站，口號一絶，寄國内友人》，《少年中國》1924 年第 11 期，第 5 頁。

④ 曾琦：《巴黎病院口號五絶》，《學藝》1921 年第 3 期，第 1 頁。

⑤ 曾琦：《旅歐雜詩》，《學藝》1923 年第 9 期，第 3 頁。

幼喜獨推重理性。居恒激辯，互莫能勝也。)[1] 周太玄（1895—1968），四川新都人。原名周焯，號朗宣，後改名周無，號太玄。赴法留學時即用號不用名。與曾琦同爲“少年中國學會”的創始人。“李幼喜”，1937年所刻《藏雲室詩集》中作“李幼椿”，即李璜。又有《赴德雜咏》：

法游忽不樂，驅車蒞德境。慨彼誇者流，佳兵亦何忍！

戰地餘殘壘，名城等廢邱。惟有萊因水，嗚咽自東流。

於德慕歌特，在法仰盧梭。文豪與詩伯，我獨愜心多。

白刃與黃金，帝者持劫人。邈然吾自逝，爲避元規塵。（時有政客某君在法國大散金錢，收買青年。予惡而避之，蓋不能一朝居也。）[2]

其《中國少年歌》云：人生難定是行藏，憶我少年何其狂！南走胡越北燕趙，氣吞雲夢神飛揚。踏遍神州猶未足，翩然負笈游扶桑。東游不樂復西渡，十年兩度泛重洋。只今倏忽逾而立，傷哉行與少年別！三十功名塵與土，八千里路雲和月。武穆陳詞自慷慨，工部浩歌彌激烈。開拓萬古之心胸，推倒一世之豪傑。少年中國之少年，豈識艱難是何物。我今及壯志愈雄，誓與同儔補天闕。起看寰宇亟風雲，欲挽狂瀾憑熱血。亦有歐戰演玄黄，殺人流血爲君王。亦有東鄰逞甲兵，封豕長蛇瞰上京。亦有北美號親鄰，良朋所志在金銀。亦有軍閥峙南北，勇於私鬥爲民賊。嗚呼四面皆楚歌，嗟我少年其奈何？披荆斬棘吾儕事，遥望龜山嘆斧柯。（作於歌特故鄉）[3]《少年中國》1922年第3卷第8期亦刊行，據此略可推知該詩的寫作時間。《浪漫行》云：浪漫復浪漫，浮生已過半。負笈遍寰區，行吟滯海畔。歲月苦蹉跎，精神悔銷散。歷歷溯前因，凄凄發長嘆。有家不得歸，有國但聞亂。有父喪蠻荒，有母歸霄漢。有兄隔江關，有妻守幃幔。有姊葬黄泉，有弟困赤縣。嗟我復何爲，作客尚無倦。飄飄若浮萍，孑孑同孤雁。汪洋大海中，何處是彼岸。人生苟如此，信矣其如幻！（作於柏林旅次）《攬鏡抒懷》云：攬鏡頻搔首，愴然淚滿巾。無家千里客，多病百年身。不死真奇事，雖生亦僇民。禪關從此破，莫認幻爲真！（柏林病中作）[4] 觀曾琦作詩，多在病中。其病爲腦疾。此行所到之處，主要有二。一爲中德意志阿爾慈山頂，有詩云：問學求才吾倦矣，游水觀山結習存。踏遍西歐偶回顧，吟鞭東指望中原[5]。二則重游得烈斯登之那當山頂，於歸途中，感賦一律：又作山中客，渾忘海外身。狂歌蠻女笑，長嘯野花春。明滅烟雲幻，啁啾鳥雀馴。晚鐘歸棹急，回首憶前塵。（予游德返法，在比法交界地换車時，錢包爲扒手所竊，無錢買票，狼狽不堪，幸賴比法二西人貸以車費，始抵巴黎。時仲蘇同行，咸共嘆拉丁民族之道德，遠勝於日耳曼蠻族，而勞動階級之能實行互助，亦異乎智識階級之僅以

---

① 曾琦：《旅歐雜詩》，《學藝》1923年第9期，第1頁。

② 同上。

③ 同上，第2頁。

④ 同上，第2—3頁。

⑤ 曾琦：《游中德意志阿爾慈山頂，口號一絶，仿定菴體》，《少年中國》1924年第11期，第4頁。

博愛爲口頭禪也。)[1] 仲蘇，或指張謹，同濟大學首任校長。

旅行途中，曾琦在柏林中國學生會閱報，驚悉故人陳慎侯暴病逝世。1918 年秋，曾琦因反對段祺瑞與日方密簽《中日共同防敵軍事協定》，偕友人王宏實、張夢九及留日同學二十餘人，由東京輟學歸國，在上海結識陳慎侯。陳爲報界老手，曾獨力翻譯日本《六法全書》。往者黄遠生死於美洲，曾琦爲聯以挽："揖讓説唐虞，口舌得官君所耻。共和哀法美，春秋載筆我重來。"今聞慎侯凶耗，亦有同感，故作書，從柏林寄出，一表哀悼，并勗《孤軍》同志。王宏實，曾任國立四川大學首任校長，曾琦譽爲"端人"[2]。張夢九，原籍山西，出生於四川。在東京，曾琦曾與之同住，作《贈張打油詩》一首，詩云："君愛奇女我愛才，四顧茫茫大可哀。焉得黄金三百萬，美人名士一齊來。"[3] 曾琦平居雖極嚴肅，但也有風趣的一面。

曾琦自德返法，作詩留别柏林諸友。"哀樂中年百感并，東山絲竹且陶情。煩君莫奏陽關曲，恐有神州鬼哭聲。"（右别王潤璵君。予游遍德法兩國，見其戰後之秩序，猶能嚴整如故，人民安居樂業，而不見有所謂土匪。回顧吾國，乞丐滿街，哀鴻遍地，軍閥蠻觸，土匪横行，同是人類，同爲國家，而程度相越有如斯之遠，不禁爲之且驚且憤，且羡且慚。因勸潤璵不必耽於音樂，久居歐土，宜早歸而從事改革社會，予雖不才，亦當執鞭弭以從其後也。）"破浪逃禪兼有之，君家風範使人思。柏林此别應回首，惆悵南歐獨步時"。（右别宗白華君。予養病柏林，諸承白華相助，友誼之篤，没齒難忘。昔宗慤有乘長風破萬里浪之志，而宗炳則皈依佛理，白華渡海求哲學，殆欲世其家風歟，予故力贊其志，而益勖勉之。）"危樓遥領一江秋，海外登臨共解憂。相對不禁慚飯顆，杜陵詩句衹牢愁。"（右别吴君毅君。君毅詩有"危樓遥領一江秋"一語，予極喜誦之，昔趙甌北題袁子才詩有云："相對不禁慚飯顆，杜陵詩句衹牢愁"，予對君毅亦有此感，故藉用之。蓋君毅詩多艷麗之作，予則衹有牢騷之語也。惟全詩僅自撰一句，君毅得毋笑我江淹才盡乎。）[4] 王光祈（1892—1936），四川温江人。字潤璵，筆名若愚。參與發起"少年中國學會"，并任該會執行部主任。宗白華（1897—1986），曾用名宗之櫆，字白華、伯華。曾任少年中國學會評議員，《少年中國》月刊的主要撰稿人。吴君毅（1886—1961），四川新繁人。名永權。吴虞堂弟。1921 年，赴英國倫敦入政治經濟學院研究法學，兩年後轉入德國柏林大學進修。

回到巴黎，曾琦先後收到周無、王光祈來函，述左舜生信，言陳愚生以疾（傷寒）歿於重慶，具體時間爲 1923 年 6 月。陳爲四川瀘州人。1921 年 2 月，得鮮英支持，在白象街創辦《新蜀報》。曾琦因熊仁山介紹，結識陳愚生，更因之而識雷眉生與張夢九，最後乃有"少年中國學會"的發起。陳曾贈詩曾琦："多士推冠冕，吾鄉一鳳雛。南豐承絶學，東海探遺珠。種樹期成蔭，移山任笑愚。"曾琦在 1923 年 12 月 20 日，撰文悼念亡友，兼勗少年中

---

① 曾琦：《重游德國得烈斯登之那當山頂，歸途，感賦一律》，《少年中國》1924 年第 11 期，第 3—4 頁。

② 曾琦：《悼陳慎侯君并勗〈孤軍〉同志》，《學藝》1923 年第 9 期，第 1—4 頁。

③ 古令：《曾琦之風趣》，《海晶》1946 年第 8 期，第 4 頁。

④ 曾琦：《由德返法留别柏林諸友》，《少年中國》1924 年第 11 期，第 3 頁。

國學會同志[①]。“民國十二年十二月。歲不盡十日”，“愚公”“於巴黎郊外旅舍”，再作《寄妹書》。“吾妹淑容，家叔宅安之長女也。幼許字於表弟蕭氏。”“蕭氏子體素羸弱，已患肺疾瀕死矣。乃依世俗衝喜之説，迎吾妹過門成婚，不數月而遂寡。時妹年方十九歲。”[②] 妹亦善詩。曾琦《巴黎寄妹文》與鮑照《登大雷岸與妹書》、袁枚《祭妹文》，三者足堪相提并論。《殘冬窮居自遣二絶》[③] 則言其生活的困窘與無奈：

陋室曾無厠可如，燈光爐火借鄰居。文明幸福我何有，學道惟留萬卷書。

先憂後樂平生志，抱道安貧憶昔賢。從此成功差自信，困心衡慮已多年。（予賃居巴黎郊外一屋，既無電燈，復無火爐，尤奇者并無厠所，蓋純然一貧民窟也。近有無耻妄人，倡言留學生歸國至少可以改良厠所，蓋彼眩於外國繁華之居，厠所美麗，而不知平民有并此而無之者。如予所居之室，將何所資以爲改良乎？居貴族之地而談平民主義，蓋無往而不見其僨矣。）

此後，又有遺失書籍日記事：

言行歷歷溯從頭，虚度韶光卅二秋。剩有殘篇猶被盗，半生心血付東流。

一身以外無長物，萬卷之中有道心。書去道存身可毁，此心終古任浮沉。（予寄存巴黎華僑協社五口書箱中，有日文書千餘册，中法文書各數百册，歷年所作之日記及日本手鈔之稿本均在其内，不知何故，完全被人竊去。他物不足惜。所最痛心者爲日記之遺失，予昔年於役革命，雖在萬軍之中，亦未嘗一日間斷日記，今既爲人所竊，言行無復可考。憶予曩歲東渡擬留學十年，後因拒約中途歸國，今日本地震，予幸免受驚恐，而乃喪失行李於巴黎，倘所謂在劫難逃者歟[④]。

《感事書懷偶成七絶》[⑤] 也當作於歐洲。其一：普恩嘉賚是吾師，克烈門梭更不疑，他日政權如在手，要當横海制倭夷。（法前總理克烈門梭 Clemanceau，今總理普恩嘉賚 Poincaré，皆主張對德復仇，數十年如一日，卒能恢復故土，克償夙願，予竊慕之。以爲我國今日正需如此擁護國權之人，世有以狹義的國家主義相譏者，予固不之計也。）該詩亦刊於《醒獅周報》，論者以爲，這是曾琦英雄氣味的充分表現[⑥]。克烈門梭曾作劇本《膜外風光》，由巴黎影戲上演，曾琦觀之，感曰：浮生我亦悲觀者，合眼應知幸福多。所懼目盲心未泯，轉憂天墮淚成河。悠悠世事原如此，莽莽乾坤可奈何。勘破人間等游戲，會當躍馬自横戈。（是劇爲法前總理克烈門梭氏所著，中叙一中國盲詩人，當其失明時，覺其家人對之甚親切，自以爲幸福，及一旦遇醫治愈，雙目能視，見其妻子與人私通，詩集亦被其書記私

① 曾琦：《悼陳愚生君并勗少年中國學會同志》，《少年中國》1924 年第 10 期，第 1—3 頁。
② 曾琦：《巴黎寄妹文》，《少年中國》，1924 年第 11 期，第 1 頁。
③ 曾琦：《殘冬窮居自遣二絶》，《少年中國》1924 年第 11 期，第 4—5 頁。
④ 曾琦：《巴黎遺失書籍日記感賦》，《少年中國》1924 年第 11 期，第 4 頁。
⑤ 曾琦：《感事書懷偶成七絶》，《少年中國》1924 年第 11 期，第 1—2 頁。
⑥ 仙人：《曾琦的英雄氣味》，《快活林》1947 年第 56 期，第 11 頁。

刊名字，據爲己作，一切欺詐，完全發覺，憤不忍視，因自抉其目，復歸於盲。予觀克氏此劇，蓋純爲一悲觀主義者，顧按其生平行事，勇絶群倫，在法有老虎之稱，絶不類悲觀厭世者，乃知人能看透世情，方足以言大勇，予向主悲觀的積極主義，倘亦與克氏暗合歟。）[①]其二：六卻英夷百戰功，髫齡讀史慕文忠。當年一炬焚鴉片，民族精神萬古雄！（林則徐十八歲著《驅夷論》，其後卒本所學以爲國家捍禦外侮，曾在廣州没收英人所販鴉片，舉烈火而焚之，世界爲之震驚，此誠我國民族精神之代表也。予擬建議國人，爲林築銅像於上海、天津、南京、武昌、廣州、成都、重慶等處，一以重振禦侮之精神，一以期除鴉片之禍患，愛國之士，當以爲然耳。）其三：華冑千年文化古，楚歌四面國基危。從今教養兼生聚，霸越亡吴事可期。（予嘗謂中國之勢雖危，而文化根基甚深，苟能勵精圖治二十年，亦足以厠於强國之林矣。）其四：咸同定亂有湘軍，起自民間報國恩。時代不同思想異，精神要足拯元元。（有清洪楊之後，湘中三數書生以民團起而平定大亂，其思想雖囿於舊説，而方法則至今猶可適用，精神更足以使人崇拜。予深信今日欲内除國賊，外抗列强，皆有待於各省自治之民軍，由一縣以布於全省，由一省以推於全國，組織嚴密，聲氣靈通，一隅動而全省應，國難不足平矣。）其五：少年喜事終堪用，老朽無能盡可誅。劉晏理財唐代績，張騫奉使漢皇圖。（唐劉晏理財，喜用年少，成效甚著；漢武帝下詔，獎勵跅弛之士，卒得開通萬里。今之官僚，動以經驗自誇，實則簿書期會之勞，雖經驗百年，亦庸吏耳，曷若少壯有爲者之富於活動力乎。）其六：亂國用刑宜重典，起衰振廢忌中庸。老莊心事申韓法，王道還須雜霸功。（予以爲欲治今日之中國，惟有以菩薩心腸，行金剛手腕，以老莊哲學，行申韓法理，對於一切敗類，務須剿除盡凈。若今之朝討而暮聯，晨罰而夕赦者，直可謂以國事爲兒戲，宜乎奸黨徧於國中，善人爲之裹足，故非一反其道而持以刑亂用重主義，不足以期政治之清明。昔孟子謂不嗜殺人者能一之，予則謂今日當局苟能爲國家多除一二惡人，則國事不足定矣。）其七：千秋掌故久羅胸，治國經邦道不窮。莫笑書生多腐氣，應知古國有雄風。（予以爲欲治今日之中國，必須熟中國之歷史，觀既往以察將來，必能得政治之要道，神而明之，存乎其人，典章制度，抑在其次。蓋在百年以内之中國，皆爲非常時代，處非常之世，而欲以常法治之，幾何其不失敗，故或有笑予之泥古者，予則亦笑其人之泥今也。）《聞國内政變，欲歸不能，慨然賦此》[②]：歲暮思鄉切，猶聞國難稠。靈均終愛楚，尼父衹從周。畏病偏多病，銷愁轉益愁，海天一回首，何日泛歸舟。　世事真如幻，浮生欲發狂。斬蛟猶有志，射虎豈無良。蹈海羞秦帝，揮戈憶魯陽。未除煩惱障，忙煞佛心腸。（予出國時舟中曾有句云：西去漸除煩惱障，白鷗相對亦欣然。今則窮愁如昔，修養無進，念之良自愧耳。）

曾琦有《中華航空歌》云：民國肇基逾十稔，内憂外患嗟孔多！尼山望魯徒興嘆，手無斧柯喚奈何！國事前途滿荆棘，國勢日下如江河！諸君漫憂亡國痛，聽我試唱興國歌。興國之道本無窮，挈其大要首航空。航空之説我所創，古有列子能御風。西方學者精其術，遂令

---

① 曾琦：《觀巴黎影戲演膜外風光一劇感賦》，《少年中國》1924年第11期，第5頁。

② 曾琦：《聞國内政變，欲歸不能，慨然賦此》，《少年中國》1924年第11期，第2頁。

人巧奪天工；亦有飛機似游鳥，翱翔天空何飄渺！亦有飛艇似行船，烟波萬里自回旋。有時運輸載游客，崇山峻嶺無能隔；有時施用爲國防，强兵勁旅莫敢當！習斯術者多少年，考其志趣勝前賢。輕生冒險真豪傑，騰雲駕霧活神仙。破浪還思擬宗慤，乘槎何祇邁張騫。我生自愧老書林，報國空懷感慨深。裹尸馬革伏波志，埋骨沙場定遠心。由來中夏産英雄，泱泱大國有雄風。但得航空千萬隊，會制倭夷東海東[①]。該詩一見於《少年中國》1924 年第 4 卷第 11 期。《中華教育界》1925 年第 15 卷第 1 期亦載，同時注明“録《醒獅周報》”，是則至少刊登三次。

1935 年，李璜四十歲生日，同人宴集曾家巖陶園，劉正江有詩，曾琦依韻和之：“早期巢許共逃名，何意浮名絆此生。蹈海未應徒憤世，舉觴聊復學陶情。晚霞最愛崦嵫好，上策能驅龍虎行。廿載知心餘數子，歲寒相與聽松聲。”[②] 李璜（1895－1991），字幼椿，號學純，四川成都人。劉正江，字泗英。少年中國學會會員。

曾琦的詩作，亦散見於《國論》。1938 年第 1 期，載其《東北淪陷七周年之痛語》云：“民國十八年出關，曾賦詩：‘萬里膏腴地，神州美利堅。一年三出塞，十户九芸田。彌望皆生意，殷憂憶昔賢。皇姑車尚在，當路慎籌邊。’《初出榆關，喜不自勝；而行次沈陽，乃憂不成寐，更有一律》：‘虜騎長爲患，胡笳詎忍聽！仲尼憂被發，武穆夢犁庭。黑水還虞赤，白山將見青。邊塵猶未息，莫漫説遼寧。”[③] 此詩傳誦一時，其中五六句，尤爲章太炎先生所贊賞。本文同時發表於 1938 年 9 月 18 日重慶《中央日報》及《國民公報》。1940 年，《國論》在成都復刊後的第 2 期，有《憲政運動宣傳月追懷宋漁父、湯濟武兩先生》。該文因重慶“憲政期成會”與“憲政促進會”合請規定“立憲運動宣傳月”，重有所感，故在 1940 年 1 月 11 日，草於昆明病榻。曾琦認爲，民國以來之人物，“具政治家風度爲民主立憲奮鬥最力者”，首推宋教仁。漁父先生遇刺後，四川各界在成都特開追悼會，省議會議長胡葆生有聯挽之：“目營四海，來日大難，天下亂機多，先生獨受岑彭禍；悵望千秋，臨風一哭，眼中餘子少，後死誰爲管仲才？”又有一聯，快人快語：“大奸袁世凱，小奸趙秉鈞，嘆此恨茫茫，我輩公仇何日報？明凶應夔丞，暗凶洪述祖，怨彼蒼憒憒，先生冤案幾時伸？”1933 年，曾琦過桃源，吟詩憑吊：“夷吾江左早知名，開國人才孰與京？約法三章興漢室，奮居五柳傍淵明。英靈不共胥濤没，亮節長同沅水清。我亦避秦思遯世，願隨沮溺學躬耕。”“江左夷吾”，爲章太炎在東京時所許。此外尚有一人，爲立憲運動奮鬥多年，而以誤會死於海外凶徒之手，即進步黨的湯化龍。時北有孫洪伊，南則湯化龍，二者均忠於民國，盡瘁立憲[④]。

1943 年，發妻宋静芳去世，曾琦作詩悼亡并寄謝，刊於 1944 年 5 月 31 日《民憲》第 1 卷第 2 期。“（先室宋静芳女士，以癸未秋杪歿於故鄉，予至冬初始獲聞訊。遠羈海上，歸視

---

① 曾琦：《中華航空歌》，《中華教育界》1925 年第 1 期，第 3 頁。
② 曾琦：《幼椿四十生日，同人讌集曾家巖陶園，泗英有詩，依韻和之》，《實報半月刊》1936 年第 8 期，第 54 頁。
③ 曾琦：《東北淪陷七周年之痛語》，《國論》1938 年第 1 期，第 13－14 頁。
④ 曾琦：《憲政運動宣傳月追懷宋漁父、湯濟武兩先生》，《國論》1940 年第 2 期，第 26－27 頁。

無由。家貧無以爲葬，賴諸親友醵貲棺斂。予也徙宅忘妻，自慚薄幸，徇人喪我，終陷窮途。徒有阮籍之哭，空餘元稹之悲，爰賦二律，寄謝親友。失侣孤鴻，離群哀雁，不自知其涕之何從也。）病中忽報孟光實，客裏誰憐奉倩傷。幸有嬌兒能執禮，卻勞摯友爲營喪。還家蘇武知何日，賃廡梁鴻空斷腸。瀉泪直教成恨海，海枯猶覺恨茫茫。　清齋慚負太常妻，徙宅真忘悔噬臍。怕聽臨風三弄笛，愁聞驚夢五更鷄。結褵卅載成孤往，屈指幾年曾并棲。別恨羈懷誰與訴，離魂遲我錦江西[1]。”并有二十首絶句：

外家梨棗記曾携，竹馬同游畫閣西。最是難忘阿母愛，邵湖風月勝漣谿。
少小横遭憂患侵，全家半向粤江沈。歸來舉目誰青眼，獨有渭陽恩義深。
紅杏園中滿國香，居然坦腹卧東床。謝公最小偏憐女，竟爲黔婁理嫁裝。
桃紅李白柳毵毵，辜負深閨夢未酣。堪笑元龍豪氣壯，一篙春水走江南。
夢魂曾繞海西頭，風引舟回願未酬。返棹家園重話别，吟鞭東指向瀛洲。
海内驚傳寄妹篇，法京回首倍潸然。轍環四國歸來日，再别重逢已九年。
烏臺舊事不堪論，遠竄蠻荒欲斷魂。若使著書無恙在，蘇髯應感魏城恩[2]。
好客家風本祖傳，敢希北海醉翁賢。閨中賴有同心侣，斗酒儲供賦百篇。
相携違難赴幽燕，三歲嬌兒絶可憐。一慟西河明欲喪，童烏天奪忍言玄。
將母曾携愛子歸，沱江一棹去如飛。峨眉月照孤鴻影，流矢遥憐血濺衣。
烽火猶懷甲戌年，嘉陵江畔聽啼鵑。公輸墨翟俱陳迹，缺月欣看一度圓。
白河明月照離鸞，巫峽猿啼淚未乾。已是孤飛同獨鶴，金丸何事忍頻彈。
六詔温泉沸若湯，螳螂江畔浴鴛鴦。升菴伉儷曾游泳，我亦安寧伴孟光[3]。
百年浩劫走雷霆，累汝焚香日誦經，白髮［思］情逾緑鬢，誰將心事寫丹青。
文山不用勞生［祭］，天上人間子自知。一瞑新應憐我志，春蠶未死［曾抽絲］。
念我羈孤久出亡，傳言欲爲置偏房。誰知□□情願篤，那忍星光［涣］月光。
白手興家外祖謨，兒時母教敢忘乎。願君含笑毋多慮，已有人扶六尺孤。
東坡南海喜生還，定遠西陲入玉關。杜宇聲聲行不得，憐君徒上望［夫］山。
閑坐悲君亦自傷，人天永隔恨茫茫。孤舟大海吾何恃，賴有情絲萬縷長。
相如抱病□經秋，難數文君恩意□。待把平生微願了，與君泉下□從頭[4]。

宋静芳之死，據范明强言，是被敵機所炸，後無以爲葬，中共南方局曾贈送賻儀 5000 元[5]。兩説比對，似有出入。

曾琦在淪陷區的活動，詩中也留下蛛絲馬迹。1944 年，曾琦作《甲申元旦試筆》，獻給

① 慕韓：《悼亡妻宋静芳女士并寄謝故鄉諸親友》，《民憲》1944 年第 2 期，第 18 頁。
② 慕韓：《悼亡廿絶（一）：爲亡妻宋静芳女士作》，《民憲》1944 年第 1 期，第 21 頁。
③ 慕韓：《悼亡廿絶（二）》，《民憲》1944 年第 1 期，第 25 頁。
④ 慕韓：《悼亡廿絶（三）》，《民憲》1944 年第 1 期，第 39 頁。
⑤ 范明强：《論抗戰時期國共兩黨國内政治策略的異同、成因及實施結果》，《河南大學學報》（社會科學版）2000 年第 1 期，第 54 頁。

汪僞監察院長（後爲立法院長）梁鴻志，云："易歲心期耳目新，時清無復海揚塵。七年病蓄三年艾，一時花開萬樹春。垂釣漫勞求起渭，將興只合聽於民。河汾講學餞風在，會見貞觀撥亂人。敬呈郢政。愚公初稿。"梁"院長"和詩曰："甲申元旦曾慕韓有詩次答：未忘身利日謀新，祇益棼絲長戰塵。因步危於庚子歲，老夫重見甲申春（前甲申之春，余始墜地）。屈伸得失何關我，視聽樞機本在民。天半岷峨産豪士，導江歸海豈無人（慕韓蜀人）。"1946年4月3日，政協綜合小組會上，中共代表王若飛引證中統局印行的《中國各小黨派組織》中的一段話，説明青年黨領袖與汪僞政府的關係，激起一場風波。"甲申後三年"，有自名"古董家"者，在上海於"天昏地黑之日"，撰述這段故實，資以佐證[1]。1946年，曾琦曾填詞兩首。《玉漏遲》：蜀江歸路杳，棲遲卻似避風爰鳥。過嶺蘇髯，春夢可曾縈繞？不爲紅顔怒髮，又不與青詞同調。人共笑，狂歌白也，倚天長嘯。　　歷歷往事如烟，嘆北馬南船，頓消年少！虎攫龍拏，浩劫幾時纔了。悵望浮雲蔽日，祇一片心光遐照，鶯報曉，寒梅又添多少。《一剪梅》：開過荼蘼菡萏香，不道端陽，卻似重陽。雨絲風片絞愁腸，行也凄凉，坐也凄凉。　　休問春申與孟嘗，飲罷雄黄，聽罷霓裳。汨羅往事費思量，蘭也芬芳，艾也披猖[2]。

1947年四月二十三日，國府委員會成立，曾琦抱病出席，感賦二律：亡命江湖廿四秋，朝堂初入淚交流。頭顱自撫經千劫，面目人驚帶百憂。豈有爰居耽魯樂，未應漁網罥沙鷗。圖南舊蓄鯤鵬志，會向烟波萬里游。　剥復興衰豈偶然，禹湯罪己可回天。倘無丹詔蘇民困，定有黄巾起朔邊。南渡應思東晉事，西郊寧媿北征篇。杞憂敢爲諸賢道，周室宜防再播遷[3]。又因新疆邊境事件有感，咏詩四首。6月15日，上海的谷振元據《新聞報》南京十四日電，認爲其中最有趣者是："金人侵宋愚堪笑，元寇吞華智可驚。直入西南堂奥地，趙家天下竟爲平。"[4] 11月，曾琦當選爲國大代表，特於27日在南京致電感謝家鄉父老："隆昌縣縣政府，縣參議會，國民黨部，青年黨部，曾氏聯宗會，各紳耆，各鄉鎮保甲長，并轉全縣同胞鈞鑒：琦以菲才，厠身樞府，無補時艱，方深内疚，乃蒙故鄉父老選任國大代表，電訊遥傳，益增惶悚。念初舉於卅五年前，因齒穉而謝免，比重選於八千里外，撫頭白而懷慚。愛國愛鄉，彌感三推之雅意；制憲行憲，敢忘一貫之初衷。所幸朝野同心，期撥亂而返治；中外矚目，懔多難以興邦。一俟憲政告成，即當還我初服。彼時巫峽猿啼，覽鵝洞之雪景；鰱溪魚美，聞響石之鐘聲。定與父老兄弟，共話桑麻；并祝諸姑姊妹，同臻康樂。息壤在彼，敢以爲期。謹伸謝悃，佇候教言。曾琦拜啓。"[5]

1948年伊始，曾琦便吟成兩詩。《戊子元旦，病中試筆》：似水流年又報春，藥爐依舊

---

① 古董家：《曾琦梁鴻志唱和録》，《消息半周刊》1946年第6期，第82頁。

② 曾琦：《詞二首》，《青年生活》1946年第4期，第75頁。

③ 曾琦：《四月二十三日國府委員會成立，扶病出席首次國務會議，感賦二律》，《大中國月刊》1947年第1期，第3頁。

④ 谷振元：《曾琦詩人近作與中華時報一篇社論》，《時與文》1947年第15期，第23頁。

⑤ 曾琦：《曾琦謝隆昌父老啓》，《青年生活》1948年第22期，第59頁。

尚相親。精亡燭武嗟何及，心遠淵明定有鄰。病倚山妻勤護侍，劫餘禪榻樂閑貧。死生早悟南華旨，一念難忘九塞塵。《戊子人日，有懷成都工部草堂，賦柬幼椿、時珍、雲生、石子、文光，并呈劉豫波師》：工部當年有草堂，坡公晚歲卜居常。東吴作客常爲客，西蜀還鄉似異鄉。四海無家憐我拙，一椽賃廡累人忙。浣花溪畔花應放，最憶寒梅與海棠[①]。人日爲正月初七。其中"時珍"即魏時珍（1895－1992），名嗣鑾，四川蓬安人；"雲生"即彭雲生（1887－1966），名舉，四川崇慶人；劉豫波即劉咸滎（1858－1949），四川雙流人。同年7月31日，《群言》復刊第5期載有曾琦另一則逸事。適值總統就職，行憲内閣尚在醞釀之時，曾琦以爲未來的考試院長一定非他莫屬，於是躊躇滿志，乃由夫人周若蘭親筆繕録其七絶一首，分贈各院部首長及權要，以言雄志。詩云："斗室蕭然一僇民，東坡子厚若爲鄰。廿年學道差堪信，嘘氣能令四海春。"豪氣縱横，足以驚人。曾夫人且附注"外子弱冠時即有統一海内之志"，更是畫龍點睛。其間也曾送宋子文一幅。宋素來痛恨民、青兩黨。一日，爲宋府一卿客所見，乃在横匾的空白處，寫下"污我墻壁"四字，下署"惡青子題"；又覺意猶未盡，再題打油詩一首："此等人，此等詩，怎能懸挂怎能傳？恐污墻壁特奉還。"并署上"知友題"。數日後，再將上款"子文先生雅屬"刮去"子文"二字，差人送回青年黨總部，上書"陳交曾慕韓先生"[②]。

"詩言志。"曾琦的詩作，雖是個人行迹的記録，從中可見其才性與情志，但也是時代風雲的映射。馮永軍曾作《當代詩壇點將録》，然百八之數，未得其全。劉衍文在《序》中指出，有三人焉，或可補之：一則周鍊霞紫宜；二則曾琦慕韓；三則易家鉞君左。而曾琦之詩，"蒿目時艱，能工能慨"[③]。上述輯録，當可窺其堂奥。

作者單位：重慶師範大學

---

① 曾琦：《詩》，《青年生活》1948年第23期，第88頁。

② 半記者：《宋子文璧還曾琦詩》，《群言》1948年第5期，第7頁。

③ 劉衍文：《序》，馮永軍：《當代詩壇點將録》，華東師範大學出版社2011年，第4頁。

# 唐友耕家族與出版業

蔣　藍

唐友耕（1839—1882），本名唐大明，字澤波（蔣藍按：古籍裏也寫作澤坡、宅坡），因爲少年時節當過大關縣袍哥舵把子，別號“唐帽頂”，他一直以此爲榮。1839 年出生於雲南省大關縣翠華鎮，尚在少年時就充任大關游擊營的餘丁，餘丁即是未成年之兵。當時擔任游擊的某官看中了唐友耕“趨捷而有膂力”，提拔起來做自己的跟班。唐友耕因輕死易發，爲父報仇犯下人命，16 歲投入藍大順之農民軍。但因爲一次奇怪的變故，在敘府叛投清軍。因善用“農民軍那套”來對付農民軍，竟是戰果纍纍，屢戰屢勝，從把總（類似排長）升至總兵（相當於師長）。同治二年（1863）率兵圍剿太平天國翼王石達開，於大渡河畔擒石達開，解往成都凌遲，清政府授其雲南提督，并賞黄馬褂，成爲一生輝煌的頂點。同治八年率部鎮壓昭通回民起義。光緒六年（1880）署理四川提督。因多次受傷，加之妻妾衆多，光緒八年（1882）病死於成都提督衙署，享年四十四歲。

唐友耕爲人耿直而血性，交游廣闊，不但與四川總督駱秉章、丁寶楨過從甚密，而且與一代大儒王闓運有着一番不同尋常的游歷。他死後葬於漿洗街與肥猪市交彙處的 500 畝朝廷地，數千字的碑銘、銘文均由王闓運一手操辦，由此可見一斑。

## 唐家致力於出版的名山事業

清代圖書業在乾隆以前，無論是正統著作還是稗官野史一般而言皆有成書，紀述未必得法但總可備參考。到乾隆以後内憂外患，一如夢魘，政府既無從容編述的人力，更無龐大編修費用，太平天國、捻軍、李藍起義與清軍多年拉鋸戰對財政消耗太大了。在這一背景下，曾國藩、駱秉章總督幕府軍師黄彭年、李慶雲等先後設立書局，纂集案牘，以保存國故；王闓運入主成都尊經書院後，蜀學開始復興，傳播新式學術理念的書局也逐步在成都湧現。唐友耕涉足圖書業，顯然是受到了這兩股風氣的左右。

而黄彭年的經驗之談恐怕纔是問題的關鍵，因爲他曾經説過類似“翻底牌”的一句箴言：“刻書最易傳名。”

唐友耕晚年居住成都，已經着手圖書的整理與編印。

我能够見到的證據，是圍繞清代著名學者趙翼筆記《陔餘叢考》的版本。此書 43 卷全 16 册，先有乾隆五十五年庚戌陽湖趙氏湛貽堂刻本，後有光緒年間“大關唐氏壽考堂藏版”。馥笙張選青校正、心舫唐友忠參閲。唐友忠就是唐友耕的弟弟。其來歷是：乾嘉之際陽湖趙氏湛貽堂所刻《甌北全集》板片，在光緒年間歸滇南大關唐氏壽考堂後，繼續印刷。《陔餘叢考》卷末署名“心舫唐友忠參閲”，這是一種風雅的“附驥”之舉。唐友耕在成都期間，曾重刻《漢魏百三名家集》，内封署“壽考堂藏板”。這似乎可以認定，唐友耕光宗耀祖的具體工作，是由弟弟唐友忠率先開始推行的。

接力棒傳過來，廣大這一名山事業的是唐友耕的六子唐鴻學和九子唐少波。著名歷史學家任乃强在《華陽國志校補圖注》長篇前言的第八部分《道咸以來之翻刻與校勘》裏，提到：

> 唐百川本名鴻學，後以字行。雲南大關廳人，四川提督唐友耕第六子，捐班道員。曾任四川官印刷局局長。其父在時，嘗粹英堂書肆於成都，刻有《漢魏六朝百三名家集》。百川繼之，刻有《怡蘭叢書》。又爲布政使許涵度刻《三朝北盟會編》。頗治目録、板本、校讎諸藝。卒於一九四四年前後。晚年閑居，以校勘《華陽國志》自娱。用二酉山房刻本爲底本，每得一條，書簽貼於文上，或朱或墨，凡約三百條左右。大抵采輯《初學記》、《太平御覽》引文及《函海》與《漢魏叢書》本異字。隨得隨貼，未及竟業而死。其底本八册用木匣精裝，現歸四川省圖書館。原貼似用口津，今全脱落，頗有零亂。人以其貢獻不大，未甚注意。本書校注每亦采之，凡稱“唐箋”者是也①。

這個記載，可以從民國傅崇矩編纂的《成都通覽》中的《候補各官姓氏·候補道》一欄裏得到佐證，我終於發現了“唐鴻學百川”的名字位列其中。可見，唐帽頂在與官場文人互利互惠的濡染中，一心要在文化碼頭上岸。不過我查閲了成都衆多史料，依然未找到有關“粹英堂”的進一步資料，倒是發現了數十種以“滇南唐友耕”之名刊布的古籍，範圍遍及經史子集。至今我在古籍拍賣的網站上，尚能見到“滇南唐氏”民國精印本的頻頻亮相。

這裏僅舉一個近年我看到的例證。

我在 2002 年 6 月 19 日《中國文物報》一版上見到一則報道，北京中貿聖佳拍賣公司由日本有鄰博物館徵集到米芾《研山銘》，此事在國内外書畫界、拍賣界引起强烈關注。啓功先生在鑒定《研山銘》後感慨良深，説此銘還有一件“姊妹篇”，現藏重慶博物館。“姊妹篇”即羅聘等合作的《研山圖》卷。

---

① 任乃强：《華陽國志校補圖注》，上海古籍出版社 1987 年，第 57 頁。

該卷的内容頗多，是諸多内容的合裝卷。主要有翁方綱小字隸書《寶晉齋研山考》、羅聘之子羅允纘繪《寶晉齋研山圖》、研山拓本、羅聘等繪《合作研山圖》。其中最重要的是研山拓本和翁方綱考證。《研山圖》卷鈐有“怡蘭堂書畫印”藏印，顯然這一國寶爲雲南大關人唐鴻昌、唐鴻學所得。上面還有“治園所藏”與“王纘緒印”，後來又爲民國間四川西充人、軍閥王纘緒所得。王瓚緒自稱爲王安石後人，齊白石特爲王纘緒治印“半山後人”。1949 年，王纘緒在四川率部起義，將此卷捐獻與當時設在重慶的西南軍政委員會文教部。1951 年在重慶籌建西南博物院，該卷遂爲博物院所得。1954 年，西南博物院改爲重慶市博物館，該館珍藏至今。

該卷的珍貴在於：因米芾研山亡佚，賴此卷研山拓本得其概貌，可與米芾《研山銘》、蘇氏易去之研山“圖”相輝映、佐證而成“完璧”，是研究米芾研山的珍貴資料；翁氏考證詳盡，且其小字隸書頗爲難得；羅聘等合作研山圖，藝苑佳話；齊白石刻印，亦添佳色也。

公允地説，唐百川的治學水準遠在其父之上。他精於版本校讎，其批注的《世説新語》本等等廣爲大學圖書館庋藏。我考證過四川官印刷局情況，於 1890 年開辦，地點就在成都東玉龍街。唐百川出任四川官印刷局局長，利用條件印制了多部《怡蘭叢書》，也是以“滇南唐氏壽考堂”名義陸續點校古籍刊布於世。

唐友耕另外一個兒子唐鴻昌（字少坡，也作少波，一字少公）在家族排行第九，後常以“唐九”爲名號，他在大邑等縣有父親贈與的良田兩千餘畝。他卻不治生計，獨喜搜集古籍字畫金石古碑，甚至不惜傾其家産。他晚年寓居成都，以鑒定字畫爲生。他曾言自己鑒定眼光的一番來歷：“我這雙眼睛，是二千多畝田地换來的！”這是一句概括力極高的話，遠非如今牛皮哄哄的碌碌鑒定家們能望其項背。我考察其介入過的不少作品，誠言不虚。

唐百川與弟鴻昌鋭意搜羅典籍書畫與金石文物，爲近世蜀中收藏界巨擘，也是近世蜀中屈指可數的版本目録學家、出版家、書畫鑒定家。

兄弟兩人與民國初年四川文人雅士、官員寓公廣泛交往。2012 年 5 月，唐家後人對我回憶説，因爲唐老九手裏有一部宋版《淮南子》，軍閥楊森決定用黄瓦街上的一座公館予以交换，但被唐老九婉拒。在他們的交往史中，不乏如曾佑生（姓曾名敏，字佑生，一作祐生，四川廣漢人，民國時期四川地區碑帖拓片收藏大家，兼擅椎拓，民國時蜀中漢磚拓片多出其手。生前和易均室先生均居玉泉街）、李鴻裔（1831—1885，字眉生，號香嚴，又號蘇鄰，四川中江人。官至江蘇按察使加布政使銜。罷官後，家蘇州。精書法，著《蘇鄰詩集》）、林思進（1873—1953，字山腴，號清寂、清寂翁，室名清寂堂、三十六松館等。四川華陽人。30 歲中舉，後即東渡日本，回國後授内閣中書，著名的古文學家，詩與趙熙齊名，并稱“林趙”）、芮善（字敬予，民國四川畫壇領袖）以及徐無聞先生及其父親徐鴻冥、黄賓虹、張大千等名士，在一定程度上也葆有了文物古迹的存留。

我在四川文物總店的金石書畫錢幣鑒定家袁愈高先生處，見到過唐百川唐鴻昌兄弟收録、秘藏古本上的部分題跋，這早引起吴虞、徐無聞等先生的注意。徐無聞是 20 世紀四川書法的殿軍，是一位在衆多領域都取得很高成就的學者、詩人、書法家、篆刻家。尤其是

《白石道人歌曲》六卷，别集一卷，宋代姜夔撰，此本經清大藏書家鮑廷博以墨、朱、黄三色筆全本批校，滿紙燦然，其文獻、版本價值無庸贅言。此本原爲大藏書家大關唐百川兄弟的“怡蘭堂”所藏，復經唐氏讀校；後歸徐無聞先生舅舅“太平崔氏謙益堂”堂主崔之雄所有；1987年由徐無聞先生謀劃、影刊行世。在四川人民出版社出版的這部《鮑廷博手校張奕樞本〈白石道人歌曲〉》影印本之前，刊有徐無聞撰寫的長篇跋語，指出：經過專家“按譜試彈”後，認爲與一般傳本之旁譜比較而言，“音節最諧”，應該最爲接近白石原譜。

## 秘本《荒書》的刊印過程

要刊刻古籍，必要掌握可靠的秘本。這裏談談明末清初四川思想家費密《荒書》的問世記。

費密（1623—1699）字此度，號燕峰，四川新繁人。出身於書香世家，祖父嘉誥爲四川大竹縣訓導，父經虞爲雲南昆明知縣。他6歲從師讀書，好學窮理，深得長輩的贊賞。20歲時，張獻忠率領的農民起義軍進入成都平原。費密參加了當地地主李國祥組織的武裝，在高景關於張獻忠軍隊對峙，後被打得大敗。他隻身去昆明投靠父親，途中又被山寇擄劫，幸爲父親贖回。幾經挫折，終於得到鎮守嘉定的明將楊展任用。楊展爲抗擊大西軍隊的名將，被投降張獻忠的軍士所殺，費密也被俘。1652年費密輾轉回到故鄉新繁，見祖傳房屋已成灰燼，遂北行到陝西沔縣定居。在沔縣，他謝絶了當地總兵的許官和重金聘用，而專心研究醫學。1657年，他又携家到江蘇揚州。當時海内名流錢謙益、屈大均、萬斯同、朱彝尊、孔尚任等都與他交往密切。爲了不斷增長學識，他於1673年徒步數千里專程到河南衛輝蘇門山問學於儒學名士孔逢奇，得其真傳。次年春他又到浙江與思想家吕留良切磋學問。費密一生學而不厭，誨人不倦，後葬於泰州野田村。

費密的身世，記録在如今新都龍藏寺所收藏的一塊涉及其家族的“歌碑”上。費密一生坎坷，由於身後蕭條，著作一直没有流布，以至他在學術上的貢獻和地位無法廣爲當時學術界所識。民國初年，費密的主要著作《弘道書》終於刊刻流通於世，自此費密的學術思想纔漸爲人瞭解。

劉智鵬《費密著述考》[①] 指出：

> 編年史記《荒書》，起自明崇禎三年（1630），止於康熙三年（1664），紀録張獻忠禍亂全蜀過程。費密很重視《荒書》，希望以此書參與《明史》的編撰。後來，由於坊間已有傳聞，《荒書》逐漸成爲讀書人渴望一睹的秘本。然而，這時心情怪異的費密卻敦敦囑咐兩個兒子“但藏吾書，勿以示人”。費密死後，《荒書》遂一直被秘藏起來。費密兩子也曾爲《荒書》作過一些校補，但不知什麽原因，一直没有刊行。到了雍正五年，《荒書》傳到費密的孫子費藻手上。費藻鑒於原書“久貯敝笥，多朽蠹”，於是重新繕寫成帙。抄寫完了，依然放着。

① 劉智鵬：《費密著述考》，《四川師範大學學報》（社會科學版）2004年第6期。

流逝的時間，已經讓應景之作變成恒河沙數。時間佐證了《荒書》無可替代的價值。

光緒三十四年（1908），唐鴻學於新繁嚴渭春處得到此書的鈔本一卷，并刻成書板。嚴渭春，名樹森（1814—1876）新繁人，初名澍森，字渭春，道光舉人，咸豐間由知縣累遷至河南巡撫，於河南省邊界剿鎮太平軍，1861 年調湖北巡撫，剿滅捻軍，1875 年任廣西按察使，後任貴州布政使、廣西巡撫。嚴渭春家大業大，出高價收購《荒書》，那是不可能不成功的。

以唐鴻學的眼光，他很快懷疑本子有脱誤，而没有貿然印行。

他心裏一直惦記着這個事。唐鴻學終於在宣統三年（1911）得到另一秘本信息，遂以重金購得新繁楊氏的《荒書》——一卷本"舊鈔"，但因政局不穩而無法校印。到民國九年，唐氏以光緒三十四年所刻爲底本，將"舊鈔"可資補正的部分録成校記，附於書後。《荒書》遂與《弘道書》、《燕峰詩鈔》合刊爲《費氏遺書三種》，收入唐氏《怡蘭堂叢書》中。此本刊刻極精，乃清季宋體字刻本中最典雅之作。開本闊大，乃皮紙極初印本，即紅印向墨印過渡的實例，俗稱"紫印本"。眉間有前人輯録各種相關文獻資料，對於研史頗有助益。這三部著作，梁啓超先生在《中國近三百年學術史》裏予以了極高評價。稍後，中央研究院傅斯年圖書館立即予以館藏。

《荒書》刊行後，木刻版片輾轉落入嚴渭春後人之手。民國十六年（1927），嚴氏後人略作校補後全書重印收入渭南嚴氏《孝義家塾叢書》，版面與《怡蘭堂叢書》本舊貌一致。值得一提的是，收有近三百首詩歌的費密詩集《燕峰詩鈔》，也是唐鴻學以"怡蘭堂"名義出版的。

叙述這一過程的大學者，是大名鼎鼎的吴虞。《費氏遺書三種》出版後，吴虞向日本著名的"支那學"大家青木正兒寫信推薦，希望他在其主編的《支那學》上刊載。他於 1921 年 12 月 12 日致青木正兒的明信片上，專談此事——

> 同邑費此度先生（密），清初之學者也。其著述以《宏道書》爲最精彩。而其書久絶於世。敝國雲南大關唐君百川，宦游蜀中，藏籍冲棟，尤嗜校刻。曩者搜得先生《宏道書》舊抄本，亟精刊之，今年完工出書。適其世兄敝門生唐術伯負笈京華，就學北大，携其書來京，覓虞代呈一部，奉贈貴社，并乞在貴報爲廣播。唐氏父子，皆雅而好學者也，故樂介之足下。外有胡適之《費密學説》，刊載《晨報》，亦附呈一份。書到請照收爲荷。
>
> 有暇望常賜教益。
>
> 匆此，即頌
>
> 道安
>
> 弟吴虞拜啓
>
> 民國十年十二月十二號

此書分爲 3 册，是渭南嚴氏鎬樂堂丁卯（1927 年）根據大關唐氏怡蘭堂庚申（1920 年）

刻本刊布。書前有趙熙題簽及序文。後來，介紹文章刊登在 1922 年 3 月出版的《支那學》二卷六號，題爲《費密遺書》，作者爲小島佑馬。我感興趣的是吴虞提及的唐氏幾個人，以他的眼光，能有如此好評，足見他對唐百川等人的好感。而且唐術伯爲他的弟子，這是我唯一能見到的記載。

世兄一詞，明清時期用以稱座師、房師的兒子，後亦爲有世交的平輩間的互稱。唐術伯極可能是唐友耕兄弟唐友忠的兒子。在日本國立國會圖書館裏，有很多“中國語資料”，不少爲當時中國文人的捐贈，在土屋紀義整理的日本國立國會圖書館的“寄贈資料”目録中，就記載有“《皇清誥授建威將軍雲南提督四川提督唐公年譜·附録》，唐門三二 1 册，光緒年 34 刊，唐術伯寄贈，大正 10 年 12 月 17 日”一條，看來，這個唐術伯無疑通過吴虞的關係，又向日本方面寄贈了一些資料。

這一段曲折歷史，不但可見唐鴻學致力於珍本的校勘，也可以發現唐家與渭南嚴氏的關係，也顯示了後來唐家家道中落後，藏書轉入賁園，似乎水到渠成。

民國《新繁縣志》記載了唐鴻學以重金從新繁楊氏家中購得《荒書》的經過[①]。

在我看來，一個人前半生致力於殺人，後半生致力於嘉惠學林，子女知書識禮，之乎者也，駢七驪四，銀子多多，醇酒美人，躲進小樓成一統。放眼大清一朝，幾個從血海裏安然登陸的堂堂提督有此能耐?

我感慨於造化，卻有不能不爲唐友耕的陡然轉向，産生佩服之情。

## 唐氏藏書與學術地標賁園的淵源

成都市錦江區岳府街 55 號蕭邦大厦之後，舊時爲駱公祠街 16 號的“嚴府”，係知名藏書家嚴雁峰、嚴穀孫父子所建“賁園書庫”所在地。

從歷史上看，此地頗有淵源。三國時趙雲曾在此建宅，所以在街西有水池，民間稱趙雲洗馬池，又名“子龍塘”，直到 20 世紀 70 年代纔被填平。爲紀念“德政既不勝書、武節亦非所短”的川督駱秉章，清廷在子龍塘邊爲駱秉章修建了駱公祠，此街即改名爲駱公祠街。1950 年後，革命呼聲的音調愈來愈高，有人認爲此街不應以劊子手駱秉璋命名，1954 年在保衛世界和平運動中改爲和平街。歷史就在這條一百多米的街道上重叠，當然最爲馳名的還是賁園。

賁園舊址爲岳鍾祺將軍宅第“景勛樓”。之後大員衮衮而來，主政四川的官員吴連生、駱秉章、祥文瀾、恒容齊等都曾入住景勛樓。清末，大鹽商、藏書家嚴雁峰、嚴穀孫父子買下景勛樓，據皇家檔案館的樣式於 1914 年至 1924 年歷時 10 載，將其改建爲“賁園書庫”。小院門楣上雕刻着兩個篆字“怡樂”，小樓上嵌着書庫的隸書横匾，門是“滿月門”，基座上

① 見侯俊德等:《新繁縣志》，民國三十五年成都啓文印刷局。

雕刻着青獅白象、捲草、白雲，爲南方園林建築的典型風格；窗户小巧而精緻，左右對稱，中間有陽臺，又是西式建築的特點；而房檐卻又是中國北方建築的風格。小樓墻體厚達五十多厘米，所有窗户都裝有隔水板子，屋檐下修有腰檐，小窗之上設有通氣窗，連最細緻處的防潮防曬都考慮周全。賁園書庫被學者譽爲“成都地區目前唯一見到的專門的民間藏書建築”，内容比四川江安傅增湘的“雙鑒樓”更爲豐富，號稱“成都天一閣”。賁園不僅以藏書知名，又以刻書精善而著稱，紙質、字迹、印刷皆稱上品，英國大英博物館、牛津大學圖書館、蘇聯列寧圖書館均有其印本陳列，美國國會圖書館還專闢有“渭南嚴氏精刻善本書籍室”。

賁園主人嚴雁峰（1855—1918），號賁園居士，陝西渭南人。青年時聞成都尊經書院的大名，特意來成都報考。王闓運爲尊經書院山長，主要爲振興蜀學，所以不收外省籍學生。但金石爲開，嚴雁峰卻成爲了例外。由於喜書，平時搜書甚勤，那時他的藏書就已達 5 萬卷了，王闓運嘉其志向，遂收入門下。嚴雁峰與宋育仁、廖季平、吴之英、張孝楷等同門朝夕研讀，成爲了清朝末年蜀中的著名學者和詩人。他後來棄仕從商，在成都經營鹽業，迅速成爲巨富。這一“曲綫就學”之路，歷史證明他的人生踪迹非常精妙，大有深意。由於蜀地戰事頻仍，好的古籍早爲藏家富豪壟斷，嚴雁峰在 1894 年（光緒二十年）入京，以巨資購進大批古書，裝運回川。途徑西安時，遇張氏藏書大量出售，又重金全部收進。建書樓 3 楹，正式名爲“賁園書庫”。

程宗文説：“余與嚴子交最久，知最深，其生平覓善本，幾成癖，閱異書，心輒醉。窮年屹屹，手不釋卷，當世罕有。知者而嚴子亦不求人知，意在徵實不在獵名。亦後來之振奇人哉。”[①] 由於理想日益明確，耗其兩代人畢生心血而藏書、求書，書成爲了藏書家活着的唯一目的。嚴雁峰後動用經營多年鹽業的巨款矢志訪書。成都、西安、北京、南京、天津甚至日本商如有善本、珍本都要聯繫。

當他聽説清軍提督唐友耕之孫，因爲家道中落欲售藏書時，便親自去唐家登門求購，高價購得不少珍本書籍。收藏四部之書凡“14 145 種 115 232 卷 45 982 册”[②]。

對這個情況，“唐老九”的後人、唐勞綺老師對我回憶説，她聽父親唐孟桓轉述過爺爺唐建伯出讓藏書的情況：民國初葉，家大業大的唐家逐漸入不敷出，開始出賣多所公館、田地，最後注意力集中在存放於琉璃場書庫的藏書上。與嚴雁峰商榷後，最後以 10 萬兩白銀成交。

其實，這個價格對近六萬册藏書而言，價可謂不高，唐家的皮藏對賁園的藏書具有舉足輕重的影響。唐孟桓曾經對子女講，那時賁園没有恒温系統，他常去找嚴家父子談書，看見書庫雇了 8 個工人，每天的工作就是以竹簽翻動書頁，以此來通風透氣，永無休止。

在唐家轉賣的這批藏書裏，可以隨便舉個例：《夢溪筆談》二十六卷附補筆談三卷續筆

① 《賁園書庫落成徵文事略》，成都聚昌公司 1924 年。

② 趙懷忠：《文獻學家渭南嚴氏父子》，《圖書情報工作》2010 年第 17 期，第 145—148 頁。

談一卷補校一卷。

此書宋代沈括撰，清代林思進補校，民國戊辰年（1928 年）渭南嚴氏刻本，計有 6 册。半葉 10 行，行 21 字，單魚尾，上下黑口，左右雙邊，牌記題：“蕪湖沈氏鎸版，後歸大關唐氏，今歸渭南嚴氏。戊辰十月復假華陽林山腴舍人用宋本補校者附刊印行。”按照這一記録，本書確切的説應爲蕪湖沈氏刻本，嚴氏戊辰年重印時又加印了華陽林思進的補校。因《書目答問補正》上范氏記大關唐氏刻本在光緒年間，故牌記所題戊辰年應是民國十七年。卷二十六後又有嚴氏跋文一篇述其版之由來。此本刻印俱佳，保存完好。難怪藏書家們視之爲上品。

當時，賁園的座上客，無論軍政商學，都是近代聲名顯赫的人物，如于右任、張大千、闞麟徵、孫科、邵力子、章士釗、吴虞、沈尹默、林山腴、向楚、蒙文通、宋育仁、吴之英、廖平、謝无量、龐石帚、陶亮生以及唐百川、唐少波兄弟等一時聞人。成都駱公祠街的賁園，無疑是蜀中的學術地標。

蜀地多雨，某天我騎車路過賁園，就在門口打探一番。濃蔭中的枝條入水，一寸寸融化，開出一樹的亮雲。水霧中的藏書樓被魚尾改變了立場。水草收匿了太多的閃電而緑腰蕩漾，寫字的落葉被遺忘了，夕光啃食葉脈。整個黄昏由於蠶絲的出神，而無法歸去。天穹蹺縮如瓷，爬滿裂紋。

## 長子唐紹聞點滴

民國初年，沃邱仲子（費行簡）談到曾經在唐友耕長子唐紹聞家裏，見過所謂石達開贈送給唐友耕的撰聯。我認爲，這個記載也是真實的。固然有人利用石達開的名望來抬高自己，但唐家擁有石達開的翼王印、筆硯、兵器等遺物，早已名聲在外，幾乎成爲了成都的龍門陣。刻意去僞造翼王的手迹來炫耀門庭是不是有點多此一舉呢？

《大關縣志》中確有對唐友耕長子唐紹聞和六子唐鴻學的記載，稱唐友耕長子“唐鴻齡，字壽山，提督友耕長子……”，但是没有提“唐紹聞”的名字，不過記載中説此人曾“委署鹽源縣”。

後來，我在《攀枝花日報》上看到一則報道，梳理本地志書的歷史形成過程，特意提到《鹽源縣志》的編纂經過：“光緒《鹽源縣志》刊本，六册，十二卷。先是光緒十七年（1891），時任鹽源知縣的辜培源組織邑人周冕等人編纂成初稿。光緒十九年（1983），由新任知縣歐陽衡組織人修訂初稿後刊印。光緒二十二年（1896），又經在職知縣唐紹聞再次組織人補修刊印而成今本。”看起來，這個唐紹聞就是《大關縣志》中提到的唐鴻齡了。

而《清實録·光緒朝實録》載：“以違例苛罰。革署四川鹽源縣知縣唐紹聞職。”宛如羚羊挂角、無迹可求。他的踪迹，就此在歷史中消失了。

# 老九唐少波的後裔情況

唐勞綺的外公是四川著名書畫家江梵衆（1894－1971），號少舟、喜舍庵主人。祖籍廣東，生於成都。爲民國丹青妙手，畢業於四川法政學校，曾任校長，係西南藝專教授。

唐勞綺的爺爺、父親也并非無名之輩。爺爺唐建伯（1890—1938）係老九唐少波的兒子，爲雲南講武堂出身，在蔡鍔出任校長期間，他出任總務長，後出任靖國軍參謀長。民國成立後，出任過嘉定府第一任硫磺局局長。因是富家出身，他交游廣闊，民國初年在成都的官場、軍界、商界、文藝界均有人脈。父親唐孟桓（1911—1977）就讀於北京大學中文系，結識衆多演藝界名人。在周芷穎、高思伯合著的《成都早期的話劇運動》一文裏，講到1930年成都“摩登劇社”活動，在1931年又以“現代劇社”名義恢復話劇演出時，特意提到了唐勞綺的父親唐孟桓：現代“劇社中人，新人有盛建群、楊琳、唐孟桓、唐娜等。演出劇目，除原摩登社所排演者外，增添了如《僞君子》、《名優之死》、《風雪夜歸人》、《松花江上》、《雷雨》等名劇……”①

民國時期唐孟桓一直活躍在四川文藝界，他有一個筆名叫“皿木”，寫過一些文藝小品，與謝添、車輻、陳白塵等人友善。他曾經提供成都東丁字街的房子和資金積極支持地下黨負責人車耀先創辦《大聲周刊》，還參與過話劇《放下你的鞭子》以及著名電影《風雪太行山》的演出，出演的是配角——體格剽悍的礦工。由於唐建伯的殷實，他還出資支持話劇《雷雨》在重慶等地的演出。1949年以後，唐孟桓在成都建國中學（15中學）任教，擔任語文教師直至退休。

謝添晚年，曾經對唐家後人談到過對唐孟桓的突出印象：“那是一個愛情至上者！”這句話，大可以窺見唐孟桓的性情。當年他與藍蘋（江青）、徐曼等人過從甚密，大有情義，至今有他與這些女星的合影爲證。由於家境的特殊性，置身一個波詭雲譎的時代，無論是唐建伯還是唐孟桓，均未留下任何回憶性文字。

作者單位：《成都日報》副刊部

① 見《四川文史資料選輯》總36輯，1989年，第57頁。

# 四川兩翰林與硫球王國

張　力

清代乾嘉時期，四川曾有兩位翰林周煌、李鼎元作爲册封副使，乘龍舟渡海册封琉球王國兩位國王。他們將親歷所見所聞，撰成專著，均被收入《續修四庫全書》，是研究琉球王國不可或缺的重要史料，是川人對自由的琉球人民一份微末的奉獻。

## 一　周煌册封及釣魚列島歸屬

周煌，字海山（？—1785），四川涪州人，乾隆丙辰二年（1737 年）進士，改庶吉士，入翰林院深造，散館授編修。二十年（1755）詔偕侍講全魁册封尚穆爲琉球國王。四十四年（1779）充《四庫全書》總閱。同年十二月擢工部尚書。四十五年（1780）調任兵部尚書。四十七年十二月，命在紫禁城内騎馬。四十九年（1784）調任左都御史。五十年乞病休，以兵部尚書致仕，加太子少傅銜。同年四月病逝，追加太子太傅，謚文恭公①。

乾隆十六年（1751）琉球王國國王尚敬去世，世子尚穆“以嫡繼統”，上表請封。乾隆二十年遣翰林院侍講全魁、編修周煌充正副使往封，并均賜一品麟蟒服，以壯天威。使團在福建先選二艘民船改造成巨大龍舟二艘（船長 11.5 丈，寬 2.75 丈，深 1.4 丈，有 24 艙及水柜 2）。準備物資包括“新鑄清篆駝紐印、銀幣等物”，暨兵丁調配共費時年餘，於乾隆二十一年六月初十日（1756 年 7 月 6 日）“早潮出五虎門（屬福建長樂縣）……行船五更②，見鷄籠山頭（在臺灣基隆港）十一日，行船四更，見釣魚臺。……十二日，見赤洋……夜過

① 《清史稿》卷三百二十一，第 10782—10783 頁。

② “凡行船 60 里爲一更“，［清］潘相：《琉球入學聞見録》，臺灣文海版，第 67 頁。

溝[①]，祭海。……十三日行船二更，見姑米山。”[②] 姑米山是琉球海槽東琉球王國最富庶的島嶼之一，與馬齒二島組成王國西部屏障，盛行漢文，講閩南語，是明太祖下詔泉州等地移民，但對王國尚氏政權竭盡忠誠，承當上貢諸重要職責，數百年來無半點違忤事例，深得王室信賴。

封使所乘兩艘龍舟因東北大風被困於姑米山下近十天，不能到那霸港。“二十四日，風愈暴，椗索屢下屢斷……柁走，龍骨觸礁而拆，底穿入水……帆葉厨棚吹没殆盡……一礁石透入船腹，不動亦不沉。”[③] 封使及兵丁僕役衹得棄舟登岸，至七月初八日，乘琉球國船隻駛抵那霸。後琉球國爲封使回國更造新船，但因季候風已過，至乾隆二十二年（1757）正月二十八日登舟回國，二月十三日進五虎門。周煌在琉球停留達半年。回程是向浙江方向航行，没有經過釣魚臺。

釣魚臺即釣魚嶼、釣魚島，今應稱釣魚列島，包括黄尾嶼、赤尾嶼，自古至今，皆屬中國海島，是中國大陸架自然延伸，是閩、浙、臺漁民千年以來祖傳的捕魚區，也是中琉兩國商人開闢的海上貿易通道中兩國海上邊境的分界綫，即如明嘉靖四十一年（1562）册封使郭汝霖使琉球所載：“赤嶼者，界琉球地方山也。再一日之風，即可望姑米山也。”[④] 姑米山屬琉球王國，中國文獻記載甚多，如陳侃《使琉球録》載：“十一日，夕見古米山，乃屬琉球者，夷人鼓舞於舟，喜達於家。”[⑤]

稍晚於陳侃的鄭若曾，曾爲抗倭名將胡宗憲的幕僚，繪製有萬里海疆圖，“皆所目擊……與書生紙上之談，固有珠焉”[⑥]。其《琉球圖説》載：

> 自福建梅花所開洋，順風利舶，七日可至其地。……十更船取小琉球……套北過船，見鷄籠山及花瓶嶼至彭家山……十更取釣魚嶼……四更船過黄麻嶼……北邊過船便是赤嶼……十更船至赤坎嶼。十五更至古米山……[⑦]

鄭開陽所繪《萬里海防圖》中的島嶼數百個，皆屬中國沿海海防官員管轄。在福建界第八圖中，外海邊界島嶼依次排列有南茭山、瓶架山、焦嶼、裹衣山、鷄籠山、彭加山、釣魚嶼、花瓶山、黄毛山、橄欖山、赤嶼[⑧]。鄭是胡宗憲大帥府高參，他掌握的軍事機密，絶不會把中國的島嶼不繪入中國的海防圖，也不會把不是中國的島嶼繪入中國海防圖。

明胡宗憲《籌海圖編》“福建七·八”圖中，在大金所、梅花所、定海所屬島嶼，就有瓶架山、鷄籠山、彭加山、釣魚嶼、花瓶山、黄毛山，直至赤嶼等，都劃歸定海所、梅花所

① 爲琉球海槽，是爲中琉海上分界綫。
② ［清］周煌輯：《琉球國志略》，中華書局 1985 年，第 91－92 頁；并附周煌針路圖。
③ 同上，第 92 頁。
④ ［明］蕭崇業：《使琉球録》，《續修四庫全書》第 742 册，第 553 頁。
⑤ ［明］陳侃：《使琉球録》，《續修四庫全書》第 742 册，第 506 頁。
⑥ ［明］鄭若曾：《鄭開陽雜著》，《四庫全書》第 584 册，第 444 頁。
⑦ 同上，第 615 頁；附圖見第 624 頁。
⑧ 同上，附圖見第 459 頁。

海洋執法範圍，包括對浙、閩漁民駕舟捕魚的保護權，當然主要是打擊倭寇擄掠、保衛海疆的安全。這些圖都繪製於約五百年前，是浙閩海防最重要的輿圖。

赤尾嶼與姑米山是中琉海洋上的分界綫，還可以從以下史料得到證明。明嘉靖四十一年（1562）册封使郭汝霖、李際春往琉球封尚元爲王，據載：

（五月）二十九日至梅花開洋，幸值西南風大旺，瞬目千里。長史梁炫舟在後，不能及。過東涌小琉球。三十日過黄茅。閏五月初一（6.13）過釣嶼，初三日至赤嶼焉。赤嶼者，界琉球地方山也，再一日之風，即可望姑米山矣①。

嚴從簡爲萬曆十一年（1583）兵部尚書，是明朝軍事决策機構一把手，對國家邊界瞭若指掌，此段咨文引自册封使郭汝霖重刻《使琉球録》，一定會慎重郭所涉及中硫兩國邊界綫無誤，然後再録入《殊域周咨録》。這是一部向朝廷負責的國防白皮書，焉能疏忽失職！中琉兩國官方、民間均知兩國海洋國界綫在赤尾嶼與姑米山之間，幾百年來都口徑一致，從未動揺，經歷兩國二十多位皇帝和國王的認同。這些記載都鎸刻在數十種中國古代文獻上。

明萬曆七年（1579）册封使蕭崇業登舟從五虎門出海，由於用針"舛誤"，行舟七日見不到一座山，"舟人望山之切，真不啻朝饑之匄粱穀，又如弱孺思慈媪而弗得親也"②。後發現葉壁山、姑米山，舟人"無不拍手大歡"，因爲到琉球界，可以活着回家了。葉壁、姑米爲琉球王國西部邊界，更加明白清晰。

康熙五十八年（1719）册封，徐葆光行册封禮後，在琉球考察五六個月，并"先致語國王，求示《中山世鑒》及山川圖籍，又時與其大夫之通文字譯詞者，遍游山海間，遠近形勢皆在目中……"③，撰《中山傳信録》較其他册封使所撰《使琉球録》更爲翔實。他在《琉球地圖》中説明，山南省十二間切（府）所屬115個村縣中，都有具體地名，没有涉及臨近山南省的釣魚列島半點記載。而在《琉球三十六島圖》中，也不包括屬於中國的釣魚列島④。

潘相（字經峰），乾隆中任國子監教習，專司琉球入監學生講授五經四書暨詩文等科目。二十五年（1760）琉球王國遣官生梁文治、鄭孝德（字紹衣）、鄭紹言、蔡世昌（字汝顯）四人入監讀書，潘任教習。四年相處之期，建立了良好的師生關係，常相和詩、書文，以表相互尊重與愛戴。他們還共同對前封使徐葆光《中山傳信録》、周煌《琉球國志略》"逐條覈問，又參閲其國人程順則等所編諸本，頗多同異，用是頻加考訂"⑤。最後潘相撰著《琉球入學聞見録》一書。其中所載"星土"、"疆域"、"針路圖"中，衹有姑米山、馬齒山、葉壁山等屬琉球山川，而所引諸封使所指鷄籠山、花瓶嶼、彭家山、釣魚臺、黄尾嶼、赤尾嶼諸

---

① ［明］嚴從簡：《殊域周咨録》，《續修四庫全書》第735册，第585頁。

② ［明］蕭崇業：《使琉球録》，《續修四庫全書》第742册，第556頁。

③ 《續修四庫全書》第745册，第427頁。

④ ［清］徐葆光：《中山傳信録》，《續修四庫全書》第745册，第506頁。

⑤ ［清］潘相：《琉球入學聞見録》，《近代中國史料叢書》第913種，第8頁。

島，皆非琉球國屬島。琉球身世顯赫的鄭、蔡兩位入監官生，對上述諸島不在琉球管轄範圍未表異議，因爲這是不争的事實，數百年來兩國官方、士子都未爲此島嶼的歸屬發生争執。

乾隆二十二年（1757）册封使周煌在其《琉球國志略・山川》文中説：

> 環島皆海也，海面西距黑水溝與閩海界，福建開洋至琉球必經滄水過黑水，古稱滄溟，溟與冥通，幽元之義。又曰：東溟琉地，固巽方實符其號①。

冥是陰曹地府，是最常見的海難事件發生之地，所以過往船隻均要祭海，以求神的庇護，而祭海之島爲釣魚列島屬島赤尾嶼，祭畢海神即可護佑安全過琉球海槽，則琉球屬島姑米山、馬齒山均歷歷在目。同時，周煌引用陳侃、謝汝霖諸册封使《琉球使録》諸文，明確表明自五虎門開洋至赤尾嶼沿途島嶼均屬中國，爲"閩海界"内中國島嶼。

## 二　周煌與《琉球國志略》

明代派遣册封史共計24次48人，册封琉球24位國王，册封史都由兵科給事中及行人司行人擔任。清代順治以後共派出九批册封使，18位正副使。自康熙以後，充正副使者，皆由翰林院侍講、檢討、編修、修撰擔任，爲何一定要選翰林院文職人員擔任，因爲從明初起，國子監即接收琉球國王族、中級官吏，整個琉球王國的文化教育水平提高了，并在本國建孔廟、明倫堂，并鄉學多所，村鎮"亦多家塾"，士子亦多好學好問，册封使有問必答，故多翰林院翰林充任正副使，周煌以翰林院編修榮任副使。

周煌爲暴風所阻，在琉球停留半載餘閑之際，"隨時采輯"，加上在翰林院之時，"幸窺中秘之書"，并據前諸使臣"類有紀録"，在琉球就"略具草稿"，回京後數月内，"分門别類"，撰成《琉球國志略》。并在琉球時作《人日即事》詩：

> 暖雲如絮雨如塵，不見長安卻見春。
> 十二月中都作客，八千里外未歸人。
> 蠻花匝地紅如錦，海浪兼天白似銀。
> 誰説道衡離思苦，江南山色尚堪親②。

中國志書撰寫源遠流長，自秦漢以來，就有分類的地理志、風俗志、方物志、風土類等志書，而作爲綜合的郡縣志散佚者多，保留至今者甚少，如衹有宋以後的《太平寰宇記》、《輿地廣記》、《九域志》等。四川方志最早莫過於晉常璩《華陽國志》，"其於地方志中開創造之局，開如正史之有《史記》者一"③。常志對四川地方志撰著，影響頗大。保留至今的

---

① 《續修四庫全書》第745册，第652頁。

② 民國《涪陵縣續修涪州志・藝文志》，第171頁；"人日"爲夏曆正月初七日。

③ 任乃强：《華陽國志校補圖注》，上海古籍出版社1987年，第6頁。

還有宋《成都文類》、《錦里耆舊傳》，元《成都志》，明正德《四川總志》等等。周煌所纂《琉球國志略》皆依中國傳統志書體例，所增加的有多幅琉球圖繪，使志書增色頗佳。

《志略》共分16卷及卷首一卷，“凡例”道出書名所出，乃依康熙所頒賜王印，“印文止琉球國王之印六字，不稱中山”，此撰著人表明忠於朝庭之矢志，即“今臣所續纂，務從其實，恪遵印文，惟稱《琉球國志略》云”[①]。而“凡例”另一則亦欠妥當，作者以爲“方今中外一統，琉球被化，尤深且久，擬宜從中國諸道郡縣之例，故以志體擬録，庶益堅其向化悃忱……”[②] 此說不妥，有違明清兩朝對待藩國的友好政策：一、兩朝庭不干預藩國政治，特别是藩國王室承嗣由藩國貴族集團作主。二、貢少賜多，特别對琉球王國賜物所值十倍於貢物之值，貢物中没有奇珍異寶，衹有紅銅、硫璜等本地方物，一般都是福建布政使司收訖或變賣，列爲地方財政收入；而新賜皆綾羅綢緞數十匹及大宗貨幣，都是王室最緊缺物品，故琉球歷代王室均要求一年一貢，有貢必有賜；而明清兩朝都堅持二年一貢或三年一貢。三、兩朝均開放國子監，爲藩國培養治政人材，一切費用均由中國朝廷支出，甚至還負擔陪臣食廩及學成歸國旅費。四、每逢藩國國王去世，兩朝均派册封使往祭往封，一次來往行程所費達數千兩。五、明朝多次派鄭和率龐大艦隊出海，僅爲宣示國威，没有攻占或消滅另一國的劣迹，而中國沿海屢受倭寇燒殺搶掠達百年之久，爲害令人髮指。清朝海禁，没有派兵出海，陸上相臨各藩國前期基本和平相處，後期各藩國均被列强相繼搶占，特别是日本滅琉球，占朝鮮，虎視我國東北，以至於甲午之戰，使我國處於生死存亡之境。以上五點，證明我國對各藩國的關係完全不同於帝國主義殖民手段，各藩國均心知肚明。所以《志略》欲以中國郡縣等同一個獨立的王國，是該書的敗筆。

但是，《志略》畢竟不同於歷次《使録》，前者較爲規範地、系統地保留了琉球地方的史料，同時“擬薈萃前使諸録，互相考證，訂其僞舛，并參前史，旁及百家記載有關琉球事實者，兼收彙輯，質以親所見聞，爰成《琉球志略》一書”[③]。此爲陳侃以來所有《琉球使録》所不及，即使康熙時翰林院編修册封副使徐葆光所撰《中山傳信録》，雖比諸《使録》“較爲賅備”，文字較《使録》倍增，但確實是“條類繁多，不相統繫，稽考難於檢閱”[④]，至今仍難按須迅速檢索，但它已經是“志”書的一種過渡階段，所以周煌書《琉球國志略》，水到渠成。

《志略》卷首顯皇威之目，分御書、詔敕、諭祭文等與皇帝威嚴的有關内容，我國民國以前省、府、州、縣志無不如此，而將“圖繪”等内容歸人卷首，表示亦器重琉球國王獨立的尊嚴。其後依次爲卷1—16之子目：星野、國統、封貢、輿地、風尚、山川、府署、祠廟、勝迹、爵秩、賦役、典禮、兵刑、人物、物産、藝文、志餘。其子目國統、封貢、人物、藝文、志餘，均有新内容。

---

① ［清］周煌輯：《琉球國志略》，中華書局，1985年，第1頁。

② 同上，第2頁。

③ 同上。

④ 同上。

"國統"一目，明確琉球國原始居民爲天孫氏一族，傳至25代酋長，惜姓名不可考，在宋淳熙十三年（1186）被逆臣利勇"鴆而殺之"，而自立爲琉球島國中山地方首領。時浦添按司日籍人舜天起兵驅殺之，得諸按司擁載，推爲琉球國王，但衹傳三代73年。在南宋末，琉球國中大饑，又遭三年疾疫，球民死亡殆半。天舜末代義本，自稱"不德"，群臣乃舉天孫氏後裔英祖即位於中山地區，從而中止日裔後代在琉球的統治，此爲琉球原居民一大盛事。嗣後，琉球王國政權，皆出自琉球原居民按司後代。至明永樂四年，山南王佐輔按司尚思紹在其子尚巴志輔佐下，逐無道山南王，嗣滅中山、山北兩王，建立了統一的琉球王國，自此尚氏家族掌權達四百餘年（約1407－1866）之久。直到日本滅掉琉球王國，琉球由一個獨立的王國變成了日本帝國主義的殖民地。

同時，《志略》對前《使録》世系有誤之處，均一一加以考訂，雖不能説皆正確無舛，但周煌這種勇於考訂歷史的精神是應該肯定的，不愧爲翰林院深造的文臣。

"藝文"也是一個有特色的子目，除收集了歷次封使的詩文外，也包括中山王《謝恩疏》，琉球國著名臣僚、士子的詩文，其中有程順則、蔡文溥、真常、蔡温等人。康熙末册封使徐葆光離琉球前，上自國王尚敬，下迄朝官數十位官員、高僧，均有臨别贈詩，《史略》一一删卻不載，甚爲可惜。"中山贈送詩文"，雖爲吹捧封使徐葆光本人而作，但都表現了深厚的五言、七言詩功力，是這班琉球官吏學習中國文化最優秀代表。《志略》還是選了數首，今擇一二，以鑒其漢文功底。

蔡文溥（正議大夫）《徐太史[①]枉過四本堂志喜》：

陋巷蕭蕭一草堂，翹翹旌旆下寒鄉。
村僮也識朱輪客，咸道文星載路光[②]。

程順則（紫金大夫）《東苑八景·松徑濤聲》：

行到徂徠萬簌清，銀河天半早潮生。
細聽又在高松上，葉葉迎風作水聲[③]。

周煌於乾隆五十年四月病逝後，朝庭派禮部右侍郎德明諭祭，祭文歷數周煌治政業迹，其中有："封命持龍節，遴詞臣以奉詔，往涉鯨波，鑒其忠信之誠，嘉乃猷爲之懋……"[④]此即周煌渡海册封之事。在其詩作《予告歸里紀恩述懷兼别同人待詩四首》中，有"萬里乘槎慙博望"句，亦爲周煌致仕前述懷之意，表達了作者曾在30年前作爲册封使一段難忘驚險的經歷。

嘉慶十二年翰林院編修齊鯤奉朝命赴琉球册封尚灝爲琉球國王，著有《續琉球國志略》一書，除記録本次册封諸事外，還載有中山王尚温（嘉慶四年封）《國學訓士子諭》，及陪臣

① 徐太史指康熙册封副使徐葆光。
② ［清］周煌輯：《琉球國志略》，中華書局1985年，第200頁。
③ 同上，第203頁。
④ 民國《涪陵縣續修涪州志》卷二十二，第170頁。

鄭孝德、鄭世昌等人的文章，并收録有前册封使金魁、周煌、趙文楷的詩賦作品，將《續琉球國志略》應收集的"藝文"類内容，都續補其中，也是一部甚佳的"志書"著作。特別是摘録琉球官生等一般士子的詩作，尤有代表性，如中山秀才《游善興寺》：

尋幽來古寺，旭日照松門。石發翠逾頂，山丹紅到根。

偶聞清磬落，已遠俗塵喧。四壁琳琅滿，都成不巧言①。

中山官生梁允治《入學呈教習》：

奇文詔許共窺探，萬里從游意興酣。
海外長瞻星聚北，帷前真喜派分南。
藏書有庫常兼四，淑世餘肱已折三。
更羡同門人濟濟，春風春雨灑青藍②。

琉球官吏士子經過四百多年的不懈進取，經過明清兩朝國子監的培育，文化素質大大提高，皆能舞文弄墨，和詩吟作自如，書寫表文奏折不假使節，周煌、齊鯤所撰志書，收集典型史料皆可佐證琉球士宦之巨大進步，"志"書的貢獻亦在此中。四川翰林周煌對琉球王國友好情意，亦應記入史册。

## 三　李鼎元册封與贊美釣魚列島詩

李鼎元（1749—1812），字和叔，號墨莊，四川羅江縣人，幼年生而聰穎好學，曾隨堂兄四川全才大學者李調元課讀經史詩文，才智大增，詩詞俱佳。乾隆三十五年恩科，鼎元由縣廪生中庚寅（1770）鄉試舉人，四十三年（1778）再度進京會試，獲三甲第一名進士，以庶吉士入翰林院深造。六年以後，其弟李驥元又以庶吉士進入翰林院，是繼李調元之後又有兩名李姓翰林出現於羅江小縣，一時因一門三翰林而引起轟動。鼎元散館授翰林院檢討，後以内閣中書職，充册封副使，於嘉慶己未（1799）與正使趙文楷同赴琉球册封尚温爲琉球王。歸，著《使琉球記》六卷，有自家刻本後被收入臺灣《中國近代史料叢刊》第 472 册；詩文《師竹齋集》，被收入《續修四庫全書》第 1475 册，其"所爲詩，風骨高峻，奉使諸作，尤推豪健"③。

李鼎元受命以後，即細讀周煌《琉球國志略》，并向紀曉嵐請教琉球國歷史以及儀禮細節諸問題，得益匪淺。離京之前，使團携帶詔書一道、敕諭一道，御賜祭海文二道；内務府

① ［清］齊鯤、［清］費錫章合輯：《續琉球國志略》，海南出版社 2001 年，第 101 頁。
② 同上。
③ 《清史列傳》卷二十七，第 5918 頁。

備有賞賜國王、王妃緞、錦紗、羅、紬共五十疋；以及正副使持節、黄蓋一柄、龍旗一對，御杖一對，欽差牌一對，肅静牌一對，迴避牌一對，均由工部咨取；另賞賜正副使一品蟒緞披領袍、麟麟補褂各一件。一品頂戴自備。隨行人員由福建督撫“委幹弁二員、幹兵二百名護送”，跟役正使許帶二十名，副使十五名，并按正副使品級各預支二年俸銀。

嘉慶五年二月二十八日册封使團離京，閏四月初八日纔抵福州，與當地將軍、巡撫、布政使等官員唔面寒暄，得知封舟修理諸費，“令船户自辦，故准船户帶貨”抵償。“封舟舟身長七丈，首尾虚艄三丈，深一丈三尺，寬二丈二尺，較歷來封舟幾小一半……二號船大亦如之，無龍骨。”① 二封使力争换大舟，均未獲督撫大員應允。五月初一一應具備妥當，在長樂縣梅花所五虎門等候西南信風。八日，“晴，午，風大，日出無甚異……行四更申刻，過米糠洋，行三更船夥長云：鷄籠山、花瓶嶼去船不遠，不應見。”② 正常行駛，下面將見島嶼爲彭家山、釣魚列島等。

對中國東海釣魚島等島嶼描述最清楚的就是李鼎元，其文載：

> 五月初九日（1800年6月30日）卯刻見彭家山，山列三峰，東高而西下。……船，申正見釣魚臺，三峰離立如筆架，皆石骨。惟時水天一色，舟平而駛，有白鳥無數，繞船而送，不知所自來。入夜，星影横斜，月光破碎，海面盡作火焰，浮沉出没……初十日……彭家山至，此行船十四更。辰正，見赤尾嶼，嶼方而赤，東西凸而中凹，凹中又有小峰二，船從山北過，有大魚二挾舟行，不見首尾，脊黑而微緑，如十圍枯木附於舟側，舟人舉酒相慶。……十一日，計赤尾嶼至此行十四更。船午刻見姑米山……舟中人歡聲沸海③。

李鼎元翰林出身，才華横溢，著有《師竹齋集》，對此次琉球之行，留下上百首五言、七言古近體詩，今摘其《航海詞二十首》數首以饗：

嵐光貼水似飛鴉，報道山來信否耶？
偷渡鷄籠渾不覺，舟人指點是彭家。

魚挾舷行雀繞桅，百靈都爲護舟來。
任公一去無消息，海上何人理釣臺。

雷火何年燒赤尾，斷霞千古映紅波。
不知黄尾山何處，海燕群飛落照中④。

李鼎元是乾嘉時期較爲有名的“詞臣”，其册封時期的詩文，反映了詩人對祖國釣魚列

① ［清］李鼎元：《使琉球記》，《近代中國史料叢刊》第472種，臺灣文海版，第86—87頁。
② 同上，第112頁。
③ 同上，第112—115頁。
④ 《續修四庫全書》第1475册，第587頁。

島的山形地貌的描述，亘古未有；對祖國諸島海域的天空、飛鳥、魚群、海水無比的贊美、熱愛和歌頌，屈指可數，從未見過東瀛文士有如此優質的詩文對釣魚列島及其周邊海域的頌歌。

此前，封使蕭崇業有《見山謡》，追述舟行中國諸島詩：

水國迢迢幾萬里，天涯浩浩無窮已。封舟一去淼何之，更憶島中山可指。……平嘉嶺已逾，鷄籠嶼安在？花瓶隱不浮，釣魚沉翠黛。洪濤白浪如夢中，長年三老虚相待①。

周煌《中山賦》，中有："……望鷄籠之巔，歷花瓶之島，冏島翼以霞征，掣鯨波而電掃。釣魚之臺，渺若玦環，黄尾赤尾，泱漭其間。"②

嘉慶十二年（1807）册封使齊鯤往琉球王國時，其《東瀛百咏》中就有釣魚列島動人的詩篇。

**鷄籠山**　山在臺灣府後

尤是中華界，蒼茫四望空。萬濤圍鳳舸，一發認鷄籠。

獨立雲垂北，長鳴日在東。何當振雙羽，軒舉九天風。

**釣魚臺**

釣鼇人已往，但見釣魚臺。絶島重重峙，滄波滚滚來。

誰邀湖海侣，獨占水雲隈。應笈披裘者，登臨亦小哉。

**赤尾嶼**

赤尾連黄尾，參差島嶼分。頳魚身半露，紅日焰如焚。

跳躍龍門浪，吹嘘蜃市雲。夾舟有神助，三兩自成群。

**黑溝洋**

大海無中外，渾然劃一溝。合黎通異派，分水匯同流。

金鼓昏中震，羊豚暗裏投。馮夷原効順，不必耀戈矛。

齊鯤在作《姑米山》詩時，特别提到"此山入琉球界"；作《馬齒山詩》時，説明"山爲琉球門户"③。

關於册封使回國向朝廷報告書寫形式，前有《使琉球録》、《傳信録》、《琉球國志略》三種，李鼎元均不采，而用《使琉球記》形式，向朝廷報告出使全過程。"記"即日記體，按年、月、日、時記載所經過之，遇有方物、人物、山川、風俗、語言，即在當日記事之後，一一加以解釋。翰林法式善在序言中説：

翰林前輩和叔先生前在史局，克盡職業，改官中書，厥志不衰，使琉球歸，以所纂

① ［明］蕭崇業：《使琉球録》，《續修四庫全書》第742册，第617頁。
② ［清］齊鯤、［清］費錫章合輯：《續琉球國志略》，海南出版社2001年，第81頁。
③ 嘉慶十三年（1808）刻本，國家圖書館古籍文獻部提供複印本，第322—324頁。

日記。俾余校訂，於是嘆和叔爲能，不負其職與其志也。……凡歲時、山川、習俗之詳，莫不有所根據，……如和叔者，可以法矣①。

## 四　李鼎元與《師竹齋集》

李鼎元在世時，其所有著作都收集在《師竹齋集》中，并有《師竹齋》鎸刻版傳世。臺灣文海出版社有《近代中國史料叢刊》選用《使琉球記》，上海古籍出版社據清嘉慶刻本，衹録入其詩作入《續修四庫全書》，仍定名曰《師竹齋集》。但没有收録《使琉球記》這本體裁新穎，"學該衆流、識洞九變……文不矜奇，事皆紀實"② 的名作，豈不是件憾事！

《師竹齋集》自第十一卷起至卷十四，都是唱頌、記録這次册封琉球王國之行，其中最有代表性的詩作有中山詞 2 首、航海詞 2 首、海産品 10 首、中山雜詩 20 首、停雲樓即事 8 首和寄塵竹枝詞 10 首及"附元唱"、琉球草木詩 24 首、中山土物詩 5 首、民間歌舞類 2 首、後航海詩 6 首。這些詩囊括了琉球天時、地理、物産、風俗、政治等方方面面，尤似一部琉球活字典，今摘録數首，以證翰林鼎元先生詩作功底之渾厚。

《五月十有二日由那霸港奉册入天使館》：

萬人争看使星來，一朵黄雲抱日開。
山到流虬平似岸，水歸霸港小於杯。
王孫守禮衣冠古，草木承恩雨露催。
賓至如歸今始信，果然聲教震無雷③。

《停雲樓即目四首叠前韻》之一：

異地如經讀異書，十洲圖記喜新儲。
腥風吹水立天外，驟雨移山横檻初。
除卻家賓稀鳥迹，爲防海颶盡蝸居。
有舟有馬仍安步，小飾肩輿不造車④。

琉球海産品十分豐富，有寄生螺、沙蟹、海膽（海蛸）、龍頭蝦、海蛇、毛魚、石距（似墨魚，中土人稱八帶魚）、石柏（海松，中土人稱義松）等，鼎元均有詩記之，如《寄生螺》：

寄生空負累，雖智復何爲。有警藏身疾，防危出殼遲。

① ［清］李鼎元：《使琉球記》，《近代中國史料叢刊》第 472 種，臺灣文海版，第 7—8 頁。
② ［清］李鼎元：《師竹齋集》，《續修四庫全書》第 1475 册，楊芳燦序。
③ 同上，第 588 頁。
④ 同上，第 588—589 頁。

宵行人已覺，晝伏鼠先知。槖籥乾坤大，機心那免痴[1]。

又如《龍頭蝦》：

嶄新頭角異，蝦亦冒龍形。失水尤堪憫，凌雲恐未經。
朱衣徒有表，滄海太無靈。不逐雨師去，空憐眼似鈴[2]。

和叔先生五言、七言今體詩，詩句平淡易懂，且不乏幽默風趣，記事述物貼切不俗，對仗工整，押韵自然。

《琉球草木二十四首》，記載了琉球植物多樣化，并在鼎元先生筆下，島國花木别樣嫵媚，如《禪菊》色不一，花如中國萬壽菊，葉粗厚如蒿。

花木無奇名自好，也勞騷客費沉吟。
送酒無人門寂寂，一聲清磬落霜林[3]。

又如《蝴蝶花》色絳紅，鬚黄，絶類蝴蝶，條葉如嫩槐，種自閩來，土人寶異之。

柔條嫩葉不經秋，風妬霜欺也自愁。
昨夜夢中何栩栩，輕身飛渡大瀛洲[4]。

又如《文萱花》一名歡冬花，如萱，特小，葉有素白相間紋。

中山草木逢人問，問道文萱轉自憐。
老母歲高游子遠，對君惟有淚潸然[5]。

中山土物詩五首，其首爲《刀》詩，是中山貢物中最大亮點，也是古今日本武士所配武器：

中山不産鐵，曷爲有寶刀。
爐鍛自日本，鐵則來中朝。
短者長其柄，長者佩之腰。
最小乃云槍，利用錫名標。
是皆百煉鋼，鋒銛可吹毛[6]。

又作《琉球寶刀歌》：

我之初生夢徵虎，少年長劍逐風舞。
一從折節隨仲由，毛錐誤我今白頭。

---

① ［清］李鼎元：《師竹齋集》，《續修四庫全書》第1475册，第591頁。
② 同上，第592頁。
③ 同上，第598頁。
④ 同上，第599頁。
⑤ 同上，第600頁。
⑥ 同上。

腕弱筋疲髀肉活，伏鷄無力不能割。
册命忽許持旌旄，禮成王贈琉球刀。
拔鞘長虹貫秋月，逼人霜氣噤毛髮。
封侯無骨那須此，消磨壯志亦徒爾。
便愁過海蛟龍疑，嗟余老矣非飲非[①]。

《布》：

華風珍細羅，樸俗寶粗布。此國不飼蠶，姑負佛桑樹。紅蕉代葛漚，白紵替棉措。巧心印成花，百浣光愈著。節儉世所難，邦人盡無袴。男女一寬博，生不見裘絮。……[②]

《布》詩不僅説明球人聰明智慧的一面，無蠶絲織布，而用巴蕉絲“漚之可織布，球人賴以爲布”，較之中土絲綢有天壤之别，故王國上貢刀、布等地方方物，乞賞賜絲織品，明清兩朝均加倍滿足其願望，琉球王室暨貴族均奉表謝恩。

有關琉球人民的文藝生活，以舞蹈、踢板戲最爲普及。鼎元先生有《踏板戲歌》，而其文爲僧人寄塵介紹踢板戲情狀而録，筆法生動流暢，讀後如身歷其境：“横木以爲梁，高四尺餘，復置板而横之，長丈有二尺，虚其兩端，均力焉。夷女二，結束衣采，赤雙足，各手一巾，對立相視而歌。歌未竟，躍立兩端，稍作低昂勢，若水碓之起伏，漸起漸高，東者陡落而激之，則西者飛起三丈餘，翩翩若輕燕之舞於空也。西者落而陡激之，則東者復起，又如鷙鳥之直上穿雲也。叠相起伏，愈激愈疾，幾若山鷄舞，鏡不復辨其孰爲影，孰爲形焉！俄而勢漸衰，機漸緩，板未及安，齊躍下，整衣而立，終戲無虚蹈分寸者，伎至此，絶矣！”[③] 而其詩《踢板戲歌》，更爲精彩：

片板高横三尺梁，兩端力均虚且長。二女結束初對望，直躍而上稍穰徉。一頭忽低一頭昂，昂者激起數丈强。翩如孤鳥空中翔，失勢陡落天爲忙。前之低者倏鷹颺，尺寸不許易其方。仙姝月姊相扶將，雲生兩袖霞飛裳。或時整暇燕頡頏，瞥眼歷亂蜂猖狂。徐徐殺勢風平洋，振衣從容善刀藏。公孫劍器無輝光，綢杠繩戲皆尋常。中山絶技玆擅場，歌以傳之譜宫商[④]。

《後航海詩六首》是寫龍舟歸國途中所遇風險，今僅摘一首：

東海海無量，封舟舟有名。誰云萬斛重，飄若一葉輕。水雲混高卑，陰陽妙逢迎。知來乃知往，能頗故能平。上倏升九天，下忽沉八瀛。雪山駕靈鰲，風騎追奔鯨。此際

① ［清］李鼎元：《師竹齋集》，《續修四庫全書》第1475册，第602頁。
② ［清］李鼎元：《師竹齋集》，第600頁。
③ ［清］李鼎元：《使琉球記》，《近代中國史料叢刊》第472種，臺灣文海報，第249—250頁。
④ ［清］李鼎元：《師竹齋集》，《續修四庫全書》第1475册，第601頁。

須穩柁，但行休計更。何以辨四方，羅針注雙睛①。

李鼎元兩部著作，不僅文采誘人閲讀，且爲琉球王國全貌的介紹，起到很好的宣傳效果，四川翰林爲友好鄰邦，奉獻了一份愛心！

作者單位：四川省社會科學院

① ［清］李鼎元：《師竹齋集》，《續修四庫全書》第1475册，第603頁。

# 王叔岷與中國歷史語言學派

謝桃坊

近世蜀中學者王叔岷屬於中國歷史語言學派，其著述甚豐富，主要成就在文籍校訂方面。其《諸子校證》、《左傳考校》、《莊子斠詮》與《史記斠證》最能體現在校勘古籍的成就，而其《斠讎學》則在總結校勘工作的經驗上形成系統理論，具有切實的指導意義。它對諸子中道家和法家的研究和對中國中古文學研究亦有所建樹。他的治學具有歷史語言學派的一些特點，又與該所的工作旨趣有相導之處，保持了自己的個性。

## 一

中國歷史語言學派是1928年由傅斯年創立的。1927年國民黨中央政治會議決定設立中央研究籌備處，隸屬中華民國大學院，蔡元培任院長。1928年3月傅斯年受聘爲國立中央研究院歷史研究所所長。此所是傅斯年在歐洲學習時受德國蘭克學派的影響而在中國新創的。他聚集了一批學者，按照此所的學術界形成了一個新的歷史語言學派。王叔岷屬此派成員，其治學的道路與此派有密切的聯繫，但又有自己的特色，并未完全遵照該所的宗旨；因而他與歷史學派的關係是複雜的。王叔岷，名邦濬，號慕廬；1914年出生於四川省今成都市龍泉區洛帶鎮下街。父親增榮，號槐齋，清末秀才，曾任四川高等法院書記官長。王叔岷幼年在父親的指導下學習詩書，及長喜讀《莊子》、《史記》、《陶淵明詩集》，兼善古琴。1935年就讀於四川大學中文系，1941年考入北京大學文科研究所（當時由歷史語言研究所代管）師從傅斯年與湯用彤先生，繼而任職於歷史語言研究所。1948年12月中國臨近解放，王叔岷隨歷史語言研究所遷往臺灣，1949年後出任臺灣大學中文系副教授、教授。1963年後，相繼在新加坡大學、臺灣大學、馬來西亞大學、新加坡南洋大學任教。1984年自中央研究院歷史語言研究所及臺灣大學中文系退休，仍任歷史語言研究所兼任研究員及中國文哲所籌備處諮詢委員。2006年王叔岷回到故鄉成都市龍泉驛居住，於2008年去世，享年94歲。王叔岷的著述豐富，曾陸續在臺灣出版，2007年北京中華書局出版《王叔岷著作集》計收《諸子斠證》、《莊子校詮》、《莊子管窺》、《左傳考校》、《先秦道法思想講稿》、《史記斠證》、《列仙傳校箋》、《陶淵明集箋證稿》、《鍾嶸詩品箋證稿》、《劉子集證》、《斠讎學》、《古籍虛字廣義》、《慕廬論學集》等十餘種著作。王叔岷在古籍校勘、諸子研究和古代文學研究等方面均有很大成就。茲謹對其治學特點、學術意義，及其與歷史語言學派的關係試作粗略的探討。

我們縱觀王叔岷的學術成就，以在古籍校勘方面的成就最高。中國古代典籍在多次傳抄與刻印過程中不可避免地發生字句訛誤、亂簡、脱字、異體字、通假字等問題，有時因一字之誤而致文義模糊、乖離本義。因此，研究古籍爲準確理解原著之意，必須進行校勘。這是整理古籍非常重要的一項工作。西漢末年朝廷即組織學者對秦以來的文獻進行大規模的校勘工作，從而形成傳統的校讎學。王叔岷自述1941年到四川李莊中央研究院歷史語言研究所，初見所長傅斯年的情形："傅先生問我：'你將研究何書?'答云：'《莊子》。'傅先生笑笑，就背誦《齊物論》最後'昔者莊周夢爲蝴蝶'章，一副怡然自得的樣子。傅先生忽又嚴肅地説：'研究《莊子》當從校勘訓詁入手，纔切實。'"① 自此他從校勘《莊子》開始，繼校勘先秦諸子、《左傳》、《史記》、《列仙傳》、《陶淵明詩集》、《詩品》、《劉子》等典籍。1981年王叔岷總結其校勘工作時謙遜地説："因爲我的才、學、識都有限，自然有些意見難免不妥不安。如果説稍有成就，僅僅是在斠勘方面，以及牽涉經史子集及其他雜書，解决若干考證問題。還有很多問題，不能不藉重其他專家研究的成果，或留待其他專家去探討。"② 傅斯年在歷史語言所提倡用自然科學方法——實證主義方法於社會科學研究，王叔岷在此環境中受到嚴格的鍛煉與影響，因此其校勘古籍的態度謹嚴，成就特出。他校勘每種古籍均對它有全面深入的學術探究，采用善本及新發現的珍本爲底本，廣泛參證類書及相關的典籍，兼用訓詁方法及傳統的考據學方法，從而形成學術個性。

《莊子校詮》是王叔岷的代表著作，定稿於1986年。此前他完成了《莊子通論》、《莊子管窺》、《司馬遷與莊子》、《莊子向郭注異同考》、《茆泮林莊子司馬彪考逸補正》、《莊子佚文》等多篇論文，對《莊子》作了全面的考察與研究，因而在《莊子校詮》裏對每篇之主旨皆作了精要的提示。《齊物論》自宋代以來張耒和王應麟均認爲此篇乃謂"物論"難齊之意，清代錢大昕重申此説。王叔岷辨析云："岷以爲'物論'連讀，'齊物'連讀，説并可通。然《齊物論》之主旨，在'天地與我并生，萬物與我爲一'二句。則莊子之意，明是以'齊物'連讀，《秋水篇》發揮《齊物論》其旨在'萬物皆一齊，孰短孰長'，亦正是'齊物'之義。至如《德充符篇》'自其同者而視之，萬物皆一也'，《天地篇》'萬物一府，死生同狀'，亦

① 王叔岷：《慕廬憶往——王叔岷回憶録》，中華書局2007年，第48頁。
② 王叔岷：《史記斠證》，中華書局2007年，第9—10頁。

所謂'齊物'也。莊子之意，固非以'物論'連讀者矣。"[①] 這不僅揭示了此篇之旨，并解決了一個疑難的問題。《天下篇》是論述先秦學術源流的重要文獻，關於它涉及的有關文獻及作者問題，王叔岷說："此篇論述古今道術淵源流別，以莊周老聃之後明其師承所自；末附惠施。內容包括儒、墨、名、法、道五家，可參考《尸子·廣澤篇》、《荀子》"非十二子"、《天論》、《解蔽》三篇，《吕氏春秋·不二篇》，《淮南子·要略篇》，司馬談《論六家要指》（見《史記·太史公自序》）及《漢書·藝文志·諸子略》。皆有關諸子之學者也。又《寓言篇》可視爲莊子自序。此篇非莊子作，不當視爲莊子自序或後序，蓋莊子學派所述，故於莊周道術章，推尊莊子極致。"[②] 這爲理解《天下篇》指示了路徑，并提供了參考文獻。《史記斠證》亦是王叔岷的代表著作，作者斷續研究《史記》十七年。在此著導論裏論述了《史記》名稱來源，近人整理的成果，説明整理的體例；書後附録有《論日本古鈔本史記殷本紀》、《班固論司馬遷是非頗謬於聖人辯》及《史記佚文》。此著在修正舊説方面，如日本學者瀧川資言《史記會注考證》於《李斯列傳》"君侯自料，能孰與蒙恬，功高孰與蒙恬"校云："楓、三木無高字。以上文推之，無者是。"王校云："案唐趙蕤《長短經·懼戒篇》能上有才字，《通鑑·秦記二》能上有材字，才、材古通，'才能孰與蒙恬，功高孰與蒙恬'，文正相儷。"[③] 在史實考索方面，如《項羽本紀》"當是時，項羽兵四十萬，新豐鴻門。沛公兵十萬，在霸上。范增説曰……吾令人望其氣，皆爲龍虎，成五采。此天子氣也。急擊勿失"，王氏補《水經注·渭水》下注、《太平御覽》卷十五引《楚漢春秋》所記之事，并云："竊疑《項羽本紀》項羽、沛公會鴻門事甚祥，乃本《楚漢春秋》而潤色之。班固稱'司馬遷述《楚漢春秋》'（《漢書·司馬遷傳》）。洪邁《容齋三筆》二云：'《楚漢春秋》，陸賈作，今不復見。'是書亡於南宋，清儒洪頤道煊《經典集林》、茆泮林《梅瑞軒逸書》并有輯本。"[④] 在對異説辨析方面，如《太史公自序》中述及"六家要指"，宋代理學家真德秀以爲："列儒者與陰陽、墨、名、法、道家之間，是謂儒者特六家之一爾。不知儒者無所不該，五家之所長者皆有之；其短者吾道之所棄也。"王氏云："真氏之説，乃理學家獨尊儒術之見也。儒術固可尊，然以爲儒者賅五家之所長而無其短，則是阿其所好矣。今世之治儒家哲學者，亦往往如此。"[⑤] 此論是很富於學理意義的。王叔岷校勘古籍在吸收前輩學者成果的基礎上，多采用珍貴的古本和善本，因而取得卓越的成就。他於1944年完成的《莊子校釋》即采用了《四部叢刊》影印明世德堂本《南華真經》；後又獲得日本高山寺舊鈔卷子本《莊子》七卷，於1945年完成《莊子校釋補遺》，繼又撰成《蜀本南華真經校記》、《倫敦博物館敦煌莊子殘卷斠補》，最後以《續古逸叢書》影宋刊本爲底本，參證其他各本進行考校而成《莊子校詮》。《史記斠證》采用日本瀧川資言《史記會注考證》爲底本，參校影印北宋景祐

---

① 王叔岷：《莊子校詮》，中華書局2007年，第39—40頁。

② 同上，第1291頁。

③ 王叔岷：《史記斠證》，中華書局2007年，第2629—2630頁。

④ 同上，第17頁。

⑤ 同上，第3465頁。

監本、南宋黄善夫及武英殿本。王叔岷《諸子斠證》所收論文[1]，如《晏子春秋斠補》及以吴鼒宋元刊本爲底本，參校《子纂》本、涵芬樓景明刊活字本、日本翻刻黄之寀本。《管子斠證》是據景宋楊忱刊本，進而檢證群書以校。《墨子斠證》據《道藏》本，辨正孫貽讓及吴毓江之校注本。《荀子校理》據《古逸叢書》影宋台州本重新校理。《淮南子斠證》據《道藏》本以證諸本之誤。王叔岷之校勘古籍因對原著深有研究，廣泛采用古本與善本，校勘與訓詁并重，參證類書及相關文獻，故使許多原著之本義得以發現，爲整理古籍提供了許多新的依據。然而校勘若要做到每處皆精確無誤是極不容易的。王叔岷亦同古代許多學者一樣深感："蓋校書如掃落葉，隨掃隨落；如拂几塵，隨拂隨有。"[2] 兹試舉其校勘之可商榷者數條於下：

《莊子・逍遥遊》："齊諧者，志怪者也。諧之言曰。" 關於"齊諧"，舊注一以爲是人名，一以爲是書名。王案："《玉燭寶典》一引此文，并注云：'人姓名'。又《疏音》云：'黄帝史也。'《列子・湯問篇》：'夷堅聞而志之。' 夷堅蓋即齊諧也。"[3] 此處"志"，乃記述之意。《廣雅・釋詁二》："志，識也。""志"，乃記述之意。王念孫疏證："鄭注云：志。古文識。識，記也。" 因此"齊諧"是一部記述怪异事物之書，屬莊子虚構，并無是書。"諧之言曰"即齊諧記述云云。將"齊諧"爲人名，并附會"黄帝之史"或"夷堅"則涉於荒誕了。

《莊子・齊物論》："昔者莊周夢爲蝴蝶。" 王案："昔借爲夕，猶夜也。《廣雅・釋詁》曰：'昔，夜也。'《田子方篇》：'昔者寡人夢見良人。' 成疏：'我昨夜夢見賢良之人。' 與此同例。李商隱《錦瑟》詩：'莊生曉夢迷蝴蝶。' 則莊子乃夜夢也。"[4] "昔"之本字有從前、往日之意。《玉篇・目部》："昔，往也。" 夢一般在夜晚，故不必言夜夢。莊子言從前曾夢爲蝴蝶。郭象與王先謙於"昔者"未注，因其義可明。若以"昔"藉爲"夕"，反而於義不當。

《文子・守虚》："是以聖人遵之，不敢越也。" 俞樾以爲"遵當作尊"，王案："俞説是也。《七籤》引此作'是故聖人尊之，弗敢越'可證。"[5] "遵"字於語義皆通，俞樾校改爲"尊"，反而於義不當。王氏所引《雲笈七籤》於此句文字多有改動，不可據。

《韓非子・初見秦》："將率天下甲兵百萬。" 王校云："案《御覽》六四引兵作卒。"[6]《太平御覽》乃類書，抄彙古籍而成。原本之"甲兵"無誤，若作"甲卒"則詞義生澀。

《韓非子・存韓》："今賤臣之遇愚計。" 此是宋代乾道本之文，今本作"今賤臣之進遇愚計"，語義甚通。王案："遇非愚誤而衍者……作遇是故書。乾道本作'今賤臣之遇愚計'，蓋由遇，一本作愚，寫者誤合之耳。今本遇作進，則淺人臆改者也。"[7] 此校反使語義難解。

以上數例可見校勘與訓詁之難，偶有校誤改誤是難以避免的。王叔岷自述校勘經驗説：

---

① 王叔岷：《諸子斠證》，中華書局 2007 年。
② 王叔岷：《左傳考校》，中華書局 2007 年，第 556 頁。
③ 王叔岷：《莊子校詮》，中華書局 2007 年，第 6 頁。
④ 同上，第 95 頁。
⑤ 王叔岷：《諸子斠證》，中華書局 2007 年，第 504 頁。
⑥ 同上，第 261 頁。
⑦ 同上，第 262 頁。

"多下功夫的人判斷問題，有時會如陶淵明所説的'覺今是而昨非'。不過，多下功夫判斷即使是'非'，也是得來不易的。譬如清朝乾嘉時代高郵王念孫、引之父子，他們考校古書，不論他們判斷的'是'不容易趕上，即使要趕上他們判斷的'非'也要下很多年的功夫。"[①] 這裏我們且不論王叔岷校勘的諸多勝義，僅就其判斷可商榷者，亦可見其深厚的學養與功夫了。

## 二

在學術成就上，王叔岷雖然以精於校勘稱著，但他在斠讎學理論、先秦諸子思想研究和古代文學研究等方面亦是很有建樹和影響的。

校讎學是中國傳統之學，它興起宋代，盛行於清代，在新文化運動之後逐漸成爲有系統的一個學科，計有胡樸安的《校讎學》（商務印書館，1931 年）、蔣元卿的《校讎學史》（商務印書館，1934 年）、陳垣的《校勘學釋例》（中央研究院歷史語言研究所，1934 年）、蔣伯潛的《校讎目録纂學》（中華書局，1941 年）、張舜徽的《中國古代史籍校讀法》（中華書局，1962 年）、王欣夫的《文獻學講義》（上海古籍出版社，1986 年）等著。王叔岷於 1948 年末隨傅斯年到臺灣，因傅斯年任臺灣大學校長，遂請王叔岷爲國文系一年級開設校讎學課程。王叔岷根據所著的《莊子校釋》、《吕氏春秋校補》、《淮南子斠證》、《劉子補正》積纍的經驗，參考近人之著，於 1951 年形成講義初稿，後經增訂於 1992 年形成專著《校讎學》。關於什麽是校讎學，王叔岷認爲："所謂校讎學，即恢復古書本來面目之學，本來面目包括作者（是否）、書名（異同）、版本（早晚）、篇目（先後）、篇數（多少）、篇名（原貌）、字句（變異）、章節（竄亂）、篇第（分合）、殘佚、真僞等。校讎古書，欲恢復本來面目，實大不易，但接近本來面目可矣。"[②] 古籍在流傳過程中發生文字之誤是由於增、删、改、乙之失真，古文、籀文、篆文、隸書、草書、俗書、楷書之相亂，六朝、隋、唐寫本之不同，宋、元、明、清刻本之各殊。關於校勘方法，王叔岷提出：選擇底本、廣求輔本、參考本書注疏，檢驗古注、類書，佐證關係書，熟悉文例，通過訓詁。關於校讎通例，他歸納了古籍文句之誤的 124 種情況，最爲詳備。這是在近世學者論著的基礎上更臻於完善，而所舉之諸校例皆來源於平昔校諸書之所得。我們比較近世之相關著述，則王叔岷的《校讎學》應是最完備者，尤切於實用，在具體校勘工作方面，具有切實的理論指導作用。王叔岷不僅要求校勘古籍的字句，而是將它從技術問題提升到學術層面。他説："凡古書，多校則多發現新問題；多得新資料，亦多發現新問題。新問題引出新資料，新資料復引出新問題。輾轉尋繹，

① 王叔岷：《史記斠證》，中華書局 2007 年，第 6 頁。

② 王叔岷：《斠讎學》，中華書局 2007 年，第 6 頁。

創獲亦多。然非即可解决所有之問題也。”[①] 通過校勘某一古籍，所發現的問題愈多，而且經考驗以後得以解决，這樣再研究此典籍則有了堅實的依據，可使理論的探討臻於很高的境地。

由於王叔岷曾對先秦兩漢諸子進行過較爲全面的文本校勘，因而在進入學術研究時頗有創獲，特别是在道家和法家的研究方面。道家的“道”是宇宙的本源，乃一個絶對的理念，自來有各種的解説。王叔岷關於《老子》首章之“道”的理解，可以認識道家之主旨。他認爲：“此不可道之道，即常道，不可名知名，即常名；常者喻其變化無已不可端倪也。故言無亦曰常無，言有亦曰常有，惟常道可以常無常有。常無常有者，道之本體也。妙徼者，常之現象也。道爲一切現象之主宰，道之本體，不生不滅，冥絶對待，超越時空，實不可致詰，以其不可致詰，故惟有喻之以常。凡老子所謂之道，或謂之大道，皆含有常義，故其立言之要，亦不離此常字，明此常字，則五千言之義，思過半矣。”[②] 這樣解釋甚符合老子原意，新穎而切實，足以表現東方智慧的特色。王叔岷對《莊子》的研究最精深，從校勘與訓詁而進探奥義。他以爲莊子之學非爲我，非放任，非避世，非空談，而是對社會人生有積極的意義，并按無待，養生、處世、齊物、全德、内聖、外王，而重新建構《莊子》三十三篇的新系統[③]。這對莊子思想做了新的理解，其每個論斷皆是有依據的，能成一家之説。關於法家三派——重勢的慎到、重術的申不害，重法的商鞅，王叔岷分别探討了他們與道家和儒家的關係。他最後認爲：“儒家重禮，禮不足以矯正人情，然後繼之以法。道家之學空靈，長於應變，其弊流於浮泛。儒家之學厚重，長於守成，其弊流於迂腐。法家之學切實，長於收效，其弊流於殘酷。”[④] 在比較了三家之利弊後，王叔岷對韓非特别推崇，以爲是集法家三派之大成，并與儒家和道家均有關係。此課題的探討，對於爲政是很有藉鑒意義的，即“爲政欲收速效，儒家之學不如法家之學。如能守成，長治久安，法家之學又遠不如儒家之學，如何能收速效而不流於殘酷，如何能守成而不流於迂腐，這當然很難。但確是我們應該特别留心探討的重要課題。”[⑤] 王叔岷特别注意到，在先秦諸子中道家和法家，一重虚，一重實，二者思想完全對立。然而司馬遷在《史記》裏卻將道家的老、莊與法家的申、韓合爲一傳，這對王叔岷有很大的啓示。他於1990年完成了《先秦道法思想講稿》的專著，分别對兩家思想作了系統的論述，彙集了長期有關的研究成果，開拓了諸子學的一個新的課題。

王叔岷自幼愛好中國古典詩歌，在四川大學學習中國文學，長於詩歌創作，具有才子習氣。他在歷史語言所工作，主要致力於校勘古籍和先秦諸子研究，但并未捨棄文學研究。他於1974年完成《陶淵明詩箋徵稿》，又於1990年完成《鍾嶸詩品箋證稿》。他説：“民國以來，校勘子書的漸多，研究文學專集的頗爲普遍，但能爲校勘入手的卻很少。從校勘入手去

① 王叔岷：《斠讎學》，中華書局2007年，第436頁。
② 王叔岷：《慕盧論學集》，中華書局2007年，第599—600頁。
③ 王叔岷：《莊子管窺》，中華書局2007年，第10—26頁。
④ 王叔岷：《慕盧論學集》，中華書局2007年，第667頁。
⑤ 同上，第668頁。

研究古典文學，尤其是詩的專集，還是一個豐富廣大的園地。校詩雖然難，正可以增加推敲煉字修辭的經驗，細心體會詩的微妙，難中是有至味的……校勘從字句入手是執著的功夫，過於執著，是很難體會微妙的。校書尤其是校詩，要由執著而超執著，纔能突破困難，纔可達到微妙之境。”① 王叔岷正是從校勘入手研究陶詩和《詩品》的，并注重注釋與集證，由此而進入理論的探究。在論文《陶淵明及其詩》裏，王叔岷對陶詩作了全面的論述，對陶淵明的人格給予了極高的評價。他認爲：“綜觀陶公一生，因處在晉宋易代之交，他是非常悲觀的人。由於深得田園之趣，也是非常樂觀的人；他是非常謙和的人。由於寄言‘不知有漢，無論魏晉’，也是非常驕横的人；他是非常寂寞的人。由於與自然爲友，也是非常不寂寞的人。陶公的性情，在一‘真’字；陶公的貞操，在一‘貞’字；陶公的襟懷，在一‘達’字；陶公的生活，在一‘勤’字。他從最辛苦的生活中，體驗出至樂；從最平凡的生活中，顯露出清高；從最切實的生活中，表現出超脱。他的爲人和他的詩，所以不可及者在此。”② 由於對陶淵明的人格有較爲真實的認識，因此他在研究陶詩時每有深刻的卓見。例如關於《形影神》三詩之主旨，王叔岷説：“此形影神三詩，爲探討陶公的思想進益之迹，極重要之依據。陶公寓於詩人之情趣，兼有儒者之抱負，而歸宿於道家之超脱。三詩分行樂、立善、順化之旨，爲陶公人生觀三境界。……陶公一生，雖感慨憂慮，而質性自然，終能達順化之境，所以爲高也。”③ 鍾嶸的《詩品》以品第將漢魏以來詩人分爲三品，以示優劣。他將陶詩列爲中品，以致在詩史上長期引起争議。王叔岷認爲：“陶詩應列上品，固無疑義。惟陳梁時代之文學界，及文學批評界，偏重辭彩之美。陶詩之特點，乃意境之美。辭彩之美，易受賞識。意境之美，難於領會。與鍾氏同時之劉勰，所著《文心雕龍》，爲文學批評之寶典。其《明詩》篇自詩之定義、起源，評述至劉宋時代之詩，標舉歷代之代表作家，曾無一語涉及陶公，此誠一大疏漏；反觀鍾氏《詩品》，能列陶詩於中品，就齊梁時代而言，已具特識矣”④。從時代社會審美趣味來觀察陶詩被列爲中品，這是較爲合理的。關於《詩品》研究的興趣，王叔岷緣自在四川大學讀書時，尤因自幼喜愛五言古詩，因而初到歷史研究所，即完成《詩品疏證》一文，此後不斷增補，終於成爲《鍾嶸詩品箋證稿》。此著對諸多文學概念的闡釋甚爲確切，例如對“風力”的解釋：“‘風力’一詞，序（《詩品序》）中兩見，此及下文‘干之以風力’是也。”《文心雕龍・明詩篇》論建安詩之作風：‘慷慨以任氣，磊落以使才。造懷指事不求纖密之巧，驅辭逐貌惟取昭晰之能。’此正建安詩之風力，亦即《文心雕龍》所謂風骨也。‘慷慨’、‘磊落’二句，似就‘風’而言。‘造懷’、‘驅辭’二句，似就‘骨’而言。大意如此。裴子業《雕蟲論》：‘曹、劉偉其風力。’曹植、劉楨詩，乃建安風力之最著者也。”⑤ 在涉及諸家詩之批評，王叔岷的引證材料極爲豐富，

① 王叔岷：《斠讎學》，中華書局 2007 年，第 433 頁。

② 王叔岷：《陶淵明詩箋證稿》，中華書局 2007 年，第 547 頁。

③ 同上，第 91—92 頁。

④ 同上，第 528 頁。

⑤ 王叔岷：《鍾嶸詩品箋證稿》，中華書局 2007 年，第 65 頁。

而且特具説服力。我們從其兩著中，能時時見到王叔岷對詩藝的理解往往臻於妙境，許多論斷很富理論指導意義。然而此兩著中，多引用清人及近世學者之注釋，如陶詩的箋證大量引用古直、陶澍及丁福保的注釋，《詩品》的箋證大量采用陳延傑、古直、許文雨、車環柱、葉長青等的注釋。王叔岷僅在舊注的基礎上，略事補充而已。故此兩著乃屬集釋性質。王叔岷雖然在諸子、陶詩和《詩品》的研究方面取得一定的成就，但與其校勘古籍和斠讎學理論相比較，則是頗爲次要的。

## 三

傅斯年是王叔岷最崇敬的師長。1950 年 12 月 20 日傅斯年去世，王叔岷的悼文有云："孟真師之治學，如被其博也，沾其餘馥，亦可以名家；孟真師之骨氣，如被其高也，仰其餘風，亦可以立志；孟真師之魄力，如被其雄也，揮其餘墨，亦可以砭俗。"[①] 這是對傅斯年最恰當的最高的評價。傅斯年在 1928 年創建歷史語言研究所時發表的《歷史語言研究所工作之旨趣》，他藉鑒歐洲近代學術成功的經驗，力求致中國歷史語言學於自然科學之境界。在總結中國近代學術落後的教訓之後，他提出三項標準以判斷學術的價值：（一）凡直接研究材料便進步，凡間接研究前人所研究或所創造之系統，而不繁豐細密的考證所包含的事實，便進步；（二）凡一種學問能擴張它所研究的材料便進步，不能的便退步；（三）凡一種學問擴充他所研究時應用的工具，則進步；不能的，則退步[②]。這是歷史語言所的宗旨，及要求采用新工具以處理新獲得之材料，在學術上取得新的成就。傅斯年提倡的科學方法源自歐洲近代實證主義史學派，主張采用西方近代的地質學、地理學、考古學、生物學、氣象學、天文學等自然科學方法爲工具以整理史料；以爲"若於歷史學的問題非有自然科學之資助無從下手，無從解決"[③]。他所列舉的自然科學都是重資料的搜集，具有歷史進化的特點，需考察、實驗，并按合理的程序進行研究的。他特别重視比較方法的應用，以爲歷史上某個問題，某個事件，當比較了各種性質的文獻記載之後，便可發現矛盾、疑難、真僞等問題，從而經過科學的考證尋得歷史的真實。傅斯年的歷史語言學注重解決學術上存在的狹小問題，采用西方近代自然科學方法與中國傳統考據學相結合的科學考證方法。這亦是二十世紀初年國學運動新傾向的顯著的學術特徵[④]。

王叔岷自 1941 年到歷史語言研究所學習與工作，1949 年因傅斯年兼任臺灣大學校長，請王叔岷到臺灣大學任教。當時所内的研究人員到臺灣大學任教的頗多，而王叔岷卻從此與歷史語言所疏遠。1954 年他與新任所長不合，憤而辭職，雖經院長朱家驊勸阻而仍留所内，

---

① 王叔岷：《慕廬憶往——王叔岷回憶録》，中華書局 2007 年，第 86 頁。

② 歐陽哲生主編：《傅斯年全集》第三卷，湖南教育出版社 2003 年，第 3—12 頁。

③ 同上，第 2 頁。

④ 謝桃坊：《國學論集》，社會科學文獻出版社 2011 年，第 1—13 頁。

但他説："這件事表面算過去了，其實我跟大家仍是貌合神離，極少往來，漸漸我在史語所形同路人。"[①] 1963年以後，王叔岷在新加坡及馬來西亞等處高校任教，更與史所疏遠了。王叔岷的學術論文發表於《中央研究院歷史語言研究所集刊》的計有：

茆泮林莊子司馬標注考逸補正（1947）
南宋蜀本南華真經校記（1948）
跋日本高山寺舊鈔卷子莊子殘卷（1950）
跋日本古鈔卷子本淮南鴻烈兵略閑詁第廿（1954）
文子斠證（1956）
晏子春秋斠證（1956）
管子斠證（1958）
墨子斠證（1959）
説郛本韓非子斠記（1960）
荀子斠證（1962）
陶淵明史述九章箋證（1995）
論司馬遷所理解之老子（1999）

以上論文十二篇，其中十篇皆是校勘記，它們最能體現王叔岷的學術個性與成就。歷史語言研究所下設歷史、語言、考古和人類學（民族）四組。歷史組最重要的工作是文籍考訂。王叔岷回憶説："從前傅斯年先生創辦中研究歷史語言所，分歷史、語言、考古、民族四組，四組密切相關。歷史組最重要的工作之一，就是'文籍校定'。凡最有經驗的學者研究古書，第一步没有不重視校勘問題的。研究學問重在大義，大義是由字句間得來。'校讎學'是字句之學，是小學問。"[②] 這表達了治學的兩個層次，即基礎的字句校勘與高層次的學術問題研究。王叔岷在歷史語言所主要從事文籍考訂，專致於古籍的校勘。他的同仁們也大都經過校勘文字的階段，但他們更注意對文獻與歷史上存在的狹小的學術問題，進行繁豐細密的科學的考證，例如陳寅恪《靈州寧夏榆林三域譯名考》、徐中舒《耒耜考》、陳垣《大唐西域記撰人辯機》、朱希祖《吴三桂周王紀元釋疑》、王静如《論阻卜與韃靼》、趙邦彦《漢代石刻中遊戲圖象考》、丁山《伯懋父敦跋》、容庚《宋代吉金書籍評述》、孟森《清始祖布庫里雍順之考訂》、劉復《莽權之價值重新考訂》、傅斯年《周東封與殷遺民》、容肇祖《敦煌本韓朋賦考》、岑仲勉《唐集質疑》、勞干《從漢簡所見之邊郡制度》、全漢升《宋代廣州的國内外貿易》、陳述《契丹世選考》、李光濤《清人入關前求款之始末》、胡厚宣《殷代焚田説》、陳槃《卜辭中之田漁與祭祀關係》、楊志玖《阿保機即位考辨》等等。這些論文均可體現歷史語言研究所工作旨趣，在國學運動中形成一個重要的學派。傅斯年雖然對於王叔岷及一些青年研究人員要求從文獻校勘而進入學術研究，但王叔岷卻由校勘古籍入手而繼續

---

① 王叔岷：《慕廬憶往——王叔岷回憶録》，中華書局2007年，第92頁。
② 王叔岷：《斠讎學》，中華書局2007年，第13頁。

堅持下去，固然在學術方面取得成就，卻不甚符合傅斯年提倡的學術標準，即在新材料的發掘、新方法的使用與新學術境界的開拓等方面與所内同仁頗爲異趣。王叔岷晚年曾多次謙遜地并帶總結性地談到自己的校勘之學。1981年他校完《史記》時説："我研究學問，是以愚自守，從不敢逞聰明。三四十年來，從事整理古書最笨重的工作，校證《史記》就費我十七年大部分的心力。不過是解决一些支離破碎的問題，這衹是一種糟粕之學，對學術説不上有多大的貢獻。"① 1985年他完成《莊子校詮》時説："岷稟性魯愚，研讀古籍，必自字句之校勘、詮釋始，未敢輕言微言大義。夫自細視大者不盡，自大視細者不明。視小者弊在破碎，破碎故不能盡大；視大者弊在疏略，疏略故不能明細。何况小亦未必能盡，大亦未必能明邪！治學欲大小兼顧，弘纖并照，誠大難也。"② 1988年他在完成《左傳考校》時説："拙著《左傳考校》乃字句之學，糟粕之學、衰暮之年，聊備遺忘，無足輕重。"③ 由上可見，王叔岷深感治學的矛盾，亦感到校勘之學的成果似有支離破碎之弊。總的來説王叔岷的校勘之學是繼承和發揚了清代的考據學，但在吸收西方近代科學方法上則不足，因而其治學亦未能超越清代的考據學。顧頡剛談到新學術與清代考據學的關係時曾説："清代學者辛辛苦苦，積纍了許多材料，聽我們用。我們取精用宏，費了很少的功夫，即可得到很大的效力……他們的校勘訓詁的是第一級，我們的考證事實是第二級。"④ 清代學者的考證限於校勘與訓詁，僅爲文獻與歷史上存在的困難的學術問題的研究作了一些準備。若利用校勘與訓詁的成果進而從事複雜的事實與問題的科學考證，這纔是更高一級的學術研究。然而王叔岷能堅持個人的治學道路，勤奮執著，著述豐富，爲中國古籍整理工作做出巨大貢獻，這亦是爲中國學術的巨大貢獻。王叔岷的治學經驗及其與歷史語言學派的關係，均在中國學術史上爲我們留下一些值得深思的問題。

作者單位：四川省文史研究館

① 王叔岷：《史記斠證》，中華書局2007年，第10頁。
② 王叔岷：《莊子校詮》，中華書局2007年，第23頁。
③ 王叔岷：《左傳考校》，中華書局2007年，第556頁。
④ 顧頡剛：《古史辨第四册顧序》，《古史辨》第四册，上海古籍出版社1982年重印，第22頁。

# 華西協合大學與巴蜀文化研究

胡昭曦

在中國近代史上，位居中國内陸腹地四川成都的華西協合大學，爲西方基督教差會在華設立的十三所教會大學之一，它是近代中國社會背景下的産物，也是20世紀以來中西文化互動的産物。華西協合大學是中國近現代教育史、基督教史和中西文化交流史的組成部分，也是巴蜀文化和蜀學發展與研究的重要内容，對其開展研究具有重要學術價值和現實意義。

私立華西協合大學（簡稱華大），從1910年3月11日建立到1951年10月6日人民政府接辦并命名爲“華西大學”的41年間，在由外國教會大學轉變爲中國本土大學的歷史過程中，爲四川乃至中國的社會文化的發展作出了顯著成績，特别是在醫藥學方面聞名中外；相對而言，人們對它在巴蜀文化（含蜀學）發展及其研究中的突出貢獻，卻瞭解不多，學界也缺乏集中系統的梳理。

在輝煌燦爛的中華文化中，巴蜀文化是源遠流長、豐富多彩的重要地域文化之一。自1941年出現“巴蜀文化”的學術命名以來[①]，70多年裏，巴蜀文化研究有了很大進展，其中有關蜀學的研究又在近三十多年裏蓬勃興起。學界對“巴蜀文化”的界定，有狹義、廣義二説，前者認爲是指先秦時期巴蜀地區的文化，後者認爲是指自古及今巴蜀地區的文化，筆者認爲：“巴蜀文化，是指巴蜀地區即主要在今四川省、重慶市境内，自古至今漢族和各少數民族共同發展的具有巴蜀地區特色的地域文化。”[②] 巴蜀文化，包括物質文化和非物質文化，華大對巴蜀文化的發展和研究，也包括物質文化和非物質文化，包括自然科學與社會科學，限於筆者的學識，本文衹就華西協合大學時期該校對巴蜀文化中人文社會科學主要是巴蜀文

① 一般認爲“巴蜀文化”的學術命名，始於20世紀40年代出刊的《説文月刊·巴蜀文化專號》（第3卷第4期、第7期）及該刊所載衛聚賢《巴蜀文化》一文，此説有一定道理，但還需辨析。參見拙文《從〈説文月刊〉辨析“巴蜀文化”命題的初義》（待刊）。

② 胡昭曦：《西部大開發與巴蜀文化研究》，《社會科學研究》2001年第5期；胡昭曦：《巴蜀歷史文化論集》，巴蜀書社2002年。參見林向：《巴蜀文化辨證——林向考古文物選集》，科學出版社2010年。

化研究的貢獻做些初步探究。

## 一　充實文理兩科，融入華西社會

同全國一樣，晚清時期巴蜀近代高等教育開始發展，其模式大體有二：一是改革教育制度。如對已有省級書院錦江書院（1704年建立）、尊經書院（1875年建立）改制的同時，參照西方學制建立學堂，如1892年官辦重慶洋務學堂、1896年成都官辦四川中西學堂、1902年官辦四川省大學堂（同年改建爲四川省城高等學堂），1906年重慶官辦川東師範學堂，其軌跡是由中國傳統教育向現代化教育發展。二是外國人辦學校，全爲西方近代教育模式，其軌跡是逐漸中國化，由洋學校向中國本土學校發展，華大即爲這類學校。華大初創時，"整套規劃和建設方案，全部是從英美搬進來的"，"其辦學宗旨是'藉助教育爲手段以促進基督事業'"①。中華人民共和國建立前的40年中，該校經歷了自西徂東—采中補洋—抑洋立中——爐合冶的中國化過程②。

華大的發展經過三個階段，即外國人在中國辦的洋學校（1910—1933）、經向中國政府註册立案的私立學校（1933—1950）、由人民政府接辦成爲中國的公立大學（1951年開始）。有過三任校長，他們是畢敢（Joseph Beech，美國人，1867—1954。1913—1930年任校長，1930—1946年任校務長）、張淩高（重慶璧山人，1890—1955。1927年後任副校長、代理校長，1933—1946年任校長）、方叔軒（四川成都人，1883—1982。1946—1951年在任。曾長期擔任華大教務長，任校長後承繼了張淩高的辦學思想和風格）。畢敢是奠基人。首任華人校長張淩高於1933年9月23日完成了華大向中國政府立案，逐漸實現了華大校院級領導的改組和專業設置的重大變化。他和方叔軒擔任校長期間，是華大教學、科研和醫藥事業明顯擴充、提高和發展的時期，也是華大對巴蜀文化研究作出重要貢獻的時期，這是華大迅速發展提高和加快中國化的要求，是張、方二校長的辦學思想的實施。

作爲一所教會大學，華大創辦的初衷是爲基督化中國服務的，起初華大的發展較爲緩慢。張淩高認爲教會大學不能與社會需求脱節，制定了充實文、理兩科，加强調整醫、牙科，文理滲透，教學與科研并重的辦學方針。使它面向社會辦學，最大限度地融入到華西當地的社會生活中，融入到中國當時的社會現實中，在教學内容上强調實用性和爲四川乃至中國社會建設服務，大大提高了教學品質和科研水準，推動了學校的發展，基本完成了中國化進程，使華大逐漸成爲具有世界影響的一所中國的私立的綜合性大學。

華大向中國政府立案前後辦學思想變化及其實施，不僅使已形成爲華大强勢的醫科更加

---

① 《四川大學史稿》第四卷《華西協合大學1910—1949》（簡稱《川大史稿·華大卷》），第1、11頁，四川大學出版社2006年。本文有關華西協合大學的資料，大多據自此書，除必要處，不一一注出。

② 參見張麗萍：《從"五洋學堂"到中國的永久大學——華西協合大學本土化過程研究》，四川大學2007年博士學位論文。

發展，而且也使華大的文科迅速增强并顯出特色，特别是"融入華西社會"的要求，更使華大的教學科研著重面向巴蜀地區的歷史與文化，爲巴蜀地區的社會服務，從而也必然關注對巴蜀文化的研究。

## 二　大批名家雲集，推進巴蜀研究

在張淩高擔任校長後，華大的文科教學科研有了很大加强，學校聘請中國籍教師的人數逐漸明顯增多，其中不少是研究巴蜀文化的著名學者，他們對華大相關學科的教學科研水準的提高和巴蜀文化研究的發展，起了決定性的推動作用。華大的教學科研隊伍，大體由幾部分組成[①]。

一是外國人。其在教師中比例逐漸減少，中、西籍教師之比例：開學第一年（1910 年）爲 2∶8，1917 年爲 1∶23，1931 年爲 62：60 人。西籍文科教師中不乏名師名家，如戴謙和（Deniel Sheets Dye，理學院院長，大學古物博物館奠基人，主持校博物部長達 20 年）、葛維漢（Darid C. Graham，人類學家、考古學家、古物博物館館長）、費爾樸（Dryden L. Phelps，哲學博士）、文幼章（Jame G. Endicott）[②] 等。

二是中國人。華大聘請的中籍教師，初期聘數少、聘期短，但均爲名家宿儒，如廖季平、劉豫波等。1928—1947 年，受聘來校的著名學者更多。抗戰時期，内遷幾所大學在成都華西壩聯合辦學，國内名家薈萃，華大聘請的文科著名學者明顯大增。

三是國外著名學者來校進行學術訪問或講座。如李約瑟（Joseph Needham，1900—1995）[③] 等英國以及法國、波蘭的來訪學者。

在中籍教師中，不少是四川籍[④]名家或蜀學傳人。如廖平（清進士，著名經學家）、劉復禮（清進士）、文龍（清翰林）、劉豫波（蜀中儒學槐軒學派創立人劉沅之孫、文學家）、林山腴（清舉人，文學家）、龔道耕（清舉人，經史學家）、趙少咸（語言文字學家）、劉紹禹（心理學、教育學家）、張淩高（教育學家）、吴君毅（法學家）、鍾稚琚（語言文學家）、龐石帚（文學家）、杜奉符（文學家）、羅玉君（文學翻譯家）、蒙文通（史學家、經學家）、何魯之（歷史學家）、羅忠恕（哲學家、心理學家）、蒙思明（歷史學家）、羅榮宗（社會學家）、程英祺（經濟學家）、傅葆琛（教育學家）、方叔軒（教育學家）、伍非白（中國哲學史家）、任乃强（藏學家、歷史地理學家）、程芝軒（文學家）、祝屺懷（歷史學家）、李培甫

① 有關教師人數及其中西比例，見張麗萍：《從中籍教職員的變遷看基督教大學本土化進程——以華西協合大學爲中心的考察》（待刊）。

② 文幼章（1899—1993）加拿大人。1899 年生於四川樂山。畢業於加拿大多倫多大學。1925 年在華西協合大學及華西協中任教，曾任大學英語和倫理學教授。

③ 李約瑟，英國人，劍橋大學李約瑟研究所名譽所長，長期致力於中國科技史研究。著有《中國科學技術史》等。

④ 本文所謂四川是指當時的四川省，包括直轄後的重慶市地區。有的地方必要時，則注出今日重慶。

（文學家）、姜蘊剛（社會學家）、甄尚靈（語言學家）、林名均（考古學家）。

非川籍學者大多是名著全國的，不少是一流的，如顧頡剛、錢穆、容庚、馮友蘭、吕叔湘、徐中舒、陸志韋、趙人雋、陳寅恪、韓儒林、吴宓、蕭公權、李方桂、劉咸、馮漢驥、繆鉞、聞宥、朱少濱、鄭德坤、張東蓀、謝霖甫、許壽裳、劉朝陽、常燕生、孫伏園、董作賓、郎毓秀、蔣旨昂、黄方剛、沈嗣莊等。他們除了從事本專業研究，不少學者也積極進行巴蜀歷史文化研究。

華大文科教師的構成，有一個突出的優勢和特色，即中西合作和校内外合作，貫穿了整個華大時期。

中西合作，例如，林名均與葛維漢，自葛維漢1932年任華大博物館館長、20世紀30年代林名均到華大博物館工作，二人開始學術、工作上的合作交流，一直持續到1948年葛氏退休回國。雙方合作的重大活動包括1934年廣漢三星堆首次考古發掘、1933—1936年成都東門外琉璃廠窑址考察[①]。又如，羅忠恕任教華大哲學系，1934年任文學院院長，聘請國内外知名學者到華大任教或講學，并於1939年提議在英國牛津大學成立了中英兩國大學文化合作委員會，之後又組織一些中外學者在華大建立了“東西文化學社”（羅被選任社長），開展講學和科研活動[②]。

對於巴蜀文化研究而言，更重要是校内外大範圍的學術合作。在成都，華大與具有文科突出優勢的國立四川大學（簡稱川大）毗鄰，兩校間許多教學科研活動聯繫密切頻繁而長期。抗戰時期彙聚華西壩的高校有華大（東道主）、中央大學醫學院、金陵大學、金陵女子文理學院、齊魯大學、燕京大學，人們習慣稱這一時期爲抗戰“五大學聯合時期”[③]，“友校并立，教授課程，交互合作，人才相當集中”。加上有的學者兼任四川省、西康省一些學術或行政機構負責人，出現了教師隊伍的大量校際兼任和有關政府機構配合支持的局面。例如，歷史學家、古典文學研究家、語言學家陳寅恪，1943年夏—1945年秋，任教成都燕京大學，同時受聘於華大中國文化研究所任特約研究員。語言學家吕叔湘，1940年在華大任中國文化研究所研究員，1942—1946年任成都金陵大學中國文化研究所研究員。歷史學家錢穆，1939年在成都齊魯大學任教并主持國學研究所兼任華大課程，1943—1945年任教華大并兼教川大。歷史學家顧頡剛，1939年至1940年上半年任教齊魯大學兼任該校國學研究所主任，1944年11月再次任教齊大。歷史學家徐中舒，1938年2月任川大歷史系教授，1943年9月至1944年上學期，兼華大文學院歷史系教授，1946年任川大史地系系主任，1950—1951年兼華大教授，1952年任西南博物院院長[④]。歷史學家、蒙古學家韓儒林，

---

① 參見周蜀蓉：《中西學術互動之典範——以華西協合大學博物館葛維漢與林名均爲例》（待刊）。

② 羅義蘊、羅耀真：《掬水移月：西出蜀道有知音》，四川教育出版社2011年，第15—23、87—88頁。

③ 華西壩五大學，1942年秋以前指金大、金女大、齊大、中大、華大。1941年中大自辦醫院，而1942年秋，燕大在成都復校，故1942年後五大學指華大、金大、金女大、齊大、燕大五校。

④ 徐亮工：《徐中舒先生生平編年》（未定稿），載《徐中舒先生百年誕辰紀念文集》，巴蜀書社1998年。

1940—1943年任華大歷史系教授、中國文化研究所研究員①。歷史學家、經學家 蒙文通，1938—1940年任教川大歷史系，1941任教金陵大學、兼任四川省圖書館館長，1942年下半年兼教華大，1943—1948年4月任職省圖書館，兼教華大、川大，1949年在華大、川大任教；1950年在華大，上半年兼哲學系代主任②。考古學家、民族學家馮漢驥，1937年受聘四川大學任史學系教授，1941年任四川省博物館館長，1943年兼任華大社會學系教授，1944年代理華大社會學系系主任③。文學家、歷史學家繆鉞，1946年應聘爲華大中國文化研究所研究員兼中文系教授，1947年8月兼川大歷史系專任教授，1948—1951年任華大、川大教授④。考古學家鄭德坤，1936年在華大任教，1941—1946年任華大博物館館長。語言學家聞宥，1937年任教川大中文系，1940—1951年在華大文學院任教中文系兼研究所所長并兼教川大，1951年在華大文學院任教兼博物館館長。社會學家、人類學家、民族學家李安宅，1938年赴甘肅拉卜楞寺對藏傳佛教進行實地調查，後任教於華大。于式玉，民族學家。1942年與丈夫李安宅先後赴成都後，在華西大學邊疆研究所任教授。藏學家、歷史地理學家任乃强，1940年任西康省通志館籌備主任，1943—1945年在華大任教兼華西邊疆研究所研究員，曾率華大考察團赴康藏地區考察⑤。哲學家伍非百，曾任華西大學教授、四川省圖書館館長等⑥。歷史學家趙衛邦，1940年在北平輔仁大學研究院史學部任教，被派深入西康省涼山地區從事少數民族社會、文化調查研究工作，1950年受聘爲華大中文系教授、代理系主任和中國文化研究所研究員⑦。

由於學校加强文科建設，加上校内外、国内外學者之間的學術合作交流，文科師資隊伍龐大而具有活力。他們辛勤耕耘，既有不少全局性的高水準研究成果，還有許多巴蜀地域性的前沿課題；既推進了巴蜀文化的研究，又培養了大批巴蜀文科人才和巴蜀文化研究的傳人。

## 三　增建學術機構，推進巴蜀研究

1927年華西協合大學向省府申請立案前後，設有文科，科長由張淩高兼任，1930年改由費爾樸擔任。文科設有國文系、英文系、社會學系、經濟學系、哲學系等。1931年華大

---

① 邱樹森：《韓儒林傳略》，《文獻》1990年第1期。

② 蒙默：《蒙文通先生年譜》，載四川大學歷史文化學院编：《蒙文通先生誕辰110周年紀念文集》，綫裝書局2005年。

③ 林向：《西南考古學的奠基人——馮漢驥教授》，載《中華文化論壇》1999年第3期；《童心求真集——林向考古文物選集》，第411—415頁。

④ 繆元朗：《繆鉞先生生平編年》(1904—1978)，載《魏晉南北朝史論文集》，巴蜀書社2006年。

⑤ 《川大史學·任乃强卷》"前言"，四川大學出版社2006年。

⑥ 見《四川省文史館網·歷任館員》。

⑦ 《趙衛邦自撰簡歷》，載《趙衛邦文存》，四川大學出版社1989年，第12—13頁。

向教育部申請立案時，按教育部大學組織法規定，籌建文學院。文學院於 1932 年正式成立，第一任院長爲費爾樸，1934 年由羅忠恕繼任，下設中國文學系、教育系、外文系、社會學系、歷史學系、哲學系、美術系等①。與此同時，張淩高出任校長後，華大在加强醫科、理科研究工作的同時，重視文科的研究工作，先後充實和建立了一些人文學科的研究機構，這些教學科研機構是華大巴蜀文化研究的重要陣地。列其主要者於下②。

博物館　1914 年戴謙和在華大籌辦博物部。1932 年成立古物博物館，有標本 6000 件，葛維漢被任命爲館長（任期 1932—1941 年）。1941 年鄭德坤主持館務。該館明確提出"利用鄉土教材，以促進吾國教育之本位化"③，主持了四川及西南地區的考古學、民族學方面的多項考古發掘，如廣漢三星堆遺址、漢墓、唐宋窑址等。至 1950 年，所收羅古物文物達三萬餘件，其中邊民文物頗具特色，西藏標本尤爲豐富④，是中國西南地區建立最早的博物館。華大博物館也最早把西方近代博物館的理論和模式介紹給西南的學術界，首開西南文博界的文物收藏、研究、陳列諸方面的先河⑤。

華西邊疆研究學會　自 1922 年至 1950 年，設在華大博物館内。創始人是戴謙和以及一些美籍人類學、醫學、地理學等方面的專家。它是一個國際性的學術團體，具有跨學科、跨地域、跨學校的特點。其宗旨是研究華西（包括今天的川、渝、甘、青、藏、滇、黔、新等地區）的民族歷史、宗教、習俗及當地的自然環境，及其與西方文化的相互交流和影響。創辦了面向世界發行的英文學術年刊《華西邊疆研究學會雜誌》，自 1922 年至 1946 年共發行 16 卷 20 册⑥。

中國文化研究所　1940 年成立，研究中國文化，如宗教、考古學、史學、人類學、語言學及美術等。所長聞宥，教授兼研究員有韓儒林、吕叔湘、劉朝陽等，還聘請陳寅恪、劉咸、李方桂、滕固、董作賓等爲特約研究員。出版有《華西大學中國文化研究所論叢》、《華西大學中國文化研究所集刊》兩種刊物。

邊疆研究所　1942 年成立，由張淩高兼任所長，李安宅任副所長。該所是以研究邊疆爲宗旨，與本校博物館及各院系既互相配合又各自獨立地開展調查研究，實地考察，主辦公開演講，舉辦文物展覽，出版刊物等。

---

① 《川大史稿·華大卷》，第 73—77 頁。

② 同上，第 117—121 頁。

③ 引自霍巍：《華西研究叢書·温故而知新——20 世紀早期華西邊疆研究的歷史價值（代序）》，載李紹明、周蜀蓉選編：《葛維漢民族學考古學論著》，巴蜀書社 2004 年；參見鄭德坤：《四川古代文化史》，巴蜀書社 2004 年。

④ 《川大史稿·華大卷》，第 70—73 頁；張麗萍、郭勇：《中國西部第一個博物館》，載《光明日報》2006 年 6 月 16 日。

⑤ 20 世紀 30 年代四川大學也籌建博物館，1937 年 8 月 8 日國立四川大學博物館籌備處成立。此後，收得各種文物逾三千件。1941 年 1 月，四川省政府會同四川大學博物館設立了四川省博物館，由馮漢驥出任館長。川大博物館藏品全數移交省博物館。今天的四川大學博物館即爲當年華大博物館演變而來，被學術界譽爲"中國高等院校首屈一指的綜合性博物館"。參見王東傑：《學術"中心"與"邊緣"互動中的典範融合：四川大學歷史學科的發展（1924—1949）》，《四川大學學報》（哲學社會科學版）2006 年第 4 期。

⑥ 霍巍：《温故而知新——20 世紀早期華西邊疆研究的歷史價值（代序）》；周蜀蓉：《傳教士與華西邊疆研究——以華西邊疆研究學會爲例》，《宗教學研究》2011 年第 1 期。

經濟研究所　1942年成立，由程英祺主持。出版的刊物有《華西經濟半月刊》、《經濟科學專刊》等。

教育研究所　1943年成立，由傅葆琛主持。出版有《教育與建設》、《華西教育導報》、《華西教育月刊》、《華西教育通訊》等刊物。

中國社會史研究室　1944年成立，由姜蘊剛主持。出版《中國社會》月刊。1945年，顧頡剛主持編輯《文史雜誌》，委托該研究室爲其雜誌編輯“中國社會史專號”。

歷史研究部　成立於1942年，由錢穆主持。先後招收研究生十多名。

國學研究部　成立於1943年，李培甫任主任。

## 四　研究成果豐碩，學術貢獻突出

### （一）西南科學考古與民族學的先驅

1929年春，四川廣漢縣（今廣漢市）太平場附近燕氏宅旁發現大批玉石器。1930年，英籍牧師董宜篤（A. H. Donnithone）函約華大戴謙和同往調查，獲得一批玉器。戴氏據此撰《四川古代石器》，刊於《華西邊疆研究學會雜誌》第4卷（1934）。1934年，華大博物館葛維漢及該館林名均應廣漢縣政府之邀，在燕宅旁開展正式田野考古發掘，頗有收穫。1934年，葛維漢整理出歷史上第一份有關廣漢古蜀文明遺址的考古發掘報告——《漢州發掘簡報》。1934年7月9日，時旅居日本的郭沫若在給林名均的回信中，對葛、林、戴氏的研究給予很高評價，認爲將各種陶器“判斷爲周代早期的文物，也許是可靠的”，稱他們是“華西科學考古工作的開拓者”。葛維漢將廣漢發掘及初步研究成果撰成《漢州發掘初步報告》載《華西邊疆研究學會雜誌》第6卷（1936），林名均撰成《廣漢古代遺物之發現及其發掘》載《説文月刊》第3卷第7期（1942）。1946年7月，華大博物館出版了鄭德坤的《四川古代文化史》，書中鄭德坤把“廣漢文化”作爲一個專章加以討論研究。廣漢發掘尤其“廣漢文化”的提出，表明當時的學者對廣漢遺物與中原文化的異同開始關注。這些發掘研究，揭開了日後三星堆文化發掘與研究的序幕，是三星堆科學考古研究的先驅，從此在國内外學界很快形成了一股探討廣漢古蜀遺址之風①。

戴謙和潛心於尋訪巴蜀古迹，發掘遺址、古墓。葛維漢主持了四川地區的多項田野考古工作，深入苗、羌、藏、彝等民族聚居地，廣泛采集并系統整理民族文物，研究者已將其論著翻譯選編結集爲《葛維漢民族學考古學論著》出版②。

1942—1943年兼任華大社會學系的川大教授馮漢驥（時已任四川省博物館館長）主持

① 段渝：《三星堆與巴蜀文化研究七十年》，《中華文化論壇》2003年第3期；周蜀蓉：《華西邊疆研究學會與三星堆文化的早期研究》，《四川文物》2012年第5期。

② 李紹明、周蜀蓉選編：《葛維漢民族學考古學論著》，巴蜀書社2004年。

發掘了位於成都的五代前蜀王建永陵（華大博物館林名均參加），這是國内首次發掘的五代十國帝王陵寢。馮漢驥在 1964 年完成出版了《前蜀王建墓發掘報告》。1944 年，馮漢驥（是年代理華大社會學系系主任）在川大校園内清理一座小型唐墓，從中取得成都縣“龍池坊”唐代紙本雕版印刷品，這是國内迄今保存的最早印刷品標本[①]。

20 世紀三 40 年代，李安宅、任乃强等對康巴社會歷史文化進行了開拓性研究，深入康區實地調查，發表了一系列著述，如《邊疆社會工作》[②]、《西康圖經》、《西康紀要》、《康藏史地大綱》、《西康得格之歷史與人口》、《川甘數縣邊民分布概況》等，還出版了《康導月刊》、《邊政》、《康藏前鋒》等專刊，爲康巴研究奠定了科學的研究基礎，架構起“康巴學”（康巴文化研究）的基本框架[③]。

### （二）人類學的“華西學派”[④]

“華西”，此處主要是指華西協合大學。華大 1910 年建校不久即進行人類學與社會學的教學研究，建立了以人類學爲主要内容的古物博物館。之後，成立以人類學爲重點的“華西邊疆研究學會”，發行《華西邊疆研究學會雜誌》；又建立了專設的人類學研究機構“華西邊疆研究所”。同時，該校社會學系及博物館又培養出一批人類學人才。加之，抗日戰爭期間五大學協作辦學，遂有不少著名的人類學家加入了華西的行列，其中也包括當時在成都的四川大學等校的人類學與社會學家[⑤]，華西人類學學科之勢大增。因此當時即有一些學人以“華西”之名，來稱呼那一階段這一人類學者的群體。

1911—1937 年爲華西人類學派初創階段，以後發展，直到 1952 年，於中國學術史上大約存在了 42 年之久。這個學派的特點是：在學術理論上的兼收并蓄，在研究方法中的史志結合，在研究領域中注重康藏。《華西邊疆研究學會雜誌》以英文出版，共有論文三百餘篇。其内容主要爲有關西南地區的人類學（包括體質人類學、文化人類學即民族學、考古學、語言學）、歷史學、民俗學、社會學、宗教學、地理學、地質學、生物學等方面的論著，其中人類學的成果約占三分之一，成爲當時研究這一地區上述學科的世界性權威刊物，爲世界各國大圖書館所收藏。

---

① 馮漢驥：《前蜀王建墓發掘報告》“壹，永陵的發現及發掘”，文物出版社 2002 年第二版；林向：《西南考古學的奠基人——馮漢驥教授》，《中華文化論壇》1999 年第 3 期。

② 李安宅：《邊疆社會工作》：中華書局 1994 年，1946 年再版，收入社會部“社會行政叢書”。

③ 任新建：《任乃强：〈格薩爾〉的發掘者》，載《中國民族報》，轉引自《中國民族宗教網》2009 年 11 月 13 日；石碩：《關於“康巴學”概念的提出及相關問題——兼論康巴文化的特點、内涵與研究價值》，《西藏研究》2006 年第 3 期。

④ 主要據李紹明：《中國人類學的華西學派》，載《中國人類學評論》第 4 輯，轉引自《人類學綫上》2009 年 10 月 30 日；李紹明：《略論中國人類學的華西學派》，《廣西民族研究》2007 年第 3 期。

⑤ 1935 年，四川大學文學院的歷史學系即開設有人類學，法學院的政治經濟學系也開設有社會學、社會問題等課程，主講這些課程的學者主要有胡鑒民和馮漢驥。他們二人與華西均有密切關係，如胡鑒民曾任與華大聯合辦學的金陵大學文學文科研究所教授，川大教授馮漢驥曾任華大社會學系教授和代理主任，馮漢驥任四川省博物館館長後亦兼教川大、華大。

華西學派在體質人類學方面有較大成就。1935—1936 年華大醫學院楊振華參加了由莫爾思主持的三次體質人類學考察。先後收集了 1000 個成都人的血型標本，以及 200 多個苗族人、100 多個藏族人、50 多個羌族人的血型，寫出了以《四川人的血型研究》爲題的論文，於 1938 年在《英國人類學雜誌》上首先發表，得到高度稱贊，對華西的體質人類學做出重要貢獻。

在語言學研究方面。華大中國文化研究所所長聞宥，專長語言學、音韻學研究。該所出版有《華西大學中國文化研究所論叢》和《華西大學中國文化研究所集刊》兩種，聞宥著《論民族語言系屬》、《民家語中同義字研究》、《羌語比較文法》；吕叔湘著《釋俺附論們字》、《漢語第三代身詞説》；李方桂著《沙佛，漢藏語母音》；董作賓著《讀方編納西文字典甲種》和劉念和著《中國古漢語聲韻系統之研究》等都刊於此，皆稱語言學一時的佳作。20 世紀 40 年代趙衛邦到華西中國文化研究所工作，曾至西康寧屬（今涼山彝族自治州）一帶進行民族考察，撰有《西康會理的僰人》[①]。

### （三）助推"巴蜀文化"命題的形成及其研究的深入

20 世紀 40 年代，衛聚賢先後以《巴蜀文化》爲題，在《説文月刊》第 3 卷第 4 期（1941 年 10 月上海出版）"巴蜀文化專號"和第 3 卷第 7 期"巴蜀文化專號"（1942 年 8 月重慶出版）發表論文，首次提出"巴蜀文化"的命題。據衛氏在第一篇《巴蜀文化》中所記，他於 1940 年 8 月"路過成都，參觀華西大學博物館，見有石器甚多，皆川康境内出土"。1941 年 4 月、6 月，兩次在成都購得或見到共數十件器物，遂"就其花紋而草成《蜀國文化》一文"；8 月，再到成都，又見到幾件兵器和一殘獵壺，"林名鈞（均）先生并指出《華西學報》五期（二十六年二月出版）有'錞于圖'，其花紋類此，購而讀之，知萬縣、什邡（四川）、慈利（湖北）、長楊（湖北）、峽來亦有此特異的花紋兵器等出土，包括巴國在内，故又改此文爲《巴蜀文化》"[②]。可見華大的巴蜀文化研究，對"巴蜀文化"命題的提出所起的助推作用。

"巴蜀文化"的命題雖始於 20 世紀 40 年代，但作爲中華文化重要組成部分的巴蜀地區文化，卻是源遠流長、豐富多彩，而且有關對它的研究也是自古至今連綿不斷。長期以來文化學者研究中所謂"西南地區"、"西南邊疆"、"四川"、"川康"、"巴渝"等地區文化，重點都是指巴蜀地區的文化，後來逐漸趨於采用"巴蜀文化"這個命題。

華大的文科研究自始就把重點放在四川和西南，1941 年 10 月出版的《説文月刊》滬版"巴蜀文化專號"主要内容涉及重慶地區。1942 年 8 月出版的渝版"巴蜀文化專號"，則泛及於巴蜀地區，刊載了華大鄭德坤的《華西的史前石器》、林名均的《廣漢古代遺物之發現及其發掘》，同刊的還有在華大兼教或學術合作的徐中舒的《蜀錦》、董作賓的《殷代的羌與

---

① 《趙衛邦自撰簡歷》，載四川大學南亞研究所編：《趙衛邦文存》，四川大學出版社 1989 年，第 12—13 頁。

② 衛聚賢：《巴蜀文化》，《説文月刊》第 3 卷第 4 期，第 1 頁。

蜀》、商承祚的《成都白馬寺出土銅器辯》、繆鳳林的《漫談巴蜀文化》等。這些著述豐富了“巴蜀文化”命題的内涵，也促進巴蜀文化研究漸趨高潮。

通觀華大幾十年的巴蜀人文文化研究，數量多，成績大，筆者僅從《華西邊疆研究學會雜誌》載文粗略統計，自1922—1946年共刊登341篇文章①，從存目標題看，其内容明顯是四川、西康、西藏地區人文社會科學方面和部分地理類的文章有167篇（四川、西康的約占60%以上），占總篇數的48.6%。1946年鄭德坤出版了《四川古代文化史》一書（已由巴蜀書社於2004年再版），這是有“巴蜀文化”命題以來，研究巴蜀文化的第一部專著。它與徐中舒1940年發表的《古代四川之文化》②、1934年林山腴編纂的《華陽縣志》、20世紀三四十年代蒙文通的經史地理和道書研究、任乃强的康巴研究、甄尚靈的四川方言研究等系列著作，都是近七八十年以來巴蜀文化研究的奠基之作。

### （四）巴蜀學術人才的培養基地

據統計，從1910年開學至1949年的40年間，華大畢業學生共2197人，其中醫、牙、藥爲各專業共808人，其餘爲文、理科。人文社會學科，僅以文學院的統計，到1949年，該院已發展到教育、鄉建、社會、哲史、經濟、音樂、中文、外文等8個系，學生人數728人，爲全校學生人數最多的學院③。研究生，如錢穆主持的哲史研究部，自抗戰後期至1948年，即招有研究生十餘名。同華大其他學科專業一樣，華大文科畢業生中，不少人後來成了著名的專家、學者。僅就筆者所知，舉例如下：

張淩高，教育家。重慶璧山縣人。1919年畢業於華大文科，獲文學學士，1922年獲美國芝加哥西北大學研究院文學碩士學位，1933年獲美国德魯大學研究院哲學博士學位。1927年張淩高受聘爲華大副校長，1930年任代理校長。1931年5月，華大在紐約的托事部正式同意任命張淩高爲華大校長，并向中國政府教育部呈請立案。1933年9月張淩高得到正式任命。1947年，張淩高稱病辭職。他苦心經營達二十年之久，使華大逐漸由一所地區性的教會大學，躍升而成爲在全國具有相當影響地位的一所中國本土的綜合性大學④。

方叔軒，教育家。四川成都人。1916年畢業於華大教育系。留學獲英國伯明翰大學研究院教育碩士。1927年後，任華大教務長達20年之久，1946—1951年任校長，他承繼了前任張淩高的辦學思想和風格，充實經費，完善條件，繼續延攬名師，提高課程標準，發展科學研究，充實圖書設備，使華大成爲西南教育文化重鎮⑤。

楊重熙，教育家。四川内江人。1919年畢業於華大文科，美國西北大學神學碩士，

---

① 據周蜀蓉譯編：《〈華西邊疆研究學會雜誌〉目録》，載李紹明、周蜀蓉選編：《葛維漢民族學考古學論著》，巴蜀書社2004年。

② 載《史學季刊》（成都）第1卷第1期。

③ 《川大史稿·華大卷》，第145、174頁。

④ 同上，第87—92頁。

⑤ 同上，第139頁。

1932—1950年任重慶求精中學校長，兼重慶求精商業專科學校校長，1939年與人合作開辦內江私立求精中學①。

羅忠恕，哲學家、心理學家。四川武勝人。1922年考入華大醫科，後轉學文科。1931年在燕京大學哲學系研究院獲碩士學位，回華大哲學系任教。歷任華大教務主任、文學院院長、哲學系主任等，1947年6月，被聯合國教科文組織聘爲哲學顧問。1942年11月任華大“東西文化學社”社長，持續開展國際學術活動，使該社成爲當時華大的東西文化交流中心②，撰有論文《哲學在現代教育中的地位》，有《希臘哲學》（譯述）等。

蒙思明，歷史學家。四川鹽亭人，1929—1933年就讀於華大社會及歷史系。畢業後在校任教，1935—1938年，入北京燕京大學研究院歷史部專門進修。1944年由華大赴美國哈佛大學留學，後回校任教至1952年，歷任華大文學院院長兼外文系代主任。代表作有《元代社會階級制度》③。

林名均，考古學家。四川資中人。1933年畢業於華大，長期在華大博物館工作，曾任館員、總務主任兼館長秘書等。從20世紀30年代開始，參加過多次考古發掘，發表過多篇涉及到華西歷史、民族、考古、文學等方面的論文，編纂出版專著《華西大學圖書館四川方志目録》。他的《廣漢古代遺物之發現及其發掘》，是中國學者在國内學界發表的第一篇有關廣漢古蜀遺址的論文④。

甄尚靈，語言學家，四川遂寧人。1939年畢業於華大，在華大中國文化研究所和中文系任教。後留學，先後獲哈佛大學學士、耶魯大學碩士及博士學位。1951年回國後仍在華大原單位任教。著作有《成都語言初步研究》、《四川方言音系》等⑤。

王仲鏞，文學家。四川南充人。1939年畢業於華大中文系，留校在中文系、國學研究所任教，1945年，兼校長秘書。著作有《唐詩紀事校箋》、《升庵詩話校箋》、《絶句衍義校注》,《陳壽〈益部耆舊傳〉探微》等。

白敦仁，古典文學研究家。四川成都人。曾就讀於四川大學，畢業於華大中文系。1942年起，先後在華大中文系、成華大學、成都大學任教，曾任成都大學中文系系主任等。著作有《陳與義集校箋》、《巢經巢詩鈔箋注》等。

王文才，文學家、文獻學家。四川崇州人。1943年就讀華西大學中文系。編著有《元曲紀事》、《成都城坊考》、《青城山志》、《蜀檮杌校箋》、《楊升庵叢書》等⑥。

羅元錚，經濟學家，四川成都人。1947年畢業於華大，後到美國留學和工作。1948—

① 《西南財經大學志》第1卷，西南財經大學出版社1992年；《内江文史資料選輯》（第12輯），1995年。《“三楊興學”辦教育》，載《重慶商報》，轉引自《新浪網》2007年3月17日。

② 羅義蘊、羅耀真：《掬水移月：西出蜀道有知音》附“學者生涯”，第84—109頁。《川大史稿・華大卷》，第121—125頁。

③ 發表於1938年4月《燕京大學學報》專號第16期。修訂本於1980年由中華書局出版。

④ 周蜀蓉：《中西學術互動之典範——以華西協合大學博物館葛維漢與林名均爲例》。

⑤ 龔漢熊：《言静聲息，甄尚靈先生悄悄地走了》，《龔漢熊的博客》2012年4月4日。

⑥ 張天健：《我與川中大師王文才二三事》，《史學日誌網》2011年12月22日。

1951年，在蘇聯列寧格勒大學東方學院任教員。1951—1954年，就讀於列寧格勒大學經濟系，獲博士學位。曾任旅美和平民主聯盟秘書、馮玉祥將軍英文翻譯和隨行秘書、國際經濟協會副主席、首都經濟貿易大學教授。著作有《中國走向世界的求索——羅元錚文選》、《羅元錚文選續集》等[①]。

李紹明，歷史學家、民族學家、人類學家。土家族，重慶秀山人。1950年入華大社會學系學習，1953年畢業於川大歷史系民族學專業，1954年畢業於西南民族學院民族問題研究班。曾任中國民族學學會副會長、中國民族史學會副會長、四川省歷史學會會長、中國西南民族研究學會會長等。主要著作有《民族學》、《李紹明民族學文選》、《涼山彝族奴隸社會》、《羌族史》、《川東西水土家》、《彝族》及《中國藏族人口與社會》等[②]。

此外，還有宋誠之（神學博士，曾任華西大學、四川大學、澳洲雪黎大學教授）[③]，教育系畢業的劉之介（教育家）[④] 等。

以上所列，僅爲筆者所知者的例舉，可謂掛一而漏衆，但已可見到華大培養蜀中文科人才和巴蜀文化研究學者斐然成績之概貌。

綜觀華西協合大學41年間的文科建設，有兩點值得特別注意：第一，華大巴蜀文化研究的發展，是這所教會大學逐漸中國化的重要內容，它助推該校把中國化推進到更廣更深，直至完成。第二，就華大文科的學術地位而言，雖不如它的醫、牙、藥科舉世聞名，但已是全國高校中巴蜀文化研究的重鎮之一，作出了具有明顯特色的突出貢獻。

1952年院系調整中，華西協合大學成爲專一的醫科大學（1953年定名爲四川醫學院，1985年5月14日更名爲華西醫科大學）；文、理、哲學院被合併給四川大學（其中社會學系及民族學即人類學組於半年後從四川大學劃出併入西南民族學院即今西南民族大學），歷史博物館亦調整到川大，這些單位的大部分教師和一些職工，也隨之調入川大。歷史悠久、富有國學傳統和具有文科突出優勢的國立四川大學[⑤]，在中華人民共和國建國前已是巴蜀文化研究的主要重鎮，華大文科調入川大後，川大文科的教學科研更爲增强，巴蜀文化研究的隊伍更爲雄厚，成果也更爲碩大。

作者單位：四川大學歷史文化學院

---

① “百度百科”；參見《馮理達羅元錚夫婦：永不凋謝的愛情》，《人民網·軍事頻道》2008年6月28日。

② 摘自《巴蜀文化研究中心網站》和《中國藏學網》。

③ 據《四川省文史館網·歷任館員》。

④ 見《高琦中學史略》，《成都華西中學網》2007年12月7日。

⑤ 有關四川大學在1950年以前的文科情況，可參見《四川大學史稿》第一卷《四川大學1896—1949》，四川大學出版社2006年；王東傑：《學術“中心”與“邊緣”互動中的典範融合：四川大學歷史學科的發展（1924－1949）》，《四川大學學報》（哲學社會科學版）2006年第4期；段渝：《三星堆與巴蜀文化研究七十年》，《中華文化論壇》2003年第3期。

# 《山海經》中的河源考

伏元傑

昆侖山是華夏民族發祥的聖地，是“百神所在”，是“天下之中”。華夏民族的許多先王、先祖如軒轅黄帝、螺祖、帝嚳、帝堯、帝舜、大禹等都出自昆侖山；伏羲、炎帝等也曾在此活動過。歷史上很多重大史實都與昆侖山相關，但昆侖山的方位在很早以前，大約在戰國時期，就從人們的視野裏消失了。連見多識廣的高級官員屈原都不知道昆侖山在哪裏，以至於他在《天問》裏也發出了“昆侖懸圃，其尻安在？增城九重，其高幾里”的疑問。

因爲昆侖山方位的不確定性，一些相關的重大史事就存在争議。如能找到昆侖山，就能明確歷史上的一些重大史實。尋找昆侖山的背後是探尋中華民族及中國文化起源的問題，華夏民族的聖地昆侖山是不應該被遺忘的，我們應該找到它。

因此，華夏文明起源上的考古證明與神話傳説其實并不矛盾，而古代昆侖山的一個重要標誌物就是河源。因爲《山海經》有“河出昆侖”的記載，祇要找到了河源就找到了昆侖山。本文專門從河源着手來揭開上古昆侖山位置之謎，用大量的證據揭示今澮河即古代的河源，古代的“河水”是由今澮河、汾河下游、黄河中下游構成。上古時代的昆侖山并不在大漠的西北和青藏高原，而就在中原，中原的中條山就是古代的昆侖山。

## 一　古今尋找河源的艱辛歷程

近兩千多年來，人們之所以要把昆侖山的方位定在大漠西北，是因爲黄河之源在大漠西北，於是人們順着河西走廊在黄河以西的大漠尋找迷失了的河源。漢武帝初年，爲聯絡葱嶺地區的大月氏夾擊匈奴，張騫應募出使西域。他在西域輾轉十三年歸來後寫給朝廷的報告中，提到了人們所關心的河源和昆侖山的問題。他説：“于闐之西，則水冒出流注西海；其東，水東流注鹽澤，鹽澤潛行地下；其南，則河流出焉。多玉石。而樓蘭、師姑邑有城郭，臨鹽澤，鹽澤去長安可五千里。”① 張騫把今塔里木河當成了“河水”，把于闐河當成了“河源”，他所說的“鹽澤”大概是指今羅布泊。按他的想象，塔里木河流到羅布泊既然再也没有流出去，其必定是“潛流南山”了，再從青海冒出來，成爲“重源”，入隴西在地表再成爲“河水”。他認爲這裏就是古籍中所謂的“河出昆侖，潛流於地”的地方。後來漢軍兵至祁連山，出使西域的漢使在給朝廷的報告中也肯定了張騫的“河源出于闐，潛流過南山”之說，於是，漢武帝就欽定于闐南山爲昆侖，于闐之河爲河源了。

漢使尋找的河源得到了朝廷和漢武帝的認可，但史學家司馬遷卻委婉地表示了異議。太史公說：“《禹本紀》言河出昆侖，昆侖其高二千五百餘里，日月所相隱避爲光明也，其上有醴泉、瑶池。今自張騫使大夏之後也，窮河源，惡睹《本紀》所謂昆侖者乎？故言九州山川，《尚書》近之也。”② 太史公說，《禹本紀》裏的河水所出的昆侖山高二千五百多里，日月隱避出没於此山，山上有美麗的醴泉、瑶池。而今張騫出使的西域，是那麼偏遠、荒凉，于闐河水哪是《禹本紀》中的河源？于闐南山哪有那麼高、那麼美麗呢？于闐南山哪是《禹本紀》所說的昆侖山呢？所以說中國的河源，還是應以《尚書》的闡述接近真實些。（因爲《尚書》裏有“禹導河積石”的記載，應該在九州中國内去尋找河源和昆侖。）

但不管怎樣，漢武帝欽定的河源和昆侖山就一直沿襲至今未變，在我們今天的地圖上，“昆侖山”仍赫然標注在新疆的南部，羅布泊也作爲“泑澤”而記入《辭海》。

後來的班固卻不贊同司馬遷的質疑，而是肯定張騫之說。因爲其胞弟班超曾在西域待過三十一年，走遍了西域各地，也認同張騫之說。由於班超的影響，所以班固在《漢書》裏進一步豐富了張騫之說：“其河有兩源，一出葱嶺山，一出于闐。于闐在南山下，其河北流，與葱嶺河合，東注蒲昌海。蒲昌海一名鹽澤者也，去玉門、陽關三百餘里，廣袤三百里。其水停居，冬夏不增減，皆以爲潛行地下，南出於積石，爲中國河。”③

後世對河源的研究和爭論一直没有停止過，如唐代《括地志》的作者魏王李泰、《史記正義》的作者張守節等，但他們都依據《尚書》“導河積石”的記載，把河源研究的重點放在積石上。

到了近現代，河源之争仍舊未停，新說也不間斷。吕思勉先生對於于闐南山說批駁得很透徹，他說：“予謂以于闐河源之山爲昆侖，實漢人之誤，非其實也。水性就下，天山南路，地勢實低於黄河上源，且其地多沙漠。巨川下流，悉成湖泊；每得潛行南出，更爲大河之源。漢使於西域形勢，蓋本無所知，徒聞大河來自西方，西行驟睹巨川，遂以爲河源在是。漢武不知其誑，遂按古圖書，而以河所出之昆侖名之，蓋漢使謬以非河爲河，漢武遂誤以非河所出之山爲河所出之山矣。”④

現代測量技術已能準確測量出于闐與羅布泊低於青藏高原，不可能“潛流南山”。所以，

---

① 司馬遷：《史記·大宛列傳》，中華書局 1959 年。

② 同上。

③ 班固：《漢書》，中華書局 1962 年。

④ 吕思勉：《讀史札記》，上海古籍出版社 1982 年，第 589 頁。

事實證明河源不在于闐南山，于闐南山不是昆侖。

到了清代，隨着疆域的拓展和地理知識的更新，或者由於政治經濟的需要，清高宗命阿必達尋訪河源，阿必達等回來後報告說："（青海）星宿海西南有水名阿勒坦郭勒……迴旋三百餘里，入星宿海，爲黄河真源。"[①] 這是一個新的發現，高宗大喜，就命四庫館編輯《河源記略》。現在看來，阿必達所見的確是一重大發現，但卻不能令四庫館學士們信服。清高宗時阿必達的發現，從根本上否定了于闐南山說，但他找到的也衹是近代的河源、地理上的河源，而不是古代《山海經》時代人們意識中的河源。産生這種錯誤認識是因爲：人們的地理知識受到社會實踐活動範圍的制約，《山海經》大約成書於商末周初之際。商周時期的國家版圖，包括荒服之域都没有到達河西走廊，何况更遥遠的大漠西域及青藏高原。張騫通西域、蘇武通塞外那還是漢代以後的事呢。

因此，在《山海經》時代，中原人的脚步和視野不可能到達葱嶺及青藏高原，《山海經》中的河源和昆侖應在"天下之中"的中原。在上古時代，由於受地理知識的局限，人們不會認爲河源在西域，就像在《水經注》之前，人們還以爲長江的源頭在岷江的道理一樣。

再者，《山海經》中對河源地貌的描述，也與當今黄河源頭的地貌情况不相符。

《山海經》對河源地貌的描述，集中在兩處：

其一：《山海經·海内北經》云："昆侖墟南有氾林方三百里。從極之淵深三百仞，維冰夷恒都焉。冰夷人面，乘兩龍。一曰忠極之淵。陽紆之山，河出其中，凌門之山，河出其中。"這段話的意思是："在昆侖墟的南面有沼澤林地三百里，其間有水深三百仞的縱極之淵。河宗氏冰夷的都城一直設在這裏。冰夷的族徽（圖騰）是人面乘兩龍。縱極之淵又寫作忠極之淵。忠極之淵的附近是陽紆之山，河水的一條支流發源於此山；其附近還有一座凌門之山，河水的另一條支流發源於此山。"

其二：《山海經·北山經》云："敦薨之山，其上多棕楠，其下多茈草，敦薨之水出焉，而西流注於泑澤，出於昆侖之東北隅，實爲河源。"這段話的意思是："敦薨山上，生長着很多棕樹楠木，山下生長着很多紫草，敦薨水就發源於那座山，向西流注於泑澤。敦薨山和敦薨水位於昆侖山脈的東北角，昆侖山確實就是河水的源頭。"

以上記述説明，《山海經》中河源與今河源有三點不符：

（1）《山海經》中的河源是由東向西流，而我們今天黄河源頭的流向是由西向東流。

（2）《山海經》中的河源發源於陽紆之山、凌門之山和敦薨之山三座山，是由三條支流組成，而我們今天黄河源頭衹有兩條支流。

（3）《山海經》中的河源花草繁茂，環境優美，"萬物應有盡有"，而今天青藏高原的黄河源頭是荒凉、寒冷的。

所以説，今青藏高原的黄河之源不是《山海經》中的河源。

---

① 《清史稿》列傳七十《阿必達傳》，中華書局 1977 年。

## 二　晉南澮河纔是《山海經》中的河源

其實，《山海經》中的河水源頭還是有迹可尋的。上面所引的《山海經·海内北經》和《山海經·北山經》中的河源附近有冰夷、縱極之淵、陽紆山、凌門山、昆侖墟等。衹要找到了冰夷、中極之淵、陽紆山、凌門山、昆侖墟等，就能找到河源。

1. 由瀍水、漳河、趙城證《山海經》中的河源在晉南

據《山海經》記載，河源有三條由東向西流的河流，其中的一條源出"陽紆之山"。《山海經·海内北經》云："陽紆之山，河出其中。"找到了陽紆山，就找到了河源。但陽紆之山方位不明確。然而，據《穆天子傳》卷四記載："（穆天子）自宗周瀍水以西，北至於河宗之邦陽紆之山，三千有四百里。"宗周即洛陽，瀍水發源於洛陽西北的孟津縣横水鎮，全長35千米，在洛陽人洛河。可見，當時穆天子是從宗周洛邑出發過黄河經䣙山別漳水的。由此知河宗之邦所都的陽紆山當在宗周洛陽與瀍水以北。

《穆天子傳》卷一開篇又云："飲天子䣙山之上，戊寅，天子北征，乃絶漳水。"由此知河宗氏之河伯在洛陽瀍水以北、漳河之西。穆天子絶漳水後，在河宗氏之邦所都居的陽紆之山會見了河伯馮逸之後"西邁"，穆天子是以河伯爲前導、以造父爲車御的。《穆天子傳》卷四云："癸酉，右驊騮而左緑耳。右驂赤而左白。天子主車，造父爲御。"《史記·秦本紀》云："造父以善御幸於周繆（穆）王，得驥、温驪、驊騮、騄耳之駟，西巡狩，樂而忘歸。徐偃王作亂，造父爲繆王御，長驅歸周，一日千里以投亂。繆王以趙城封造父，造父族由此爲趙氏。"穆王封造父的"趙城"是趙氏之始祖地，地在今山西洪洞縣。謝鴻喜先生注云："趙城，趙氏之始祖地。故城在今洪洞縣北28里趙城鎮西三里。《太平環宇紀·趙城縣》：'縣初置在故城内，景德元年（1004）爲城内少水，移向西三里，即今縣治也。'"

綜上所述，河宗氏之邦的河伯所都居地在洛陽瀍水、平陸、芮城之北，漳河、洪洞縣之南，洪洞縣、芮城縣之東，漳河、瀍水之西，即今之晉南地區。

2. 由河宗氏鄘國證《山海經》中的河源在晉南

因爲周穆王西巡時曾駐六師之衆於鄘國，緊接着從鄘國"鶩行至於陽紆之山"，説明鄘國離陽紆山很近，所以，古鄘國也是認證陽紆山及河源的一個重要依據。

據《穆天子傳》卷一載："辛丑，天子西征，至於鄘人。河宗之子孫鄘柏絮且逆天子於智之□……癸酉，天子舍於漆澤（滲澤），乃西釣於河，以觀□智之□。甲辰，天子獵於滲澤，於是得白狐玄貈焉，以祭於河宗。丙午，天子飲於河水之阿。天子屬六師之人於鄘邦之南、滲澤之上。戊寅，天子西征，鶩行至於陽紆之山。"知鄘人是河宗之子孫，鄘柏絮是河宗氏鄘國首領的私名，也知鄘國鄰近陽紆之山。找到了鄘國也就找到了河宗氏河伯及其河水之源的陽紆之山。

據《古今姓氏書辯證》及《萬姓統譜·拯韻》云："鄘國在虞、芮之間。"古虞國在今山

圖一　絳縣橫水鎮倗國大墓

西平陸縣北運城市及夏縣一帶，古芮國在晉南芮城縣至陝西大荔縣之間。上海博物館所藏□目鼎有“晉侯命□目追於倗，休，有擒”的紀事，記恭王前後晉、鄘發生武力衝突。馬承源先生說：“看銘文中此次作戰的追擊行動不云王命而云晉侯命，知鄘的地望應在晉侯兵力所及的範圍内，或者就在河東一帶。”①

2006 年 8 月，《文物》上刊發了《山西絳縣橫水西周墓發掘簡報》（下省稱《簡報》）一文。據介紹，從 2004 年 12 月至 2005 年 7 月，相關文物考古部門對北距絳山僅 5 千米的今山西絳縣橫水鎮橫北村北的墓道的 M1、M2、M3 進行了正式考古發掘。《簡報》說，根據 M1、M2 的墓葬形制、出土器物組合及青銅器銘文等方面的信息，認爲“這兩座墓葬的年代應爲西周中期的穆王時期或略晚”。

關於墓主與國屬，《簡報》說，據兩墓所出帶銘青銅器認爲：“M2 是倗伯之墓，M1 是其夫人，所以這一墓區當是西周倗國的墓地。”

橫水鎮發現的倗國遺址應當就是文獻中的鄘國 。鄘國在絳縣橫水鎮，說明與之鄰近的陽紆山及河源必在附近。

但從《穆天子傳》所記“天子獵於滲澤”、“飲於河水之阿”，“滲澤”即“三澤水”，也即今運城南之鹽池來看，鄘國應在山西西南角黃河拐彎處的黃河與運城鹽池之間，爲什麼卻出現在絳縣橫水鎮呢?

愚以爲，皆因古族遷徙不定所致。據絳氏宗親網站上的一篇文章說：“春秋時期，周成王姬誦封唐叔姬虞於唐，其子爲晉侯，周夷王姬燮繼位後，晉侯遷國於晉水，改國號爲晉，建都於晉水之陽安邑一帶。到了第二十九世晉穆公姬費王時期，他又遷都於原古鄘國之地的絳（今山西運城稷山），在今稷山縣白家莊、均安村附近的絳山一帶，三面溝壕，前臨興河，背靠大坡，形勢險峻，易守難攻，古稱其地形爲‘玉璧’，因此，晉穆公所建的絳城又稱作玉璧城。”可見，“虞、芮之間”也確曾是鄘國活動的區域。

絳縣橫水鎮雖不在“虞、芮之間”，也在虞、芮的東北，位置很相近。古倗國國境由虞、芮之間遷徙或延伸到了絳縣西部橫水一帶。

3. 由河宗氏沃民國證澮河是《山海經》中的河源

河源所出的陽紆山也是河伯無夷居住的地方。《穆天子傳》卷一云：“陽紆之山，河伯無夷之所都居。”河伯無夷又名冰夷、馮夷。河伯是何宗氏之酋長或國君，“伯沃”、“伯絮”則是國君河伯之私名。

關於河宗氏，《初學記》六引《穆天子傳》云：“河與江、淮、濟三水爲四瀆，河曰河宗，四瀆之所宗也。”黃河在古代稱爲“河”、“河水”，爲江河所宗，族因以爲氏，號爲河宗

① 馬承源：《中國青銅器研究》，上海古籍出版社 2008 年，第 301 頁。

氏。《穆天子傳》曰：“天子西征，至於陽紆之山，河伯馮逸之所都居，是惟河宗氏，天子乃沉珪璧禮焉。河伯乃與天子披圖視典，以觀天子之寶器，玉果璿珠，燭銀金膏等物，皆河圖所載。河伯以禮穆王視圖，方乃導以西邁矣。”《穆天子傳》卷一云：“丙午，天子飲於河水之阿……戊寅，天子西征，騖行至於陽紆之山，河伯無夷之所都居，是惟河宗氏。河宗柏夭逆（即迎）天子燕然之山。”丁山先生以爲“此柏夭，疑即沃民之君。”[①] 此疑有理。柏夭當時是沃民國之君的私名，河伯當是沃民國之君的職名，河宗氏當是族名。衹要找到了沃民國，就可以找到河宗氏河伯和陽紆山的位置，也就可以找到河源。

另外，《水經注·洛水》引《竹書紀年》云：“洛伯用與河伯馮夷鬥。”洛伯是洛水地區之首領，名叫用（又作庸），河伯是河水地區的首領，名叫馮夷（又作無夷、冰夷）。洛伯“用”與河伯“馮夷”曾發生過爭鬥，這也證明河伯居住地在河洛之際。還有《山海經·大荒西經》説：“（有西）王母之山、壑山、海山。有沃（民）之國，沃民是處。……有三青鳥，赤首黑目，一名曰大鵹，一名少鵹，一名曰青鳥。有軒轅之臺，射者不敢西嚮射，畏軒轅之臺。……大荒之中有龍山，日月所入。有三澤水，名曰三淖，昆吾之所食也。……有女子之國。”知沃民國鄰近西王母所居的玉山，也靠近軒轅之丘，還與“女子國”、“蓐收國”近。

圖二　蓐收圖騰象

《山海經·海外西經》云：“此諸夭之野，鸞鳥自歌，鳳鳥自舞。鳳皇卵，民食之；甘露，民飲之：所欲自從也。百獸相與群居。在四蛇北。其人兩手操卵食之，兩鳥居前導之……西方蓐收，左耳有蛇，乘兩龍。”而與沃民國相鄰的“蓐收國”的方位是比較明確的。這個蓐收神即少昊神。韋昭注《國語·晉語二》云：“蓐收，西方白虎金正之官也。傳曰：‘少昊氏有子該爲蓐收。’”郭璞注《海外西經》也説：“西方蓐收，左耳有蛇，乘兩龍。”

《左傳·昭公元年》：“昔金天氏有裔子曰昧，爲玄冥師，生允格，臺駘。臺駘能業其官，宣汾洮，障大澤，以處太原。帝用嘉之，封諸汾川。沈、姒、蓐、黄實守其祀。”金天氏即少昊，又稱青陽，又號窮桑。史載少昊子孫有嬴、巳、偃、允四姓。今晉南侯馬市有臺神村，當爲金天氏裔子昧所生臺駘居住地；今垣曲縣有沇河，當爲金天氏裔子允、允格氏居住地。

已知洮水在聞喜縣東南，汾水、侯馬都在澮河之西，沇河在澮河之南，沃民國也必然在澮河附近，與親族倗國不遠。

河宗氏應是一個以河神爲崇拜物的大族系，不僅包括沃民國，也包括倗國。沃民國首領名稱是河宗氏伯沃，倗國首領名稱是河宗氏伯絜。沃民國都中極之淵（曲沃縣曲村鎮），倗

① 丁山：《商周史料考證》，國家圖書館出版社 2008 年。

國都絳縣横水鎮。它們都是姬姓國。

公元前745年，晉昭侯封成師（桓叔）於今山西曲沃縣，號“沃國”，《山海經》時代的沃民國也應該就在此。“沃”的含義，據《爾雅·釋水》説：“沃泉懸出。”東漢劉熙《釋名》也説水“懸出曰沃”。原來“沃”是指流水自上而下流，如現代漢語之“澆灌”狀。今曲沃縣城東南10千米處的景明村的河流上有瀑布，其水從懸崖上瀉下，飛珠濺玉，蔚爲壯觀，其所在瀑布因而被古人稱爲沃泉，所在河流因而被古人稱爲沃水，所在沃水因縈迴盤旋得縣名曲沃。沃民國既在澮河，那麽“河伯無夷之所都居”的陽紆之山也就在澮河上，河源也就在此。

在澮河流域，至今還遺留着很多稱爲“沃”的地名，如澮河上的曲沃縣就簡稱爲“沃”，澮河之東的沁水縣西就有“土沃鄉”。土沃鄉有地名上沃泉、中沃泉、下沃泉。可證今澮河流域即古沃民國所在，也證明了《山海經》中河源在澮河流域。

4. 由昆侖墟、氾林證澮河是《山海經》中的河源

在論證昆侖墟之前，我們先要弄明白《山海經》中所提到的有關“昆侖”的三個概念，即昆侖山、昆侖丘、昆侖墟。昆侖山是指包括今歷山、王屋山、析城山在内的整個中條山山脈。它如同古代昆侖山也包含了玉山、登葆山、窮山等的道理一樣。而昆侖丘則是位於昆侖山之北的山脈，即今晉南襄汾縣東南塔爾山脈。昆侖墟則是昆侖丘上荒廢了的建築群落，即塔兒山南北的陶寺遺址、曲村遺址、天馬遺址、方山遺址、南石遺址等。

《山海經·海内北經》云：“昆侖墟南有氾林方三百里。從極之淵深三百仞，維冰夷恒都焉。”從這一句我們知道：住在河源的河伯鄰近昆侖墟和氾林。衹要找到了昆侖墟和氾林，就找到了河源。

關於昆侖墟，《山海經》等古籍多有記載，但今人都不知其所在。喻權中先生認爲昆侖墟是昆侖山上方方正正的祭祀臺。本人則認爲，“墟”者，荒廢的建築也。“昆侖墟”即昆侖丘上荒廢的聚落建築，既包括祭祀臺，也包含宫殿和民居。郭璞注《山海經·昆侖墟》云：“墟，山下基也。”郭璞説，昆侖墟就是昆侖山下荒廢的宅基。《河圖始開圖》説：“昆侖之虚五城十二樓，河水出焉，四維多玉。”昆侖墟當是指昆侖山中如五城十二樓之類的各種荒廢建築物。

昆侖墟究竟在哪裏呢？史籍并無記載。昆侖墟必與昆侖丘近，而且都在昆侖山上。《大戴禮記·帝系姓》與《史記·五帝本紀》都説“黄帝居軒轅之丘”，《水經注》云：“一説作昆侖之丘。”知軒轅之丘即昆侖之丘。如果找到了軒轅丘——昆侖丘，也就找到了昆侖墟。

軒轅丘必在軒轅國。關於軒轅國的地望，《山海經·海外西經》説：“軒轅之國在此窮山之際。”所以，如果我們能找到窮山，也就找到了軒轅國和軒轅丘，也就找到了昆侖墟。

至於窮山，喻權中先生鉤沉甚力，他用訓詁考查“窮山”即“邛山”，又作“江山”。晉南之崇山古史稱爲“窮山”、“狄山”，是晉南之崇山即《山海經》之軒轅國窮山。他説：

> 考軒轅國，首先當弄清窮山，弄清窮山在《大荒西經》中爲何又稱江山。其實，古音中“窮（窮）”、“躬”一也，“江”、“工”“邛”亦一也。窮，《集韻》謂：“居雄切，

音弓”；而“江”，《説文》謂其“從水，工聲”，窮、江同韻，所以《山海經》中窮山又稱江山。另外，金文中江又與“邛”字通用，邛，《叔姬簠》寫如工阝，《邛君壺》寫如工阝，《孫叔師父壺》寫如工阝，而《江小仲鼎》則寫若工水即江。可知軒轅國之窮山或江山亦可稱爲邛山①。

《水經注》：“墨子以爲堯……死葬蛩山之陰。《山海經》：堯葬於狄山之陽，一名崇山。崇、蛩聲相近，蛩山又狄山之别名也。”知窮山又名蛩山、狄山、崇山。關於崇山，光緒《山西通志·山川考》云：“崇山在（襄陵）縣東南四十里，一名卧龍，山頂有塔，俗名大尖山，山之西嶠（山）亦曰卧龍崗，東南接曲沃、翼城；北接臨汾、浮山，皆謂之分水嶺……大尖山俗呼塔山，疑即東顇山。”在今曲沃縣北楊淡鄉，緊靠塔兒山處，確有一座山名叫橋山。它正如《山西通志》所述，“東南接曲沃、翼城，北接臨汾、浮山”。此橋山海拔1160米，爲太行山餘脈，是曲沃縣北山主峰之一，從橋山底登頂共1468個臺階。史載後周顯德年間（954—959），人們於橋山之巔創建黄帝廟，以奉祀黄帝，曲沃古八景之一“橋嶽晴嵐”即位於此。據《曲沃民間傳説匯編》記載：“相傳，黄帝死後，遺體葬入橋山頂端，黄帝雖死，沃國人民感恩戴德，於是村村建廟以祭祀，香火遍及沃國大地。數百（千）年來，曲沃的古村落，幾乎村村有黄帝廟，人人敬拜黄帝神。”這一民間傳説印證了塔兒山即是《山海經》所記載的“軒轅國在此窮山之際”的軒轅國和窮山。由於年代傳久了，窮山便傳成了橋山。少昊之窮桑之號蓋因其曾居住過昆侖山的窮山而得名。少昊最早居住過的窮山當即汾澮之間的塔兒山。

再由黑水也能證明晉南崇山爲《山海經》中的軒轅國窮山。《山海經·西山經》説軒轅之丘有黑水：“軒轅之丘，無草木，洵水出焉，南流注於黑水，其中多丹粟，多青雄黄。”《水經注·黑水》云：“黑水出黑山，西經楊城南，又西與巢山水會，《山海經》曰：‘牛首之山……勞水出焉，西流注於潏水’，疑是水也。潏水即巢山水也。水源東南出巢山東谷，北經浮山東，又西北流與勞水合，亂流西北，經高粱城北，西流入於汾水。”謝鴻喜先生疏曰：“黑水，亦名勞水。今稱澇河，發源於浮山縣東28里嶺上村，西流經堯陵南，至臨汾市屯里村南與洰河匯流，西流5里入汾河。光緒《山西通志·山川考》云：‘澇水出烏嶺下，一名黑水。’”② 臨汾之東的黑水正靠近崇山，是崇山在軒轅之丘，證明晉南之崇山確爲《山海經》中的軒轅國窮山。

曲沃橋山爲窮山、崇山爲軒轅國，還可從黄帝的親族分布在附近得到驗證。晉南不僅是軒轅黄帝居住之處，也是黄帝妻族西陵氏居住地。據《史記·五帝本紀》載：“黄帝居軒轅之丘，而娶於西陵之女，是爲嫘祖，嫘祖爲黄帝正妃。”晉南廣泛地流傳着黄帝元妃的傳説，在山西夏縣西蔭（陵）村，有一塊呈水泥灰色、上面寸草不生的高臺名“丘臺”，當地人説

① 喻權中：《中國上古文化的新大陸》，黑龍江人民出版社1992年，第231頁。
② 謝鴻喜：《〈水經注〉山西資料輯釋》，山西人民出版社1990年，第73頁。

是嫘祖葬身的地方[1]。晉南也是黄帝子孫窮桑氏（窮山氏）的初居地。前面已引《左傳·昭公元年》黄帝子少昊金天氏有裔子“宣汾洮”、“障大澤”、“處太原”、“封汾川”，“沈、姒、蓐、黄實守其祀”。

圖三　昆侖山（中條山）與昆侖丘

晉南還是黄帝子昌意子孫住地。據《路史·後紀》云：“（黄帝）元妃西陵氏曰嫘祖，生昌意、玄囂、龍苗三人，昌意就德，遜居若水。有子三人：長曰乾荒，次安，季悃。乾荒生帝顓頊，是爲高陽氏；安處西土，張曰安息，漢來復者爲安氏。”此安氏即《山海經》中的“女子國”，遷往西土安息的安氏是其一部。而安邑則是留居故地的安氏居處。他們都是黄帝之子昌意的次子“安”的後裔。總之，澮河流域確爲軒轅黄帝居地。

那麼，《大荒西經》中的“軒轅之國，江山之南栖爲吉”是什麼意思呢？前面已述，軒轅國之窮山或江山亦可稱爲邛山。“吉”當爲“舌”的誤寫。“舌”字下面的“口”爲“方國”之意，按古文之慣例，“舌”字讀若“邛方”。“江山之南栖爲吉”即爲“江山之南栖爲舌”。其意思是：“在窮山的南邊住着邛方。”

陳夢家先生考邛方地望云：“邛方似在今坦曲與安邑之間的中條山區域……東界沚，西鄰唐，邛與沚界於安邑與濟源之間。”[2] 現在既知道塔兒山即古之窮山或江山，那麼，就可以精確地指出古之邛方就在今塔兒山之南。正好，從地圖上可以看到，在塔兒山之南的絳縣南5千米處正有一村名“鞏村”。《集韻》説：“蛩又寫作鞏，音與邛同。”這個“鞏村”或即“邛村”，爲古代邛方之遺存。在這個鞏村西側，正好又有一地名叫“堯宇”。“堯宇”位於塔兒山之南，不正與《山海經》“堯葬於狄山之陽，一名崇山”相合嗎？

綜上所考，昆侖墟在昆侖丘，昆侖丘在軒轅國，軒轅國在窮山，窮山又名邛山、蛩山、狄山、崇山。崇山在（襄陵）縣東南四十里，一名卧龍山，俗名大尖山、塔山。總之，《山海經》中的昆侖墟在今襄汾縣塔兒山附近。

---

① 段友文：《汾河兩岸的民俗與旅游》，旅游教育出版社1995年，第154頁。

② 陳夢家：《殷墟卜辭綜述》，中華書局2004年，第274頁。

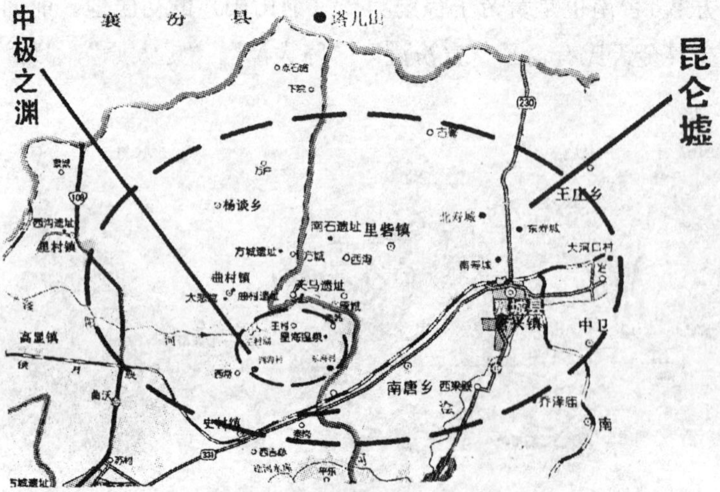


圖四　昆侖墟與中極之淵

可以認爲：汾澮之間的崇山——今塔兒山周圍的上古遺址群曲村遺址、天馬遺址、南石遺址、方山遺址、葦溝—北壽城遺址即是《山海經》中的昆侖墟，昆侖墟範圍大致東起翼城縣東大河口村，西至曲沃縣里村鎮，南止澮河，北達塔兒山、橋山南麓。它們爲昆侖墟，足可當之。

《山海經·海内西經》云："海内昆侖之墟在西北，帝之下都。"《山海經·西次三經》也説："西南四百里曰昆侖之丘，是實惟帝之下都。"《字林》説："邑有先君之宗廟曰都。""帝之下都"即昆侖墟曾經是帝王們的下都。有"下都"意味着昆侖山上另有"上都"，上都與下都當因地勢高低而分。愚以爲塔兒山北的陶寺遺址地勢較高，是爲帝之上都；塔兒山南的曲村遺址、天馬遺址、方村遺址、南石遺址、葦溝—北壽城遺址地勢比陶寺遺址低，是爲帝之下都。

昆侖之墟是哪些帝王的宗廟和下都呢？

首先，這裏是黄帝之都。《莊子·至樂》説："昆侖之虚，黄帝之所休。""休"是"憑神之義"，即供奉神像之所。昆侖墟的黄帝之宫裏有黄帝的神主，乃黄帝之神所憑也。《穆天子傳》卷二云："吉日辛酉，（穆）天子升於昆侖之丘，以觀黄帝之宫。而封隆之葬，以詔後世。癸亥，天子具蠲齊牲全，以禋□昆侖之丘。"曲沃縣曲村鎮和橋山都屬於昆侖丘，黄帝之宫的一部分當在橋山下某遺址中。周穆王姬姓，名滿，是黄帝同姓子孫。周穆王西巡途中在昆侖墟"觀黄帝之宫"後，又親赴曲沃橋山黄帝陵祭祖，"封隆之葬"就是培土使黄帝墓增高增大。祭神用整猪整牛整羊稱爲全牲，齊祭神曰"禋"，因昆侖墟爲"百神之所在"，所以要齊祭。

周穆王癸亥日在曲沃橋山的祭祀可謂盛大，其祭壇當在橋山黄帝明堂裏舉行。《史記·封禪書》曾記載漢朝天子封泰山，見有古時明堂，"而未曉其制度"。有人便獻上"黄帝明堂圖，明堂圖中有一殿，四面無壁。以茅蓋。通水環宫垣，爲複道，上有樓，從西南入……天子從昆侖道入，始拜明堂如郊祀"。《漢書補注》也有"禮部尚書劉伯莊等議，以爲從昆侖道上層祭天”句，知“昆侖道”是通往昆侖丘上層，用來觀天、祭天的通道。東漢的《白虎通》云：“明堂上圓下方，八窗四闥……上圓法天，下方法地，八窗象八風，四闥法四時。”可見黄帝明堂是觀天象、祭天帝的祭壇。所謂“昆侖道”，當是從帝之下都昆侖墟通往昆侖丘山上的道路。“昆侖道”大致如今日之曲村鎮通往橋山黄帝廟的道路，祇不過當時是土路，現在已變成了1468級臺階的石板路。

其次，昆侖墟還是帝嚳（帝俊）之都，因爲《山海經·海内經》説：“帝俊賜羿彤弓素矰，以扶下國，羿是始去恤下地之百艱。”此“下國”即帝之“下都”，古文中的“國”與“都”都指城邦，如周厲王時發生的“國人暴動”，在同時期的銅器銘文中“國”又作“邦”。《山海經》載：“狄山，帝堯葬於陽，帝嚳葬於陰……一曰湯山。”東晉郭璞注：“狄山即崇山，湯山即唐山，亦今之崇山。”因爲“山南水北爲陽，山北水南爲陰”，塔兒山南翼城西之北唐城、南唐鄉當爲帝堯陶唐之迹，爲狄山之陽，帝堯葬於此。陶寺遺址地處塔兒山北，即狄山之陰，帝嚳當葬於此。

再次，這裏還是自稱爲“黄帝之後”的蜀邦開明氏先王之都。《山海經·海内西經》説：“海内昆侖之虚在西北，帝之下都。昆侖之虚（山）方八百里，高萬仞。上有木禾，長五尋，大五圍。面有九井，以玉爲檻，面有九門，門有開明獸守之，百神之所在……開明獸身大類虎而九首，皆人面，東向立昆侖上。”“立”同“位”，這段話告訴我們：“開明氏位於昆侖山東方的昆侖墟。”

開明氏是繼蠶叢、柏鸛、魚鳧、蒲卑之後的川西古蜀國第五代蜀王，共傳12世歷350年。但川西之蜀在當地無淵源可尋，開明氏是由晉南進入川西的。我在以前的著述中，根據《山海經·海内西經》這段話的記載，把開明氏的故地確定在中條山（昆侖山）[①]。但我的著述對昆侖墟祇道出大概方位，并無確切位置。現在有許多證據表明商代蜀邦開明氏就生活在今翼城縣唐興鎮廣大地區。這是因爲：一是此遺址也包括在昆侖墟内。二是葦溝—北壽城遺址遺址年代包含了商至漢代，其中的商代部分，筆者以爲就是《山海經》中地處昆侖墟、“東向立昆侖上”的開明氏文化。三是翼城北的葦溝—北壽城遺址中的商代部分的年代與地望符合郭沫若、陳夢家所論卜辭中的蜀國“乃殷西北之敵”的論述[②]。四是晉語讀蜀爲“壽”、爲“叟”。《尚書·牧誓·僞孔傳》云：“蜀，叟。”朱駿聲《説文通訓定聲》注：“晉人語也。”漢字中還有一個“熟”字也與“蜀”字讀音情況相同，川人讀“熟”爲“蜀”。晉人讀“熟”爲“叟”。上古時代文字不發達，書寫人名、地名時往往不注重本字，而使用同音假藉字，翼城北二千米有地名東壽城村、南壽城村、北壽城村。“壽城村”或即晉語“蜀城村”。五是這附近有丹朱開明之墓。開明、朱開明、丹朱開明是開明氏姓、氏、名的不同稱呼。《史記正義》引鄭玄云：“帝堯胤嗣之子，名曰丹朱開明也。……《帝王世紀》云：

① 伏元傑：《蜀史考》，延邊大學出版社2005年，第335頁。

② 郭沫若：《卜辭通纂》，科學出版社1983年，第453頁；陳夢家：《殷墟卜辭綜述》，中華書局2004年，第274頁。

‘堯娶散宜氏女曰女皇，生丹朱。’《汲冢紀年》云：‘后稷放帝子丹朱。’”與壽城村相鄰的南唐鄉有丹朱墓：“（翼城縣）唐城西距天馬—曲村遺址 2.5 千米，北距南石龍山文化遺址 3.5 千米，隔崇山與襄汾陶寺相鄰，相傳爲堯子丹朱封唐侯時所都。正如《都城記》、《括地志》所云：‘故唐城，在絳州翼城縣西二十里，堯裔子所封，成王滅之，而封太叔也。’……今南唐鄉有一條長達 20 餘里橫貫南北的土嶺，相傳爲丹朱避舜處，因丹朱陵在其上，被稱爲‘古房陵’，上有‘五唐村’，即今之南唐、北唐、龍唐（後訛爲雲唐）、東唐、中唐（已消亡）五村。據舊志載：……凡五村，皆近故唐城，蓋丹朱時所封其同姓者。叔虞時爲‘五正’所居……‘至今房陵上的南唐鄉北史村仍遺有丹朱墓，墓高兩丈，周圍一百六十步，俗稱‘金井’。”① 六是翼城縣大河口村前些年發現的“霸國”，霸國史上從無記載，現在也無人指霸國從何來，我以爲就是川西蜀國開明氏最後一世蜀王在昆侖山之親族。因爲《路史・餘論》記載：開明氏最後一世蜀王名爲蘆子霸王。大河口霸國村出土的鳥型盉與成都古蜀金沙遺址出土的青銅鳥幾乎相同。此鳥的正式名字應叫“鷩鷄”。

開明氏首領稱“鱉靈”，即鷩靈，有時又寫作“鱉令”。鱉靈是開明氏世代相襲的行政長官。翼城縣大河口霸國墓出土的一件銅簋上有銘文“井”字，此“井”即《華陽國志・蜀志》中“荆州有一人，化從井中出，名鱉靈”中的“井”字，也即《金文編》中的“井方”，爲氏族方國，不是水井之井。《金文編》中的“井”字象灌木叢生狀，當爲“荆”字初文。本爲“荆意”的“井”字後爲水井之井所奪，於是另造新字，在“井”上加上草頭變成“荆”字，加上邑旁爲城邦“邢”。“化”即轉化。鱉靈“化從井中出”即鱉靈是從荆人氏族中轉化出來的。

《華陽國志》説“開明氏樂曰荆，濮人樂曰任”，又説“開明帝，始立宗廟，以酒曰醴，樂曰荆，人尚赤”。“開明氏樂曰荆”是説開明氏的宗廟之樂同荆人宗廟之樂，即開明氏是荆人。《通志・氏族略》指出：荆人“系出華姓，楚舊號荆，此未改國號前受氏也”。荆人“華姓”即荆人屬於華族，華人的圖騰是“華蟲”——鳳鳥，又名鷩鷄。李時珍説：“雉，理也。雉有文理，故《尚書》謂之華蟲，《曲禮》謂之疏趾。……形大如鷄，而斑色繡翼，雄者文采而尾長。”鳳鳥在南方叫鷩鷄，《説文詁林・義證》：“《爾雅》所謂鷩，山雉者，《周書》謂之來鷄，一名鵕鸃，出南粤諸山中。”從鱉靈爲荆人爲華姓來説，鱉靈也因鷩鷄得名。

簡而言之，開明氏是從南方以鳳鳥（鷩鷄）爲圖騰的華族中的一支荆族中分化出來的蜀族，其一部分北遷到昆侖山東面的昆侖墟即今翼城縣唐興鎮後，與夏族軒轅氏通婚成爲開明氏，之後一支南遷王蜀。所以，鷩鷄青銅鳥分别出現在翼城縣大河口遺址和成都金沙遺址。這些似乎都證明：翼城大河口遺址、葦溝—北壽城遺址早期以及唐城丹朱墓都應是《山海經・海内西經》中“位於昆侖山東方昆侖墟”的蜀邦開明氏文化。而翼城大河口村及壽城村當是商代之蜀邦所在地和《山海經》所記之開明氏——蜀王先祖所在的“昆侖墟”。

壽城村還可能就是軒轅黄帝的出生地。《帝王世紀》説：“黄帝生於壽丘……居軒轅之

① 翟銘泰：《晉國源頭在翼城》，山西政協報，2011 年 3 月 12 日。

丘。”《史記·五帝本紀》:“舜作什器於壽丘。”生黄帝的“壽丘”與舜作什器的“壽丘”也都應當在翼城壽城村。“壽丘”即晉語“蜀丘”。有人將“黄帝生於壽丘”改爲“壽陵”[①],以爲壽丘爲黄帝寢陵之地,這樣,黄帝出生地卻變成了黄帝葬地。此皆不明“壽丘”爲晉語“蜀丘”的緣故。還有《華陽國志·蜀志》説:“蜀之爲邦,天文,井絡輝其上;地理,岷、嶓鎮其域;五嶽,則華山表其陽;四瀆,則汶江出其徼,故上聖大禹生其鄉;媾姻,則黄帝婚其族,大賢彭祖育其山,列仙王喬升其崗。”王喬傳爲周靈王太子晉,河東人士,山西晉南人。這説明還有其他蜀族和華夏先祖生活在壽城村或昆侖墟。

而且,昆侖墟還是河宗之邦河伯冰夷長期的都城(“恒都焉”)。昆侖墟也曾是河宗氏國王伯沃接待周穆王的地方。據《穆天子傳》卷一載:“乙丑,天子西濟於河,爰有温谷樂都,河宗氏之所游居。”“温谷樂都”者,即温泉的河谷宫苑游樂之都也。此處離河水(澮河)上著名的泑澤(今澮河水庫)也祇幾千米路,周穆王與河伯舉行的朝會與祭河大典也當在此。并且,昆侖墟還是晉都。因爲《春秋傳》指晉都爲“下國”,“下國”即“下都”。山西曲沃縣曲村遺址發掘出的19座早期晉墓,也證實了最早的晉都就在此,晉之“下國”與帝之“下都”實爲一地。

《山海經·海内北經》記載:“昆侖墟南有氾林三百里。”“氾”字音、義同“泛”,所謂“氾林”即被水泛濫的沼澤林。澮河流域地勢低窪,湖泊衆多,著名的有王澤、泑澤、忠極之淵,還有氾林三百里等。湖泊在此星羅棋布,説明古時此地地勢低窪,沼澤縱横。這正與“氾林”、沃民國的生活環境特徵相合。

5. 由中極之淵、冰夷、冰夷之都證澮河是《山海經》中的河源

《山海經·海内北經》云:“昆侖墟南有氾林方三百里,從極之淵深三百仞,維冰夷恒都焉。冰夷人面,乘兩龍,一曰忠極之淵。”由“從極之淵……一曰忠極之淵”知“從極之淵”的“從”在此讀若“縱”,“從極之淵”即“縱極之淵”。“從”“縱”是一組古今字,如李斯《諫逐客書》“遂散六國之從”的“從”即其例。而“縱極之淵”的“縱”和“忠極之淵”的“忠”都是“中”的同音假藉字。本字爲“中”,此“中”指中國,“極”意爲“極端、極致”,其語法作用與“南極”、“北極”同,“中極”即中國的中心。“中極之淵”即“中國中央的大湖”。三百仞深的“中極之淵”在昆侖墟南,即“中極之淵”必在方山遺址、曲村遺址、南石遺址、天馬遺址之南。在此處,也即曲村鎮南王村的滏陽河上,除了有一個人工水庫外,恰好有一小湖。與王村相鄰的,還有西海、東海、南海、八角海、七星海五海,統稱爲“星海温泉”。附近還有座興於唐、盛於宋的龍王廟,當地人叫做“海廟”,它見證了星海温泉的悠久和盛大。《曲沃民間傳説匯編》之《星海温泉》説:星海温泉位於曲沃縣城東北十五千米處,這裏有七星海、八角海、東海、西海、南海,共五海十一泉,東有綿嶺,西有磨盤嶺,二嶺環繞,形成一天然窪地……(龍王廟)坐北向南,依山傍水,規模宏大,氣勢磅礴,廟中最北邊有正殿五間,前有獻殿三間,中有過廳五間,南有戲臺一座,戲臺兩邊建

① 何光岳:《黄帝軒轅氏的來源和遷徙》,《炎黄文化論文集》第二十集。

有東西兩個廟門，廟院中東西兩側還建走廊各十餘間。龍王廟的正殿中有龍王爺塑像一座，中間兩根直通屋頂的木柱上有兩盤木龍……大殿東西兩側還塑有雷、電、火、雨、風、雲、霧、雪八大金剛。塑像都有一人多高，身塗五彩，飄衣飛帶，威風凛凛。……廟宇的建築紅柱緑瓦，三層飛檐，四角上翹，畫梁雕棟，氣勢宏偉，且廟院寬闊，房屋衆多。每年清明節，曲沃縣令帶領百官和鄉紳們來這裏祭水拜廟，方圓幾十個村子的百姓們都要來這裏祭神獻海，祈求一年風調雨順。那祭祀的場面十分壯觀，香火無比鼎盛，後來這裏便形成廟會，各村輪流坐莊，請來戲班，唱戲十天。四方的生意人也來此經商，一時萬人齊集，車水馬龍，熱鬧非凡。人們敬仰西海龍王，全是因爲“海都”之水長流不竭，富足了半個曲沃縣。“海廟興，曲沃富”，這一諺語，留傳於民間①。

水淺稱“澤”稱“藪”，水深稱“淵”稱“海”。星海温泉號稱五海，可見當時極其深廣，與“淵”相匹配。在古時，五海可能是連成一片的一個大湖，它又正好位於昆侖墟南，雖然，它現在已乾涸成幾個湖汊水塘，但我們仍有充足的理由相信：它就是古代《山海經》中的“中極之淵”。（見圖四）

6. 由澮河上游的滑家河、澆底河與翟家橋河三支流證澮河爲河源

澮河既是《山海經》中的河源，其源頭必有三山和三條支流，即《山海經·海内北經》所説的“陽紆之山，河出其中，凌門之山，河出其中”和《山海經·北山經》所説的“敦薨之山……敦薨之水出焉，而西流注於泑澤，出於昆侖之東北隅，實爲河源”。

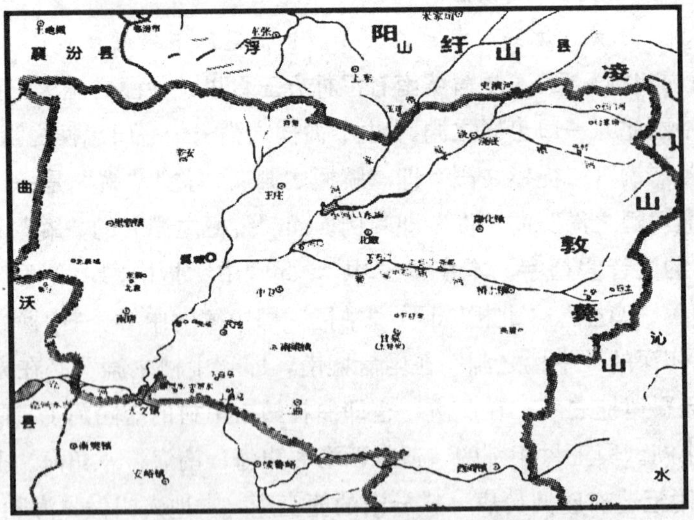


圖五　翼城縣的滑家河、澆底河、翟家橋河即是發源於陽紆山、凌門山、敦薨山的河水三源

事實還果真如此，打開山西省地圖，在晉南溯澮河而上，在其源頭還真有三條由東向西流的支流，它們從北到南分别是：滑家河、澆底河、翟家橋河。那麽，這三條支流中的哪條

① 浩波：《曲沃民間傳説匯編》，《曲沃網》2012年12月19日。

支流發源於陽紆之山，哪條支流發源於凌門之山，哪條支流發源於敦薨之山呢？

從《山海經·海内北經》"陽紆之山，河出其中，凌門之山，河出其中"的叙述語氣來揣摩，陽紆之山和凌門之山應該靠得很近，而敦薨之山則出自於另一條經文中，因此，靠得近的這兩條河流所在的山，應當是陽紆之山和凌門之山，離得遠的那條河流所在的山則是敦薨之山。

從地圖上看，滑家河與澆底河靠得近，站在分水嶺上，似乎都能看得見這兩河，因此，滑家河（清河家）與澆底河則應該就是《海内北經》中的出於陽紆山和凌門之山的兩條支流。而在這兩河中又怎樣區分誰是滑家河（清河家）、誰是澆底河呢？因爲在地圖上看，在澆底河的源頭有一地名曰"石門"，這"石門"或即《山海經·海内北經》中"凌門之山，河出其中"之"凌門"。所以，澆底河的源頭或即凌門之山，而滑家河的源頭或即陽紆山。

而敦薨之山則是另外寫在《北山經》中的，敦薨之水距離那兩條河應該遠一些。從地圖上看，翟家橋河則正與前兩河隔得遠一些。所以，翟家橋河則應該就是《山海經》中河水的三條源頭中的敦薨之水。翟家橋河也是由東向西流的，與《北山經》所說的"西流注於泑澤"的流向相符。

綜上所述，澮河上游的滑家河、澆底河、翟家橋河三源當是《山海經》中發源於陽紆山、凌門山、敦薨山的河水三源。這證明澮河必是《山海經》中的河源。

7. 從泑澤、泑水證澮河是《山海經》中的河源

論述河源者無數，而論證泑澤者寥寥。查《辭海》說：泑澤"爲古湖泊名，即今新疆羅布泊"。《辭海》之注當源於張騫等漢使的報告。前面我們已經證明，漢使之說是靠不住的，張騫、班固之説是錯誤的。河源不在于闐，泑澤當然也不會在羅布泊。

但泑澤還是有迹可尋的，在《山海經》中，泑澤曾出現過四次，其中《北山經》三次，《西山經》一次。《西山經》說："又西二百九十里曰泑山，神蓐收居之。"這個蓐收神即少昊神。韋昭注《國語·晉語二》云："蓐收，西方白虎金正之官也。傳曰：'少昊氏有子該爲蓐收。'"前面引《左傳·昭公元年》知蓐收神即少昊氏生"臺駘"，"宣汾洮"、"封汾川"。由此而知蓐收所在的泑山、泑澤當靠侯馬市，鄰近汾河。《北山經》的一次就是前面求證敦薨之水流入泑澤時提到過，《北山經》的可貴之處在於它記載了泑澤"出於昆侖之東北隅，實爲河源"，還明確了泑澤在敦薨之水——翟家橋河的下游，即在澮河上游。但這一帶現在并没有大澤。審視地圖，卻發現這裏有個澮河水庫，水庫被山環抱，地勢低窪，水庫上游二里處有沼澤水泊。澮河上古代的許多大澤都乾涸了，而在此處卻還有沼澤水泊。因此令人遐思，疑古泑澤就在今澮河水庫這一帶。

泑水在《山海經》中有三處記載。其一在《山海經·西山經》中云："西北三百里曰長沙之山。泚水出焉，北流注於泑水。"其二在《山海經·西山經》中又云："又西三百二十里曰槐江之山，丘時之水出焉，而北流注於泑水……實惟帝之平圃……南望昆侖，其光熊熊，其氣魂魂，西望大澤，后稷所潛也。"其三在《山海經·北山經》中云："北山經之首曰單狐之山。多机木，其上多華草。逢水出焉，而西流注於泑水。"從《山海經》的記述來看，泑

水與“平圃”相鄰，又在昆侖之北，而且向北流，還與泑澤、泑山相鄰，泑水應該滿足這五個條件。

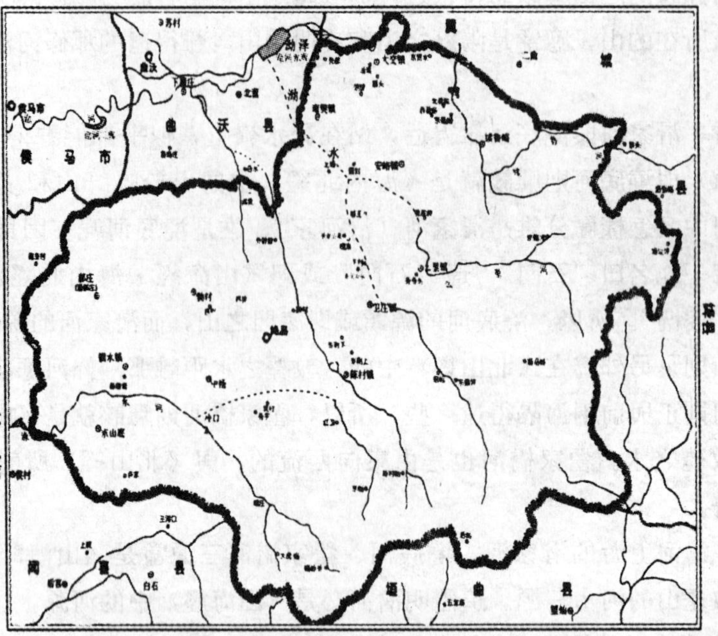


圖六　泑澤（澮河水庫）、泑水（黑河）、白水

泑澤前面已經論述了，在今澮河水庫一帶；泑山即黝山，“黝”與“黑”、“烏”同義，黝山爲黑色、烏色的山，即今烏山嶺。光緒《山西通志·山川考》云：“烏嶺山亦曰黑嶺，一名東陘山，山連太嶽，北起嶽陽之和川古城，南訖翼城之澮交東山，延長二百餘里，西障汾、澮，東與太行夾沁水而對峙。”由此看，烏嶺山與塔兒山、橋山相連，或爲一條山脈的幾個不同山頭。

“昆侖山”和“平圃”，我在《蜀史考》一書第九章《昆侖山考》中已經考證了，昆侖山即今晉南中條山，“平圃”即中條山頂峰歷山上的舜王坪。比照之下，此泑水唯有今曲沃與絳縣之間的黑河可當之，“泑水”之得名當源於黝山，泑水即黑水。此黑河既與泑澤（澮河水庫）、泑山（烏嶺山）近，而且流向也是向北，流注於澮河水庫——泑澤。黑河在《水經注》中被稱爲田川水。謝鴻喜先生注田川水說：“（田川水）諸書不記準確方位，歷水尋踪，惟黑河一水敢當，澮交至絳水之間 30 里距離，僅此一水。黑河兩大源流，北源在絳縣東北 53 里祁子溝村，北流轉西，至磨里村轉而西北流，至曲沃縣東南下裴莊村北入澮水。南源在絳縣東南 30 里册峪東，西北流至絳縣東北董村南入黑河。”① 謝先生所謂黑河北源當即絳縣東之磨里河，也即《西山經》中流注於泑水的“泚水”。謝先生所謂黑河南源當即磨里河南、流經衛莊鎮的一條河，也即《西山經》中流注於泑水的“丘時之水”。而今絳縣東北之

① 謝鴻喜：《〈水經注〉山西資料輯釋》，山西人民出版社 1990 年，第 90 頁。

續魯河或即《山海經·北山經》之“逢水”。

謝鴻喜先生所論之黑河與南北兩支流應該是對的，但此黑河不會向西北流至曲沃南的下裴莊入澮河。因爲從文獻記載看，泑水是北流入澮澤的，所以，筆者將此黑河（泑水）流向標注爲北流入泑澤（今澮河水庫）。

8. 由白水與中國證澮河是《山海經》中的河源

《離騷》引《河圖》云：“昆山出五色流水，其白水入中國，名爲河也。”《御覽》卷三十八引《博物志》也云：“昆侖從廣一千里，神物集也。出五色雲氣、五色流水；其白水東南流入中國，名爲河也。”《河圖》和《博物志》都説發源於昆侖山的河水有五條不同顏色的支流，其中的一條支流叫白水，白水從東南流入中國後匯入的河流就叫做“河水”了。可見，《河圖》和《博物志》也不認爲河源在青藏高原，而在當時的中國。衹要找到了白水和當時的中國，就能確定河水了。

酈道元《水經注·澮水》注云：“澮水又西南與絳水合，俗謂之白水也，非也。”酈道元先記述了有“絳水就是白水”的説法，但他自己卻不認可，爲什麽呢？大概因爲那是“俗稱”吧。但這俗稱卻無法否定，因爲地方志也肯定絳水即白水。光緒《山西通志·山川考》云：“絳水即沸泉，發源（絳）縣北十五里絳山下村，池方廣半畝，池底泉穴無算，涌而突上，北至沸泉莊出石罅流浸巨，又北流半里至曲沃縣界，流入（曲沃）縣東南二十里景明村，經青玉峽注爲瀑布。”在絳水的中途，即絳縣與曲沃交界處的河流上，今有地名“白水”和“沸泉”，它們應該就是絳水古、今的兩個名稱。白水（沸泉）不太長，但在白水的東南方，還有一條小河，它發源於絳縣東南的陳村峪，經陳村鎮流向絳縣東北後就斷流了，大概它“潛流”入白水了吧。在探尋昆侖山與河源時，人們往往爲“潛流”和“重源”所困惑。所謂“潛流”，即河水在源頭流過一段後，潛伏於地，這一段爲河水的第一源頭。流過一程後又重新冒出地面，成爲河水的第二源頭，即“重源”。中條山有數條“潛流”和“重源”，發源於絳縣東南的陳村峪的這條小河應該是其中的一條吧。

《河圖》和《博物志》都説白水流入中國之後名爲河，那麽“中國”在哪里？找到了“中國”就找到了河源。

上古的“中國”就在晉南。《論語集解》：“諸夏，中國也。”反過來也可以説：“中國，諸夏也。”早期的“夏”就在汾澮流域。據《史記·鄭世家》（集解）説“夏”在“汾澮之間”。《元和郡縣志》説“夏”在平陽、翼城、安邑之間。《括地志》説“夏”在并州、晉陽及汾絳。總之，都離不開汾澮。所謂“中國”，即天下中央之國。汾澮爲黄帝、少昊、堯、舜、禹地。最早的“中國”在晉南。正如蘇秉琪先生所説：“夏以前的堯、舜、禹，活動中心在晉南一帶，‘中國’一詞也正出現在此時。堯舜時代萬邦林立，各邦的‘訴訟’、‘朝賀’，由四面八方‘之中國’，出現了最初的‘中國’概念。”所以，早期的中國在“諸夏”，也即汾澮。

在1963年出土的一件西周武王時期的文物上，有銘文“余其宅茲中或”字樣。“宅”是住所，故地。“茲”同“滋”，生長。“中或”就是“中國”。“余其宅茲中或”的意思是“我們大周王朝的天下發祥於中國”。晉南也確實爲周先王故地。周武王滅商後，除擁有晉南、關中等原有的地方外，還兼并了商王的領地。但周王往往還要從東方回到西方的故土夏地巡視，如周宣王“料民太原”、周穆王的西巡。據《穆天子傳》記載，周穆王此行“登昆侖之丘”、“飲河水之阿”，并會見了西王母。穆天子在瑶池西王母的宴會上的答詞中說：“予緣東土，和恰諸夏。萬民均平，吾顧見汝。比及三年，將復而野。”說明了他從東土（洛陽）來的目的是“和恰諸夏”，即維護後院諸夏部落的團結與穩定工作，當然還有收税徵糧的動作。值得注意的是：周穆王“和恰”的“諸夏”幾乎都是在汾、澮之間的河源進行的，說明河源在“諸夏”，即在汾、澮之間當時的“中國”。

9.《山海經》中的渤海、三澤水即《穆傳》之“滲澤”在晉南

《山海經・海内西經》云：“河水出東北隅，以行其北，又西南入渤海，又出海外，即西而北，入禹所導積石山。”在《山海經》中，渤海之名凡六見。除此條外，其餘見諸《海内東經》。可見，渤海和昆侖一樣，也爲東西兩處。《初學記》卷六：“東海之别有渤澥。”“東海之别”是説有一個與東海不同的渤海，東渤海地處幽燕之地，正是被遼東半島和山東半島環抱着的渤海。西渤海地處中條山之西，唯晉南鹽池——解池可當之。

西渤海亦名渤澥。《説文》：“渤澥，海之别名。”《文選》載司馬相如《子虚賦》：“浮渤澥，游孟渚。”司馬貞索隱：“案，《齊都賦》云，海旁曰勃，斷水曰澥。”所渭“斷水”，即指水中有陸地相隔。西渤海之所以亦名渤澥，是因爲運城市南的解池一斷爲三，所以在《山海經・大荒西經》中解池又名爲“三澤水”。因爲古文中“参”同三，用於馬作“驂”，用於水作“滲”。解池長一百二十里，“三淖水”也即《穆天子傳》中的“滲澤”，也即《穆傳》中的“溙澤”。因“溙”與“滲”形近而誤，“溙澤”也應爲“滲澤”，都是今山西運城南之鹽池。

“孟渚”在晉西南，與龍門近。《子虚賦》把“渤澥”與“孟渚”并論，是“渤澥”也與龍門近，均在晉西南。

大約解池在古時可能是與黄河連在一起的，纔形成《海内西經》的“（河水）入渤海，又出海外”之勢。解池位於（中條山）的西南，與《海内西經》的河水在昆侖山的“西南入渤海”相符。

《穆天子傳》卷六曰 ：“乙酉，天子西絶鈃隥，乃遂西南。戊子，至於鹽，己丑，天子南登於薄山寘軨之隥，乃宿於虞。”此處的“鹽”即今山西運城市。運城市古稱解州和鹽監縣；薄山即中條山；“寘軨”即今“巔軨坂”。“寘軨坂”是“指平陸至夏縣通道中一段山路名稱，古爲虞、虢兩國間通道。即‘假道於虞以伐虢’所借之道。其大致段落爲北自虞都城，即今平陸北張店東南 3 里古城村，南至聖人澗這條路。張店以北山道稱‘吴坂’或‘虞坂’。嘉慶《重修一統志・解州》：‘巔軨坂在平陸縣東北七十里。’……虞城，亦名吴城，今稱古城村，在平陸縣北 35 里張店鎮東南 3 里處，有古城遺址。《元和郡縣志・平陸縣》：‘故虞城在縣東北五十里虞山上。’今古城村西南距舊縣城 45 里。方志云張店鎮爲古虞城，是古

城在張店鎮側，故以張店代虞城。”[①] 從《穆天子傳》知道，周穆王是從運城市南登中條山，穿過虞、虢兩國之間的“寘軨坂”，到達平陸附近的積石溪旁黄河邊的，中途曾宿於平陸之北 35 里的虞城。

10.《山海經》中的積石在晉南

關於禹導積石山之地望，人們幾乎都在今黄河之源的青藏高原去尋找。“其實，商代荒服之域尚不出太原，何談更遠之大積石、小積石。甘青之西北的大、小積石山，當爲春秋以後隨着疆域的擴大而始被人們所發現，卻不是作爲商未周初方國圖志中的積石山。”[②] 所以，我們應該從《山海經》所處的時代及地域去尋找積石山。從《海内西經》中，我們知道積石山距河曲的渤海不會太遠，但具體方位卻未指明。幸有《水經注·河水篇》爲我們提供了寶貴的資料：“（河水）又東過大陽縣南。河水又東，沙澗水注之。注：沙澗南流注於河。河水又東，左右積石、土柱二溪并北發大陽之山，南流入於河。是山也，亦通謂之爲薄山矣。……（河水）又東過砥柱澗。砥柱，山名也。昔禹治洪水，山陵當水者鑿之，故破山以通河，河水分流，包（抱）山而過，山見（現）水中，若柱然，故曰砥柱矣。三穿既決，水流疏分，指狀表目，亦謂之三門矣。”

大陽縣是漢代地名，故治在今山西平陸縣南 8 里茅津渡村，嘉慶《重修一統志》：“大陽故城在平陸縣東北十五里。”知積石山在今平陸縣和三門峽附近。從地圖上看，沙澗水、積石溪、土柱溪是三條大致并列的從北面的中條山南流入黄河的小溪。積石溪距今平陸縣不過數千米路。中條山古稱薄山。大陽山就是平陸附近的中條山的一段。謝鴻喜先生書中對積石溪描述得很詳細：“積石溪當即今之西延河，發源於平陸縣東北 30 里山上東廟凹村北，西南流經馬家凹村，至西延村折而東南流 5 里入黄河。嘉慶《重修一統志·解州》：‘積石、木柱二溪在平陸縣東，即馬頭澗。’光緒《山西通志·山川考》云：‘馬頭澗在縣東北四十五里中條山麓，危峰聳立，兩谷二源環麓合流，以山形似馬首故名。’”[③] 從而知道禹所導積石山就在平陸縣附近的黄河邊上。再佐之以《禹貢》，會得到進一步的證實。《禹貢》記積石山有兩條：“導河積石山，至於龍門”和“浮於積石，至於龍門西河”。第一句是説大禹從積石山疏導黄河一直到達龍門。第二句是説疏導黄河從此通暢，從積石乘船可以一直到達龍門的西黄河。

那麼，“積石”究竟是個什麽東西呢？有人説是人工石墓，有人説是自然山體，但從《海内西經》説河水“入禹所導積石山”的“入”字來體味，積石山即使是山，也不會是多高的山，否則，河水不能入，禹也不能導。酈道元的解釋頗有啓發：“砥柱，山名也。山現水中，若柱然。”所謂積石山，大概就是如砥柱一類的河中礁島，絶不是如某些人解釋的“是出積石水的晉南大陽山”。大陽山又名中條山，大禹大概不會跑到中條山上去疏導黄河水

① 謝鴻喜：《〈水經注〉山西資料輯釋》，山西人民出版社 1990 年，第 41 頁。
② 喻權中：《中國上古文化的新大陸》，黑龍江人民出版社 1992 年，第 363 頁。
③ 謝鴻喜：《〈水經注〉山西資料輯釋》，山西人民出版社 1990 年，第 43 頁。

吧。還有人把“積石”定在青藏高原，以爲這樣纔匹配積石顯赫的名聲。殊不知大禹的時代，中原的首領們是無力開發青藏高原的，更不會在雪山疏導河水。“積石”也作“磯石”。《辭海》對“磯石”的解釋是：“磯，水邊突出的巖石。”積石、磯石、礁石三者音同意通。由此，我們得知所謂“禹導積石”，就是大禹疏導過的平陸縣附近黄河三門峽上的水中礁石。由此可以進一步推論：一、《禹貢》不是僞作，是真實的記録，大禹導河積石實有其事。二、此積石可能就是黄河三門峽上的砥柱石。

## 三　由澮河、汾河下游、黄河中下游構成了《山海經》中的“河水”

《山海經》中河源即今澮河既明，古之“河水”也就清楚了。《山海經》中的“河水”即由澮河、汾河下游、黄河中下游構成，形成“匸”形流向，環繞中條山。中條山即是《山海經》中的昆侖山，這一河水“匸”字形流向，與《山海經》中“河水環繞昆侖”的地貌相符。

下面，用澮河、汾河下游、黄河中下游所構成的“匸”字形流向，來檢驗《山海經》中的河水，完全吻合。

A.《山海經·海内北經》（下同）云：“陽紆之山，河出其中。”（古代山西翼城縣東北有座陽紆之山，河水的一條支流今滑家河發源於此山。）

B.“凌門之山，河出其中。”陽紆之山附近還有一座凌門之山，河水的另一條支流今澆底河發源於此山。

C.《山海經·北山經》（下同）云：“敦薨之水出焉，而西流注於泑澤。”（河水的另一條支流敦薨之水今稱翟家橋河，發源於翼城縣東北的敦薨之山，向西流注於今稱爲澮河水庫的古泑澤。）

D.“出於昆侖之東北隅，實爲河源。”（敦薨山和敦薨之水位於昆侖山即今中條山的東北方，敦薨之水確實就是河水的源頭之一。）

古河水由今澮河、汾河下游、黄河中下游構成。

E.《山海經·海内西經》（下同）云：“海内昆侖之虚在西北。”（晉南崇山又名塔兒山，周圍的陶寺遺址、曲村遺址、天馬遺址、南石遺址、方山遺址即昆侖墟）。（海内昆侖墟在大周王朝洛陽的西北。）

F.“帝之下都。”（昆侖墟曾經是古代帝王們的下都。）

G.《山海經·海内北經》（下同）云：“昆侖墟南有氾林方三百里。”（在昆侖墟的南面有沼澤林地三百里，氾林在今澮河星海温泉上、下游地區。）

H.“從極之淵深三百仞。”（在氾林有水深三百仞的中極之淵——即今曲沃縣曲村鎮南的星海温泉。）

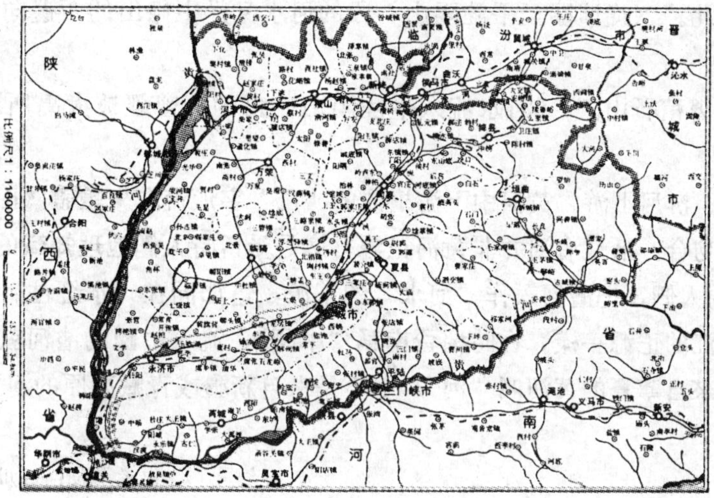


**圖七　《山海經》中的河水流向**

I. “維冰夷恒都焉。”（河宗氏冰夷的都城一直設在這裏。）

J. “ 冰夷人面，乘兩龍。一曰忠極之淵。”（冰夷的族徽——圖騰是人面乘兩龍。縱極之淵又寫作忠極之淵。）

K.《山海經 · 西山經》（下同）說：“又西二百九十里曰泑山，神蓐收居之。”（泑山即今中條山北與塔兒山相鄰之烏嶺山，同爲窮山。黃帝的兒子少昊氏有子名叫該，其神蓐收就居住在這裏。）

L. “西北三百里曰長沙之山。泚水出焉，北流注於泑水。”（在西北三百里有座山叫長沙之山。泚水——即今絳縣東之磨里河就發源於這裏，向北流注於泑水——即今之黑河。）

M. “又西三百二十里曰槐江之山，丘時之水出焉，而北流注於泑水。”（ 又西三百二十里有座山叫槐江之山，丘時之水——磨里河南，流經衛莊鎮的一條河就發源於這裏，向北流注於泑水——即今之黑河。）

N.《離騷》引《河圖》云：“昆山出五色流水，其白水入中國，名爲河也。”（昆侖山有五條不同顏色的流水，其中的一條叫白水，今名爲绛水，白水流入中國後匯入的河流澮河就是“河水”了。）

O.《山海經 · 海内西經》（下同）云：“昆侖之墟（山）方八百里，高萬仞。”（從後面有“八百里”的話來看，此“墟”字可能是“山”之誤。昆侖山即今中條山方圓八百里，高萬丈。）

P. “河水出東北隅。”（澮河源頭至汾河匯流處的一段河水發源於今中條山的東北角。）

Q. “以行其北。”（從曲沃到河津一段的河水流經中條山的北面。）

R. “西南又入渤海。”（從河津到風陵渡一段的河水從中條山的西南流入渤海——今解池，因爲古代的黃河與解池是連成一片的。）

S. “又出海外。”（河水又流出渤海——解池之外。）

T. “即西而北。”（從潼關至平陸陽山一段的河水又從中條山的西邊向中條山的北方向流去。）

U. “入禹所導積石山。”（河水流入平陸陽山一帶的、曾經被大禹所疏導過的積石山處。）

我們用澮河、汾河下游、黄河中下游構成的“匚”字形流向來驗證《山海經》中的“河水”流向，完全吻合。衹是澮河并非黄河正源，這是受當時人們地理知識的局限的結果。在《山海經》時代的人們，把澮河誤作“河水”的正源，這如同在《水經注》之前，人們還一直把岷江當成長江的正源一樣。古時稱晉南爲“中國”，流入中國的澮河就是《山海經》中的河水，而不是來自寧夏的黄河叫“河”，更不是來自新疆或青藏高原的河。

作者單位：四川職業技術學院

# 傳統契約中的法制精神

## ——龍泉驛區檔案館館藏契約文書述略

胡開全

契約在我國自古有之，《周禮·天官·小宰》篇中有“六曰聽取予以書契”，鄭玄注曰：“其券之象，書兩札，刻其側”，這説明“書契”就是契約之類的文書憑證。《周禮·地官·質人》篇還有“掌稽市之書契”的記載。契約是雙方或多方共同協議訂立的條款、文書，它是中國人講法制的實證。在成都市龍泉驛區檔案館裏，現在仍完好地保存了一份福建汀州府長汀縣衆民新羅氏的地契（檔號117）：

立寫杜賣水田文契人鍾友琦，今因無銀應用，自願將祖父所置水田一處，坐落地名成都府華陽縣東門外馮家溝三甲新七支水田大小九塊，丈明二十二畝七分，載糧銀伍錢三分。東至賣主叔田爲界，西至羅姓田爲界，北至陳姓田爲界，南至蔡姓田爲界，四至分明，上問親族業主。下問左右四鄰，無人承買，祇得請人説合，賣與福建汀州府長汀縣衆民新羅氏爲業。當日憑中言定時值九七呈色價銀六百八十二兩整，業主本族畫字一并在内，比日銀契兩交，不欠分厘，其田自賣之後，任從新羅氏撥糧當差永遠管業，鍾姓叔侄族戚人等不得生端，此是二家情願，并無逼勒，一賣千秋，萬無異説，今恐人心不古，特寫賣約付與新羅氏永遠執照。

鄰　證：陳文泮　蔡宗盛　羅永鳳　鍾琳士

中證人：吴永周　賴仕清

業　主：陳翥九

胞　叔：鍾朋遠

代　筆：鍾元椿

執事人：劉漢樑　陳喬遷　朱文殿

乾隆三十五年九月二十三日立賣約人鍾友琦

這份地契到民國三年（1914）十月（檔號458）經新政權驗契後繼續有效。這宗土地的性質按照傳統劃分，屬於“身没不還，世代承耕”的永業田。歷史上唐代按人口授田，每口人所受者，皆包含永業田二十畝，其餘八十畝爲口分田。對於永業田，官方既不追回，也不允許隨意買賣。《唐律疏義》卷十二載有“永業田，家貧、賣供葬”[①]，即老百姓衹有在辦喪事、盡孝道時，在經費不足而不得已的情形下纔允許賣永業田。《唐律疏義》作爲我國古代法律的代表作，其大部分規定被後世所沿襲。這份地契直到 1951 年土地改革時交出，前後共歷一百八十餘年，業主從來不曾變更。這并不是館藏最老的契約，但它讓新羅氏族群相守近兩百年，很好地印證了孟子所云“有恒産者有恒心”的道理。在當前提倡文化自信與文化自覺的時代，有必要從百年契約中挖掘傳統的法制精神，讓今人清楚地知道我們的先人是如何遵循着法律一路走來。

## 一　契約文書的來源及分布

龍泉驛區位於成都市東，建置於 1960 年 2 月 18 日。由内江專區簡陽縣的龍泉驛區和温江專區華陽縣的大面、洪河、西河、青龍 4 個公社組成。1976 年 1 月 21 日，又將簡陽縣洛帶區劃歸龍泉驛區，遂形成現在的區境範圍。因此這批契約中出現的地名多是華陽縣、簡陽縣的老地名，大部分分布在區境内，衹有少部分超出了區境。由於區境内地形以淺丘低山爲主，比較乾旱，傳統的耕地大體分爲三類：一是地勢較低，便於收集雨水，冬天蓄水、夏季種一季水稻的冬水田；二是地勢稍高，可以種兩季，但種水稻時需要車水和提灌的塝田；三是坡上衹能挑水澆的旱地。爲了用水方便，人們大多住在有小河道的地方，地名上出現很多“溝”、“灣”。龍泉驛區檔案館成立於 1979 年，負責收集保存全區各部門的檔案資料。1995 年，我館余仲凡局長從區公安分局接收了 501 件清朝到民國時期的契約文書檔案。據公安分局的楊少晉同志介紹，這些契約原來積存在龍泉驛派出所和大面派出所，進所時間分成兩批：一批是在 1951 年土改時期地主富農主動上繳；另一批是 1966 年“破四舊”期間紅衛兵去大户人家抄家所得，如西河的蘇家、范家，大面的張家、馮家、薛家，龍泉鎮的田家、游家等大家族。當時的政策是不允許民間保存這些舊時代的契約，要求全部上繳并公開銷毁。如果有人擅自保留契約文書，極有可能會在以後的政治運動中被當成階級敵人保存的“變天賬”，或企圖反攻倒算的罪證。這批契約文書輾轉放進公安局檔案室後，由於種種原因得以幸存。但公安局的保管條件不好，爲了不讓這批很有價值的契約文書壞掉，遂決定移交檔案館。殊不知這段機緣，使這批從乾隆十九年（1754）開始，貫穿後面的嘉慶、道光、咸豐、同治、光緒、宣統全部清代皇帝年號，直到民國三十八年（1949）的契約文書檔案得以保存。像這種數量衆多且連續性與關聯性强的情况，在成都市檔案館及周邊雙流縣、新都區、簡陽市檔案館都是没有的。它們被移交檔案館後，在陳建昌副局長的帶領下，先辨識出紙質

---

① 見長孫無忌著《唐律疏義》卷十二，文淵閣《四庫全書》本。

多爲皮宣，有少數毛邊紙，這些當年算是上等的紙，雖然歷經歲月後都泛黄了，但經過殺蟲和裱糊，放置在專門的檔案櫃裏，至今依然清晰完整，易於辨認，爲此次整理成書打下了堅實的物質基礎。

## 二　契約文書的分類

爲便於讀者閱讀和使用，謹將遴選出來的 290 件契約分成了四大類：（一）買賣送討契約計 167 件，包括地契、土地買賣定金約、陰地送討約；（二）租賃借貸契約計 76 件，包括土地實物租佃、錢財借貸、借（收）據、辦會融資約；（三）分關繼承契約計 31 件，包括宗族（家庭）分關和遺囑繼承；（四）其他契約 16 件。

這些契約，從其發生的時代分析，展現了本地清代初年"湖廣填四川"移民浪潮所帶來的移民文化。從康熙後期到雍正再到乾隆初年，大批移民到本地之初，總體上是地多人少，政府允許移民自由插占土地，即便没有土地可以插占，土地價格也相對較低，此時買賣土地基本上都是大宗交易。另外各家族人丁還不很繁盛，爲了彼此有個照應，同鄉人之間開始興建和籌建省級的同鄉會館，如文本中出現的廣東會館（檔號 041、079、228 等）、江西會館（檔號 231）、福建會館（檔號 118、119 等）等。從乾隆中後期開始，由於清朝政府實行"滋生人丁、永不加賦"和攤丁入畝的制度，人口增長迅猛，漸漸形成人多地少的局面，土地價格也開始上漲。文本中的以蘇邦賢爲代表的蘇家以及以啓瀾公爲代表的張家，屬於這一時期財富積纍有方的家族。他們開始大量兼并土地，單獨修建自家的祠堂，同時又招徠了佃户。從現存的契約看，有少數佃户還成了延續幾代人的長久佃户，他們不僅在主家的土地上耕種，有些還參與到主家的對外交易中，在一些契約中充當"中人"的角色，死後又討主家的土地下葬。再往後，特别是光緒年間，隨着人口的進一步發展，出現了一批"樹大分杈、人多分家"的分關文約，導致大宗的土地被分解到許多個很小的家庭裏面。到民國期間土地買賣契約多以小宗的爲主了。

土地是人們賴以生存的基礎，傳統農業社會的國家財政是建立在土地和人口之上，即賦役制度。而契約中土地價格的波動又緊扣當年時代的脈搏，比如很有代表性的一宗在華陽縣三甲新十四支兩河口的土地。這宗土地在乾隆五十年（1785）十一月初十日（檔號 012）值五百三十一吊銅錢，到嘉慶十年（1805）十月十二日（檔號 019）值白銀一千二百五十兩，到嘉慶十一年（1806）十月二十二日（檔號 017）值白銀一千四百五十兩，到道光二十六年（1846）八月初一日（檔號 050）值白銀八百五十兩。其交易時間剛好在能反映時代特徵的幾個節點上：一是乾隆年間，因地多人少，土地價格普遍較低；二是嘉慶年間，由於"康雍乾"盛世的積纍，國内市場上的白銀數量很多，加之人口繁衍，土地需求增多，地價開始迅猛地上升，到嘉慶後期達到頂峰，如華陽縣三甲七支賴家店的一宗地，在乾隆二十七年（1762）十一月二十四日（檔號 011）值白銀四百兩，到嘉慶十年（1805）十二月初六日

（檔號 020）值白銀一千五百兩，這時的白銀和銅錢的比值也很標準［如嘉慶十二年（1807）十月十六日（檔號 073）簽署的賣地定金約裏寫明田價銀爲銅錢壹千貳百伍拾伍千文正，在嘉慶十二年（1807）冬月十六日（檔號 021）正式簽署的地契中改爲白銀一千二百五十兩，銅錢和白銀的比值非常接近一千文一兩，而這個比值到光緒二十六年（1900）時爲“十千文，合銀八兩六錢二分”（檔號 154）］；三是道光、咸豐年間，由於鴉片貿易致使白銀外流，導致人口雖然仍在增加，土地需求量也在增大，但表現出來同宗土地標注的白銀價格卻在回落，其實質是白銀在升值。但是土地因其具有稀缺性的本質特徵，加之新開墾土地遠遠不能抵消人口的增長，導致土地價格在同治年間又開始上升。比如道光二十三年（1843）正月二十四（檔號 031）一宗時值白銀三千二百九十兩的地產，到同治三年（1864）八月十三日（檔號 078）賣了四千五百兩。

現在看到的契約都是業主和債權人保留下來的，衹反映交易事件的結果，并不能直接反映當時經濟往來的過程。但從結果中，也能反映出某些經濟關係。買土地的自然有自己的一段創業史，賣土地也是有原因的，而且必須在契約中注明，這是從《唐律義疏》就開始在法律上明文規定了的。那些注明的賣地原因，歸結起來主要是兩方面，一是破産，二是遷徙。在這批地契及賣地定金約當中，有關破産的，直接出現因“負債”而要賣土地的有 7 件，更委婉一點的是“少錢凑用”、“少錢應用”的有 42 件；另外是遷徙，文字上寫成“移業就業”或“移窄就寬”的有 15 件。對於遷徙的原因，從研究這些人家的家譜及對後代的訪問，其遷徙的方向主要是靠近成都市區，比如咸豐初年（1851）（檔號 057）謝君璜（1826—1874）先是在離城大約三十里的雙靈觀置業，5 年後即咸豐六年（1856）四月十一日（檔號 066）將田業賣掉。從其家譜記載，他是搬到了距成都城區八里的老窑溝重新置業，并發展得很好，其謝氏後人專門爲其在老窑溝建了“璜公祠”。

這批契約當中，出現次數最多的蘇家給我們展現了一個典型的客家家族創業史。在乾隆二十七年（1762）十一月二十四日（檔號 011）地契的地鄰位置出現了蘇成勇（1716—1792）的名字，這宗土地於嘉慶十年（1805）十二月初六日（檔號 020）賣與了他的兒子蘇定倫（1747—1820）。據癸卯年（1903）十一月冬至日致祭於勇公時商議續修版《華陽蘇氏族譜》載：蘇成勇，誕生於廣東和平縣，雍正四年（1726）三月十六日在其年方十歲時，隨祖父自粵遷蜀於成都府華陽，先隨家人在七根槐佃丁姓田地，後遷於倒石橋老屋，遂興家立業。蘇家在青龍埂的祠堂就叫“成勇公祠”。本館中没有買主爲蘇成勇的契約，估計其早期所買的産業因後世子孫逐漸向成都城區發展而被置換掉了。契約文書中與蘇氏直接、間接相關的契約近 90 件，其中地契 24 件，賣地定金約 34 件，送討陰地約 21 件，掉换田地約 1 件，佃田地約 2 件，收據 4 件，分關 1 件。這尤其又集中在蘇邦賢（1798—1888）一個人身上，他從 33 歲開始買地，到 66 歲結束，以他個人名義購買土地的契約有 19 件，共計白銀 26849.4 兩，水田總面積上千畝。這其中最低金額衹有白銀 7 兩（檔號 069），最高金額達白銀 4400.4 兩（檔號 076）。此外還有送陰地約 15 件。但其中最高單筆交易額由其子蘇國寬（1816—1877）完成，金額爲 4500 兩（檔號 078）。

蘇家在大量兼并土地的同時，還有兩種精神在契約裏體現出來：一是占領和征服城市的精神；二是耕讀傳家、追求功名的精神。他們對所購土地的地點有所選擇，先是在距城較遠的兩河口、老鴉林佃田，再小規模置業，後來逐漸搬遷到離成都城區更近的青龍埂，再向老窑溝發展，最後，也是最大的兩筆置業都選中了在成都平原素有"金温江、銀郫縣"之稱的温江温邑二甲王家磚（檔號 076）和温江縣二甲地名板板橋側近（檔號 078）。另外從其家譜上看，蘇家有一支人在清代末年遷到了成都城中心的總府路居住。在這裏，我們不得不佩服客家人那種向城市靠近、占領和征服城市的精神，以及客家人與生俱來的商業頭腦。他們在獲得經濟地位之後，還想謀求一定的政治地位，最簡單快捷的方式就是捐功名。檔號 001—009 就是蘇秉權及其子蘇國寬捐納監生和貢生後獲得相關政府文契。從蘇家的家譜看，這也成爲其家族的普遍行爲，據癸卯版《華陽蘇氏族譜》載，蘇家一共捐了 13 名監生，3 名貢生，8 名九品，還出了 7 名庠生，3 名實職官員。

在田地佃約方面，典型案例、同時也是金額最大的一筆是同治二年（1863）八月初八日（檔號 093）發生的：

> 立寫承佃水田房屋基址文約人夏德仁，今憑中承佃到謝竹屏名下水田一段，約計九十三畝七分，旱土一段，每年收租一石六斗，田每畝一石九斗。收租銀每百兩八石，扣除基内正瓦房一向，連磨角五間，左右瓦厢房二向共十間，瓦龍門一座，脚門一座，糞池、水井俱全。憑中議取押租紋銀二千三百七十兩整，以蘇坡橋米市平交兑。恐口無憑，立承佃文約爲據。
>
> 憑中證人　李洪順　李洪春　仝在　本人親筆
>
> 同治二年八月初八日，立承租水田房屋人前名。

與之相關的還有道光二十三年（1843）正月二十四的地契（檔號 031）和同治三年（1864）八月十三日的賣地定金約（檔號 078）及道光二十三年（1843）二月二十七日繳税的納票（檔號 082），它們之間可以相互印證。此份佃約中夏德仁從謝竹屏手中佃到水田一段，約計九十三畝七分，旱土一段，瓦房一院，交押租銀 2370 兩整，每年交租 179.63 石，若有欠租，折算成白銀以每百兩八石的比值從押租銀裏面扣除，即地租可抵扣白銀 2245.375 兩。這宗土地於一年後以 4500 兩的價格賣給了蘇國寬，而這份佃約是蘇家保留下來的，説明此佃約在土地轉手之後依然有效，衹是主家從謝竹屏變作了蘇國寬。從這裏我們可以看出一個當年佃田地的基本行情，即地主爲了防止佃户逃租，也爲了保障其收租的權益，要收取略高於一年租金的押租銀來做保證金。這筆押金使得主家多了一筆現金，如果主家的田業多，而且又有經營頭腦和擴張意識，完全可以動用其中的一部分來重新購置土地。這應該就是蘇邦賢（秉權）爲什麽能在基礎并不雄厚的情况下，在短短 33 年間，動用兩萬多兩白銀購置 19 宗土地的原因，這也是古代土地兼并的典型經濟案例。

這份佃約與同期以及後來的佃約相比較，有很不完善的地方。例如：一、没有規定押租銀有没有利息，雖然在退佃時主家要退還這筆錢，但在没有退還之前，主家是可以使用這筆錢去獲利的，所獲之利是否給佃户分配，没有説明，這就可能留下後患。因此其他很多佃約都特意注明了“無利押租”的字樣，如檔號 051 所載同年的一份契約和檔號 063 契約等等。二、没有注明地租是定租即俗稱的“鐵板租”還是浮動地租。後來的佃約若是定租就注明“豐旱不得缺少分文”（檔號 051）或“每年不分乾旱”（檔號 189），若是浮動地租就注明“倘天年不順，亮田納租”（檔號 172、174、175 等），一般情况下税賦和攤派由主家完納，但也有例外，如“每年拾（實）納乾租銅錢完糧二厘，多少不一”（檔號 194），這將交租變成了幫主家完税，而條糧税各縣每年都要核算，數量經常有所波動，當然也就造成地租隨之波動。三、交租的成色問題没有明確。後來的佃約有的注明“秋收後曬乾面風過槅、不得短少升合，若有短少，願將押租錢照市價扣除”（檔號 063）或“秋收後曬乾過風”（檔號 174、175 等）。四、退佃的時間没有規定，有時會給主家造成不便。因爲本地氣候决定一年衹種兩季，最重要的一季是夏季的水稻，俗稱“大春”，另一季是秋冬播種、春夏收獲的小麥或碗豆、胡豆，俗稱“小春”。爲了不誤農時，主家一般規定夏收或秋收之後，而且最好是收獲水稻後那段比較長的農閑時間來完成退佃事宜。如“其田地限佃癸卯年（1843）大春一季，限至秋收潤七月初旬交出”（檔號 051），或“小春起，大春止”（檔號 172、173、174 等）。五、不是一式兩份，可能出現兩無對證。同治二年這份佃約很明顯是主家持有的一份，主家可以拿這份契約去催租，反過來佃户有没有憑證去討自己的押租銀，其内容格式如何，無從判斷。爲了避免這種可能的糾紛，後來的佃約成爲一式兩份的合同形式，如檔號 173、174 中就有“佃文合同爲據”的合墨痕迹。除了上述這些規範格式要求外，也還有一些特例，如有佃户借錢給主家，如檔號 183；還有先賣後佃的，如檔號 051；還有母子之間無押租而佃的，如檔號 188、187。在大體一致的情况下，仍有一些特例，顯示傳統社會中民間遵守法律的隨意性。

分鬮是隨着人口的繁衍而必然出現的，但到什麽時候分，在什麽範圍分，分完後又如何繼續發展，有六份張氏分鬮文約在這方面作了很生動的展示，并描繪出地主家庭向房族演化的軌迹。其分鬮的程序是先根據參與的人（房）數立字號大小，再將産業搭匀公示，最後對祖或對神拈鬮。光緒二十四年（1898）冬月十六日的分鬮文約（檔號 161），是張家子弟中的一份父子分鬮，“張慶靄元配魏氏脈生七子，長承鎬、二承徽、三承馨、四承涵、五承道、六承學、七承經，情因丁口浩繁，難以合臼”，遂“請憑族戚將先年分授産業，并自己添置産業，總計合籌”，除留自己和妻妾用度後，將其他産業搭匀分作“榮華富貴大吉昌”字號大小七股。其中以富字號大小單股爲例，一股包含的財産有“二郎廟買魏姓一契、又林均富一契，草房屋一院，每年實納租穀四十四石，押租銀二百五十兩，撥出押租銀四十五兩歸旱地，内除撥實存押租銀二百零五兩，在此契内撥出租穀二十二石”。參與畫押的族戚有張屏周、張雨亭等。光緒二十五年（1899）四月二十四日的分嘗業約（檔號 155）中，張季堂同侄兒五福、屏周、梓敬，將啓瀾公名下嘗内（即張家公産），得勝場鋪面一通六間、外搭幾宗較小的房地産，分作“春夏秋冬”字號大小四股均分，單股“實作銀六百六十兩正”。一年後，即光緒二十六年（1900）二月初六日的分嘗業存銀約（檔號 154），張家四大房又進行了一次規模較大的分鬮，以春字號大小爲例，單股産業時值約 4000 兩白銀，具體包括“五福石湃缺田房一契，租穀八十九石，押租銀五百兩。摘分鯉魚塘契内水田租穀四十一石，房屋半院，押租銀一百五十兩，又搭分嘗銀一千九百兩……派條糧銀一兩九錢”。從上述三件分鬮文約，結合《張氏族譜》所載，這裏提到的“啓瀾公”是張氏入川後的第四代，而“啓瀾公”名下的張氏分支總體經濟實力在農村算是很强了，而且在分嘗業之前，啓瀾公已經對四大房的人進行了分授産業，而四大房内部還在不斷進行細分。後兩件所分啓瀾公嘗内公産總量折算成白銀超過兩萬兩。這些嘗業分到四大房後，各房内部又要進行再分配，在民國十八年（1929）陰曆二月初八日分鬮文約（檔號 258）中，張新仁、新義、新道、新德、新孝、新弟弟兄六人將先輩遺業分作“福禄壽喜禎祥”六字號大小進行了再次分配，單股以幺房新弟所拈得的禄字號大小爲例，包括“分授石牛堰堪田三十五畝，年收租穀五十石，又千弓堰山田二十畝，年收租穀二十石，又老鴉林山田三十五畝，年收租穀三十五石，應找出洋一百四十大圓整，配載條糧由得勝萃亨團江津甲張六全名下撥出五錢，又由西一三義團里義甲張啓銀名下撥出五錢，又由西一三義團里義甲張寅名下撥出二錢七分九厘，共分載一兩二錢七分九厘”。在場見證的族戚有前文第一份分鬮中的張承徽等，從其分配的産業看，這支人很有經濟實力，而且有經營頭腦，他們有時還聯合起來置辦産業。如在民國二十一年五月十八日分旱地房屋約（檔號 269）中，張子芳、張子通弟兄就平分了原先一起所買的一處産業。這份分鬮文約中有在前面幾份分鬮文約中出現的族戚張雨亭做中證。當然這麽大的張家，也不是房房都發達，在民國二十二年陰曆四月初二日分鬮文約（檔號 262）中，張鏡福、鏡禄、鏡壽三弟兄，“以其同居之浩繁，不如分居之爲幸也”，將先父張承輝早年分授祖業，總共衹有水田四十畝，草房屋全院，條糧四錢，作“天地人”三字號大小平分，單股僅十餘畝，僅够維持一户人的生計，此文約中仍然有族戚張雨亭做中證。

上述張氏的分鬮文約，總體上顯示出張氏宗族的殷實。但對於不算富裕的家庭，因爲人多不和而分家的也比比皆是，即有小家庭分鬮的，如檔號 150、152；有分佃的，如檔號 158；甚至還有兄弟姐妹中尚有未成年人即分鬮的，如檔號 272 等。分鬮文約中有一份稍顯特殊，即作爲女兒享受本姓家業的平均分配權，在文件號 265 中，賴海興夫妻將自己的産業均分給了長女、次女和小兒子三人。

## 三　契約文書中的法制精神

土地契約文書的簽訂和政府干預土地買賣機制的建立，表明土地買賣和地權轉換的法律程序已達到法制化的雛形。官方特地印製了官契和契尾，作爲法律文書而進入社會生活中，人們的法制觀念已開始深入人心，意味着明清時代已初步進入法制社會階段。這 290 件契約文書，其體現的核心思想是中國傳統社會中的法制精神。中國人爲什麽要講法制，如何講法制，在這些契約中有詳實生動的展現，下面從六個方面進行總結。

第一，契約重視文本且有法律檔作爲依據。對於契約，我國傳統社會强調“空口無憑、立字爲據”，而文本内容則按照由《唐律義疏》傳承而來的法制精神，延續到《宋邢統》、《明會典》、《大清律例》，再演變到《民國民法典》這幾部法律文書所訂。這些法律檔對契約作出的界定差别不很大，并由此産生民間使用的契約標準範例。例如契約中要注明“杜賣”或“絶賣”字樣，就是根據清代有關絶賣文契的法律規定，“賣産立有絶賣文契，并未注明找貼字樣者，概不准貼贖”[①]，這就將“絶賣”與可以贖回的“活賣”、“典賣”嚴格地區分開了。

第二，契約内容講究程序且叙述嚴謹。在上述法律精神的指導下，訂立契約時以民間最重視的地契爲例，需要準確明白地注明以下内容：開篇標明“杜賣”或絶賣字樣；注明文契人姓名，即所有與本宗土地有關的權益人，包括本人、妻子、兒子、有共同權益的房族等；注明賣地原因是破産還是置换、遷徙；注明産業的準確地址；注明房屋的規格、間數，田地面積；注明耕種水田所需水源的狀況；注明産業的東南西北界至及分界標誌物；業内如有除留要注明，掃賣則注明“寸土寸木寸草隻石不留”的字樣；注明産業所承擔的條糧即税賦，還有本年各項税費的繳納情况、佃客及押租銀情况；注明買主與本人的關係；注明憑中人議定的産業價格；注明交易費用的出處是包在總價内還是單獨列支；注明業内墳塚的數量、面積、墳地的産權歸屬；注明税賦從何人頭上過户；再次重申“一賣千秋、永不贖取”的絶賣字樣及公平交易的字樣；交易見證人共同畫押（後來改作加蓋私章），這些人至少要包括族戚、地鄰、中證、代筆；最後落款年、月、日，立賣契文約人姓名并畫押。

第三，契約的公開性原則。所有契約都有“中人”（或“憑中”），是契約訂立過程中除當事人雙方之外的第三方參與者，這是我國傳統契約中的一種基本精神，即俗話所説的“婚姻憑媒，買賣憑中”。這與現代合同制度中甲乙雙方直接簽署生效有很大的不同。對於小額的借據收據都要有中證，大宗的買賣、佃地契約更是必須要有中人從中談價纔能完成交易。涉及土地房屋這種不動産的大宗交易，還要引入原來業主的“族戚”作爲家族代表，以示此莊交易的公開性和嚴肅性。當然所有參加畫押的人，既然承擔了見證和擔保的責任，自然也有收取一定費用的權利。從檔號 056、122、210、233 這幾份注明“喜錢”或“費用”的契約看，這筆費用比較高，如檔號 056 所載，達 40 兩白銀，超過當時一畝水田的價值。正因爲如此，歷來就有人以做“中人”爲兼職副業。這批契約文書中，以中人身份出現次數最多是“賴懋一”，他做中人最早是嘉慶十二年（1807）（檔號 021、073、107），之後是嘉慶十三年（1808）（檔號 029）、嘉慶十七年（1812）（檔號 018），最晚是道光十一年（1831）（檔號 033），一共有 6 件，説明他長期在幫人談買賣。

第四，在技術上追求公平和杜絶作弊。“引進中人”制度除了起擔保作用外，另外一個重要作用是使交易儘量體現公平性。因爲很多的交易，買賣雙方的地位是不平等的，但一旦簽訂了契約，就意謂着要强制執行合約内容，即俗話所説立下了白紙黑字的“紙約”、“字

① 見《大清律例》卷九，文淵閣《四庫全書》本。

據”，文本上一般將此稱作“恐口無憑，立××契約一紙”。這時就需要把雙方當事人架構在一個相對平等的法律關係上，這是中人在我國傳統契約中最重要的作用和地位。交易時中人在雙方當事人之間來回地談價格和細節條款，并且對雙方都要負責，其形象是靠其長期的社會行爲樹立起信譽來的。典型人物就是“賴懋一”和“張雨亭”，他們都是在這個行當幹了幾十年，説明其信譽極高。除了“中人”制度外，文本中爲了顯示公平，其結尾處一般還要注明“此係二家情願，兩無逼勒，亦無債貨準折、包買包賣等弊，一賣千秋，永不贖取”的字樣。此外，文本寫作也是重要的一環，每個文本必須注明是某人所寫。因爲傳統社會當中有很多人并不識字，交易雙方有人能寫最好，如檔號 026、027、037、038 等，其中 038 還是女主人親自書寫；如果無人能寫或無人動筆，那就要找一位交易雙方都信得過或在當地有很高信譽度的人來執筆。執筆人將文本寫完後，一般是當衆朗讀，交易雙方及中人們都覺得無誤後，最後一環就是畫押，中人、族人、地鄰、執筆人、賣主一同畫押（契約中都有“仝在”或“同在”的字樣），這批契約畫押的形式主要是畫“十”字，這種形式有舞弊的可能，後來又加以改進，到民國時期開始改畫押爲加蓋私章。如果是一式幾份的合同，爲防止有人竄改内容，日後出現糾紛時合同真僞難以區别，還要在合同上加一道“合墨”的程序。其操作方法是將幾份内容相同的合同，將它們的空白處迭在一起，寫上約定的文字，比如“合同爲據”等，日後要使用時，先進行拼接以辨真僞。本檔案館所藏檔號 258、260、273、274、275、278 就是一式六份仍可以合墨的分關合約。另外還有檔號 262、263、268 也是仍可合墨的分關合約。竹子是傳統社會常用的信物和憑證，在檔號 034 中就有“即日憑中議定，見苗下弓，依鄉弓過丈，合竹爲憑”。

第五，土地買賣這種大宗商品買賣有官府的基層組織參與，顯示其權威性。例如在乾隆十九年（1754）七月十八日（檔號 010）所立地契中，就有鄉約、里長等基層公職人員畫押。另外在檔號 013、014 中除鄉約外，還有清丈人員出現。這種情況到了民國時期，由於稱謂發生了相應變化，而且分工更細，在檔號 224、228 中還出現了鄉長、副鄉長、鄉隊副、鄉民代表主席、文化幹事、調解主任、經收主任、經收員、保代表、保長、副保長、保隊副、甲長、幹事等系列的基層公職人員。地契在被基層認可後，再上報縣府加蓋紅色官印或專門的公章，就成爲最具法律效應的“紅契”，其權威性高於民間訂立的“白契”。

第六，懲罰性條款。這主要出現在尚在進行或尚未完成的交易中，如賣地定金約，一般付了定金後，就要注明“賣者不賣，得一賠十，買者不買，定銀全無，恐口無憑，立定約爲據”，這是很有約束力的，這批契約中的 43 件定金約，從地契保存情況看，大部分交易都是成功的。

## 四　契約文書依據的法律文本

前人的這些契約文書，一方面是以法律文書的形式得以保存，另一方面其行文當中的人倫道德觀念及具體内容也給了我們很好的啓示。我們可以從契約文書中分析社會的基層結構和家族的管理模式，瞭解宗教與民間信仰的社會基礎和組織形式，解剖政府與民間社會、士紳與鄉鄰民衆錯綜複雜的相互關係；可以分析商業經濟、市場經濟、借貸經濟、農村經濟、鄉村共有經濟等各個不同領域的經濟關係；可以分析那個時代文書的種類、體式、文體、用語、製成材料及其史料價值，以揭示文書的發展規律，用來管理和利用歷史檔案，爲當今社會服務；可以將契約結合家譜及民間口碑，來揭示入川移民的創業史，并區分哪些是他們從原居地帶來的生活方式，哪些是爲融入當地生活而學習的風俗習慣；還可以從民間契約的書寫格式、簽訂過程、執行狀况、糾紛爭訟等現象，來探究中國官方法律與民間習慣法的各個不同層面。總之，研究社會學、經濟學、文書學、移民史、法學的學者，都能在書中找到自己的切入點，同時這批契約文書因其書法、品相、質地等特點，還有其自身的文物價值。

清代前期的"湖廣填四川"移民之始，川内地廣人稀，朝廷任由移民"插占"，但插占後仍要到政府登記備案并繳税。這雖然是清代的政策，但其法律根源可以追溯到我國古代法律文書的典範《唐律疏義》，其卷十三有"庶盡地利故，所占雖多，律不與罪，仍須申牒立案"①。而且一旦登記在册，就要盡到耕種和繳税的責任，對"在帳籍之内荒廢未耕種者"②要給以懲處。而對没有登記在册而取得地契的，其買賣被認定不合法，即"田無文牒輒賣買者財没不追"③，不給予法律的保護。這從根本上肯定了文契的重要性，實例是在道光二十六年（1846）三月（檔號 139）成交的一宗地契，民國期間兩次交易，僅在契尾批注蓋章即生效。

土地買賣中規定先問親鄰，再請中人（古稱"牙人"）引進外人，交易完成同時在場畫押，都有法律明文規定。《宋刑統》卷十三附載有唐元和六年後舊條："應典賣倚當物業，先問親房，親房不要，次問四鄰。四鄰不要，他人并得交易。親房着價不盡，亦任就得價高處交易。"④ 同時對交易價格要公開公正，規定"若業主、牙人等欺罔鄰親，契帖内虚抬價錢"⑤，要負相應的法律責任，并且是"本主、牙人、鄰人并契上署名人"⑥ 一起負連帶責任。爲此，每宗交易必須取得衆人的一致認可，并當場畫押，"須是家主尊長對錢主，或錢主親信人當面署押契帖"⑦。這份經過衆人畫押并登記在册的文契一定要妥善保管，務必保持其真實、完整和清晰，因爲條文裏還有"經三十年後，并無文契，及雖執文契，難辨真虚者，當然不在論理收贖之限"⑧。在民國十九年陰曆十一月初十日（檔號 239），就對分田約丢失專門寫了一個情况説明。

---

① 見長孫無忌著《唐律疏義》卷十三，文淵閣《四庫全書》本。
② 同上。
③ 同上。
④ 見竇儀等撰《宋刑統》卷十三，中華書局 1984 年。
⑤ 同上。
⑥ 同上。
⑦ 同上。
⑧ 同上。

從"中人"制度，我們也可看出傳統社會中的法制還有很多不完善的地方，比如中人不能僅僅被看做是契約中的一個固定化、程序化的要件，而應被視爲在經濟及法律領域都具有重要作用的一種人性化因素。其人性化就在於中人是作爲"人"出現在契約中的，而并非是像國家法律或地方習俗一樣具有强制力或必然影響力的作用，它同地方官吏、鄉約、老人一起，衹是從人的角度構築了對民間社會秩序的影響與維護。

土地是傳統農業社會國家財政的重要基礎，地契對業主既意味着耕佃的權益，也擔負了税賦的責任。因此每筆土地交易，都要清楚注明本宗土地所承擔的條糧數量并加蓋公章，此外是從某人頭上轉出即税賦責任的轉移。《大清律例》卷九有"凡欺隱田糧、全不報户入册、脱漏版籍者，一應錢糧俱被埋没，故計所隱之田，一畝至五畝笞四十，每五畝加一等"[①]。同時還規定每筆交易都要報官并繳税，"凡典買田宅不税契者笞五十，仍追契内田宅價錢一半入官"[②]。但從衆多交易成功的"定金約"來看，民間爲了避税，立下字據後直接將老契交給買主，這條在實際操作過程中并没有被嚴格執行。

以上衹是點滴分析，我們還可以通過藉鑒不同學科理論及思維方式，從不同的角度和層面充分發揮民間契約文書這一獨特的史料價值，來探索清朝、民國時期成都東山地區民風習俗的演變歷程及其文化特徵。然而就整體情景而言，這種運用契約文書進行多學科結合的史學研究還是比較有限的，需要我們做進一步的努力。衹有這樣，歷史的本來面目纔能顯得更加生動立體。

作者單位：龍泉驛區檔案局

① 見《大清律例》卷九，文淵閣《四庫全書》本。
② 同上。

# 試論巴蜀文化與湖湘文化的邊疆情懷

劉　波

## 一　巴蜀文化與湖湘文化的"邊緣性"

中華文化源遠流長、豐富多彩、博大精深，在中華文明"多元一體"的文化體系中，巴蜀文化、湖湘文化作爲兩個重要分支，以其深邃博大的内涵和獨具魅力的特色，而占有重要地位。

所謂巴蜀文化，是指從古至今以四川盆地爲中心，以歷史悠久的巴文化和蜀文化爲主體，包括周鄰地區各少數民族文化在内的多元複合文化的總匯，涉及政治、經濟、社會和精神文化等幾個方面。在歷經數千年的發展歷程中，雖然很多文化因素已被歷史淹没，但其基本文化形態、人文精神和民風民俗卻被保存下來，經過層纍積澱形成了有别於其他各式文化的地域文化。巴蜀一隅，僻處西南，與中原地區相隔較遠，且以四川盆地爲中心四周重山環繞的獨特地形使其與外界交通困難，如古人云"蜀道難，難於上青天"，這種自然條件的限制阻礙了巴蜀與外界的交流，使巴蜀地區具有封閉性。但是，地理的封閉性與文化的外向性，卻在巴蜀文化上得以矛盾性的共存，"巴蜀文化發展的歷史，在一定程度上可以視爲巴蜀地區的各族先民以不屈不撓的精神與封閉型的地理條件進行頑强鬥爭并取得勝利的歷史，可以視爲巴蜀本地的先民以開放的姿態不斷迎接與融合外來人群與外來文化并取得成就的歷史"①。在這種條件下形成的以三星堆文明和金沙文明爲代表的巴蜀文化，固然迥異於中原文化，但是二者内在的密切聯繫卻清晰可考。

① 袁庭棟：《巴蜀文化》，遼寧教育出版社 1991 年，第 40 頁。

抗戰時期，由於日寇入侵，我國東部廣大地帶如華北、華東、華中等地區相繼淪陷，巴蜀地區由於其獨特的地理環境、人文條件，成爲國民政府及中華民族“抗戰建國”的大後方。川西北地方與西藏、青海、雲南等邊疆地區接壤，是藏、羌、彝等少數民族的聚集地，多姿多彩的少數民族文化是巴蜀文化的主要組成部分之一，也對巴蜀文化的多元組成產生了重要影響，這種與少數民族從地域上和文化上的親近性使巴蜀文化蒙上了濃厚的邊疆色彩。

同樣，湖湘文化，則是以湖南地區三湘四水爲中心形成的區域文化，其源於荆楚文化，兩宋時期飽受理學浸潤開始逐漸形成自己的風格，即以傳統理學爲内核、强調鄉土觀念、講求經世致用的特徵。在湖南文化的浸潤下，湖南人形成了倔强、剛毅的性格特徵，近代以來湖湘文化異軍突起對近代中國產生了重要影響。

湖湘地區雖然地處中國中部地區，但從歷史上來看，由於山地地形、河湖相隔，長期以來可以説屬於半邊疆地區[①]，特别是在湘西地區苗族和土家族世居此地，在傳統的封建社會這裏一直都被當做“南蠻之地”。湖南地區由於地處内陸，交通不便，造成消息閉塞、民性保守，然而卻使湖南文化免受或少受外界的影響，能形成自己獨特的風格與個性。文化學者錢基博曾説：“湖南之爲省，北阻大江，南薄五嶺，西接黔蜀，群苗所萃，蓋四塞之國。其地水少而山多，重山叠嶺，灘河峻激，而舟車不易爲交通。頑石赭土，地質剛堅，而民性多流於倔强。以故風氣錮塞，常不爲中原人文所沾被。抑亦風氣自創，能别於中原人物以獨立。人傑地靈，大儒迭起，前不見古人，後不見來者，宏識孤懷，涵今茹古，罔不有獨立自由之思想，有堅强不磨之志節。湛深古學而能自闢蹊徑，不爲古學所囿。義以淑群，行必厲己，以開一代之風氣，蓋地理使之然也。”[②]

巴蜀文化與湖湘文化雖然在中華文明多元一體的格局下都有自己的獨特性，但卻又存在一個共同點即邊緣性。巴蜀地區和湖湘地區在文化的邊緣性上還有其他共同特徵。自乾嘉以來中國人口激增，頻繁的内外戰争和天災人禍造成了大量社會流民，形成了袍哥組織；而《馬關條約》後重慶在四川的首先開埠，底層社會組織更行發動，袍哥在巴蜀地區之盛，一直到了中華人民共和國成立纔宣告終結。湖湘地區，民風剽悍，湘西一帶號稱難治，既有無產階級革命家賀龍的兩把菜刀鬧革命，也有爲害一方、爲數甚衆的土匪兵痞。巴蜀地區和湖湘地區在這一點上平民性本色十足，迥然有異於中原文化，這也是兩地文化親民性或曰草根性的理由之一。

---

① 參見羅志田：《近代湖南區域文化與戊戌新舊之争》，《近代史研究》1998年第5期。

② 錢基博：《近百年湖南學風》，中國人民大學出版社2004年，第1頁。

# 二　巴蜀文化、湖湘文化與邊疆

## （一）經營邊疆

1. 湖湘文化與邊疆經略

(1) 左宗棠收復新疆建立行省，開發邊疆

19 世紀六七十年代清王朝國力日蹙，爆發了嚴重的邊疆危機，西北的新疆地區危機尤爲嚴重。中亞浩罕國軍官阿古柏侵入新疆建立分裂割據政權“哲德沙爾汗國”，并得到英俄兩國承認；俄國也趁新疆局勢混亂之際侵占伊犁，公開宣布“伊犁永遠歸俄國管轄”，清王朝面臨着喪失大片領土的危機。當時由於日本侵臺海防問題突出，以及清政府財力匱乏，引發了清廷内部的“塞防”、“海防”之争。力主“海防”的李鴻章認爲“新疆不復，於肢體之元氣無傷；海疆不防，則心腹之患愈棘”[①]；湖南巡撫王文韶等則主張“塞防”，認爲“我師遲一步，則俄人進一步，我師遲一日，則俄人進一日。事機之急，莫此爲甚”。他説：“目前之計，尚宜以全力注重西北。”[②] 早年受龔自珍、魏源影響，素重西北邊疆史地的左宗棠認爲“停兵節餉於海防未必有益，於邊防則大有所礙”，主張“東則海防，西則塞防，二者并重”[③]。左宗棠的主張提出後，深得清政府贊許，於 1875 年任命他爲欽差大臣，督辦新疆軍務。左宗棠受命督辦新疆軍務後坐鎮肅州指揮，克服“兵疲、餉絀、糧乏、運艱”等重重困難，制定了“先北後南”、“緩進急戰”的用兵方針，於 1876 年令湘軍名將劉錦棠率湘軍入疆作戰，歷時兩載轉戰天山南北，終於收復除伊犁以外的新疆地區。新疆全境基本收復後，清政府派崇厚前往俄國進行收復伊犁的談判，昏聵無能的崇厚在俄國的訛詐下簽訂了喪權辱國的《里瓦幾亞條約》。消息傳到國内後舉朝震驚，内外臣工紛紛對其進行譴責，要求另行簽訂條約，最後决定派曾紀澤赴俄修約。在曾紀澤赴俄談判期間左宗棠抬棺木出關西征，以備和談失敗後武力收復伊犁，有力地支持了談判座上的曾紀澤，爲收復新疆以及伊犁地區做出了巨大貢獻。

左宗棠除了武力收復新疆居功至偉外，還極力主張設立新疆行省，爲新疆行省的建立做出了不可磨滅的貢獻。自乾隆平定準噶爾叛亂後，在新疆建立起以伊犁將軍爲核心的軍府制度，并輔以伯克制度和紮薩克制度，但是以當地封建領主爲主體的伯克制度和紮薩克制度的廣泛存在潛藏着分裂的危險，此次新疆地區的大動亂與這種制度的缺失不無關係。左宗棠在出兵新疆時就已經意識到在新疆建立行省的重要性，屢屢上奏朝廷要求設立新疆行省。如 1877 年上奏朝廷《遵旨統籌全局褶》中説：“重新疆者，所以保蒙古，所以衛京師。西北臂

① 李鴻章：《李文忠公全書》卷二十四《奏稿》，南京金陵刊本，1908 年，第 18—19 頁。

② 文慶等編：《籌辦夷務始末》（同治朝）卷九十九，上海古籍出版社 2008 年，第 60 頁。

③ 《左文襄公全集》卷四十六《奏稿》，臺灣文海出版社 1978 年，第 36 頁。

指相聯，形勢完整，若新疆不固，則蒙部不安，匪持陝甘、山西各邊時虞侵軼，防不勝防，即直北關山亦將無晏眠之日。況今之與昔事勢攸殊，俄人拓境日廣，由西而東萬餘里，僅中段有蒙部爲之遮閡。”因此，“爲新疆畫久安長治之策，紓朝廷西顧之憂，則設行省，改郡縣，事有不容已者”①，但并未引起朝廷的重視。1878 年正月左宗棠再次奏請朝廷“敕下軍機大臣，總理各國事務衙門六部九卿及各省督撫臣，將新疆應否改設行省置郡縣從長計議具奏”②，但仍被朝廷拒絶。1878 年十二月，左宗棠第三次上奏《復陳新疆情形摺》詳細論述了新疆建省的必要性和可行性，纔得到朝廷“先實後名，候諸事辦有眉目，然後設官分職，改設郡縣，自可收一勞永逸之效”的答復，算是基本同意設立新疆行省。左宗棠除了積極上奏朝廷力主在新疆建立行省外，還爲建省做了大量的籌備工作。在選賢任能方面，他所舉薦的劉錦棠、魏光燾、譚鍾麟、陶模、張曜等人都是力主新疆建省的中堅人物，其中前三人相繼出任新疆巡撫，如果没有他們，很可能新疆建省就人去政息；同時還成立善後局，爲行省的建立進行了組織上的準備；此外籌措建省經費、注意恢復發展生産穩定邊疆等。在左宗棠的大力推進下新疆行省最終於 1884 年建立，這“是中國邊疆建設史上的劃時代事件，也是新疆邊防鬥争勝利的結果”③，“新疆建省成爲中國邊疆史的里程碑”（費正清：《劍橋中國史》），對於維護西北邊疆地區的穩定和長治久安具有重大意義，而左宗棠在其中的作用顯然是無可替代的。

由於長期戰亂，新疆地區生産力受到極大的破壞，民生凋敝。左宗棠收復新疆後，非常重視對當地的發展建設，提出“以修濬河渠，建築城堡，廣興屯墾，清丈地畝，釐正賦税，分設義塾，更定貨幣，數大端爲最要”的開發方案，從水利建設、農業發展、教育、環境保護等幾個方面對新疆的發展建設做出了巨大的貢獻。在水利建設方面，由於新疆地區氣候乾燥、降雨稀少，故而左宗棠非常重視水利建設，認爲“水利爲屯政要務”④，在他的重視下，新疆地區掀起了興建水利的高潮，據 1880 年其在《辦理新疆善後事宜折》中的奏報“哈密修石河子渠，鎮西廳修大泉東渠，迪化州修永豐、太平二渠，安順一渠，綏來縣修長渠，奇臺縣修各渠，吐魯番所屬渠工之外，更開鑿坎兒井一百八十五處，庫爾勒修復舊渠四十里，庫車濬築阿柯寺兩大渠”。在農業方面，左宗棠注重屯墾，認爲“歷代之邊防，莫不以開屯爲首務”⑤。在發動士兵屯墾的同時也進行民屯，指示官員、農民“若借籽種，假牛力”，或助“以農器，散賑糧，皆不可否”⑥，使得耕地面積迅速增加。據統計，1884—1905 年新疆墾荒地 960 萬畝⑦，這在新疆屯墾史上是空前的。在教育方面，左宗棠“刊發《千字文》、《三字經》、《百家姓》、《四字韻語》及《雜字》各本，以訓蒙童。續發《孝經》、《小學》，課

① 《左文襄公全集》卷四十六《奏稿》，第 37 頁。

② 《左文襄公全集》卷五十二《奏稿》，第 808 頁。

③ 季雲飛：《左宗棠和新疆建省》，《南京社會科學》2003 年第 6 期，第 49 頁。

④ 《左文襄公全集》，《札記》，第 455 頁。

⑤ 《左宗棠全集》，《奏稿》（六），岳麓書社 1996 年，第 288 頁

⑥ 《左宗棠全集》，《書信》（二），岳麓書社 1996 年，第 439 頁。

⑦ 方英楷：《新疆屯墾史》（下册），新疆青少年出版社 1989 年，749 頁。

之誦讀，兼印楷書仿本，令其摹寫。擬諸本讀畢，再頒行《六經》，俾與講求經義”[①]，注重加强新疆少數民族對漢語的學習以及正統倫理觀念的教導，同時也并不歧視少數民族自己的語言文字，推進了新疆教育事業的發展。在生態環境方面，左宗棠非常注重生態環境的改善。行軍沿途栽了很多旱柳，“濃蔭蔽日，崔帷連雲”，“湘軍所植柳樹，除戈壁外，皆連綿不斷，枝拂雲霄，緑蔭行人”。同時他還鼓勵部下在駐營河邊、路旁等地多植花草，嚴禁官吏、士兵以及百姓等毁壞樹木。後人曾賦詩贊譽曰：“大將籌邊尚未還，湖湘弟子滿天山。新載楊柳三千里，引得春風度玉關。”

（2）陳渠珍《艽野塵夢》到“湘西王”的人生軌跡

陳渠珍作爲湖南近代名人，一生有着傳奇的經歷，與湘西和西藏都有着不解情緣。陳渠珍生於湘西邊城鳳凰。在苗、漢兩族雜居的鳳凰地區，數百年來的苗漢衝突和戰争，使這裏形成了粗獷彪悍的民風，這對於陳渠珍的性格有着重要影響。1906 年陳渠珍從湖南武備學堂畢業後加入同盟會，後來由於湖南搜捕革命黨風聲很緊，遂離開湖南，幾經輾轉到四川投奔趙爾豐，并被任命爲六十五標隊官。陳渠珍閑暇之餘對西藏非常關注，“知英人謀藏急，部下有自藏歸者，輒從問藏中山川風俗，參以圖籍，深悉藏情”[②]。1909 年西藏發生叛亂，清廷下令川軍入藏平叛，陳渠珍根據平素的積纍撰寫了《西征計劃》，“於藏事規劃頗詳盡”，他將這份計劃書呈獻給領兵作戰的鍾穎後深受其贊賞。

陳渠珍隨川軍入藏，憑着自己的機智勇敢屢立戰功，逐漸升爲管帶，備受長官器重。在他事業意氣風發之時，感情上也有收穫，與西藏少女西原結下情愫，演繹了一段讓人感動不已的纏綿感情。當時陳渠珍的軍隊駐紮在工布，他前往貢覺營官彭措家中做客時，看到彭措的侄女西原，“年約十五六，貌雖中資，而矯健敏捷”，夾雜在一群西藏少女中爲客人表演馬上拔杆，給他留下了深刻的印象。彭措看到陳渠珍對西原頗爲喜愛，就説如果他喜歡就送給他做妻妾，陳渠珍隨口答應，不料次日彭措竟真的將西原送過來。陳渠珍和西原結合後不久内地爆發辛亥革命，駐藏軍隊中不少人都是哥老會成員，他們得知消息後開始騷動嘩變，陳渠珍見形勢危急，策動手下湘黔籍官兵 115 人，取道羌塘草原，翻越唐古喇山入青海返回内地，但因嚮導帶錯了路而誤入荒漠，以致忍饑挨餓、茹毛飲血，輾轉七個多月，終於到達西安，出發時的百餘人衹剩下七人生還。陪伴陳渠珍走出荒原的西原到西安後，不幸罹患重病去世。陳渠珍晚年將這段傳奇的感情經歷寫成了《艽野塵夢》，既顯現了這位鐵血硬漢的俠骨柔情，也爲後人研究清末民初的西藏實情提供了珍貴的資料。

1913 年初經過西藏歷險、喪偶之痛的陳渠珍返回湘西，當時手握湘西軍政大權的湘西鎮守使正是他在湖南武備學堂求學時，由於痛毆教官被開除的同學田應詔。田應詔見陳渠珍回來後格外高興，讓他做自己的參謀。陳渠珍也由此開始一步步爬上權力的巔峰成爲“湘西王”。

---

① 《左宗棠全集》卷五十六《奏稿》，上海書店 1986 年，第 8806 頁。

② 陳渠珍：《艽野塵夢》，西藏人民出版社 2009 年第 2 版。

在1916年的護國戰争中，湘西乃是袁世凱北洋軍和川黔護國軍南下北上的必經之地，面對複雜時局，陳渠珍建議田應詔“暫守中立，以觀成敗”，兩邊討巧，不僅保全了實力，還向袁世凱要了一千餘支槍和數十萬子彈，極大地壯大了勢力。1920年田應詔被時任湖南督軍譚延闓調離湘西，陳渠珍接任湘西靖國軍第一軍軍長職務，并被委任爲湘西剿總司令，成爲湘西軍權的實際掌握者，開始走上獨霸湘西的道路。從1920年他掌握湘西實權算起，直至1949年，期間除了被蔣介石軟禁了七年之外，統治湘西達二十餘年之久，成爲名副其實的“湘西王”。

陳渠珍剛上任時湘西各縣地主武裝和大小土匪據地稱雄，地方治安極爲混亂，而湘西四周的大小軍閥也展開混戰，素爲戰略要地的湘西隨時都有可能遭戰火塗炭。有鑒於此，陳渠珍提出“保境息民”的口號：首先，整軍經武建立自己的骨幹軍隊；其次，以武力爲後盾招降湘西各路緑林豪傑及游兵散勇，將他們整編爲正規軍隊；再次，對於桀驁難馴的土匪，派兵進剿，很快就肅清土匪和地主團練，統一了湘西，維護了地方安定。陳渠珍在穩定地方局勢的同時，也非常注意社會建設，夯實統治基礎。陳渠珍對閻錫山在山西搞地方自治非常賞識，曾在1921年派秘書長率團赴山西考察，考察團回來後陳渠珍邀請梁漱溟等社會名流草擬地方自治條例，并召開會議通過此條例。陳渠珍也非常重視教育的發展，將其擺在與自治同等重要的位置。他曾説：“我認爲辦鄉自治、設學校是當務之急，希望一心一德，共勷盛舉。”① 1922年陳渠珍在保靖設立十縣聯合中學、女子職業中學、保姆養成所、棉業講習所、茶葉講習所、蠶業講習所、模仿小學等學校，共有學生兩千餘人，高薪延聘名師如李雲杭、侯厚忠等前來講學。湘西地區歷來爲苗族、土家族聚居區，如何妥善處理好民族關係對維護地方穩定意義重大。陳渠珍爲了緩和民族矛盾，一方面設法拉攏少數民族上層人物，給他們委以大小官職，另一方面在税收方面實行豐年多收、欠年少收的靈活政策，以拉攏下層民衆的民心。此外陳渠珍曾在保靖設兵工廠造步槍和手榴彈，保障軍事供給；設立被服廠、皮革廠、木工廠等工廠爲軍隊服務。在陳渠珍的大力推進下，湘西地區治安穩定，生産得到很好的發展，對推進原本落後的湘西地區的近代化有重要貢獻。

（3）新中國時期湖湘子弟與邊疆

十八軍進藏

新疆和平解放後，爲了新疆的長治久安，毛澤東主席命令駐守在新疆的20萬解放軍就地轉業，但當時很多官兵還未成家。時任新疆軍區代司令員的王震將軍説：“没有老婆安不了心，没有兒子紮不下根。”爲了解決新疆駐軍的婚姻問題，派人到湖南招收女兵，并寫信給當時湖南省負責人黄克誠、王首道請求幫忙。1950年湖南省政府在《新湖南報》上連續刊登新疆地區招募女兵的啟事，啟事上説新疆要招一批女兵到新疆進工廠、學俄語、上學校、開拖拉機，條件是16到25歲、高中以上文化程度未婚女性；此外新疆照片團還大量印發了“新疆鳥瞰”，把新疆描繪得如詩似畫，令人神往。在報國參軍熱情的激勵下，長沙及

① 游俊、劉心語：《陳渠珍小傳》，《吉首大學學報》（社會科學報）1989年第3期，第46頁。

周邊城市的很多女青年争先恐後地積極報名參軍。在那個激情燃燒的歲月，一批又一批的女青年爲了理想，義無反顧地奔向新疆參軍。據統計從1950—1952年這三年中，共約有八千餘名女青年前往新疆參軍，爲邊疆建設與穩定做出了重大貢獻，被人稱爲“八千湘女下天山”。

2. 巴蜀文化與邊疆

（1）川軍入藏

西藏自古以來就屬於中國領土，清朝建立後通過實行金瓶掣簽制度、設立駐藏大臣，有效地加强了對西藏地區的管轄，鞏固了達賴、班禪的政教地位。在近代以來中國屢遭外國侵略的背景下，西藏地區也被英俄等國所垂涎。英國在屢次侵藏失敗後，改變方針對西藏上層分子采取拉攏態度，離間中央政府和西藏的關係，唆使西藏脱離中央管轄。在這種複雜的背景下，清朝末年西藏屢屢發生騷亂事件。如1905年駐藏幫辦大臣鳳全在川邊巴塘被亂民打死。清政府爲了加强對西藏地區的統治，在川邊地區進行過改革，然而受到當地利益集團和保守勢力的抵制并發生叛亂。爲了鞏固中央政府的地位和權威，在清政府的指示下，趙爾豐派鍾穎率領川軍一千七百餘人入藏，在出發前夕，清政府諭令“若藏人膽敢持槍頑抗，川軍就不能不示之以國威，相機剿辦”①。川軍入藏途中先後在昌都、工布江達山口等地與藏軍展開激戰，最終進入拉薩穩定了西藏形勢。川軍入藏後，由於内地爆發辛亥革命，局勢遽變，入藏川軍内部也發生混亂，軍隊被袍哥控制，又因“共和”、“返川”等問題相持不下，最終演變爲以劫財爲目的的兵亂，給西藏社會造成惡劣影響。雖然川軍入藏後由於紀律敗壞發生搶劫藏人和槍殺喇嘛事件廣爲人所詬病，但其爲維護國家領土和主權所做出的貢獻是不容忽視的。川軍入藏這件事情本身就是在宣示清政府在西藏的主權，其留下的經驗教訓也爲後世所藉鑒。

（2）劉文輝治康

劉文輝作爲一代梟雄，在民國初年的四川軍閥混戰中迅速崛起，於1929年就任四川省主席兼任川康邊防總指揮。他在政治上意圖“統一四川，控制西南，問鼎中原”，但是很快在新的軍閥混戰中失利，被迫退守西康。自此之後劉文輝主政西康近二十年，爲西康的發展穩定和漢藏民族的團結做出了重大貢獻。劉文輝非常重視人才的培養和教育的發展，爲了培養幹部人才他曾舉辦“保甲訓練班”、“縣政人員培訓班”、“財政人員培訓班”、“統計人員訓練班”、“義務師資訓練班”等持續時間長短不等的培訓班②；在普通教育方面，劉文輝指出“康人信仰宗教既深，要教他們接受漢族文化，是非常困難的，教他們送兒童讀書，他們竟認定讀書是當差。實施成人教育，更是困難萬分”。雖然困難很大，但他仍然堅持要通過教育實現西康社會的進步。他將“向學”列爲經營西康的“八大政”之一，制定教育規劃、加大經費投入、廣泛設立學校、改善教育設施。據統計，至西康建省初期，共有各類學校

① 軍機處電寄四川總督趙爾巽，中國第一歷史檔案館·宣統元年電寄檔，1909年六月十四日。

② 馮有志編：《西康史拾遺（上）》，甘孜藏族自治州委員會文史資料委員會1987年編印，第99—100頁。

1258所（中學11所、師範5所、職業學校4所、小學1238所），教職員人數達1923人，學生總人數達73014人。其中康屬有各類學校128所，教職員265人，學生6917人；雅屬有各類學校461所，教職員835人，學生29200人；寧屬有各類學校669所，教職工823人，學生36897人[①]，極大地促進了教育事業的發展。在經濟建設方面，劉文輝確定了西康建設的"六項任務"，即"加强民族聯繫"、"發展邊疆教育"、"厲行經濟建設"、"組訓民衆"、"改善人民生活"、"徹底澄清吏制"等。其中將"經濟建設"作爲施政的中心，并提出具體的發展方針和實施辦法，開展農業社、豐富并改良農作物品種、改進畜牧業發展，極大地促進了當地的經濟發展。在政治方面，劉文輝曾説："威服政策，縱然得到一時成功，轉瞬就會一敗塗地，功虧一簣。爲了根絶迴圈報復心理與行爲，爲了樹立邊務千年大計，所以我纔確定以德化政策來代替威服政策。"[②] 在此思想指導下，劉文輝提出以"德化"代替"威服"、以"同化"代替"分化"、以"進化"代替"羈縻"的方針，充分尊重藏族群衆的宗教信仰，利用藏傳佛教維護統治。劉文輝對西康地區的治理對於維護邊疆的穩定做出了重要貢獻。

### (二) 謀劃輿地

1. 湖湘文化中對邊疆史地的研究

邊疆史地研究素來是我國史學研究中的重要組成部分，但由於"自來治地理者，皆詳中國而略外夷"，將邊疆地區視爲蠻荒之地，對其重視程度不夠，專門研究邊疆史地的學者和著作很少。但是自鴉片戰争以來清政府屢遭列强入侵，東南沿海門户洞開，西北、西南邊疆，英俄法等國虎視眈眈，嚴重的邊疆危機促使部分有識之士將目光投向了偏遠的邊疆地區，邊疆史地研究受到空前的重視。在這種學術視野轉换中，部分川湘籍學者飽含着愛國情懷投身到邊疆史地研究中。

深受湖湘文化中經世思想影響的魏源在邊疆史地研究方面做出了重要貢獻，曾著有《聖武記》、《海國圖志》、《元史新編》等書。1840年鴉片戰争爆發，清政府屢戰屢敗，面臨着嚴重的危機。見此形勢，無比憤慨的魏源"溯洄於民力物力之盛衰、人才風俗進退之始末"，撰成《聖武記》十四卷、四十餘萬言，并且趕在《南京條約》簽訂之時寫成。全書采用紀事本末體，歷敘清初列祖列宗開國創業之艱難、康乾盛世的文治武功等，對清朝歷代的神聖武功和輝煌戰績極盡稱頌，希望通過對既往輝煌事迹之回顧激發當時上至統治者下至普通百姓的愛國熱情，發憤圖强抵制外侮。魏源與林則徐相知甚深，林則徐被貶後，將自己搜集彙編的《四洲志》交付給魏源，囑托其在此基礎上繼續完成此書。1843年此書編成後魏源又屢次擴充，1852年最終擴充爲100卷，使《四洲志》成爲不僅在中國，甚至在東亞地區都頗

---

① 以上這些數字根據四川省檔案館藏、西康省政府編：《西康全省各級學校所數、教職員數、學生數及廿七年廿八年教育情形比較一覽表》中有關數字整理得出。

② 劉文輝：《建設新西康十講》，趙心愚、秦和平、王川：《康區藏族社會珍稀資料輯要（下）》，巴蜀書社2006年，第602頁。

具影響力的世界史地知識綜合全書。關於這本書的宗旨，他在文中開明宗義道："是書何以作，曰：爲以夷攻夷，爲師夷長技以制夷而作。"此書對於時人瞭解當時世界大勢、開闊眼界有着重要作用。魏源晚年對元史進行了研究，并且將元史的研究與西北邊疆地理沿革的考辨結合起來，曾著有《元代西北疆域沿革考》、《元代征西域考》兩篇以及《元代北方疆域考》兩篇，經過他的努力，"俾窮荒絶域，數百年如墮雲霧者豁然得睹，其方位雖間有疏略，而其高瞻遠矚，闢榛莽而啟津途，足以補《禹貢》之缺，步章亥所未窮已"①。對於俄國垂涎我國西北的野心魏源表示了高度的重視，非常注重對俄羅斯的研究，翻閱其著《海國圖志》中載有《北洋俄羅斯志》；先後兩次修訂《聖武記》都將重點放在新疆與俄羅斯的關係上，卷六《國朝俄羅斯盟聘記》系統地梳理了康乾以來的中俄交涉；此外他還輯有《俄羅斯總記》、《西域見聞録》等書。

龔自珍與魏源同樣作爲湖湘文化經世派中的代表人物，對邊疆史地的研究也非常重視。當部分清廷官員認爲新疆無足輕重時，他説，"臣聞前史安邊之略，不過羈縻之、控制之。雖有長駕遠馭之君，乘兵力之盛，鑿空開邊。一旦不能有，則議者紛紛請棄地，或退保九邊已耳，非真能有畺其土予其人也。國朝邊情邊勢與前史異，拓地二萬里而不得以爲鑿空，臺堡相望而無九邊之名，畺其土予其民，以遂將千萬年而無可議棄之地。所由中外一家，與前史迥異也"②。龔自珍在邊疆史地方面著述頗多，曾著有《東南罷番舶議》（已不幸散佚）、《擬進上蒙古圖志表文》、《上鎮守使吐魯番領隊大臣寶公書》、《上國史館總裁提調總纂書》、《北路安插議》、《諭試安邊綏遠疏》等，提出了豐富的治邊思想。如龔自珍在《諭試安邊綏遠疏》中提出要因地制宜地實行邊疆政策，注意尊重少數民族的風俗習慣和宗教信仰，以争取民心；注重在邊疆地區發展生産，通過開發邊疆實現邊疆的長久鞏固；在《上國史館總裁提調總纂書》中對西北邊疆的有關問題進行考察分析，釐清中國西北邊疆的部分界限以防範沙俄侵犯。

此外出生於湖湘的清末傑出地圖學家、地理學家鄒代鈞，革命家宋教仁、謝彬也都廣泛涉及邊疆史地研究。鄒代鈞曾著有《中俄界記》、《中國海岸記》、《西域沿革考》等，其中以《中俄界記》一書最爲著名。書中詳細記載了中俄邊界的山脈走向、河流分布，并實録沙俄何年用何種手段侵占我國多少領土，此外還分析了我國領土喪失的原因，强調要加强邊疆的防守，這對於我們加强對邊疆地理的瞭解，認清沙俄對我國領土的侵略，喚起民衆的愛國熱情有着重要意義。著名革命家、政治家宋教仁在爲政治奔波之餘也曾潛心於邊疆史地研究，其對邊疆問題的研究包括"間島問題"、片馬問題、中俄修約問題、中葡澳門劃界問題，他對這些邊疆問題的研究基本都是針對當時外國列强與我國的邊疆糾紛而作，對我們在對外交涉中據理批判外國列强的侵略陰謀、幫助外界瞭解真相有重要意義，維護了國家主權。謝彬作爲革命志士參加過辛亥革命、討袁鬥争和北伐戰争，爲追求民族共和不懈奮鬥。在學術方

① 鄒代過：《〈元史新編〉跋語》，魏氏慎微堂 1905 年，第 1 頁。
② 龔自珍：《諭試安邊綏遠疏》，《龔自珍全集》，上海人民出版社 1975 年，第 112 頁。

面他興趣廣泛、筆耕不綴，撰寫了很多有關邊疆史地的著作如《新疆游記》、《雲南游記》、《瓊崖游記》、《中緬界圖》、《中國喪地史》、《西藏問題》、《西藏問題之研究》、《西藏交涉略史》《蒙古問題》等等，對近代西藏問題、新疆問題、蒙古問題、西南邊疆問題進行過廣泛的探索，通過對邊疆地區的記載，加强了國人對邊疆的認識，揭露了列强對邊疆的侵略，激發了人們的愛國熱情。

2. 巴蜀文化中對邊疆史地的研究

巴蜀地區由於毗連西藏的特殊地理位置，使得在邊疆史地研究的熱潮中川籍學者多關注西藏地區。

五四新文化運動時期的風雲人物王光祈，除了組織"少年中國學會"名噪一時外，還非常關注邊疆問題，曾翻譯英國人柏爾（C. Bell）所著《西藏外交檔》，全書"所譯文件十三篇，係自唐代宗廣德元年吐蕃人入寇長安一役起，至民國三年中英藏會議解決西藏問題止，不但對於研究中國近代外交、留心解決西藏懸案之人，甚有價值；即對於專治古史者，亦當不乏興趣"[①]。

任乃强是我國現代藏學的開拓者，在康藏研究方面有着精深的造詣。任乃强先生從事康藏研究之前，"内地人士，有受調入康而規避不行者，有勉强成行而歟便乞歸者，有初志頗鋭，抵康而綏，惘然頹廢，無以自振者"[②]，皆不能實心從事西康研究。任乃强著述頗豐，曾撰有《西康圖經》、《瀘定考察記》、《康藏史地大綱》、《西康地圖譜》等著作，使國内外第一次較全面客觀地認識我國康藏地區，推動了對康藏地區的研究。任乃强將對西康的研究與西康建設密切地結合起來，爲推動西康建省和當地經濟社會各方面發展做出了重要貢獻。1928年，任乃强受川康邊指揮部邊務處處長胡子昂的邀請前往西康考察，在此次考察中任乃强"計前後繕呈報告書10本，地圖14幅，計劃書4册，雜記5萬言，圖表及興革意見不及單獨呈報者，概附各縣報告中"[③]，此後據此撰成數十萬字的《西康劄記》，極大地加强了外人對西康的瞭解。1943年任乃强受聘華西大學任教授，爲了促進康藏研究，他發起成立"康藏研究社"，出版《康藏研究月刊》，促進了對西康的研究。任乃强在描繪康藏地圖上面貢獻極大，其中《西康圖經》被譽爲是"邊地最良之新志"，"開康藏研究之先河"[④]；他"用現代圓錐投影法、經緯度定位、漢藏英三種文字對照，繪製成了我國第一張百萬分之一《康藏標準地圖》和十萬分之一《西康分縣地圖》，填補了我國地學上的一項重大空白"[⑤]，是後來解放軍入藏和平解放西藏的重要參考。

民國時期，成都人陳觀潯於1925年前後完成所著《西藏志》。1925年，四川軍務督理楊森在成都設立四川通志局，正式編修《四川通志》，通志局總裁宋育仁延聘陳觀潯襄與編

① ［英］柏爾（C. Bell）编，王光祈譯：《西藏外交文件》，中華書局1930年，第1頁。
② 任乃强：《論邊腹變遷與西康前途》，《任乃强藏學文集文論輯要》（下册），中國藏學出版社2009年，第576頁。
③ 任乃强：《康區視察總報告書》，《任乃强藏學文集西康視察報告》，中國藏學出版社2009年，第120頁。
④ 任乃强：《任乃强小傳》，《任乃强藏學文集》上册，中國藏學出版社2009年，第2頁。
⑤ 任乃强：《川大史學·任乃强卷》前言，四川大學出版社2006年，第5頁。

修事。此時，陳觀潯所編修的《西藏志》恰完成初稿，不久，陳觀潯即因病逝世。陳觀潯逝世後，《西藏志》輾轉存放，已成殘稿。陳氏後人保存的抄本不分卷，依次劃爲31個部分，包括的要目有：《總論》、《衛藏疆域考》（附表）、《衛藏山川考》、《西藏名山考》、《支山名義考》（附表）、《西藏大川考》、《支水名義考》（附表）、《西藏湖池考》、《西藏海子考》、《西藏津梁考》（附表）、《西藏城廓考》、《西藏都邑考》、《西康定郡考》（附表）、《西藏寺廟考》（附表）、《西藏寺院内部及禮拜考》、《西藏道路交通考》（附表）、《西藏關隘考》、《亞東關通商》、《西藏塘鋪考》（附表）、《西藏種族及其沿革》（附表）、《西藏官制》、《西藏兵制》、《西藏人禦敵之方法》、《漢兵行軍康藏應有之準備》、《西藏禮俗》、《西藏貨幣》、《西藏貿易》、《西藏度、量、衡》、《西藏礦産》、《西藏土官考》（附表）等。陳觀潯稿本雖然幸存下來，卻一直没有出版機會。1985年，巴蜀書社委托四川省地方志協會理事、舊志整理委員會委員、四川省圖書館古籍部地方文獻專家何金文先生將本書整理、點校出版，終於使這部幸存半個多世紀的稿本得以問世。

陳觀潯的《西藏志》，是一部非常有價值的西藏地方文獻大全。這部方志幾乎搜羅了此前各種有關西藏的記述，包括正史、野史、紀事、紀游，以及其他叢書、方志、總志中涉及的西藏文獻資料，然後按照預定的編撰綱目，幾乎包羅了有關西藏歷史、地理、民族、宗教、文化、習俗、城市、交通、商貿、貨幣、物産、政治、軍事等許多重大專題，在西藏區域志中占有獨特的地位①。

### （三）建設邊疆——二地均爲先鋒

新中國成立後在社會主義建設的浪潮中我國的發展進入新階段，對邊疆地區的建設也更加重視。特别是在1964年中蘇決裂、中國面臨美蘇兩個超級大國威脅的背景下，中央高層做出了進行“三綫建設”的戰略决策，東部沿海大城市的很多重工業紛紛内遷，當時川湘兩地作爲“三綫”地區接收了大批工業，促進了邊疆地區的建設和發展。

以四川地區爲例，在交通建設方面，四川地區群山環繞交通閉塞，在解放前衹有川陜、川黔公路以及長江三條出川通道；解放後興修了成渝和寶成鐵路，三綫建設時期又新修了成昆、川黔鐵路，極大地改善了四川的交通，對促進邊遠少數民族地區經濟的發展有着十分重要的意義。在城市發展方面三綫建設拉動了部分新興城市的興起，如西南鋼鐵基地攀枝花，原本是位於川滇交界處的不毛荒地，但由於鋼鐵基地的建設，使其發展成爲嶄新的重工業城市；僻處涼山深處的西昌本是荒涼的少數民族地區，但由於航天基地的建設逐漸成爲聞名中外的航天中心。

湖南地區雖然地處中部，但根據國家劃分湘西地區崇山峻嶺環繞的地形亦被列爲三綫區域。三綫建設展開後，在湘西地區開展了轟轟烈烈的工業建設。在電站建設方面由於湘西水資源豐富，水能蕴藏量占全省的72.4%，新建了烏宿水電站、洪江水電站、鳳灘水電站等

---

① 張莉紅：《西藏地方文獻考略》，《中華文化論壇》2005年第3期。

重點專案；在交通建設方面興修了湘黔、枝柳鐵路等，公路方面更是基本形成貫穿全省的交通網；工業建設方面成立了300廠、310廠、湘峰機械廠、湘西儀錶廠等企業，擴大湘潭鋼鐵廠、漣源鋼鐵廠、漣邵煤礦、資興煤礦等企業的生産規模；在城市建設方面新建了懷化、張家界、吉首、邵陽等幾個城市，以上種種成就極大地促進了湘西地區的發展。

## 三　結　語

巴蜀文化與湖湘文化皆爲中華文化的有機組成部分，同時，還是中華文化的邊緣，與真正的中原文化不盡相同。兩種文化由於遠離中原，均有“邊緣性”。四川有“川邊”，湘西有“邊城”，兩地文化均有邊疆情懷；兩地兒女草根性强，卻均爲祖國統一與多民族國家的締造，發揮了不容忽視的作用。

作者單位：西南民族大學文學院

# 蜀中特色西派丹道

馮廣宏

## 道教養生術的傳承

道教養生術特稱“丹道”，亦稱“丹功”、“丹法”、“内丹學”，其之所以標榜“丹”字，是因爲來源於古代的煉丹術，與現代氣功有别。追求長生的古方士，服食礦物煉出的金丹，往往爲藥所誤，故摒棄外丹，習煉因體能改變而生發的内丹。由於習練時腹部會發熱，便稱下腹爲“爐”，上腹爲“鼎”，將呼吸運動視爲橐籥（風箱）操作，設想自身的精氣神作爲藥物兼燃料，於是内丹的習練就相當於外丹的烹煉了。因爐鼎運作離不開水和火，正好五行説中腎屬水而心屬火，但腎水是在爐區，而心火卻在鼎區，與常規相反，於是提出“順生人，逆成仙”的“五行顛倒”理論，讓腎水化氣上升，心火化液下降，使心腎之精氣相交而結丹，内丹學説從而趨於圓滿。這種理論特點一是形象化，便於記憶和傳授；二是外界弄不懂，機密性甚佳；三是可以添加新論，使内丹學持續發展，如練功者閉目見光可喻爲日月，體内腸鳴聲可喻爲龍吟虎嘯，如此等等。

自道教建立後，至唐代有上清派陶弘景（456—536）傳内丹學於王遠知（509－635），王又傳潘師正（586－684），潘再傳司馬承禎（647－735）。司馬承禎著有《坐忘論》、《天隱子》、《服氣精義論》、《修真秘旨》等，結合老莊思想，吸取佛教止觀禪定方法。中唐内丹家張果（？－735）是民間“八仙”之一，著有《氣訣》、《休糧服氣法》、《神仙得道靈藥經》、《太上九要心印妙經》等。當時蜀籍道士有注《真龍虎九仙經》的羅公遠（618－758），是彭州九隴人，曾在灕沅治築室修煉，常往來青城、羅川之間，與張果、葉法善齊名。劉知古是臨邛（今邛崍）人，撰《日月玄樞論》，極言《周易參同契》所述爲内丹理論。晚唐内丹家崔希範，撰有韻文《入藥鏡》，共82句、246字，論述内丹要領，十分精煉。唐末五代道士陳樸，入蜀隱居青城大面山，受道於鍾離權，至北宋元豐年間尚存，著有《陳先生内丹訣》。

系統丹道奠基人鍾離權，自稱“天下都散漢”，是民間“八仙”之一。其傳世草書飄然有淩雲之氣，丹道著作主要是《靈寶畢法》，在五代時傳授給吕洞賓，成爲鍾吕派内丹典型功法，北宋施肩吾《鍾吕傳道集》詳述其事。

北宋與遼金南北分治，鍾吕丹道流派亦分南北兩支。南宗開山祖師張伯端（984—1082）師從海蟾真人劉操，劉操在五代時仕燕主劉宗光爲相，後遇鍾離權點化，挂冠修道，傳爲吕洞賓弟子。張伯端因著《悟真篇》，創用詩詞敍述鍾吕丹道内容，故又稱悟真派；張伯端號“紫陽”，因此亦稱“紫陽派”。其傳承系統爲“張伯端—石泰（1022—1158）—薛道光（1078—1191）—陳楠（？—1213）—白玉蟾（1134—1229）”，稱爲南五祖。

北宗開山祖師王喆（1112—1170），號重陽子，人稱王重陽。金正隆四年（1159）棄家外游，在甘河鎮遇異人授以修煉真訣，亦稱劉操弟子；大定七年（1167）前往山東傳道，先後收馬鈺（號丹陽）（1123—1183）、譚處端（號長真）（1123—1185）、劉處玄（號長生）（1147—1203）、丘處機（號長春）（1148—1227）、王處一（號玉陽）（1142—1217）、郝大通（號廣寧）（1149—1212）、孫不二（號清静）（1119—1182）爲徒，建立三教七寶會、金蓮會、三光會、玉華會。因其庵名爲“全真堂”，故稱全真派。所傳弟子稱“北七真”，分别開創遇仙派、南無派、隨山派、龍門派、崳山派、華山派、清静派；而以丘處機所創全真龍門派最爲興盛。

南北兩宗都高倡“三教歸一，性命雙修”，但層次略有不同。南宗以先修命、後修性爲基本特徵，以禪宗“明心見性”爲最高境界，與内煉相適應，反對形式上的出家離俗，故無意建立教團，直至白玉蟾時纔有自己的教團組織。北宗承鍾吕真傳，主張性命雙修，而以先修性、後修命爲基本特徵，提倡住庵苦行，乞食忍辱，因而宗師世壽都比南宗要短。

後來南宗内“雙修”含義有了微妙的變化，由性命雙修發展爲陰陽雙修，即男女雙修。丹道於是分爲兩派，南五祖弘揚的是《悟真篇》中的清修思想，故稱“南宗清修派”。張伯端第二傳人劉永年，發揮的是《悟真篇》中的陰陽思想，故稱“南宗陰陽派”。劉永年傳翁葆光，翁葆光傳若一子，再傳陸墅、戴起宗、陳致虚。南宋的翁葆光爲陰陽雙修理論奠基，主張取同類“坎中真陽”，以接補己身“離中之陰”；男不寬衣，女不解帶，相對而坐，以性情相交，氣化感應，從而雙修雙補。北宗全真教則純屬清修，不涉兩性。

丹道依地域方位分派自南北宗起始，從而有南派、北派；此後又有元代李道純所創中派、明代陸潛虚所創東派、清代李涵虚所創西派。西派可稱“蜀派”，是蜀地發展起來的特色丹道，本文重點加以討論。

李道純是宋末元初全真道士，號清庵、瑩蟾子，都梁（今湖南武岡）人，得白玉蟾弟子王金蟾的傳授，其學以南宗爲主，兼取北宗，著有《中和集》，兼收宋代理學、禪宗心性學，以中和觀念融南北丹法爲一體，故稱中派宗師。

東派宗師陸西星（1520—1606 或 1601），字長庚，號潛虚子、方壺外史，爲江蘇興化人，地域在東。自言修煉期間，仙師吕洞賓親臨密傳丹法。《金丹就正篇·自序》説：“嘉靖丁未（1547）偶以因緣遭際，得遇法祖吕公於北海之草堂，彌留款洽”，嗣後常至其家，“以上乘之道勉進潛虚，并授以結胎之歌，入室之旨”。他潛心研究二十年，開創有天元、人元之别的獨特丹功，主張陰陽雙修。

有人認爲“東派”的稱謂是開創西派的樂山人李涵虚（1806—1856）提出的，藉助東以襯托西。清道光咸豐年間李涵虚編纂《吕祖年譜·海山奇遇·仙跡》，在卷六中《示冷生》云：吕洞賓“有三大弟子，爲群真冠：海蟾開南派，重陽開北派，陸潛虚匯東派，吾願入西方化一隱淪，親拜吕翁之門，身爲西祖”。他與陸西星一樣，也自稱得到吕洞賓親傳，處處以陸爲範。如陸名“西星”，李入道後改名“西月”，暗示星月交輝；陸號“潛虚”，李改字“涵虚”，潛、涵皆有隱遁之意；陸字“長庚”，李則號爲“長乙”，五行中庚爲西金、乙爲東木，遥相呼應；陸道號“方壺外史”，李自稱“圓嶠外史”，方壺、圓嶠同爲古代仙山之名，而方與圓又是相對之詞。

丹道各派的入手方式各有差别：南派張紫陽，從意守内丹田（臍内前七後三）入手；北派王重陽，從意守上丹田（即眉心）入手；東派陸潛虚，從意守後丹田（夾脊）入手；西派李涵虚，從意守中丹田（膻中到神闕之間）入手。

## 二　西派關鍵功法内容

創立蜀中西派的李涵虚，初名元植，字平泉（一作權）；入道後改名西月，字涵虚，又號團陽。壯年時因在峨眉山療病得遇孫教鸞（1504—1612）的弟子鄭樸山，而孫又曾師從秦野鶴、王雲谷、石谷子等大師。李涵虚即師從鄭樸山，開創西派。鄭爲康熙年間人，遇李時已有百餘歲。西派傳代字輩九字爲“西道通，大江東，海天空”；後人照此九字循環命名。據西派有關文獻，李涵虚弟子頗多，知名者有陝西吴天秩（百川），江西周道昌，福建李道山、李道育，四川銀道源、朱道生等。吴天秩傳汪東亭（1839—1917，體真山人）、柯懷經（葆真）、柯載書、李雲嵐、周俊夫等；汪東亭傳徐頌堯（海印子）、汪臻卿、魏堯（則之）、蔡潛谷數人；徐傳李仲强（建築師）、陳宗濤、徐竹茂、施菊英、李廷光、胡澄陽等；李傳吴君確（？—1954，廣西大學分校長）；吴傳馬炳文（？—2002，臺灣一派）、馬壽華。此外，蜀人銀道源又傳張義尚（1910—2000）；柯葆真又傳柯兆平、孫吉甫；魏堯又傳陳孟；蔡潛谷又傳陳毓照（天樂）、朱彩娟（天真）等；滬上劉振民亦爲“天”字輩傳人。

李涵虚著作有《九層煉心文》、《後天串述》，最早刊行於世；更有《道竅談》《三車秘旨》等書，俱爲名著。《道竅談》是西派丹道的代表作，分40章詳論西派丹法。章名有“開關問答、後天集解、築基煉己、養己煉己、後天次序、内外二藥、藥物相類、三品互養、煉功五關、産藥層次、藥物層次、丹砂二種、神氣性命、先天直指、神氣精論、精氣神再論、性命順逆、玄關一竅、玄關再説、兩孔穴法、玄牝根基、中字直指、藥物直陳、鉛汞的辯、鼎器直説、乾坤離坎、采煉妙用、河車細旨、真心論、心神直説、神息妙用、神意再論、氣息妙用、神意妙用”等，這些内容基本囊括了内丹修煉中的各種技術問題。

西派丹道要求習練者自然入静，方法是凝神調息。《道竅談》説：“中年學道者，祇要凝神有法，調息有度，陰蹺氣萌，攝入鼎内，勿忘勿助。後天氣生，再調再烹，真機自動。乘其動而引，不必著力開，而關自開；不必著力展，而竅自展。真氣一升於泥丸，於是而河車之路可通；要皆自然而然。乘乍動而静之際，微微起火，逼過尾閭，逆流天谷，自然煉精化氣，灌注三宫。以後復得外來妙藥，擒制吾身之真氣陰蹺，令其交凝，使不散亂。然後，相親相戀，如龍養珠，如雞抱卵，暖氣不絶，同落於黄庭之間，結爲朱橘，乃曰内丹。則初候之功成，延年之妙得，全形之道備矣。”這段話非常簡要，基本上囊括了丹道的精華。所謂“陰蹺”，就是會陰部位；“鼎”、“黄庭”指上腹腔；“泥丸”、“天谷”即頂門；“河車之路”指沿脊柱上升的督脈；“尾閭”即尾椎骨。調整呼吸與集中心神相結合，謂之“心息相依”。《道竅談》又説：“欲静其神，必須調息有度”，“息既調矣，又須凝神。凝神者，寂然不動，内照形軀也”，“調息則神歸，神歸則覺照，覺照則氣生，氣生則静攝於内”。這種功法，李涵虚稱爲“養己”或“煉己”，并引陳致虚之説：“養己者，寶精裕氣，即築基也。煉己者，對境忘情，即了性也。”

由於李涵虚傳承的丹道中有陰陽雙修的内容，并非單純清修，所以《道竅談》曾提到孫教鸞真人云：“修身之人，必先用鼎器以開關竅。”所謂“鼎器”，是指異性，而書中含糊地説：“鼎器者，靈父靈母也。”前輩學者陳攖寧注意到李涵虚畫龍點睛地采用“彼家”二字，如《道竅談》説養己煉己也有内外之分：“内煉己者，將彼家之鉛，煉我家之汞也，使其相克相生也。内養己者亦用彼家之鉛，養我家之汞，使其相資相守也。”丹家常以“鉛”喻腎水或精氣，“汞”喻心火或神識，但書中的話很曖昧。陳攖寧在《道竅談·讀者須知》前言裏提問：“究竟‘彼家’二字是如何解釋？頗有研究之餘地。如謂‘彼家’是指腎中之氣而言，則單煉心中之神者非矣。如謂‘彼家’是指身外之太虚而言，則執著肉體，在腔子裏摸索者非矣；如謂‘彼家’是指同類異性者而言，則一己孤修，專事静坐者非矣。”其實《道竅談》第十七章《神氣精論》已經講清：“元精在我家，真精在彼家。其在我家者，絳宫渾然之氣，積久而生靈液者是也。其在彼家者，華池壯盛之氣，《悟真》所稱首經者是也。”所謂“首經”，就是從童身達到性成熟，利用“彼家”來調動自身的性激素。第十八章補充説：“上德之體，精、氣、神皆稱爲‘元’，蓋得於天者甚厚，不必求之彼家也，故曰‘天元’。下德之事，精、氣、神皆名曰真，蓋取於人者甚多，不能求之我家也，故曰‘人元’。然此人元下手，亦有采元之妙諦，求元之秘機。是故以人還天者，采元精而補元氣，煉元氣而養元神，煉元神以成真神，則後天之事畢矣。”明確説獨自清修，那是“天元之術”；而陰陽雙修，則是“人元之術”，其中有些秘傳方法，但絶非世俗相傳的采陰補陽邪術。

西派丹道這種天元人元雙軌制比較獨特，但主流仍然是清修。李涵虚《後天串述》所舉的功法步驟是“收心、尋氣、凝神、展竅、開關、築基、得藥、結丹、煉己。此九層功夫，乃爲入道之門”。具體的收心法下手功夫是：“先静心，次緘口，次調息（心静則氣平，不調之調爲上）。鼻息平和，然後閉目内觀，神注腎根之下陰蹺一脈（穀道前，陰囊後），如此片時，將心息提上虚無竅内（臍後腰前，心下腎上，中間一帶，不可拘執），停神安息，以自然爲主。”“内息匀稱，勿忘勿助。是時也，心如虚空，有息相依則不虚，有息相隨則不空。

不虛不空之間，静而又静，清而又清。氣息綿綿，心神默默。至此要一切放下，人我皆忘。此之謂鑽杳冥。杳冥中有氣，一神獨覺，此乃真息也。真息發現，薰心酥癢，還要按入腔子裏虛無竅内，積之纍之，則命蒂生而陽氣自長，乃可以開關運氣矣。”這裏所説的“虛無竅”，是在體腔内部。

李涵虛有一篇著名的《九層煉心道言》，又稱《人元大道九層煉心文》，把收心凝神分爲九個層次：初層煉心是煉未純之心；以下二層煉入定之心；三層煉來複之心；四層煉退藏之心；五層煉築基之心；六層煉了性之心；七層煉已明之性；八層煉已伏之心使之通神；九層煉已靈之心使之歸空。這裏基本上不涉及雙修問題。

不過，西派再傳至近世汪東亭、徐海印兩代，入手功法就産生了一些變化。徐著《天樂集》言及：“蒙師一再傳授，知西派相承要旨，乃在‘大定真空’。”并引汪東亭之説：“本派總訣，就是‘心息相依，大定真空’八個字，中間演化的層次過程，不過‘守、動、定’三個字。再簡之，不過神氣同定、一定到底而已。此‘定’字訣，包含采封固閉、温養沐浴、結胎脱體、神化還虛，莫不一氣呵成。”其所闡述功法的特點就是意守身外虛空，將思想集中在鼻孔外面方圓一寸的範圍，而不像一般丹功意守體内的丹田：“丹法最初下手，即須離開色身，在外面心息相依，浸至大定，定亦在外面。”“每日下功，心息相依，總在身外，不可有絲毫意見覺著色身。”“相依必要在外面，入定必要在外面。在外面者，即在鼻孔外方寸地也。”汪東亭把意守自己身體内部各種位置的做法，都視爲錯誤：“金丹大道，自始至終，若有一毫著在後天色身，即是‘差毫髮，不成丹’也。”

回顧李涵虛所傳下手功夫，是先内視“腎根之下陰蹺一脈”即會陰部位，然後提升到“臍後腰前、心下腎上中間一帶”的中丹田，仍然是意守色身内部，與汪、徐的功法差别很大，因此汪、徐被人稱爲“西派之教外别傳”。還有人懷疑汪東亭師從的吴天秩并非李涵虛弟子。《天樂集》説吴天秩是在西安東嶽廟遇見李涵虛，但據考證李氏一生并没有離開過四川，其傳授關係十分可疑。汪東亭拜吴天秩爲師是在光緒七年（1881）於廬山，後來到武漢遇到柯懷經、李雲嵐、周俊夫、柯載書等道友，組成談道會；隨後又往上海傳道，汪、徐所稱“李涵虛祖親臨滬上授示修道秘要”，實際上那時李涵虛已經仙逝近三十年了。

關於汪、徐一系的西派丹道功法，以陳毓照《西派丹訣實煉功法淺談》一文寫得最清楚，現摘引如下：

> 功法要求不多，祇要集中思想，注意一點，能一切抛下不管，無絲毫妄念即可；也就是處於高度清静狀態，可比碧澄之水，紋絲不動，能做到用志不分，自然便凝結爲神了。説起來又談何容易，不經一番苦煉，一番活埋，又如何能做到？一般人總是雜念一個接一個地轉，一次呼吸，便有一個雜念；心猿意馬，頃刻千里，難以控制。本功就用這個‘定’的特殊方法，心息相依於虛無竅中，使神氣結合，來排除雜念，以迎接正念。要知道雜念如落葉，心息相依是把鐵掃帚，轉落轉掃，總有掃得乾乾淨淨之日，這樣便進入定境了。一入定境，便可忘卻一切，無始無終。定愈久，則識神愈伏，元神愈顯。一切變化，都在此定字中發顯。

定，就是停止一切活動，外形像木頭人一樣，内心像止水一樣，看起來像熟睡爛醉一樣，已完全失去知覺似的，實際上他的内心卻非常清醒，外界一言一行，一舉一動，蟬鳴蛙叫，風吹草動，莫不一清二楚。話似乎已經説不出來了，呼吸也好像停止了，而精神仍然十分飽滿，保持着一種似睡非睡、似醒非醒的功能態。能經常保持這種醒寂狀態，就是功夫。

本功坐、站、靠、卧均可煉，可根據各人身體素質而定。年青力壯者，可以站煉；體虚有病者，可以斜靠椅背或卧煉。總之姿式不拘，以自感舒適爲度，但當以坐功爲主。最佳坐姿是雙盤，次單盤，再次爲自然盤坐。坐前要寬衣解帶，全身放鬆。坐好後，注意做到含胸拔背，虚靈頂勁，下頜内收，兩手掌上下交叠，放於小腹前。上下齒輕扣，眼露一綫之光，舌尖略上抬，針對虚空竅處（即鼻孔外虚空寸徑之地）。

在聽息成熟、没有雜念之時，就把意念專一守住虚空，不可著有無形相之念，以至誠相待，一任氣機在寂静中自然變化。守竅有素以後，入睡也不要緊，入睡屬於'相似定'，也可説是定的前奏。能達到'醒寂定'，效果更佳。寂而感召陽氣，感召陽氣而寂，主人公已定在虚空，色身變成一所空房子，真陽之氣集聚就更多。元神既在外得到元氣涵養，色身又得到真陽的熏蒸，心身内外同時受益，故謂'雙修'。此種内外兩空的先天無極態，元陽真氣便續續不斷地進來，得一分氣，精神就得一分明，色身就强健一分，换句話説，陰氣、濁氣、病氣就退去一分。

由此可見，汪、徐一系的西派丹道，特色相當顯著，成就也很不凡。汪東亭在1920年左右收上海蔡潛谷爲弟子，而蔡潛谷在1973年左右收陳毓照爲弟子，那時蔡已年近八十，雖經過不少驚濤駭浪，仍然非常健康。陳毓照在“文革”中被打成“反革命”判刑五年，在獄中由病致殘，下身癱瘓，1979年底獲保外就醫，1980年平反後，補償了他在押期間小學校長的工資，隨即辦理退休手續，一心煉功，僅半年多時間就恢復了健康，居然健步如飛。

## 三 蜀中丹道具有特質

中國内丹學的萌生，不晚於春秋戰國。現存於天津歷史博物館的戰國“行氣玉佩”，是一個實物證據，上面刻有不算重文的36字銘文，即爲丹道歌訣：

行□□（氣）：宎（深）則□□（蓄），蓄則神；神則下，下則定；定則固，固則明；明則立長（長），長則復，復則天。天丌（其）舂才（在）上，墬（地）丌（其）舂才（在）下。巡（順）則生，逆則死。

道教建立前後有許多丹道文獻傳世，較系統的是東漢魏伯陽所撰《周易參同契》；晉代有《黄庭經》出現，分《内景》、《外景》兩部，爲南嶽夫人魏華存（251—334）傳出。東漢末年左慈（156？—289?）曾將《白虎七變經》《太清九鼎金液丹經》《三元真一妙經》等傳授給葛玄（164—244）；葛玄又以其書傳於鄭隱（？—330），再傳葛洪（284—364 或 343）。葛洪《抱朴子内篇》是仙道文化集大成的著作，成書於東晉建武元年（317）。

内丹高級功法“胎息”，史册早有著録，《後漢書・方術列傳》記方士“王真年且百歲，視之面有光澤，似未五十者。自云：周流登五嶽名山，悉能行胎息、胎食之方，嗽舌下泉咽之”。《雲笈七籤》和《道藏・諸真聖胎神用訣》裏抄録的“胎息訣”，托名黄帝、鬼谷子、亢倉子、赤松子、墨子，皆不足信。南北朝時期編出很多道經，有關内丹習練者有《無上玉皇心印妙經》，全文 50 句，每句 4 字，甚爲精要。

真正使道教丹道成爲系統的學術，是五代宋初的鍾吕兩位大師；此後南北中東西各派無不自稱祖述鍾吕。雖然丹功的主綫是以人體具有的精氣神爲藥物，要求通過習練，達到“煉精化氣，煉氣化神，煉神還虚”，其中有打通任督二脈的大小周天現象，以及結丹温養等過程，但各派操作上仍有一些繁簡的差别。過程中最大的差别，就是清修或雙修二途，而雙修中又有不同的條件。清修派雖然也講“雙修”，但那是指性命雙修、心腎雙修、神氣雙修，一切都在自己體内運行，不涉及異性；而雙修派所説的“陰陽雙修”，則需邀請“同類異性”來協助，男邀女，女邀男，最簡單的辦法是夫妻合煉；有些要求高的派别還須邀請童男童女。不過所有雙修派都與房中術有别，不行床笫之事，而强調以氣相感，相當於中藥裏的藥引子，并不算一味藥。西派文獻對“雙修”問題談得不多，而且含糊，所采用的“彼家”一詞，已説明了藥引子的作用，措辭相當巧妙。

實際上西派强調的主要還是“性命雙修”。李涵虚《道竅談》提到雙修極力闡釋性命：“重命學者，蓋欲人即命了性，能使命根永固，歷萬劫而無盡無窮也。若使性功圓滿，外無立命之修，則真性難存，終屬空寂，又何能法周沙界乎？若使命功周到，内無盡性之修，則真命雖守，徒保色身，又何能神通三界乎？惟佛有教外别傳，則從性立命，極樂之地，益見空明。唯仙有教内真傳，則盡命了性，而大羅之天，益見超脱。是仙也、佛也、聖也，此雙修而非單修者也。”他又以儒家理論解釋性命：“夫性者本乎天命，而命也本乎盡性。天以氣成物，而理亦賦焉。是由命以與人性，故曰‘天命之謂性’也。人以理造物，而氣始生焉。是由性以立其命，故曰‘盡性以至命’。”“性命之理，有順有逆。順成之性命得之天，以一兼二。逆成之性命造乎人，以一合二。以一兼二者，即氣以賦理，氣理合而性命渾全。以一合二者，舉水以滅火，水火交，而性命長在。”

汪、徐一系的西派，將人的肉體稱爲“色身”，認爲在肉體之外還有一個“法身”存在，所以不主張意守色身部位，而改用離體很近的法身部位。汪東亭《體真山人真訣語録》闡釋雙修，仍然强調性命：“雙修，性、命是兩件事，不是一件事。”“工夫盡在法身上做，效驗盡在色身邊見。外面是命功，由勉强而做到自然，則色身上自然而然有變化效驗，謂之性理。性理者，不容你去管他，無作無爲之自然也。外面所以稱命者，一切法度，如起火止火，調藥配合，盡在外面施行，乃有作有爲之自然也。故曰‘性命兼修’。蓋修外面命功，性理已兼修矣。”“匠人造煙囱，百尺之高，四面淩空，而彼毫無驚懼，手作口講，怡然自得，若無事者。問其何以能如此，彼亦説不出。所以然者，總是一個自然也。”“外面是法身，虛空之位，是先天，是乾坤。裏面是色身，已經破體，故爲後天，爲坎爲離。以我之神氣放在外面之虛空中，則坎離乾坤四者合而爲一，自有造化矣。”他又以理學家言論解釋功法：“‘放下’兩字最要緊。放下人心，即是道心；放下色身，即得法身；放下識神，即現元神。你能放下，效驗甚速也。去一分雜念，得一分寶；去十分雜念，得十分寶。”“學道與世途相異。精明者宜於世途，頗不宜修道；道貴糊塗，不識不知，混混沌沌是也。”

西派丹道這些特質相當明顯，與其他派别比較，真有些鶴立雞群的味道，值得進一步分析研究。蜀派學術往往有特立獨行、出人意料的地方，道教養生術亦然，在上述西派丹道的表現方面，就是一個實際例證。

作者單位：四川省文史館

# 蜀學史料

## 實業家李劼人史料一束

曾智中

作爲中國現代最重要的小説家之一的李劼人，漸爲學界所重視；但其作爲實業家，好像尚不在研究者的視野之中，僅偶有人論及，如黄澤光、張起、趙毅衡諸先生①。其中趙毅衡就認爲："從他一生經歷來看，他的主要事業實際上是資本家，寫作衹是偶然的事。這是中國現代文學史上也是少有的角色配置，李劼人可以説是中國現代文學史上第一位經理作家。"② 這也衹是短札提及，缺乏深入論證。

筆者主編《李劼人全集》，耗時多年，其間見到李劼人辦實業的諸種資料，甚爲所動。他一生經營實業，有兩大用心耗力之處。其一爲民生機器廠，始於 1933 年 5 月，終於 1935 年 5 月，高峰時有員工六百餘人，各式機床三十餘部，動力設備五部，修造輪船十餘艘。其二爲嘉樂紙廠，始於 1925 年，終於 1952 年。這家四川首家機器造紙廠，由李劼人發起，持續操持，歷任總經理、董事長等要職二十七年。在鼎盛時期，抗戰大後方的教育、新聞、出版用紙，均仰賴於斯。二者相加，歷時三十年，遠超其文學創作光陰。

見到這些材料後，引起我的多種疑惑——

一、李劼人爲何在創作的最高峰轉身從事實業？

---

① 可參看黄澤光：《李劼人在民生公司史料》，《李劼人研究：2007》，成都市文學藝術界聯合會、李劼人研究學會編，巴蜀書社 2008 年，第 191－194 頁。張起：《論李劫人實業思想與民生公司》，《李劼人研究：2011》，成都市文學藝術界聯合會、李劼人研究學會編，四川文藝出版社 2011 年，第 314－326 頁。

② 趙毅衡：《李劼人：被忘卻的佐拉》，《對岸的誘惑：中西文化交流記》，上海人民出版社 2007 年，第 134 頁。

二、從事實業的李劼人有無中國傳統文人經商的那種痛苦？如果有，爲何不退出泥潭？

三、如果 1949 年後中國經商的客觀條件不惡化的話，李劼人會繼續從事實業，還是改寫《大波》？

四、中國的文學工作者對李劼人在實業方面消耗的心智，往往深表惋惜——此種惋惜，是也？非也？

對這些問題釋疑解惑需理性探討，而理性探討的前提是基本史料的梳理。故筆者將近些年經眼過目的實業家李劼人的一束史料排比於此，供學界研判。

這些資料得於經年衆手，特别是李劼人研究學會王嘉陵、張義奇、郭志强、李詩華、曹治煒諸先生，出力甚多，這裏是要特别説明的。

隨文對一些史料的整理進行了説明，無非是爲使其文獻特徵更爲鮮明。本文相當一部分内容，不爲《李劼人全集》所涵蓋，但其中也有收入《李劼人全集》者，爲方便讀者檢索，均以注釋標明其在該全集中的位置。

另外應該説明的是，李劼人從事實業的史料既深且廣，本文不過是以短篙而試大河，一切還有待於學界的繼續探索和努力。

## 1933—1935　民生機器廠

### 一　李劼人自述民生機器廠事

節録自《李劼人自傳》[①]。該文寫於 1956 年 1 月 5 日，係用毛筆直行書寫，無標點，無段落，每頁行數無定，每行字數無定，底箋左下方朱書“李劼人用箋”。由曾智中據手稿整理，除酌加標點及注釋、酌分段落外，一如其舊。李劼人自述盧作孚挽留他是請他在民生公司總務經理和民生機器修理廠廠長兩職務中選擇一個，澄清了坊間所傳請他擔任民生公司總經理之説。但又把自己和盧作孚的分歧歸結爲對方“到底是資本家”，除落筆時的時代氛圍使然外，似還有幾分意氣。

(1933 年 3 月）我也不能再回成都，盧作孚遂留我到民生公司，提出兩件工作由我選擇，一是做民生公司總務經理，一是做民生機器修理廠廠長。我覺得後者有意思，因爲我已感到四川機器工業太不發達，很想以民生機器修理廠爲基礎，以三年工夫，充實擴充爲一個製造工廠：首先能製造川江行駛的中型輪船，能一次修理兩支大型輪船，能製造小型抽水機和製配木炭汽車。我之作此計劃，雖未明顯感到 1937 年的抗日戰爭之必然性，但卻已朦朧看出國際局勢之不妙，長江有阻礙，而機器工業一切依賴漢口、上海者，必致無法生存。

---

① 李劼人：《死水微瀾》卷首，《李劼人全集》第一卷，四川文藝出版社 2011 年，第 410—411 頁。

盧作孚最初非常同意我的見解，我們甚至訂出三年完成的計劃，連在重慶青草壩建築船塢的計劃都作好了，一總計算，須五千萬元。我因此又到漢口，聘請了一個總工程師，七八個高等技工，回來開辦工徒學校，打撈一隻沉没的英國商輪，利用本身設備和技術，改修成"民權"輪，以爲吸取經驗之用，但不利於資本家。

到底是資本家，第一年剛過，盧作孚就把我的計劃作了修改，而公司中十分之九的人都攻擊起我，説我有意使公司受損。我争執了半年，無效，我遂於1935年5月（即是在民生廠屆滿兩年日子），堅决辭職，回到成都。

## 二 言論

1. 答《新世界》記者問

這是重慶民生實業總公司《新世界》記者采訪初任民生機器廠廠長李劼人的談話記録，原載《新世界》1933年32期民生實業總公司八周年紀念專號①。標題爲編者所加。盧作孚請李任"民生機器修理廠廠長"，而李的雄心是"製造各種動力機械，供給全川需要"，兩位合作多年的密友間分歧端倪已露。

第一樁事情，將來要辦到全四川機械化，而且機械化的程度，要由各城鎮普及到各鄉間去，這個責任，就由民生廠擔負起來，幫助他們製造各種動力機械，供給全川需要。第二樁事情，現在民生廠打算要辦一個補習學校，讓一般技師和工人每天都有讀書的機會，也同總公司的職員一樣，使他們一方面工作，一方面學習。這樣，於公司方面，可以提高工作的效率，於職員本身，又可以提高辦事的能力。一舉兩善，使將來每一個職員的生計，都完全寄托在公司的身上，讓他們的力量和思想，都儘量地用到事業上來。這樣一來，就完全成功一個社會主義的事業了。

2. 在慶祝"民權"輪建造完成會上的講話

英商太古公司千噸級輪船"萬流"號沉没川江，無力打撈，低價售與民生公司。李劼人主持民生機器廠將其加長14英尺，載重增加100餘噸，馬力達3500匹，易名爲"民權"輪，1933年11月5日下水，開創了四川造大船的新的歷史篇章，輿論爲之轟動。這天民生總公司職員、民生機器廠職工、"民權"輪及在渝各船職工三百人，在"民權"輪開會慶祝，會議主席鄭璧成②致開會辭後將李劼人邀到主席臺，介紹道：劼人廠長留學法國，在成都各大學教書。他同總經理（指盧作孚——編者注）與璧成，皆多年老友，棄了教書生活，來此辦廠。此次建造"民權"，全係李廠長督率之力。隨後李劼人即席發表了此篇講話，原載重慶民生實業總公司《新世界》1933年第58期③，標題爲編者所加。

---

① 李劼人：《詩歌戲劇及其他》，《李劼人全集》第八卷，四川文藝出版社2011年，第76頁。

② 鄭璧成（1889—1958），四川雙流人。早年辦華陽書報流通處，辛亥年參加同志軍，後與盧作孚共事辦報、辦教育、辦實業，任民生公司經理、中國西部科學院董事。晚年於盧作孚自殺後一度被捕，於北京入空門。

③ 李劼人：《詩歌戲劇及其他》，《李劼人全集》第八卷，四川文藝出版社2011年，第77頁。

民權救回後，起初公司欲拖往上海修理，後又擬修作囤船，算起來修理要貸八九萬元以上。繼後大家又商議與其用八九萬修成一隻囤船，毋寧添起錢修成一隻行船，公司把這計劃决定之後，交民生廠修理，并期望着，若將民權建造成功後，外人知道我們四川也能修造大船。雖然民生廠非常的幼稚，做起來有些吃力，但當時想祇要肯努力，或許也有成功的可能。果然今天的事實證明了。這次民權輪整舊成新，其實比新做尤難。譬如補破衣服，這裏補一方，那裏補一幅，又要不現針縫，所以是一件難事。倘若没有湯主任偉康的努力設計製圖，李大車利耀的努力機航修配，張工程師幹庭的努力幫助，尤其張襄理挽瀾天天不辭辛勞地來民生廠督促工程、轉訴公司與廠方之意見，恐也不會有這樣快的成功。至於大計，尤在公司方面。所以我除了慶賀公司民權輪成功之外，對於各位竭盡心力的人，敬致非常的感謝。至於個人，則無功可言。……

## 三 規 章

這是李劼人 1933 年 6 月至 1935 年 5 月在主持民生機器廠時起草的各種管理文件[①]，係親筆草稿，於親力親爲中顯現其管理能力和行政能力。原件藏重慶市檔案館；李眉、李詩華藏有其中一小部分翻拍照片。未見正式頒布件。原件無標點，由曹治煒標點、整理。

（一）工務組辦事細則

1. 本組設組長一人，工務員、督工員若干人。

2. 工務（凡關於本廠事務以外之工務事項概屬之）接受工作，商同設計組、工場組分配工作，俟其完成時分發之。

3. 本組凡關於登記工帳、填寫日報表、結算製造統計表，與會計組、物料組切取聯絡。

4. 物料、工場本組編發工號卡片時，同時填寫應用材料，至須補充材料時，由工場組填寫，不必再經工務組。

5. 本組與工場組與稽查切取聯絡，監督工作者之勤惰、缺席及在工場之行爲，并執行工場之規則。

6. 凡工作者因事因病請假，必經本組核準給予假批，始得離去。

7. 凡公司調動人員，關於工務方面者，由廠長辦公室通知本組，商同工場組照辦。

8. 凡有購置應用物品時，報請廠長辦公室分别核置。

9. 工號卡片由本組負責填寫，與工場組切取聯絡。

（二）設計組辦事細則

1. 本組設設計組長一人，設計員、繪圖員若干人。

2. 凡工務組接收工作後，即交由本組，會同工程師設計估價完畢後，全部移交工程師。

3. 本組關於設計估價之工作，須隨時與工務組、工場組、物料組、會計組切取聯絡。

---

① 李劼人：《詩歌戲劇及其他》，《李劼人全集》第八卷，四川文藝出版社 2011 年，第 68—75 頁。

4. 凡設計室内所用工具、材料由本組負責保管。

5. 凡本組有購置工具、材料時，通陳報廠長辦公室，核示庶務、物料兩組照購。

（三）物料組辦事細則

1. 本組設組長一人，辦事員若干人。

2. 關於工務方面之工具、材料購置、分發，由本組負責辦理。

3. 凡有購置器具、工具、物料時，商承廠長辦理，核發材料、器具時，須根據工號卡片及工務組、工場組所填寫之字據發給。

4. 凡工作者退職時，本組根據工務組通知收回工具，給予憑條并同時通知會計組。

5. 凡整理材料時須與工務組、庶務組切取聯絡，負保管責任。

6. 本組輔助公司修配股，整理、保管各輪。

7. 凡器具、物料進出帳目與會計組切取聯絡。

8. 凡工具、物料搬運、整理時與庶務組切取聯絡。

（四）會計組辦事細則

1. 本組設組長一人，會計員若干人。

2. 凡關於成本會計及填製製造統計表，由本組負責辦理，與工務、物料兩組切取聯絡。

3. 凡物料出入帳目，概由本組辦理。

4. 凡本廠現金出納，資產負債各項帳目，由本組辦理。

5. 凡物料、器具、工具之購置登記，與工務、庶務、物料各組聯絡。

（五）庶務組辦事細則

1. 本組設組長一人，庶務員若干人。

2. 本組内設稽查一員，稽查工作人員之出入、管理名牌箱，并稽查物料、器具成品之出入。工作期間，除公差外，特許郵差出入。

3. 本組設管理員一人，擔負學徒工餘生活之訓練、食宿之督率，注意秩序、清潔、運動訓練諸項。

4. 凡小工調動、更换、開除，由稽查商同管理員會同庶務組長辦理，經廠長最後解决。同時與會計組、工務組切取聯絡。

5. 本組設有護士一名，凡工場内本廠人員有傷病者，須取具工場組治療證，凡學徒寄宿舍人員、廠外小工傷病，在管理員處取具治療證，其他人員傷病在庶務組長處取治療證，必須有治療證者治療處始得診治，但有傷殘情形者得診後補證。治療處就診職工人員姓名表，每日交由組長轉工務組存查。

6. 廠内清潔，如毛厠及地面之打掃，辦公室之整理，由稽查與庶務商同辦理。廠外如食堂、厨房、茶房、浴室及其他隙地、人行道以及儲蓄藏物料、廢料等處，由管理員會同庶務管理。

7. 凡本廠關於事務器具之購置、保管，統由本組管理，與會計組切取聯絡。

8. 凡本廠各組購置取用物品，均須經廠長核準後始行購置發給。

9. 凡本廠有關於土、木、石、工由本組辦理，與會計組切取聯絡。

（六）民生廠工場規則

1. 本廠每日工作九小時，午前七點至十二點，午後一點至五點。

2. 上工前十分鐘放預備哨，凡工作者聞哨到廠，一俟上工哨響，即行工作，名牌箱同時落鎖，大門亦同時關閉，遲到者不能進廠工作。

3. 工作者進廠後在總名牌箱内取得名牌，須持赴各工作間，懸於領工室内分名牌箱上，以便稽考。放工時仍自取下，還挂總名牌箱内。

4. 名牌不能代取代挂，以及不挂而去，違者經稽查及工務員查出後，報告廠長開除之。

5. 凡在放工哨未放之前，即行停止工作，離開工作地位者，初犯時由領工及工務員報告廠長予以告誡處分，再犯開除。

6. 在上工哨放後，尚嬉戲未工作者，同前辦理。

7. 每日午前七至九時，不得請零星時間之事假，若必須請零星事假者，須在九時以後，否則以曠工論，每曠一小時，以二小時計算扣薪。

8. 凡請假者必先書明請假條，由各該間領工蓋章核準後，持赴工務組换取假據，并將工具及工作點交領工，始得離去。倘不經上項手續者，以曠工論，辦法如前條。

9. 每半月請事假積達九小時者，休息日不給工資，若係病假有確據者，不在此限。

10. 本廠休息日仍給工資，於是日工作者，照工給價。

11. 夜工從午後六時起，每小時作一小時半計薪。

12. 夜工滿實際三小時者，除照給工資外，津貼消夜費洋乙角，三小時以上不再加。

13. 各間學徒既經指定跟隨某工學藝，即不許自由更動及對於所受分配之工作不努力者，由領工及工務員報告廠長，輕則記過，重則開除。

14. 工場内絶對禁止鬥毆、謾駡、嬉戲等行爲，違者由領工及工務員報告廠長開除之。毆人致傷者，除開除外，并送官所懲處。

15. 因公受傷沉重者，送醫院治療，其醫藥費由廠津貼，在療養期中給半薪。

16. 因公受傷輕者，無論自醫，或由廠醫治療，在療養期中給半薪，但每日必須親到本廠治療處診驗傷情，以杜藉傷怠工之弊。

17. 工號卡片由領工處領得，在工作完畢時，須隨工作品呈交領工，取材料時亦須帶同卡片赴物料庫登記蓋章，凡違上項手續及將卡片遺失者，扣日工四小時半。

（九）茶房

1. 茶房内動用器具及清潔事項由專管人負責。

2. 茶房如無特别事故，夜間十點半鐘鎖門。

3. 專管人司專守護及經管茶水之責，不得擅離職守。

4. 專管人須留心盥洗者用水及清潔等事。

5. 盥洗用水不得浪用，或隨意潑散地上，以重公益，否則，查明處發①。

6. 盥洗器具各宜保護，如有不得已污穢損壞，即令雜役或通知主管人修整之。

7. 沐浴房暫定工友藝徒洗用，職員洗用者再爲添設，小工暫用木盆，不准擅入沐浴房。

（十）修理部規則②

1. 承應各項修製物件列定工作號數後，即應將工作號數公布。

（甲）列布工場，用工作品木牌。

（乙）通知材料處，用通知單。

2. 工人取用材料，須向工務負責人領材料單，向材料房取用材料後，須將物品交材料房查核登記材料。

3. 成品送發手續完畢後，如須長期保存以備用者，由收發處交保管處寄存部保管。

4. 實行公布工作材料表，以便檢查附貼工作成績表，以便匯記。

5. 各輪之機艙冷作材料由廠供給外，木工、油漆等零星材料應分别由各輪自理，一切管理事宜應由各輪負責。

6. 各部應確定事權，請公司擬定章則及各部辦事細則，分别何者應單獨負責，何者應相互聯絡。

7. 須擴充文件、器具、物品以及書記小工，如收發與司工帳、工務帳與事務帳、保管經手與材料帳，工務小工與雜務小工，廠務日繁均不能不分别清楚，多設規程以收實效。

8. 翻沙紅爐及河邊，應有頭腦，尤須有特别記載，如日報表之類。

## 四 雇 約

李劼人親筆，原件藏重慶市檔案館，無標點，由曹治煒標點、整理。

立允約工人　　　，由　　　介紹，到四川重慶民生實業股份有限公司，民生機器廠内，充當　　間　等　　工之職，對廠長　　　先生簽訂之雇約六條，切願遵守，特書允約一紙存查。雇約條文抄左

今憑　　　介紹工人　　　，自願赴川入廠工作，已經口頭考試，認爲堪當　　間等

工之職。條款訂明如下：

一、受雇後對本公司規定章程及工廠管理規則須一律遵守。

二、薪工以日薪　元　角計算。在未改訂新章之先，仍照舊例，無論月大月小概以三十日作一個月計算，并無星期日。每月三日、十八日休息，休息日不扣薪，通常例假

① 處發：處分，發落。

② 此標題係編者所加。此文與前文筆迹、文風似有不同，機構名稱也大變，似與前文不同時草擬，因無年月，從“廠務日繁”可知非初創時期，甚至可懷疑與前文不是同一作者。姑繫於此，以備參考。

日不扣薪，請假照扣。每月二日、十七日爲發薪期，薪金概以當地通用大洋爲標準。

三、本人受雇後，得免費乘坐本公司輪船三等艙位入川任職，不滿二年歸去船費自備。其家屬（限定父母妻及未成年之子女）得免半費乘坐本公司輪船，如在本人任職二年内歸去，船費自備。

四、到廠後，若新宿舍建成，得按照規定佃住。若新宿舍尚未建成，得在工廠指定之宿舍住宿，伙食自理，家屬住宿自理。

五、每月薪資，照本公司規定扣處百分之十五，照公司章程辦理，解雇時本息算還。

六、立此雇約以資遵守。

年　月　日

受雇人：簽字：

## 五　告示

李劼人親筆擬定，手稿原件藏重慶市檔案館①。無標點，由王嘉陵、曹治煒標點整理。標題係編者所加。

1.1933 年 7 月 20 日民生機器廠布告

現總公司聘定王達生君爲本工廠總工程師，管理本工廠工務、工程。改聘張幹庭君爲本工廠工程師，襄助王君進行一切。此布

廠長　李劼人

七月二十日

2.1933 年 8 月 4 日民生機器廠布告

着領工周樹福君，爲鉗工間佐理領工，爲該間領工陸泰生君共同負管理之責。此布

廠長　李劼人

八月四日

3.1933 年 10 月 15 日民生機器廠告事

查參師黄俊聲、李麟祥采買伙食，大肆侵蝕，本應照前例予以開除。姑念不告而誅，亦非公司立法之至意，着薛志道立令該二人將侵蝕之數照數賠出，并各記大過一次，暫予存案，以觀後效。倘再不法定申報公司，法辦該參師等。懔遵之。

廠長　李劼人

十月十五日

4.1933 年 10 月 23 日民生機器廠告事

爲牌告事：兹查有新來藝徒王作爲，派在冷作間學藝，性情乖張，不聽領工指揮，照前

---

① 李劼人：《書信》，《李劼人全集》第十卷，四川文藝出版社 2011 年，第 30－32 頁。

所宣布規條，應予開除，不許再留廠中。此告

廠長　李劼人

十月二十三日

5. 1933 年 11 月 12 日民生機器廠告事

爲牌告事

食堂人多，貴有秩序。

一免擁擠，二免喧鬧。

近來情形，太過紊亂。

觀瞻所繫，不免人譏。

循此不改，且恐生非。

即仰工友，以及藝徒。

此後用餐，務宜肅静。

眠食不言，古有明訓。

即在今世，亦重節儀。

争前攘後，勢在必禁。

揎拳抵案，更非所宜。

公共地方，秩序要緊。

團體中人，都應維持。

人貴自重，不可自輕。

倘不遵依，照章辦理。

言之在先，其各注意。

廠長　告[①]

十一月十二日

## 六　請　示

此爲目前找到的僅存的幾件李劼人向民生總公司領導層的請示，可以見出他的關切之點。原件存重慶市檔案館[②]，無標點，由王嘉陵、曹治煒、曾智中標點整理。

1. 1934 年 7 月 26 日致鄭璧成

璧成兄鑒：

七月廿九日開工，請轉上海購置機器單，想早已寄出。現在有二件須修正，開列於後，請原函轉去爲禱。

① 此文無具名，但確係李劼人親筆，故列入。

② 李劼人：《書信》，《李劼人全集》第十卷，四川文藝出版社 2011 年，第 34—35 頁。

一、前單訂購之車床至長者爲三十尺，今實地考察之後，至長者須改爲三十五尺。

二、前單訂購之離心打水機爲 250 / min.，70 水頭，今須改爲 250 / min.，80 米遠之水頭。

僅僅改此二件，其餘不改，以後也絶不再改。請上海方面放心照購可也。此頌

暑祺！

李劼人　頓首

七月廿六日

2. 1934 年 7 月 27 日致民生總公司

逕啓者：

頃接電詢萬流爐通管子花色數目等由。

兹據張干霆查明如下：

外徑 12″2，内徑 1 又 1/4″，長百寸者數目爲二百八十八根。

外徑 12″8，内徑 4/8″，長 94 又 1/2，數目爲三千三百四十一根。

用特呈報。即煩查照。此致

總公司

民生廠長　李劼人

七月廿七日

3. 1934 年 7 月 29 日致鄭璧成

敬啓者：

本廠參師馬錫勛，腰部患瘡，據醫言，不但非短期可愈，恐尚有滋蔓之虞，理應准其回成都治理。惟慮師尚未定薪，核其到廠在六月十四日至今已一月有餘，僅借支過零用二元，及此次支與醫藥費二元。現既准其遣返成都，似不能不與以相當路費。

愚意擬請公司方面格外施仁賜與乘輪證一張，准其免費乘至潼南外，再發給大洋六元以作由潼南至成都之用。事屬不得已，而情有可矜。或者公司方面不至以爲妄開例外。然而究竟如何之處，仍請公司自行作主，并因公文往返繁重稽遲，特遣該馬錫勛親自送函前來立候解決。此致

鄭璧成經理

鍾具義襄理

民生廠廠長　李劼人　頓首

七月廿九日上午九點半

4. 就添聘廠醫事致總公司[①]

為陳請添聘廠醫以利職工就醫事

竊查本公司職工一切生活幸福，素爲植[②]所深切顧慮、日思所以營謀之者。劼人就任之初，本廠職工對於廠内一切應興應革之事多所申述，當處衆以徐圖改善齊享，以爲其中較爲重要者，莫若廠醫一事。

爰於昨日周會循即將此案提付討論，并經鍾襄理興義參議，均認爲要件，決議報請總所添□等語。劼人覆案此件，有添設之理由：

1. 本廠現在屋窄人多，更且係工場性質，空氣齷齪難堪，諸多不合衛生。時值酷暑，尤易發生疾病，而無就醫之便。一旦疾疫流行、貽誤工作、發生障礙外，職工生命尤覺堪虞。

2. 本廠距城返遠，凡屬職工每日應行工作之事甚多，縱强患病，急赴城中就醫，往返費時，則工作亦必多所延誤。

3. 本廠職工中經濟稍裕者固有，而待遇過薄、日困於經濟者亦復不少。因困於經濟，雖病亦不能就醫，縱以病弱之軀强爲工作，其對於工作效率之不能增進，理甚明。

4. 設今縱備藥品，而無醫師加以指示，則一般人多乏醫學常識，對於藥之性質及分量多所不知；偶一差池，貽誤匪淺。

綜上各點，無論由本公司之事業或職工之生活幸福，以觀醫師之添聘，刻不容緩。據周會决議，陳提所希，即公司和職工雙方利益關係着想，速予添聘醫師或看護，廠用[③]便就醫，公私兩利。無任此陳。

## 七　答　覆

此爲新近發現的民生實業總公司對李劼人主持民生機器廠時幾件報告、請示的答覆，可以窺出彼時二者思路的同異。原件大多無標點，由曾智中標點整理[④]。

1. 民生實業總公司 1933 年 9 月 16 日答覆

逕啓者：

十三日來書及附來代收款項通知單三張均悉。各工友八月份薪資匯票，由公司立就隨函寄廠。至前張維善、陸泰生二人七月份應退匯票，仍請王總工程師代催速退，繳還公司注銷爲荷。此致

民生廠廠長李劼人

① 此件爲新近發現的李劼人手迹，塗抹甚多，幾不可辨，似爲草稿，且不署時間，姑繫於此。内容爲《李劼人全集》所不載。

② 植：義同於“職”，此指職務，也即職責所在者。

③ 用：因此。

④ 這些答覆因内容範圍，故不載於《李劼人全集》。

隨函附匯票九件

民生實業股份有限公司　啓

九月十六

左有李劼人親筆批語：匯票九張已交方達芬先生轉交之　九月十九日

2. 民生實業總公司 1933 年 10 月 21 日答覆

民生實業股份有限公司通知　　字第 2040 號

查該廠十月十八日＃597 號收支日報科目器具内，開"在渝購三星燈二盞，洋肆拾壹元正"，并未先經總公司核準，遽行自購，不免有違規定。以後務希先行填具請購單，蓋章，報請核準購發；勿再自行先購，致紊一定□法，使核賬者爲難。再者凡有增減器物情事，均應填報新增減器物表，存查爲要。此致

民生機器廠李廠　長劼人

總經理　盧作孚

中華民國二十二年十月二十一日

3. 民生實業總公司 1933 年 11 月　日答覆

逕覆者：

機字第三二八號函悉。查該工友宋海山所請用甲儲洋四十元濟急用情形，查與定章符合，希轉知，持折到公司領取爲要。此致

李廠長①

左有李劼人親筆批語：方組長轉告該工人。　十一月二日

4. 民生實業總公司 1933 年 11 月 6 日答覆

民生實業公司通知　　第 791 號

"萬流"輪船船殼現決定改修囤船，則全部機器即應提出，整理存儲，以利將來另造新船之用。但造船之期尚未決定，此項機器之保護宜特加注意，勿被潮濕生銹，勿欠整理，使將來修理時發生困難。希即將存放地方、名稱、件數、保護方法、現在狀況等，逐一造册，報本公司，以備查考爲要。此致

民生廠長　李劼人

總經理　盧作孚

中華民國二十二年十一月六日

5. 民生實業總公司 1933 年 11 月 22 日答覆

民生實業股份有限公司答覆　　機字第 314 號

職名　　民生廠廠長李劼人

事由　　報請自製駁船三支備用由

報悉。希將計劃及經費詳報本公司，以憑核辦。此覆

① 此件係用民生實業股份有限公司專用信箋寫就，未署時間，蓋有公司會計處經理彭瑞成的印章。

中華民國二十二年十一月二十二日

總經理　盧作孚①

左有李劼人親筆批語：憑工估計，每一大撥船②，工料一并約費千元，而用時不多。相衡之下，仍以租用爲便。不再詳報。　十二月二日

6. 民生實業總公司 1933 年 11 月 27 日答覆

民生實業股份有限公司答覆　　機字第三零四號

職名　　民生廠廠長李劼人

事由　　報請照購馬力機暨製油布衣、帽由

報暨請托購物單均悉。電話機兩部照購，雨衣、帽各十二件亦照製發。均希於收到時填具器物新增表，報公司備查。至所需之柴油四馬力引擎，准本公司現存有之一部及三星汽水廠寄存消費社之一部，一并發交機廠備用，不必另爲購置也。此項引擎收到，仍需填報增減表，以備查考爲要。此覆（單存）。

中華民國二十二年十一月二十七日

總經理　盧作孚③

左有李劼人親筆批語：三星汽水廠小引擎已與鄭經理璧成商定作價五百元，修理一百五十元，各認一半。至公司所存之一部，則不知價值。　　十一月二十九日

7. 民生實業總公司 1933 年 12 月答覆

民生實業股份有限公司答覆

職名　　民生廠廠長李劼人

事由　　報小工曾榮三請縫製服由

報告悉。小工曾榮三擬作制服，究竟該廠尚有其他職工願作否？設有願做者，應匯成名單，以便與廠接洽；以免零星製作，殊爲雜亂。此覆。

中華民國二十二年十二月

左有李劼人批語“轉庶務、工務兩組，詢清答覆。　　十二月廿七日”。

8. 民生機器廠 1933 年 8 月 31 日答覆④

茲有八月廿一日來本間冷作下手湛德盛，經已試用，堪任五等下手工匠，每日工資洋八角正。此致

李廠長

王總工程師

臺鑒

冷作間　黄齊

① 原件格式如此。

② 原文如此，“撥”同“駁”。

③ 原件格式如此。

④ 此件内容係民生機器廠廠内事務，因係答覆性質，姑繫於此。

八月卅日

此件有王總工程師一批語“照准　　八月卅日”。李劼人三處批語，（一）在“堪任五等下手工匠”處批“改七等乙級”；（二）在王總工程師批語處批“保證單尚未繳來，手續未備，不便遽報”；（三）在函尾處批：“八月卅一日擬報”。

## 八 記 録

原件係手稿，爲會議原始文檔，李劼人既主持會議又親筆記録，有塗改，次序也顯雜亂，末三段未列序中，其中第二段意亦未完。時在民國二十二年（1933）。原件藏重慶市檔案館，無標點，由曹治煒標點整理。

### 十一月廿三日廠務會議録①

一、夜工時間從午後六時起，每小時作一小時半計。

二、夜工滿六時外津貼點心費一角，不到六時不津貼，六時以上者仍衹津貼一角。

三、本廠休息日仍給工資，於是日工作者照工給價。

四、每半月請事假達九小時者，休息日不給工資，若係病假有確據者例外。

五、本廠預備哨於上工前十分鐘開放，正式放哨開始工作，名牌箱同時落鎖，遲領則不能開。總名牌箱之名牌，上工時取得後赴各間懸於領工室内分名牌箱上，以便稽考。放工時仍自取下，還挂總名牌箱上。

六、作工日不得在七時至九時間，請零星時間之事假，若必須請短假者，須在九時以後，否則以曠工論。

七、凡請假者必先通知各該間領工蓋章後，持赴工務組换取假據，并將其工具及工作點交領工，倘不經上項手續者以曠工論。

八、各間學徒既經指定跟隨某工，即不許自由更動及所受分配之工作而不努力者，輕則記過，重則開除。

九、工場内絶對禁止打降詈駡等行爲，違者開除。凡毆人致傷者，除開除外，并送官庭懲處。

十、名牌不能代取代挂，以及不挂而去者，查出開除。

十一、凡因公受傷沉重者，送醫院治療，其醫藥費由廠津貼，在療養期中給半薪。

十二、凡因公受輕傷者，自行或由廠醫療，在療養期中給半薪，但每日必親到廠内治療處，診驗傷情，以杜藉傷故延之弊。凡在放工哨未放之前，即行停止工作離開工作地位者，初犯時由領工及工務員告誡之，再犯開除。在開工哨放後，尚未工作者工作時間不能會客。

## 九 總 結

這兩篇總結均載於民生實業總公司《新世界》上，前者刊於 1934 年 41 期，後者刊於

① 李劼人：《詩歌戲劇及其他》，《李劼人全集》第八卷，四川文藝出版社 2011 年，第 79—80 頁。

1934年第65期第十屆股東大會專號。

1. 民生機器廠一年來之概況①

（一）二十二年四月，購得青草壩原租廠地右側辰州會地一片，寬約二十丈，上至山頂，下至河心，價洋一千八百元，契稅在外。

二十二年十月，又購得原租廠地一片，寬約三十餘丈，上至山頂，下至河心，價洋四千三百二十六元，契稅在內。

（二）新建翻砂間一座已成，新打機器間石地一片尚未完工，共去洋一萬〇九百九十六元三角一仙。

（三）二十二年，新添龍門大刨床一部，價洋五千〇八十五元，運費一千六百〇五元四角。

又，搖頭大鑽床一部，價洋三千八百元，運費一千二百六十四元四角八仙。

又，十英尺車床一部，價洋一千三百六十元，運費三百一十一元五角。

又，八英尺車床三部，共價洋三千〇二十四元，運費七百四十三元五角三仙。

迄至現在，本廠所有機器如下：

a. 車工間大小圓車一十六部。

b. 鉗銼間銑床一部，宕床一部，鑽床二部，采頭大鑽床一部，龍門刨床二部，牛頭刨床一部，冷氣機一部。

c. 冷作間剪刀機一部，轆床一部，鑽床一部，打風機一部。

d. 翻砂間打風機一部。

迄至現在，本廠所有動力如下：

a. 十六馬力卧式柴油機一部＼

動力間用

b. 十二馬力立式柴油機一部／

c. 八馬力雙丕司登柴油機一部——龍門大刨床用

d. 六馬力立式火油機一部——翻砂間打風用

e. 四馬力卧式火油機一部＼

冷作間鍛工打風用

f. 四馬力卧式柴油機一部／

g. 二馬力立式火油機一部——河邊打水用

共有五十二馬力

（四）職員，工人，學徒，小工，因時有增減，衹能將二十二年開股東會之人數，與現有人數列一比較表，如下：

---

① 李劼人：《詩歌戲劇及其他》，《李劼人全集》第八卷，四川文藝出版社2011年，第81—83頁。

| 年别 | 職員 | 工人 | 參師 | 學徒 | 合計 |
| --- | --- | --- | --- | --- | --- |
| 二十一年 | 十五 | 五四 | 一〇 | 七九 | |
| 二十二年 | 二八 | 八五 | 一〇 | 四二 | 一六五 |

此外尚有零工，長期小工，短期小工，無定額。

此外尚有藝徒訓練班一班，於二十二年四月一日招考完畢，送往北碚受軍事訓練四個月。於八月一日返廠，半日課堂，半日習藝，與廠内學徒比較，爲速成性質。原考七十人，後因病因故，告退斥革數名，至今有六十四名。特設正副主任各一人，鉗錘模樣工人各一人。月由廠開支訓練費千餘元。

（五）廠地購得，建築未完。廠務擴大，人數增多，職工宿舍因以四布。計現佃有職工宿舍三處：一在三洞橋，一在廠後山頂萬天宫，一在山半新觀音廟。此外在廠左約半里處尚佃有老觀音廟一處，則爲訓練班地點。此外臨時搭蓋之房屋尚多，如食堂，厨房，盥漱處，儲藏廢鐵廢物處，冷作紅爐打銅木工各間，儲藏蠢件[①]鐵條各室，儲藏各輪備件房屋等，皆是專爲修復萬流（已改名民權）而搭蓋之工作場，工人宿舍尚不計。

2. 一年來之民生廠[②]

自去年股東會之後，民生廠最值得報告之一事，實無過於改造萬流輪船，而爲現今川江駛行尚無如此長、尚無如此高之民權輪船。

萬流輪之歷史及其如何轉到公司，已詳志《新世界》半月刊五十八期，想股東諸君俱已知悉。今所節略報告者，祇限於公司決定將其改造行船，并加長十四尺，自動工至東下赴申之一段工作大概耳。按民權動工在二十三年二月初間，一面拆卸舊船殼，并在三十七八檔之處，將船身折斷拉開，伴上海來圖，接長十四尺，限在水發之前完工。一面整理舊機，考察其可用與否，修理之，更换之。就中除冷作部分，係由廠出圖樣，分包與冷作工頭承做外，其餘部分，全係由廠工直接作力。在修造期間，工作俱其緊張。誠以川省建船，實爲異數，况所修造者又係空前巨舶。民生廠年來發展雖速，究其幼稚，人才設備，咸有不濟之感。因此，民權幸而修成，然吃力則其矣。計民權於十月底完工試水，工作期共九個月。

民權輪之修造，在新四川算開一新紀元，然於民生廠，則不過多增經驗，至於聲譽，則公司全部之事，民生廠固不敢專有也。其餘工程中值得一述者，有改民選機器。接民憲彎地軸，改民意氣門。大修之船，則有民安、民有、民望、南通、聯通、民視、民清，及郵局之鴻騫，亞細亞油行之渝光。

除此事外，較爲值得報告者，乃新廠地之打出。

憶去年三月，股東諸君到廠視察時，原廠右側，尚自㧡石丁丁，僅有建成之新翻砂一座。至去年七月，石工暫停，計已打出平地，長一丈許，寬十丈許。較諸原有工作地，大三倍以上。祇以經濟關係，不能照原畫綫路，完全打出，又不能按照圖樣，立時建修新式廠

---

① 蠢件：指笨重物件。

② 李劼人：《詩歌戲劇及其他》，《李劼人全集》第八卷，四川文藝出版社 2011 年，第 84—86 頁。

房，是時洪水已發，衹好將河壩中之冷作、紅爐、銅工各間，移到新廠地上，暫搭捆綁房一大座。於今已將內外圍墻築起一段，并新建鐵廠門一道，爲工作人員進出之地。如此一來，規模稍具，秩序亦較趕修民權時完整多矣。

至於內部情況，則天多變化，除趕修民權輪時，增加工人不少，計彼時連同冷作木口包工人計之，全廠直接間接工人，達六百人以上。至石工暫停，民權完工後，減去工作人員一大半。至今職工徒弟小工合計不到二百七十人。工作器具方面，除爲修造民權，特製少數工具外，僅由外購入打重二百基羅格蘭母子之汽錘一部；十二尺大刨床一部。

此外又安裝引擎一部，係鎮江輪油機修理而成者，僅用一個汽缸，有馬力六十五匹。原有引擎大小四部，共馬力三十四匹，暫廢置，另想其他用處。

民生廠廠址，向係租羅姓地。二十三年，除買羅姓地外，又買按壤之辰州會地。去年營業，則因修造民權之故，全部達最高額，爲四十三萬餘元，超過以往各年一倍以上，就小民權占十七萬餘元。對外營業，僅占少數。此非對外而生意之少，實則本廠力量有限，除自行修理公司船隻外，無多餘力，接受外面生意。倘面面轉佳，經濟充裕，本廠逐漸擴張，能由修理趨向製造，則將來希望，實不小也。然此須視公司本身力量，與夫股東諸君投資維繫之興會何如耳。

## 十　公　關

原件均藏重慶市檔案館，均無標點；1、3 件悉李劼人手稿。由曾智中標點整理。

1. 1933 年 7 月 28 日致稅捐局局長[①]

逕啓者：

頃由敝公司轉來大函并汽車葉樣子壹個，囑敝廠添配貳具。貴局來員僅云照樣做，不知究係左右各一，抑或兩個一樣？務請明白示知，始能工作。至價值一層，當議定，每個需洋八十元，兩個共需一百六十元。

此致

稅捐局局長臺鑒

民生廠廠長　李劼人

七月二十八日

2. 1933 年 9 月 24 日三峽染織工廠來函

敬啓者

陳工程師紹於前包安敝廠鍋爐，已於本日解約。所有紹於經手在貴公司修理廠借用各物，請速開清單寄上，以便清查。至陳工程師定翻零件，請勿點交，另由敝廠具函派人，到尊處領取可也。速轉知貴處修理廠爲荷。此致

① 此件爲新近發現的李劼人手迹，塗抹甚多，幾不可辨。內容爲《李劼人全集》所不載。

民生公司　　臺鑒

廠長　啓

九月二十四日

此件以三峽染織工廠公用箋寫就，蓋該廠廠長印章（模糊不可辨識），并蓋有民生實業總公司收訖章“中華民國廿二年九月廿六日收到”。李劼人在其上端批“即轉交機廠，請向陳紹余[①]索前所借之工具。九月　廿七日”。

3. 致胡承志電文[②]

漢口分公司轉胡承志君：合同淳航寄上，盼偕員速來，電復行期。劼寢。

左有李劼人親筆批語：右公電一道。

## 十一　事略

據張挽瀾[③]《本公司之機器業》[④] 及《新世界》短訊整理，個别文字略有調整。標題爲編者所加。張挽瀾時任民生公司船務襄理，受盧作孚委派，主理民生機器廠與總公司之協調溝通事務，1933 年至 1935 年期間與李劼人共事。

李劼人民生機器廠事略

(1933 年）七月八日，民生機械廠廠長李劼人於今日正式接事。

李廠長接事之初，即派藝徒訓練班正副主任張成震、張伯勤二君前去教授工藝常識。

（民國）十八年，職工纔二十人，宿舍與辦公室，均不敷用，乃於江岸建屋五間。到李劼人接廠（民國）二十二年，購買廠西辰州會地，未幾又買原租之羅姓地方，并從事新工廠之建築。

全廠工人藝徒，共達二百七十七名。是年春招收藝徒一班，秋間又招收學徒一班，以期訓練成未來之基本工人。

機器亦大增加，計有車床十六部，鑽床四部，刨床三部，銑床一部，起重機兩部打風機三部，動力機七部，發電機四部。

李劼人在廠第二年，二十三年三月，新翻砂間落成，并將舊機器間後面之石坡開成屋基八十餘方丈，於廠之左側砌就木工間屋基五十餘方丈，工人數量如前。惟四月至十一月間，爲建造本公司之民權輪，曾先後增加臨時工人三十餘名，迄權輪完成即行解約。

又以公司各輪，船艙乏人，更先後調派工廠藝徒三十餘名到各船學習加油，又於事務股

---

① 原稿如此。

② 此件爲新近發現的李劼人手迹，内容爲《李劼人全集》所不載。

③ 張挽瀾（1904—1974），本名張濤，崇慶州人，川大機械科 1930 年畢業，新華實業股份有限公司總經理，二劉戰争後，駕船加盟民生公司。

④ 見民生實業公司十一周年紀念刊編輯委員會編：《民生實業股份有限公司十一周年紀念刊》，民生實業股份有限公司 1937 年。輯入文章 8 篇，其中有張挽瀾《本公司之機器業》。

下，設訓練組，負責管理工徒之各種生活。

機器方面，增加十二尺大刨床一部，五分之一噸冷風機一部，一百三十四馬力柴油引擎一部，資産則由三十萬增加至三十八萬餘元。

李劼人同年主持建造的新翻砂間，係比較整齊之一幢，四周磚壁，上架鐵梁，面包鐵瓦，可容四五十人工作，頗具現代工廠之形勢。

機廠爲打破階級觀念，重視勞工之營養起見，自廠長以至力夫，其伙食之質料，烹調與數量，完全一致，并無厚薄之分。惟計時制外省工友，因不慣於四川口味，特允其回家自食。

民權輪之建造。二十二年，公司以五千元接收太古公司失吉之萬流輪船，由機廠在柴盤子救回建造（時間在十一月枯水季節，李劼人負責）。動工時間，係二十三年二月初間，……因公司限於二十三年年内出川，（按川江水位，不能遲至十一月後）故在修理期間，工作異常緊張。蓋以川省造船，實爲異數，况此修造者，又係空前巨輪，故不能不特加努力耳。是年十月十七日試車、三十一日試水。計其工程，内有十分之八，出自機廠，實開川廠空前未有之造船工程紀録也。

民選輪原係瑞典廠製造之二行程柴油引擎，缺陷甚多，公司决計交機廠改修。自二十三年四月泊廠開工，迄二十四年八月完成試航。結果由渝至叙，需時 52 點 30 分，需油 8220 磅。較之未修改前渝叙需行 56 小時，需油 8960 磅，實爲公司增加莫大之便利。且以後之修理費，亦較前節省，一切皆達於預計之目的，實爲機廠設計上之一成功。

六月二十日，民生廠廠長李劼人長假。

海事新聞：機廠李廠長劼人因病請給長假，公司特調曾任廠長之民主輪陶經理建中繼任。陶廠長已於十九日會同張襄理挽瀾，到廠辦理一切接收事宜矣。

# 1925—1952　嘉樂紙廠

## 一　李劼人自述嘉樂紙廠事

節録自《李劼人自傳》。在這篇一萬二千字的自傳中，傳主花了約一千六百字叙述自己的文學事業，約五百字叙述民生機器廠事，約三千一百字叙述嘉樂紙廠事，占四分之一多的篇幅，足見斯事在其一生中的分量。

1925 年有幾個朋友仍打算辦報，當時的問題便是報紙的紙張，四川衹有手工製的紙張，質料非常不佳，而且極受紙商操縱，不按期交貨，偷工减料，隨時漲價——一句話説完，就是絶不遵守合同。因此我建議，不如先所集資，自己辦個機器紙廠。朋友們大爲高興，叫我約人。我遂寫信，兑路費，把在法國格羅卜造紙專門學校剛畢業的王懷仲約回。商量之後，我們資力不大，費了九牛二虎之力，纔由王懷仲與我把在樂山辦蠶絲業成功的一位陳宛溪老先生説動，他出頭主持，投入資金一萬元，他又約股二萬元。由我們成都方面朋友四面奔走，凑了一萬元，共四萬元。先做一個試驗性的小廠，用稻草、竹子製漿，來造機器紙。

這樣，這個嘉樂紙廠便在一切條件皆未具備的情况下辦了起來。先天既然不足（資本少，在天津訂製的機器又小又不好；必需的配件又要買日本貨，運路長時常接濟不上；没有技術人材，什麽都要王懷仲和他約同一道回國當工程師的梁彬文親自教），而那時長江又在用兵，四川的苛捐雜税又重，造出的紙質量極壞，成本又高。但和洋紙比起來，到底便宜了一半，前途好像是有的，衹是渺茫一點。

資本家信心不堅，不肯再投資。這一下，卻累了我這個發起人，幾年教書、賣文的收入，除家中省儉用費外（我母親是1926年病故的，得年五十九歲。我的女兒李眉，又名遠山，於1925年大暑日出生，這時纔一歲多，所以家用比前更省），全部都拿去支持了嘉樂紙廠，并且還欠了幾千元的債。

我自離開大學，自己生活生活費用已成問題，嘉樂紙廠我更無法兼顧。恰巧陳宛溪老人已死，這工廠衹好關門。

嘉樂紙廠因社會需要機器紙甚亟，而外貨又貴，日本貨便宜，但在“九一八”之後，一般人都不願用。在1932年春季，成都幾家報館曾開會，找我出席，説明要愛國，不用日本紙張；要求嘉樂復工，他們願意全部采用，衹是要先將紙錢講好。那時一令瑞典報派，在上海賣五元，到漢口賣六元，到重慶賣九元，到成都賣十二元；日本報紙在成都每令賣八元，是不能再少。而嘉樂黄色報紙，經他們評定，衹能作價四元半，多一角，算嘉樂不愛國。但經工廠人員仔細算來，不計苛捐雜税和運費，衹計工料，也得五元。雖然和報館的合同未曾簽訂，而樂山一位有氣魄的商人，居然看準了這工業到底有前途，投了資斷不會蝕盡。因此他便有條件的和我們商量，接辦了這廠。

到1935年秋天，我再被約請到樂山開會時，工廠的根基果能遂漸穩固。首先是工人技術比較熟練，許多零件已可找到代用品，尤其是職工把工廠當作了自己的東西。這時還没有公司組織，我主張建全會計制度，有了利潤，先酬職工，再還借賬，再計股款的年息。

到1937年，我的小説《大波》寫到四分之三，嘉樂紙廠也做到收支相抵之外，償還了部分對外借款。

直到1939年5月4日，嘉樂紙廠廠長王懷仲因爲到重慶接收新訂的造紙機（那時大後方衹有嘉樂一家機器造紙廠，抗日戰爭一起，外紙不能來，手工紙不適用，一般人纔知道嘉樂確有前途。於是正式成立股份有限公司，組織董事會，制定章程，增加股本到十六萬元，投資的很踴躍，其他化學工廠也來合作了。因此便向新遷來重慶的順昌鐵工廠訂了兩部造紙機和一切配件，并向美國預訂了相當數量的毛布和銅絲布），在順昌鐵工廠辦事處被日本飛機炸死。我那時是董事長，工廠的責任當然落在我的肩頭。

恰這時，又有壞人窺伺，要吞没工廠，不能吞没，就設法破壞。幸得全體工人保護工廠，幫助我把壞人打敗，强勉把機器接回安裝。但我不是工程人員，在技術方面難於指揮。到年底，我衹好帶着病（嚴重的風濕病，身體的左邊幾乎偏癱），趁飛機到雲南昆明，親去邀請前工程師梁彬文回來當廠長。

梁彬文那時在利昌轉運公司當經理，老婆又是一個不明道理的法國女人，這時正當發國難財的時候，即使梁有事業心要回廠，他老婆也一定不肯。我費盡唇舌，梁彬文方答應兼任廠長，但衹管技術方面；三個月後回廠，住一個月，把技術規程制訂後，還是要回昆明；同時還要求高薪，還要求將來分紅時必特提酬報。我爲了大局，衹好答應，而回來向董事報告時，又要受諸董事的責難。

結果 1940 年暑假中，工廠新機幾乎安裝完了，梁彬文纔回來。不過一周，他父親病故，又回長寧奔喪，從此回昆明，再催再請也不回來。我累得要死，而工廠仍不能上軌道。

拖到 1941 年 4 月，不能再拖，恰好另一造紙工程師陳曉嵐（本任民豐紙廠工程師，在抗戰時回川，約人在重慶辦了一個半機器半手工造紙廠，失敗了），正到樂山籌劃另一造紙廠，我遂約聘他任廠長。他允許了，但條件是：一、重慶那個失敗了的工廠，要折價合并；二、將來嘉興路通，他仍然要回民豐；三、我必須住在工廠，負經濟方面責任。我都答應了，遂由董事會通過我以董事長兼任總經理。

自從 1941 年 6 月 1 號，我便全副精神都投入了這個内憂外患的紙廠中來，到 1943 年 4 月，我第五次由重慶趕回樂山開股東會時，不意又被以前打算吞没破壞嘉樂的那個壞人所復鼓動起幾個不明内情的大股東，在股東會上要我辭去總經理職務，説我年來生意作得不好，應賺的錢不賺，以股東應得的錢照賺了職工。種種責難，我當然辭職，回到成都。

我雖離開樂山，但卻擺脱不了嘉樂紙廠的糾纏，因爲那個壞人本意在吞没紙廠，最低限度也要操縱自如，把我排走之後，次一目標是廠長陳曉嵐。但這一點，卻不爲董事、股東、職員、工人所許，大家都明白，工廠那時的生命在乎技術，若技術無重心，工廠可能要垮——因爲那時四川的機器造紙廠，重慶、宜賓都有了，而且都是官僚買辦資本，經濟力不説了，即設備方面，也强得多。所不能超過嘉樂的就是原料的采用，嘉樂用稻草，成本低，操作技術有經驗，産量多。但是若把重心動摇了，工廠是立不住脚的。加以嘉樂有個良好的風氣，就是賺了錢，股東衹能分得合法利潤，職工的福利必先顧到，更多的錢則用來充實設備。壞人們的打算，當然與此相反，所以到他動摇到工廠重心，工人們早憤慨了，認爲在破壞他們的生活。以前被其利用的幾個大股東也明白了，認爲損到本身利益。大家都派代表，來找我回任總經理。我已厭煩了，不願再和那般壞人去鬥心機，也明知道衹要工人團結，工廠必然存在。爲了工廠，我也衹能在重慶、成都，作些業務上的調度。不過，我到底不是生意人，做起來很苦，而且也屢屢受損。

到 1944 年，恰好利昌公司改組，梁彬文回到成都。我認爲此人既是工程師，又做過幾年經理，做生意的經驗也有的，雖然思想不大純正，或者可以引導他走上正路。於是通過董事會聘梁彬文任總經理，把董事會和公司遷到成都，免被那些壞人操縱。這樣，我被減輕了一些事務上的煩勞。

可是 1945 年抗戰勝利以後，美援物資一傾銷，大後方許多工廠倒閉，嘉樂也就根本動摇。加以陳曉嵐回到嘉興民豐，梁彬文蓄意轉工爲商，我爲了要挽救嘉樂工廠，真不知過了多少關。要團結内部，要抵抗外部，要弄錢維持工廠生命，又要應付那日益混亂的幣制，不使受損太大。

到1948年，梁彬文病死，法國女人要美鈔十萬、黄金千兩，作爲撫卹，算我爲嘉樂受苦到達頂點。

舊文協成都分會仍然存在，每次開會，我任主席，并管理經濟；1948年那次年會，還是在成都嘉樂公司裏召開的。

而1949年這一年，是我公私交迫，躲也不能躲的一個厄年。但是，我没有氣餒，一心一意，衹在設法搶救工廠，直到解放前一月。即是説到1949年的十一月，以工廠而言已到了絶境，停工已經幾月，錢已用罄，全體職工當賣衣物度日。然而解放的光明越來越近，大家之所以咬着牙巴苦苦熬度，就憑了這點希望。

1949年十二月二十八日，成都解放了。工廠堆集如山的紙，没人買，也不敢賣；纔解放，《川西日報》一口氣就買光了，工廠立刻復活。

1952年三月，嘉樂紙廠批准公私合營，自此我纔完全卸除了嘉樂紙廠的責任。在公私合營時，核定資本爲五十萬元，我有股本一萬零二百元。到進入社會主義時，當然都是社會所有了。

## 二 言 論

1. 1924年11月20日《致何魯之》[①] 節録

李劼人致信在法國留學的表親何魯之[②]，詳述自己創辦機器造紙廠的設想。

如今奉托你一樁事，就是王懷仲[③]目前還在法國否？在何處？我歸家不久，曾有一信寄彼，係由華僑協社你名下轉的，信中約他回川來辦造紙廠，此因四川紙業現在已到供不應求的地位上，造土紙的没有大組合，一遇年荒世亂，有些造，有些就不願意造。在夾江一帶，造紙是農家附業，所以出産額并没有一定，而且也難於改良，即以新聞紙一項而論，合成渝兩地算來每日總在二萬張上下，渝城用外貨較便，但由上海運來，加上運費、保險費、兵匪所抽的費，商人的利息等等，業已比上海貴多了，若運到成都更貴不可言，其餘如包裹紙、貢川紙等既不好又缺乏。我一回川，即有人問我熟人中有能造紙的否？我便想及了王懷仲，大家遂托我寫信給他，打算約他回川來辦這項實業。這事是合股制，由我一手組織，目前衹要得老王回信，有踏實把握，三四千元的基本股可一呼而集，這筆錢我就打算拿來托老王辦機器，以及他的盤費，其後再集二萬元的活動股，拿來開辦，不够還可再多募幾文。對於募股一事，有幾個人很有把握，將來經理一席，即由我擔任，而製造一事則一概委之老王。我

① 李劼人：《書信》，《李劼人全集》第十卷，四川文藝出版社2011年，第12—13頁。

② 何魯之（1891—1968），成都市人，史學家。李劼人之表親，同赴法國勤工儉學。

③ 即王璐。王璐，字懷仲，四川眉山人，造紙工程師，嘉樂造紙廠發起人之一。早年赴法勤工儉學。1939年日機轟炸重慶時遇難。

當時給他寫信時，就寫得很詳細，并列了多少條款，請他仔細思量後做一篇計劃書寄回來，然而至今已二月餘，尚未得他片紙回音，大家都很盼望的，屢次促我再寫信問問。我想，就寫信也得從老兄處轉，不如就請你順便通知他一聲，問他：我的信他收到否？他的意思到底怎樣？如其他不幹，老兄夾袋中可有極可相信的内行人才否？此事最正經最要緊，關於四川的實業，關於我將來在社會上活動的初基，望老兄仔細審度之後，看如何方能助我一臂。不過有一句話須説在先，所邀約的人才幹自然是要内行而又内行，人品也得注意，是要安心本行内做事，不見異思遷，不妄想作官，不妄想依附軍人的纔行，不然黎純一、胡國猶也都是造紙學校畢業的，何以現今祇藉着留學生皮毛，仰軍人之鼻息而作惡於社會呢？

2.《少年中國學會改組委員會調查表》[①] 節録（1925 年 9 月 4 日）

1925 年 9 月 4 日李劼人填寫《少年中國學會改組委員會調查表》，在“入會以後的簡單經歷”的“事業”欄内填寫了以下内容，原件藏李劼人故居博物館。

近正在成都方面集資組織造紙公司，擬作中國西南部文化運動之踏實基礎。

3. 説説嘉樂紙廠的來踪[②]（1935 年 12 月 30 日）

原載 1936 年 1 月 1 日成都《新新新聞·元旦增刊》，詳述嘉樂紙廠的創始階段：發起因由、發起人、股本構成、技術人員、場地設備、初期營運，當時興辦實業的熱切氛圍躍然紙上，其中盧作孚的態度引人玩味。原版錯訛較多，由曹治煒整理。

話説中華民國十三年秋，小可看了一場西洋鏡之後，葉落歸根，依然精赤條條跑回這九里三分的成都來時，在前六年與幾個朋友共同辦理的川報，還未被楊督理子惠先生封閉，仍一天兩大張地在印行。而令小可深爲慨嘆的，則是自從民國五年，因爲洋紙缺乏漲價之後，暫時采用的夾江的土紙，八年了，還暫時地在采用。

於是有一點心血來潮，忍不住，向川報的主辦人宋師度[③]先生談及：“四川有這麼多的造紙原料，而新聞紙的需要又如此其重要，何以自周孝懷先生開辦的進化紙廠失敗以後，再没有人繼起來幹這種實業？我們雖然都是窮酸，何不張開口來喊一喊，或許喊得出幾位有力量的熱心人來，開上一個機器紙廠，也算積了一點陰功！”

宋先生好不熱心，登時就問我在法國的中國朋友中，有没有學造紙的。

我説：“如何没有呢？與我同時去法國的王懷仲先生，就在格羅白城造紙專門學校畢了業，并且在工廠裏實習了一年多，現正在回國途中。祇不知他先生願不願意回來？”

宋先生一面就叫我發信招呼王先生回川，一面就先約同盧作孚先生、李澄波[④]先生、鄭璧成

---

① 此件不載於《李劼人全集》。

② 李劼人：《散文》，《李劼人全集》第七卷，四川文藝出版社 2011 年，第 306—312 頁。

③ 宋師度，四川眉山人，川報創辦人，嘉樂紙廠發起人之一，董事、股東。曾任民生公司總務處經理。

④ 李澄波（1872—1961），四川新津人，1953 年入四川省文史研究館。前清增、貢生。曾任志誠法政學校、四川大學農學院教師，《國民公報》主筆。

先生、楊雲從先生、劉星垣[1]先生，還有一位講社會民主主義、數年前在普陀海浴、死於海水的孫卓章[2]先生，來做發起人，提倡在百廢俱興的當日的四川，實現一個理想的機器造紙廠。

到民國十四年八月，雖然宋先生主辦的川報，在頭一年十一月，因爲楊督理的秘書長黎純一先生，仿照歐美流行辦法，將爲他的同學同事而又是至好朋友的喻正衡先生，在川報上替登了一條求婚啓事，被一位樊學圃先生看見，認爲過於肉麻，於是乘着酒性，便照樣擬了一條一個女性的求婚廣告，而條件内最重要的，則是要男的日服威古龍丸若干——小可見少識寡，至今不知威古龍丸是一種什麽樣的丸藥，吃了，而於女的發生什麽樣的效果。——而川報的發行某先生又太老實了，老實到不解此種廣告，是一回什麽事，竟自照章收了費，交到排字房印出來。於是乎這藥綫便點燃了，於是乎宋先生、劉筱卿先生連同小可，一并着憲兵大隊長袁葆初先生，奉令派兵押去，説是要重笞。其實衹關在副官室優待了幾天，得虧盧作孚先生委婉説情，纔各自滚回去吃各人的老米飯，而川報則如此壽終正寢。

雖然，在十四年六月，盧作孚、鄭璧成兩先生也離去通俗教育館，而往合川辦理電燈，辦理輪船去了。

但是王懷仲先生卻在江、浙等處把各紙廠調查了一番，回來了。而各位發起人則仍然在做着機器造紙的大夢。

那時發起人又加了程宇春先生、陳子立先生、朱良輔先生、鍾繼豪先生，和民國十六年，想嘗試物資文明的滋味、不幸汽船在下重慶的瓷器口翻了、而死於河水的陳岳安先生。這些人中，除了盧作孚先生、孫卓章先生不曾認股外，大家便認起股來，多者一千元，少則五百元，頂少的二百五十元。

但是大家還不敢冒昧從事哩。一面請王先生做了一個計劃書，按照極簡單的設置，説是要三萬元的資本，一面定名爲萬基機器造紙公司籌備會；一面請王先生到夾江、洪雅、嘉定一帶去調查原料出産，及製造廠地。

事隔一個多月，王先生來信説，在嘉定晤見吾川赤手興家的實業大家陳宛溪老先生，對於機器造紙極端贊成并願出極大資本，請省方同人不必再招零星小股，其詳情俟彼返省面告。

陳宛溪老先生的確是四川一個了不起的人物。他是三臺縣的一位秀才，榜篆開沚[3]。本來是位寒士，三十幾歲上還在鄉間教私館，那時提倡實業的風氣尚未大盛，而他老先生竟能看見田間一株野桑，而興感到蠶桑大利。後來便以薄田數畝押制錢四百串，一手一脚，排除鄉里疵議，居然做成了一番事業。又得前清勸業道周孝懷先生的大助，以及前清名御史榮縣趙堯生先生的鼓吹，以及他老先生能以文學寫出他實際經驗的著述，於是名聲日大，事功日成，中間也曾受過無算波折，而到民國年間，除了潼川的裨農絲廠外，居然還在嘉定獨立經營了一個規模宏大的華新絲廠。在民國十一年後，資産達到一百餘萬。在民國十四年，他已

---

① 劉星垣（1891—1978），成都人，早年赴英伯明翰大學，1921 年學成回國後任川大、華西教授，1949 年後曾任四川省工商廳副廳長等職，擔任農工民主黨四川省委主任。

② 與作者同船赴法勤工儉學之同鄉同學。

③ 榜篆，對别人名字的敬稱。

六十多歲了，竟能把他的敏銳老眼，從當時還未顯現衰象的絲業環境中，轉移到機器造紙上來，這是何等可令人佩服的地方。

省城一些有志無力的窮酸朋友聽得這消息，是何等的歡喜，姑且按下不表。

我哩，則等到民國十五年三月，王懷仲先生從他眉州故鄉返省，邀約一般股東，大吃了一頓，順便商量，公舉何人偕同王先生到嘉定去與陳宛溪先生接頭，好仰仗他的力量，實現我們的妄夢。那時衆人都有事，不能分身，這趟好差事，不幸就加到小可身上。

王先生與我是坐民船去的，落脚在與華新絲廠相去二里之遥的嘉裕碱廠中。第一個晤面的是碱廠總帳黄遠謀先生，第二個是碱廠經理樂山縣商會會長施步階先生，這兩位先生，也是空拳赤手奮鬥成功，至今還在路上競走的豪傑哩。要大略寫出，又不免是一長篇，并且要述説一下我到嘉定與諸君會商的情形，也未免太煩，暫時煞住了罷。

次日走往絲廠去見陳先生——王先生因爲家事，船過眉州，便上岸去了，小可到嘉定，完全是憑了他幾封介紹信去的。我初没有料到這位猶然保存着書生面目，毫無通商口岸一般大亨們應有的驕妄愚庸，而身材瘦小到比我這僅够尺碼的身材還更矮的老資本家、老實業家，看了我第一面，彼此一揖之後，開口第一句，纔是"啊！李先生，我等得好苦呀！"

我們兩個從年齡到一切什麽相去如此不侔的一老一少，居然談得那麽的投合，那麽的有味，至今整十年了，回思起來，尚覺詫異。

跟着就會見宛溪先生的第二位賢郎陳光玉先生，這是幫助宛溪先生成功的一位實驗事業家。跟着就偕同宛溪先生進城區去會見有力量的張富安先生，以及當時的郵政局局長，爲人極其幹練而通達的陳漸逵先生，以及任過旅長而毫無氣息的陳紫光先生，於是機器造紙一事便漸漸轉爲了一時的談資。

陳宛溪先生與我的意見頂一致的就是：鑒於進化紙廠的失敗，我們應該踏實做去，第一不要鋪張，第二須從小處着手，第三待工匠等的藝術練習熟了，工程師的學問踏實得加入了經驗，然後再擴張起來。復將王先生所擬的計劃書一一地核實審定，計算頭一步試驗工作，連廠地連機器，至少要五萬元。陳老先生首先認股一萬元，張富安先生認股一萬元，外在嘉定募股一萬元，由陳老先生負責，省城與眉州方面共募股二萬元，由小可與王先生負責。公推陳老先生爲籌備主任，并將萬基紙廠之名，由陳老先生改定爲嘉樂紙廠。

（此稿本想如此地寫下去，不謂纔將上段寫出，便因無聊的應酬耽擱下來，一擱就是三天，交稿之期，已迫得祇有半天了，如何還能容我這樣牽枝帶葉的？寫好罷長言不如短語，下面祇好畫一個輪廓，待有時日，再細細地説與諸公聽者！）

嘉樂紙廠造紙的原料，采用稻草七成，竹麻三成。這兩種值錢不多，附原料則是嘉裕碱廠的燒碱，那就值價了，貴時每百斤十六元，賤時亦不下十三元，每天用碱三四百斤不等。此外耗費最大的，就是煤炭，平均每日要燒四十元上下。

嘉樂紙廠的廠地，是一個廢置了的燒碱廠①廠地，連同房屋鍋缸等作價一萬元加入股本。

① 原樂山蜀新碱廠。——編者注

嘉樂紙廠的造紙機，是天津一個小鐵工廠承製的，又粗糙，又簡單，又小，作爲試驗之用則可，以之營業，則吃虧絶大，其餘如發動機，碾漿機，洗漿機，蒸稻草的汽鍋，都是在上海配置的。鍋爐二部，都是極陳舊的卧式圓筒鍋爐，極其費炭。

民國十六年夏，全部機器運回，因爲是時長江不靖，運費吃了絶大的虧，所幸還未受有意外損失，衹是因了某種原因故，未將造紙機上必要的銅絲布與氈子配够，試了半月，粗糙的漂白新聞紙雖造出了一些，而銅絲布與氈子則壞，全廠停工等候新貨之到，把所餘的幾千元活動資本損失乾净，這是嘉樂紙廠開張鴻發的第一個打擊。

到了民國十七年，第二次開工時，本應該加以擴充的了至少也應增加活動資本萬元上下，方足以資周轉的，卻又因了不少的原故，第一個使有力量的張富安先生冷淡下來，第二個使陳宛溪老先生也不大起勁了，一個重擔子又不幸的壓在小可肩上。這一年直把小可壓得骨斷筋拆，而紙廠則終日在鬧窮，終年在鬧氈子不够使用，如此一直弄到十八年夏，小可出省游歷，纔將一副重擔强迫交與陳光玉先生去乘位。

到民國十九年春，紙廠仍是停頓着在。開工哩，不但没有錢，而且還有許多的債。别人欠的紙價，卻收不到。不開工哩，社會上卻已有了這種需要，彼時洋紙仍是很貴，土紙仍是鬆濫，大家投了五六萬元的資，既已略有成績，如此收下未免可惜，也未免對不住人。小可曾與好幾位發起人爲這事直弄得好幾日食不甘味，心上很難過。

後來，又大家約到嘉定商量了一度，以爲就要破産，也無産可破，不得已衹好又凑出幾千元來，强求施步階先生出任經理一職，仍由王懷仲工程師指揮工作繼續起來。

但是情形很是欠佳，一方面資本太小，機器太不行，出品太不如意，成本太高。一方面受着苛捐雜税的影響，以及跌價、倒賬種種的不景氣。拖到民國二十年，又不得已第二次關門大吉，不僅資本蝕得罄净，并外欠了上萬的債。

彼時，二十四軍正在提倡實業，大家頗有意思將全廠折成出讓，“成功不必在我”，而衹求成功，但是接觸了幾次頭，不行。

後來因爲大家的鼓吹，施步階先生衹好陷入重圍，設法將工作恢復。從那一次起，大家給施先生幫忙之處更少。至今，聞説施先生已爲紙廠拉賬達一萬數千元，而售紙所入，僅够周轉，所不幸的，就是倒賬户頭太多，致令早想增加的東西，還不能買，早想改善的東西，也遲不能置備。

現在工程師王懷仲先生正本其十年苦幹的經驗，作了一個踏實的擴充計劃，大概得資十數萬元便可日出上等新聞紙若干噸，或許這是一個轉機。且等他的計劃拿來，再在報紙上披露，要是能够感格有力量人的熱心，那嗎，我們的十年舊夢未始没有實現的一天。

## 三 營 銷

沈迪群[①]爲嘉樂紙廠重慶分公司經理，主管銷售。李劼人與他的這些通信[②]，可以看出李劼人的營銷理念和策略，也即信中講求之“生意經”也。原件存樂山檔案館，無標點，由曹治煒標點整理。

1.1946 年 1 月 18 日致沈迪群

迪群君足下：

一月十四日函，今日收到，款既兑出，應由足下直函王明毅君知之，我紙省方銷場，現亦被中國廠白紙奪去一半，非速改製白紙不能生存。我已數函梁總經理促回設法，望再由足下函電催促之，當更有效。至我本色紙，不宜提價，仍以三·一四五元一令爲準，在此情形中，應以低價争取銷場，切勿因爲一有生意，即便提價，此自殺之道也。《商務日報》價太低，可提，至要至要。此致，即頌

近安！

李劼人頓首

一月十八日

2.1946 年 12 月 11 日《致沈迪群》

迪群仁兄鑒：

十日來電悉。尚未得信，迄不知《大公報》正在與我接頭之際，何以又來零購二〇四令。或者該報不擬長期改用歟，抑或先零購少數，以作議價之根據歟，皆不可知也。要之，此次作價至三萬一千以上，殊有成績，倘該報再來提説長期供應事宜，告以來省向總公司接頭，而渝方勿遽與談説也；蒸球款二百萬元，即可清償，不必再議以紙張作抵矣。再，我紙售價，一方自是根據製造成本，而同時仍以中國廠造白報紙爲研究之對象。今查該廠白報紙在省市價，每令爲五萬五千元，自運自用則其價爲四萬三四千元，風聞其在宜賓廠内價爲三萬八千元，不知其在渝城售價究爲若干，報館采用，實價若干，務望設法探聽。至少每周報一次。再渝城方面之洋紙、土報紙、銅梁紙、萬縣紙，都宜將市價每周一報，以便總公司明瞭情形，隨時斟酌售價。至要至要。專此，即頌刻綏。

李劼人頓首

十二月十一日

3.1947 年 2 月 5 日《致沈迪群》

迪群君足下：

---

① 沈迪群（1907—1949），四川南充人，中共黨員，文化工作者。時在嘉樂紙廠重慶分公司主管銷售。1948 年 8 月被捕，1949 年 10 月被害於重慶渣滓洞。

② 李劼人：《書信》，《李劼人全集》第十卷，四川文藝出版社 2011 年，第 58—75 頁。

一月廿九以後函電均悉。昨日雲集協理有電及快信來渝，希一切照辦。目前因洋紙恐慌，上海報紙價每令已達五萬元。將來川省一切用紙，大都不能外求，而必求之四川，故我紙前途并不黯淡，求售不必如過去之切，加以自去年底以來，各物暴漲，工廠支出陡增，以現在成本算來，每令非三萬六七千元不辦。《商務日報》開價，遠在成本之下，可以不必供應，倘照人情言，則在三萬五千元以下，可以不售。倘《大公報》《新民》各報采用，數量多，時間久，不妨另議。（但絶不能一次將售價議定，衹可答應供應數量，紙則必需按月照市價予以折扣可也。）目前我紙廠價已定爲四萬，蓉市四萬二千元，報館用在二百令者九五折，五百令以上者九折，乃至另議；渝方零售不能下於四萬，不上二百令者，折扣不宜太大。總之，比照中國廠紙，每令少萬元，乃至萬二三千元可也，預貨最好不賣，二底期貨，不能超過五百令。廠紙必在二月半運出，汽車運太貴，不宜。如宜賓天元廠已出貨，則漂粉宜購宜貨，以運費可減一半，請即探明購入，爲要。此頌

近安

李劼人頓首

二月五日

設宜賓天元廠猶未出貨或出貨期太遲，則仍在渝購，并以船運方案爲宜。

4.1947 年 2 月 7 日《致沈迪群》

迪群君足下：

去年工廠存紙全運省，故渝莊所需紙，須待二月份新造者。工廠報來，自二月二日第一號紙機開工，每日本可出紙五十令，乃以井水太枯，機器有毛病，不能順暢開動，而自七日起，岷江電廠又須停工七天，作大修理，而我廠第三號機，亦在大修理中，故二月半以前，産紙實有限。但算來，在二月六日止，仍將有二百令，已飛函令廠限於二月九日前雇船搭運來渝，如無耽延，則二月半間可以運到。現省存紙亦衹一千一百令，僅足供省方之需，不但不能分出運渝，再而成渝汽車運費每噸三十萬元，連同上下起力，每令將加七千元上下，現實際成本，每令爲三萬五千元，在省零售爲四萬二千元，萬一售有折扣，自九五至九折，算來，略有利潤；而在重慶，恐難實收三萬七八千元，若連成本及汽車費加上，每令爲四萬二千元，則是多售一令，多損失數千至萬元，此非生意經也；故汽車運濟一層，萬難辦到，何况存紙實少，趁此將紙提一提，未始非善也。至職工薪津，將行調整，暫時苦撑，必有辦法。此頌

近安！

李劼人頓首

二月七日

5.1947 年 2 月 8 日《致沈迪群》

迪群君足下：

七日電悉。但何以前來電衹説有人擬購預貨，而不説是《大公報》，足下蓋不知外紙已荒，上海洋報紙已漲至每令六萬五千元，根據上海《大公報》二月五日第二張價目表可查。尚有續漲之勢。其原因：一爲洋紙缺貨，將來運華之量大減；二爲美匯高漲，購貨成本已

高；三爲外紙購運已統制，所請外匯不易。有此三因，故洋紙將來必難運川。不惟在川印刷品將有盡采川紙之勢，即曾在上海印刷之件，若内銷教科書及雜志等，亦將迫至不能不在川省印刷，而采用川紙，此川紙趨於活躍之一因。其次，即因土報紙之漲價，重慶熟料紙漲達二萬八千元，若將缺數破爛加入，則足抵我紙一令之用者，實須三萬三千六百元矣；而夾江土報紙之價，尚在熟料紙之上，最近蓉市售價已至三萬八千元，與我紙等矣，故各報社、各印刷廠苟迫至必采用川紙。而在熟料紙、夾江紙與我紙斟酌之間，勢必寧用我紙，其故爲：一、訂貨交貨有信用，可顧及買主應用時之時間；二、不必一次躉購幾萬令，或交信金三分之二，至低可省三個月之月息；三、用我紙可較省人工；四、我紙衹色彩不好，而質地實較中國廠白報紙有韌性，而價又較廉。以此之故，《大公報》乃漸能掉頭而購我紙，且以趨勢觀之，將來《新民報》《新華日報》乃至七聯書局，皆可能采用我紙一部分。風氣一轉，黄色而有韌性之我紙，且又有吃香之一日，故重慶銷場，可能好轉。不過，我紙因原物燃電各料陡漲，成本亦日比日高，即以職工薪津火食米貼言，在本年一月份，已開支一千九百萬元，近以生活高昂，又决自二月份起，將全體薪津增加百分之四十（將有正式通知來），如此則自二月份起，單此一項開支便達二千五百餘萬元。若將其餘加上（岷江電費已加至每度二百六十元，一部紙機開工，每月需四萬度，嘉裕土造碱，每噸達二百二十萬元，永利碱折合之，爲每噸三百萬元。一部紙機開工，每月需碱七噸，餘可類推），則每月造紙二千令，需費八千萬元，實際成本爲每令四萬元也。然前此在渝在蓉，所以售價不敢提高，即在成本以下，亦須忍痛售之者，一爲存貨多，供過於求，百物皆低，不售徒背月息，故在前時機未轉時，是衹圖銷去，不計成本錢也；二爲洋紙價廉物美，業已充斥市場，中國廠白報紙又出而應市，售價不高，雖不好但色白，一時風氣所趨，皆求用白紙，而中國廠紙實爲我紙大敵，故不能不抑低售價，以争銷場。此是以往形勢，今後之作法則不如是，請注意者，第一，爲中國廠紙中元廠紙之市價，必須隨時探聽，多方探聽，一有變動，即以電告，以使總處計算成本，計算售價；第二，爲生熟料紙之售價，以及中國中元化工生熟料紙銷售之情形如何；第三，市場上需要情形如何（此一點，必須切實打聽，切實觀察而估量之，總之，耳目要長）隨時報知，以便總處斟酌情形，預配銷額，以及斟酌應否加開一部或二部紙機。若梁總經理能早回，且可續造白紙應市，設若有大量訂户，在四五千令之額，不可在渝决定，必須函告總處，斟酌價額條款。大概本廠單開第三號紙機，每月額産二千令，至大量可到二千三百令；加開第一號紙機，每月可增産一千二百令，至大量可到一千五百令；再加開第二號紙機，亦如第一號機，每月又可增之産在一千二百令至一千五百令也。生意平淡，則衹開第三號機，其成本如上算，每令在四萬元上下；加開第一號機，成本便可減低，每令大約在三萬七千元上下；倘再加開第二號機，則成本又可減低，每令可望抑至三萬五千元。但此種算法，是以目前物價爲準，將來物價變動，又當别論。算來本公司三機同開，每月可産四千四百令，至大量可到五千二三百令，故有大批定貨，則每令三萬八千元，在河邊交貨，亦可做得，所怕便是銷路少，而價又提不起耳。目前第三號機，正在大修理中，何時可以修好開工，不可知，此由梁總經理遲遲不回，而廠中負責人又在辭職中，無内行去提調監督之故。

自二月二日起，暫開第一號機工作，每日本可產五十令，乃因水之不够，及機器時有毛病，預計每日僅可產三十幾令耳。恰又因廠中存紙一百餘令，已爲自流井内江各商買去，故一時無紙下運。但已連連去信，嚴令於二月十日前趕運二百令來渝，至遲在二月十七八日可到。又因自二月七日起至二月十三日止，一周間，岷江電廠停工大修理，本廠不能工作，必至二月十四日起，方能續造，但又已去信，嚴令在二月廿七日前，趕速再運四百令來渝，大約三月五六日可到。如是，則《大公報》用紙，可不致誤期（因該報五百令，斷難一周用完，能在二月底先交一百令，或一百五十令即可）。除此外，并令廠中再續運四百令來渝，以應銷場，以後運多運少，便需看重慶之銷路如何而後定之。至以汽車運渝，萬難辦到，已見昨函，不再贅。渝莊款項，除購漂粉外，可全匯蓉，已見今電，諒已接到矣。專此，即頌

刻綏！

李劼人頓首

二月八日

紙未運渝時，暫停售預貨。　雲集批

6. 1947 年 2 月 20 日《致沈迪群》

迪群君足下：

余以天雨泥濘，自二月十三日起，直一周未曾進城，至二月二十日，方强勉到公司，但足下一切函電則都悉知，應作復者，都已作復，衹十九日一函，因我牙疾復發，痛不可忍，乃函請程協理代復，至於競争售預貨事，已歷見前函，最好是毁約。（本來係殷君之强迫行爲，不近人情，何能説到訂約。夫訂約，必應雙方談得心甘情願而後可。况殷君既在公司服過務，豈不知公司向例，出售預貨，非總經理及總公司不能有簽約之責耶。即令對簿，彼必不勝也。）因顧及足下信實起見，不得已衹改售一百令，再不得已，加五十令，至矣盡矣。餘事已見前各函，兹不贅。至總經理之非待飛機復航不回，决非辦法。前日曾去一電，囑其改乘汽車回川，因工廠現已停頓，非其回不能推動，但此電今日被退回，批復昆明無此人，殊令人詫異。盼即刻由渝去一急電催之，仍請其即乘汽車回川。此間亦將再到電局查詢，并再電催之。匆此，即頌

刻安

李劼人　頓首

卅六年二月廿日

永利純碱，希再去探價，苟每噸仍爲二百一十五萬，則公司决購十噸。渝莊錢可盡付之，倘不够，來電，當由省兑來。

7. 1947 年 2 月 24 日《致沈迪群》

迪群君足下：

二月廿一日來函，悉工廠情形太不好，非待梁總經理去廠，不能説整頓，更説不上造白紙應市。自二月份起，岷江電費加到四百九十元六角一度（連綫路損失費百分之十在内），而煤炭及運費亦加一倍，其餘費用，無不自百分之四十加到百分之百，故核計我紙實在成

本，以目前物價計，每令約爲五萬元，外加運渝之運保各費，於此，足下便可計算我紙在渝市應該實售若干，方能説得合法利潤。正式致《大公報》函，附來，可即斟酌轉去。前日得廠中二月十八日發信云："預計渝處本底需要之五百令，實難運清。現正雇小舟，定二十日前後先運三百令至渝，其餘二百令，若紙車無問題，或於廿五六日間方可再運。"如此，則二月底前後先有三百令抵渝，《大公報》可付二百令，恒益火柴廠付一百令，清，再到之二百令，可斟酌續付《大公報》一百令，以一百令應市，或應《商務日報》之需（但其價决不能在五萬二千元之下，務看清上説成本一節）。日前已函廠，囑於五百令外，再陸續運五百令來渝，大約三月廿日前後，即可全數運渝一千令也。以後再看市情如何，再運，希勿蹈去年覆轍爲幸。工廠來函又云，去年所進行之工貸二億元，已由樂山交行通知，云核准一億元，但款項提用，尚需時日，因有某種手續尚待辦清也。余已去函，切囑此款不能别用，限用於修復清水池（備造白紙用），購買一百 KVA 方棚①一具，五十馬力之馬達一具，足用之全部電料，及漂白粉等。按方棚、馬達、電料、漂粉，皆須在渝購買，可即托人物色，待梁總經理回渝决之。（可即將此消息航快告總經理，并催其速返，此間又有電催之。）昨又得陳曉嵐董事二月五日航函相告，所有在上海、美國所購之裁紙刀片、毛毯、橡皮滚筒等，已於二月四日交保寧輪直航重慶，提單等件，已直寄渝號，由今算來，保寧輪至渝，當在近日。廠中所急需者爲毛毯，苟各件提到，可將毛毯提出二床，交麻鄉約②汽車運廠，餘件可交船運。陳君又函告，中央紙廠已售出，爲中元、天元合伙購得，實價十億元，可探聽確否。至銷場暫時停頓，爲應有現象，至紙之需要量，將來四川衹有激增，此因洋紙不易進口，售價運費過高，許多印刷品皆將逐漸移至後方，以人工現較便宜，又可省運費故也。與同業不妨接近，尤其中元，但公司情形，不能全部泄露，制造成本之高，不妨大加宣傳。《新民報》所需卷筒紙正商議，明後日可回信。此頌

近安

李劼人　頓首

二月廿四日

8. 1947 年 2 月 25 日《致沈迪群》

迪群君足下：

昨函諒達。關於《新民報》訂購捲筒紙事，由程協理徑復，兹不贅。二月廿一日來信，後稱余家巷房屋房主要賣，對外喊價五千萬元，有人來洽，如我公司買，衹要四千五百萬元（連地皮）云云。不知所云要賣者，是否全部兩幢樓房，抑或衹是公司所佃住之一幢？再，買得後同居各家有無問題，且各家租佃期限如何？再，譚謙六方面可能遷走否？上面一幢之佃户爲誰，有無糾葛，將來可能遷走否？都需詢問確實，而最要者，必須先取得賣主之托

---

① 由漿到紙的成型裝置。

② 明末清初，湖北麻城農民遷川，每推選人員回鄉探望，往返帶送土特産和信件，相傳賴當時之麻鄉約送交（"麻"，指麻城，"鄉約"，相當於後來的保、甲長職）。清末民初，綦江人陳洪義創辦民間郵遞運業"大幫信輪行"，人感其高效誠信，如昔日"麻鄉約"再現，加之陳氏面生麻子，遂呼"麻鄉約"，後盛於川、滇、黔。

約，寄省，再作商量。苟係全部，而譚謙六能遷讓，而上面一幢之佃期不强續訂，則此房可買也，不過，在總處決定之前，不能遂向賣主下斷語耳，至要至要。至南岸廠房，若果加租，則通知各佃户平均擔任，我公司不從中取利，已爲仁至義盡。其實，亦應該從中取得相當費用，以爲賠修之需，方算人情，市行房子，自然衹好待總經理歸後再理矣。此復，即頌

刻安

李劼人　頓首

二月廿五日

9.1947 年 3 月 4 日《致沈迪群》

迪群君足下：

……再者[1]，樂山函報工貸一億元已成，最近即可取用。請即物色一百 KVA 方棚一具，五十馬力之馬達一具（滑環式）或二十五馬力之馬達二具（也要滑環式），待總經理回即決買。

最近我紙成本頗高，每令在五萬二千元上下，故現定廠價六萬二千元，有折扣。蓉售價每令六萬四千元，亦有折扣，零售無折扣，大約平均實收每令爲五萬七千元。重慶方面情形不同，可斟酌之，但實收總須在七萬元之八折上下，斷不能再低。要之，與中元、中國兩廠之紙價相差在一萬五至二萬二之間即可也。

李劼人　頓首

三月四日

10.1947 年 3 月 8 日《致沈迪群》

迪群君足下：

三月三日夜函，三月七日收到。除昨已匆答一事外（即保寧輪事，今日又發一航快信去上海陳廠長處查詢矣），兹再答其餘所言如下：一、《新民報》訂紙事，聽其思考可也；二、凡物在暴漲後，必有相當時間之停滯現象，好在我廠三號機在三月十二日方能試機，究在何日暢快出紙尚不能定，且毛布衹餘一床，在勢亦不能暢出也，暫觀形勢自是辦法；三、下江方面入川購紙，恐係事實，盼切實打聽，若果是事實，則大家皆有出路矣；四、造全開紙并不難，而難在包扎，雖在運輸時不免損失，此事須待總經理到廠後研究之；五、公司在渝自應求得一合宜永久之房子，童姓房主處，不妨使人間接授意，倘彼真欲以四千二三百萬元出售（須一切包括在内），公司决意購之。如彼果真不願，自然衹好另外物色，多方托人，多方打探，不一定要在鬧區，衹需出入方便，接近市區，而房子結實，地面稍寬者，皆可。不過價錢不能太大，如良厦索價至一萬五千萬，則力不能任，江家巷之鋪面，可不必論，太平門之小棟洋房，要價三千萬之譜，則不妨看看，彼處亦不算過僻也。專此，即頌

刻安

李劼人　頓首

三月八日

---

[1] 此函前半部分較長，以一家事相托，與主題無關，故省略。

工貸一億元，月息四分九，連同保險費算入，月息爲六分。除内報緊急工貸二千五百萬元外（原爲三千萬，已還過五百萬），實得七千五百萬元，已購水泥二百桶，去一千二百餘萬元，又付一月份電費及工資外，現僅餘五千萬元之譜，已去函囑再購煤二百噸，餘購宜賓之漂粉及液體碱。算來，此次工貸之款即便用完，至方棚馬達等，仍須購買，衹好另自籌。

## 四 公 牍

此爲新近發現的幾件史料，原件存李劼人故居博物館和樂山檔案館。無標點，由曾智中標點整理。

1. 1940 年 2 月 24 日國立北平故宫博物院樂山辦事處致嘉樂紙廠

逕啓者：

因整理文物，需用貴廠出品嘉樂紙爲數甚多。日前曾向貴廠采購，據稱須有需用機關函件證明，方可照售。兹特備函商購五百張，以應急需。即希

臺洽，是荷

此致

嘉樂紙廠

國立北平故宫博物院樂山辦事處

（章）

中華民國二十九年二月二十四日

左有嘉樂紙廠批語：發出新聞紙二百五十張

2. 1940 年 3 月 13 日國立北平故宫博物院樂山辦事處再函嘉樂紙廠

逕啓者：

前向貴廠訂購嘉樂紙伍百張，當已取得半數，尚有貳百伍十張。特再當面向購，務祈

臺洽，售與爲荷

此致

嘉樂紙廠

國立北平故宫博物院樂山辦事處

（章）

中華民國二十九年年三月十三日

左有嘉樂紙廠批語：售出貳百伍十張

3. 1942 年 4 月 1 日中華文藝界抗敵協會成都分會致嘉樂制紙公司董事會

敬啓者：

前承捐贈敝會大批嘉樂紙，深爲感佩。除將該項贈品，按時印行《筆陣》外，并在每期底頁爲貴公司刊登全幅廣告，藉酬隆誼。弟悉貴公司備有補助文化團體基金一種，用是不避厭煩，敬希繼續爲國家略盡筆墨誅伐之勞。

毋任感禱

專上

嘉樂製紙公司董事會

中華文藝界抗敵協會成都分會　啓

三三、四、一

4. 民國三十七年（1948）六月至民國三十八年（1949）四月底嘉樂紙廠資助教育單位、文化團體清單①

至三十七年六月起，月助：

樹德中學三百萬元；

醇化中學二百萬元；

敬業中學二百萬元；

成公中學一百五十萬元；

浙蓉中學一百五十萬元；

建本小學八十萬元；

孤兒院二百萬元②；

復興小學一百萬元；

兑陽小學八十萬元；

成都文協六十萬元。

屆至三十八年四月底爲止。以後捐助數目，待三十八年四月股會後再議。

5. 簡訊一則③

嘉樂紙廠職工帶頭

廠方自動提出捐獻

預計勞資雙方可捐款千萬元

【本報樂山訊】私營嘉樂製紙廠職工，爲了響應上海總工會“呼籲全國工人弟兄救濟上海因蔣匪美帝長期封鎖轟炸而遭失業工人”的號召，通過了具體援助的辦法。四月廿一日晚，職工學習會在學習之前，由職工代表鄭錦江提出了這一件事情，并詳述關於上海總工會所發號召的內容與“嘉樂”工人應該表示的同情和援助後，會中即有人提議，響應北京工人

① 此爲新近發現的李劼人手迹，爲《李劼人全集》所不載。

② 1926年前，樂山孤兒院在順城街，大門横額“孤兒院”由趙熙題寫。第一任董事長楊新泉，是樂山著名商號“德興隆”的老板，於1928年將其辦成一所完全小學，改名爲“樂山私立孤兒院附屬小學”。孤小又正巧在嘉樂紙廠旁邊，1940年楊新泉家遭遇兩次重大損失，辦學資金遇到重大困難，嘉樂紙廠董事會决定捐資辦學，幫助學校維持正常教學。抗日戰爭勝利時孤小就全部移交給嘉樂紙廠。李劼人定期到樂山，除紙廠運營之外，還關心小學的教學，及時處理辦辦學中的問題，使孤小師資、校舍、生源、教學質量都處於樂山小學前茅。特别是每一次樂山縣小學會考，孤小學生成績都名列第一，成爲樂山一種文化現象。1952年公私合營，李劼人辭去嘉樂紙廠董事長職務，樂山孤小也改名爲“樂英小學”；一年後，“樂英小學”又改名爲“嘉樂紙廠子弟學校”，一直是樂山小學佼佼者。後嘉樂紙廠經歷轉制破産，但在其基礎上誕生出的立事達公司延續了過去嘉樂紙廠的傳統，又辦起外國語學校，成績斐然。

③ 原載1950年4月29日《川南日報》。

日報號召全國工人“五一”加義務工一天的辦法，但經計算結果，都認爲這個數目太小（全廠三百多職工，一天工資共約四百萬元），於是由曹青萍廠長提議，將月産量百分之一的産品，援助上海失業弟兄。會中展開熱烈討論，工人張静軒説：“我們捐助自己的勞力，來救濟上海失業弟兄，這是應該的，也是我們工人階級是一家人的實際表現”。這辦法經詳細討論後，一致贊成擁護。該廠計每月産紙四千令，産碱約一千桶，百分之一即爲紙四十令碱十桶。這四十令紙和十桶碱分由廠方出原料，工人出勞力，其總值約爲一千萬元。這辦法正在向成都總公司呈報中。（組）

## 五　股東與股息

嘉樂紙廠股份制相關檔案材料浩繁，尚乏整理，今揀出李劼人親筆填寫數件。原件存李劼人故居博物館和樂山檔案館，無標點，由曾智中標點整理。

1. 李劼人填具嘉樂製紙廠股份有限公司股東登記表

| 地<br>區 | |
|---|---|

嘉樂製紙廠股份有限公司股東登記表①　　公元一九五一年七月二十一日填

| 股東户名 | 股數 | 過去簡歷 | 現在職業服務處所 | 現在詳細地址 | 備　　注 |
|---|---|---|---|---|---|
| 李劼人<br>法定代表人性别<br>男<br>籍貫<br>四川省華陽縣<br>年齡<br>六十一歲 | 六百零四股、一千一百股、二百零八股，共一千九百一十二股<br>股本金額三十二年僞法幣三萬零二百元，三十三年僞法幣五萬五千元，三十六年僞法幣一萬零四百元<br>股票號數<br>壹伍，補貳伍，補叁肆<br>入股時間<br>三十二年四月十五日，三十三年六月一日，三十六年五月二十三日 | 一九一三年至一九一五年四川瀘縣雅安縣縣公署第三科科長，辦理統計；一九一五年至一九一九年成都群報及其後身川報主筆、編輯、總編輯；一九一九年至一九二四年留學法國蒙北烈大學、巴黎大學；一九二六年至一九三零年前國立成都大學教授兼預文科主任；一九三三年至一九三五年重慶民生實業公司民生機器廠廠長；一九三五年至今自由著述、嘉樂公司董事長 | 一九五零年七月被任川西行署委員，同時被任西南軍政事務委員會文教委員會委員；一九五零年八月被兼任成都市副市長 | 成都市紅墻巷十四號 | 我係嘉樂紙廠發起人之一，於民國十四年投資銀元五百元；又於民國十九年投資銀元五百元；其后則將歷年應分之股紅息積存轉入股本。再，我原存印鑒，係石質，陰陽文，方章，“李劼”二字爲陰文，“人”字爲陽文。現此石已早置於外東菱窠故宅，一時尋找不易，祇好暫用目前常用之象牙方章。特此聲明。<br>簽名蓋章<br>股東：<br>李劼人（章）<br>法定代表人： |

① 原表名稱如此，繁體，從右至左竪排；今整理爲從左至右横排；其餘一切如舊。此件爲新近發現的李劼人手迹，爲《李劼人全集》所不載。

注意：(一) 户名爲學校企業、社團者，除由代表人填寫各項外，應在備注欄内填寫學校、企業、社團現在的情况和過去的歷史；并加蓋原機構的印鑒。(二) 以堂名、記名爲户名者，應以其法定代表人爲填表人。(三) 如原户股東早歿，以其法定承繼關係人爲填表人，但需在備注欄内注明死去時期及原因，以及與承繼人的關係。(四) 股本金額一欄，照股票金額填寫，其未載明金額者，可以不填。(五) 分次入股者，請分别在備注欄中填出，并注明填寫時間。

2. 李劼人所出具嘉樂紙廠股東定息收條①

**收到**

嘉樂公司應付卅四年□□玖萬貳仟零壹拾陸元正。

李劼人　收條

卅五、五、二〇

**收到**

嘉樂製紙公司交來三十五年度應付款，本息一并計國幣叁佰陸拾捌萬零陸佰肆拾元正，此據。

李劼人　具

中華民國三十六年八月十一日

**收到**

四川省合營加樂紙廠1961年第一季度定息人民幣

壹百貳拾柒元捌角此　據

股東户名　李劼人　（簽名蓋章）②

法定代表人　（簽名蓋章）

調整後股數10，224股

住址：成都外東沙河堡菱角堰菱窠

公元1961年4月

附注：扣公債款　　元

扣互助金　　元

實發　　元

收到

四川省合營加樂紙廠1961年第二季度定息人民幣

壹百貳拾柒元捌角此　據

股東户名　李劼人　（簽名蓋章）

法定代表人　（簽名蓋章）

調整後股數10，224股

① 李劼人：《詩歌戲劇及其他》，《李劼人全集》第八卷，四川文藝出版社2011年，第472－474頁。此係李劼人收到嘉樂紙廠所發股東定息後出具的收條，據原件照片整理。原件除第一件爲手書外，餘者均係油印固定收據，其中後兩件的"加樂紙廠"爲"嘉樂紙廠"之誤。

② 此處簽章"李劼人"，陽文，篆體。下同。

住址：成都外東沙河堡菱角堰菱窠

公元 1961 年 7 月

附注：扣公債款　　元

扣互助金　　元

實　　發　　元

## 六　履歷表

履歷表兩件，原件藏李劼人故居博物館。前表填於 40 年代末期，詳述自己的文學創作和興辦實業的經歷，足見其對此兩端之看重；後表填於 50 年代初期，略説文學創作，詳述先前私産和實業狀況，更偏重於政治經歷和政治態度；兩表中均有其從事實業的第一手資料。由曾智中複製整理。

1. 民國三十七年（1948 年）五月二十七日李劼人所填具履歷表

**李劼人簡歷**

| | |
|---|---|
| 真實姓名 | 李劼人 |
| 字號 | |
| 筆名 | 前後所用太多，隨用隨忘，不能備載。 |
| 生年 | 西曆 1891 年，中曆辛卯年出生 |
| 籍貫 | 四川省華陽縣 |
| 學歷<br>請注明何年畢業所學科目 | 中華民國元年畢業於四川高等學堂分設中學堂，民國八年自費到法國留學。曾入巴黎大學文學院蒙柏烈大學文學院習法國古典文學、法國文學史、法國近代文學批評及雨果詩學等，并未參加學位考試。 |
| 履歷<br>所任職務及在職年月請詳細注明 | 中華民國二年冬至四年夏任四川省瀘縣縣公署暨雅安縣縣公署第三任科長，四年秋至六年夏任成都群報主筆及編輯，六年夏至八年夏任成都川報發行人兼總編輯，同時與成都少年中國學會四川分會會員創辦《星期日周刊》，十三年秋重任川報總編輯迄川報被楊森封閉爲止，十四年任四川志誠法政學校國文教習、四川省立第一師範學校國文教習，十五年春至十九年夏任國立成都大學文科教授兼文預科主任，二十一年春至二十二年夏任四川大學講師及各中學國文教習，二十二年夏任重慶民生實業公司民生工廠廠長訖二十四年夏，二十四年秋起任嘉樂機器製紙公司董事，二十六年春任嘉樂公司董事長迄今。 |
| 著作及譯作<br>請注明出版年、出版處、作品性質（如小説、戲劇等），譯作請附原名及原作者 | 譯作（皆小説）<br>1.《人心》*Notre c ur*【法國】莫泊桑 Guy de Maupassant 著，初譯本民國十一年上海中華書局出版，再譯本民國二十三年中華書局出版，三譯本民國三十二年作家書屋出版。<br>2.《小物件》後改名《小東西》，*Le Petit Chose*，【法國】都德 Alphonse Daudet 著，初譯本名小物件，民國十二年中華書局出版，再譯本民國三十二年作家書屋出版。<br>3.《馬丹波娃利》*Madame Bovary*，【法國】佛洛貝爾 Gustave Flaubert 著，初譯本民國十四年中華書局出版，再譯本民國二十五年中華書局出版，三譯本民國三十二年作家書屋出版。 |

| | |
|---|---|
| 著作及譯作請注明出版年、出版處、作品性質（如小說、戲劇等），譯作請附原名及原作者 | 4.《婦人書簡》*Lettres de femmes*，【法國】卜勒浮斯特 Marcel Prévost 著，民國十四年中華書局出版。<br>5.《達哈士孔的狒狒》*Tartarin de Tarascon*，【法國】都德 Alphonse Daudet 著，民國十四年中華書局出版。<br>6.《女郎愛里沙》*La Fille lisa*，【法國】愛德亞·龔枯爾 Edmond de Goncourt 著，民國二十三年中華書局出版。<br>7.《文明人》*Les Civilisés*，【法國】發赫爾 Claude Farrère 著，民國二十年上海商務書館出版。<br>8.《薩朗波》*Salammb*，【法國】佛洛貝爾 Gustave Flaubert 著，民國二十年上海商務書館出版。<br>9.《霸都亞納》*Batouala* 法屬中非洲人 馬郎 René Maran 著，民國十七年上海北新書局出版。<br>10.《單身姑娘》*La Gar onne*【法國】威克妥·瑪格利特 Victor Marguerítte 著，民國三十三年成都中西書局出版。<br>11.《彼得與露西》*Pierre et Luce*，【法國】羅曼·羅蘭 Romain Rolland 著，民國三十五年成都晨鐘書局出版。<br><br>著作（皆小說）<br>1.《同情》，日記體小册子，民國十二年中華書局出版。<br>2.《死水微瀾》，長篇一册，民國二十五年中華書局出版。<br>3.《暴風雨前》，長篇一册，民國二十五年中華書局出版。<br>4.《大波》，長篇三册，民國二十六年中華書局出版。<br>5.《好人家》，短篇集一册，民國三十六年中華書局出版。<br>6.《天魔舞》，長篇一册，民國三十七年成都新民報社印刷中。 |
| 作品發表於何雜誌、報紙 | 長、短篇小説，雜文，評論，游記等自民國四年夏至八年春散見於成都各日報，又自十四年春迄今散見於上海《東方雜誌》、《小説月報》、《文學周刊》、《大中華雜誌》以及成都各日報、月刊等，不能一一詳記，有時用真名，有時用筆名，皆未留稿。 |
| 抗戰期間活動 | 除作文外，并努力增進後方機器造紙工業，以供應西南各地報紙及教科書之用。 |
| 現在職業及住址 | 嘉樂機器製紙公司董事長。<br>總公司在成都中東大街崇德里内，分公司一在重慶中正路一五六號，一在四川樂山縣徐家□［A1］，工廠亦在四川樂山縣徐家□［A2］，私宅在成都外東沙河堡菱角堰菱窠。 |
| 所加入之社團 | 平生衹參加過少年中國學會，此會已於民國十二年自動解散，前後并未參加任何黨派、社團。 |
| 評傳資料 | 衹民國二十六年春郭沫若君有過一篇評論，三十五年夏成都幾家報紙有過幾篇小文，已不能記題名及日期。 |
| 備注 | 此表係民國三十七年五月二十七日填具。 |

2. 1950 年 7 月 18 日李劼人所填具中共川西區黨委統戰部製發《幹部登記表》

<table>
<tr><td colspan="13">幹部登記表</td></tr>
<tr><td>姓名</td><td>李劼人</td><td>曾用名</td><td>中學堂時名家祥，民國二年起即廢</td><td>號</td><td></td><td>代名</td><td>太多，不勝記憶</td><td>性別</td><td>男</td><td>年齡</td><td>六十歲</td><td>屬何黨派</td><td>無</td></tr>
</table>

<table>
<tr><td rowspan="2">籍貫</td><td rowspan="2">四川省華陽縣（市）三聖區（鄉）</td><td rowspan="2">通訊處</td><td>永久</td><td>成都外東沙河堡菱角堰</td><td rowspan="2">來本部何人介紹及其關係</td><td rowspan="2"></td></tr>
<tr><td>臨時</td><td>成都中東大街崇德里嘉樂公司</td></tr>
</table>

<table>
<tr><td>現在何處工作</td><td>嘉樂公司董事會</td><td>在人民政府作何工作</td><td></td><td>有何疾病殘疾</td><td>眼近視高血壓</td><td>有何專門技術</td><td>能寫小說</td></tr>
</table>

<table>
<tr><td rowspan="7">家庭人員狀況</td><td>姓名</td><td>年齡</td><td>是你何人</td><td>在何處工作</td><td>政治情況</td><td rowspan="7">財產及生活狀況</td><td rowspan="7">從民國二十八年起，始在沙河堡菱角堰堰側修造疏散草房二幢，共六間，爲幾代人以來私有房之始。三十三年，由朋友强迫讓渡大門外堰尾草地六畝，亦爲幾代人私有地土之始。此外，毫無積蓄，全賴薪給及賣文所得爲生。又因必須照顧窮苦親戚朋友及學生，致現在負債甚重。</td></tr>
<tr><td>李楊叔掮</td><td>五十二</td><td>妻</td><td colspan="2"></td></tr>
<tr><td>李遠山又名李眉</td><td>二十五</td><td>女</td><td colspan="2">現在梓潼縣人民政府文教科服務，行將調省。（於 1948 年畢業於川大農學院園藝系。原參加民盟，今年退黨。）</td></tr>
<tr><td>李遠岑</td><td>二十三</td><td>子</td><td colspan="2">肄業四川大學農學院農經系第三學年。（本應在今 1950 年夏畢業，因被特務誣爲共産黨，以致逃亡一年。）</td></tr>
<tr><td></td><td></td><td></td><td colspan="2"></td></tr>
<tr><td></td><td></td><td></td><td colspan="2"></td></tr>
<tr><td colspan="5"></td></tr>
</table>

| 參加過什麼黨派社會團體及其他活動 | 名稱 | 性質 | 參加年月 | 任何職及工作情況 | 現在與你的關係 |
|---|---|---|---|---|---|
| | 少年中國學會 | 學術團體 | 民國八年七月 | 曾編輯過《少年中國》雜誌并撰文 | 此學會已於民國十二年自行解散。會員共一百零八人。一部分爲共産黨，如毛澤東是；一部分爲青年黨，如曾琦是；一部份爲國民黨；大多數則不參加黨派，我本人亦爲不參加黨派者。 |
| | | | | | |

| | |
|---|---|
| 被捕過否？<br>什麽原因？<br>何時何地？<br>怎樣出來的？<br>何時出來的？ | 民國十三年十一月任成都川報總編輯，被楊森（當時的四川督理）封閉報館，捕拘憲兵司令部八天，民國十四年五月，爲了反抗楊森亂命，被捕拘於督理署（即今日市政府所在）衛兵室，十四天。第一次由楊森釋放，第二次待取保放出。（但自三十七年六二事件後，即隨時遭受特務監視威脅，兒子因之逃亡一年，女兒被捕一個月，本人時在死亡危險中。） |

| 有哪些接近的親友 | 姓名 | 年齡 | 什麽關係 | 職業及職務 | 政治情況 | 對你影響 | 通訊處 |
|---|---|---|---|---|---|---|---|
| | 此一項很難填寫，因接近的親戚倒不多，朋友卻甚多，有共産黨，有老同盟會會員，有國民黨，有今日參加了政府的各黨派，并且有青年黨。自然，無黨無派的也很多。可以説，對我的影響都不大，倒是許多人反受了我的影響！ | | | | | | |

| | |
|---|---|
| 有何創作及發明 | 除翻譯了十幾部法國文學作品外，自己寫的長短篇小説，論文，雜文甚多，現尚可稽考的衹有中華書局出版的《死水微瀾》、《暴風雨前》、《大波》三部長篇小説共五册，《好人家》短篇小説集一册。其餘曾散失，或尚未出版。 |
| 志願 | 願做一個有益於人民大衆的肥料及踏脚石 |

| 工作經歷 | 自何時起 | 至何時止 | 地址 | 機關 | 職務 |
|---|---|---|---|---|---|
| | 民國二年十月 | 四年六月 | 瀘縣<br>雅安縣 | 縣知事公署 | 第三科科長<br>（辦統計） |
| | 四年八月 | 七年五月 | 成都 | 群報（日報） | 主筆　編輯 |
| | 七年八月 | 八年八月 | 成都 | 川報（日報）<br>星期日（周刊） | 發行人總編輯<br>主筆 |
| | 十三年八月 | 十五年十二月 | 成都 | 自由著述<br>民力報（日報） | 總編輯<br>（在川報被封以後） |
| | 十六年一月 | 十九年七月 | 成都 | 前國立成都大學 | 教授兼文預科主任 |
| | 十九年八月 | 二十年十二月 | 成都 | 自由著述，并開設小酒店，招牌叫“小雅”，因兒子被票匪綁去，關張 | |
| | 廿一年二月 | 廿二年五月 | 成都 | 四川大學<br>各男女中學 | 特約教授<br>國文教師 |

| | 自何時起 | 至何時止 | 地　址 | 機　關 | 職　務 |
|---|---|---|---|---|---|
| 工作經歷 | 廿二年七月 | 廿四年八月 | 重慶 | 民生實業公司<br>民生機器廠 | 廠長（嘉樂公司創始於十五年十月，本人爲發起人之一，不過在此之前，本人衹任一個股東代表） |
| | 廿四年十月 | 卅年五月 | 成都 | 樂山嘉樂紙質股份有限公司 | 董事長（并自由著述） |
| | 卅年六月 | 卅二年四月 | 樂山重慶 | 同上 | 兼總經理 |
| | 卅二年五月 | 直到現在 | 成都 | 同上 | 董事長<br>（并自由著述） |
| 對目前政治認識 | | 贊成新民主主義，尤其向往於社會主義 | | | |
| 備考 | 上面所填的工作地址，不過取其固定所在，其實在工作期間，因必要時，亦常出省，例如民國十八年，即因聘請教授，出到北京上海杭州等處近五個月。二十二年到過漢口長沙，二十八年到過昆明貴陽，至於樂山重慶，則時時來往，不能記其次數矣。 | | | | |

填表人蓋章　　　　　　　　1950 年 7 月 18 日

李劼人　　　　中共川西區黨委統戰部制

## 七　親友記述

李劼人親友相關記述兩篇，其來有自，録以備考。

李劼人和嘉樂紙廠[①]　李眉

近年來，報刊上關於我的父親李劼人的評述，大都是討論他的文學創作，且以評論他的三部長篇著作《死水微瀾》、《暴風雨前》和《大波》的尤多。的確，李劼人畢生爲之奮門的是文學事業，他是一個作家。

但李劼人除了文學創作之外，還爲創辦嘉樂紙廠花費了不少心血。因此，他也算是一個實業家。

1924 年，李劼人從法國勤工儉學回到成都。他深感四川工業落後，特别是供印刷用的機器紙奇缺，而進口的外國紙和省外的機器紙價錢昂貴。他在教書、寫作的同時，萌發了創辦造紙廠的念頭，想到了“實業救國”這個問題。從此，他積極奔走，徵集資金，托人購買舊的造紙機器，在樂山縣（又名嘉定）創辦了一個試驗性的造紙廠，取名爲“嘉樂機器造紙工廠”，由他自己擔任經理。

紙廠開辦後，苦難重重：有錢人不願投資，專家們不屑爲這個簡陋的小廠出力，造出的紙張質量很差，當然競爭不過從國外和省外運來的機器紙，銷路大成問題。我小時候經常看見大堆大堆的嘉樂紙存放在指揮街我家寓所的後院，慘淡經營了幾年，紙廠被迫關了門。這是 1931 年的事。

① 李眉：《李劼人和嘉樂紙廠》，《李劼人研究：2007》，成都市文學藝術界聯合會、李劼人研究學會編，成都：巴蜀書社，2008 年 3 月，第 184—186 頁。李眉係李劼人女兒，已故。

1935年，省内對機器紙的需求增加，樂山一位商人覺得這個工業有發展前途，嚮紙廠投了資，并接辦了工廠，李劼人重新回到紙廠，擔任董事長職務。從此，他更一心撲到這個事業上。抗日戰争爆發，國内、省外的紙張不太容易運銷到四川，一時，“嘉樂紙”銷路大增。現在五十歲以上的人可能還記得當時我們看到的一些書籍、用的一些信紙信封，那種黄褐色、粗糙而易碎的紙就是“嘉樂紙”。

1939年，李劼人全力經營紙廠，還參加了黨領導下的“中華文藝界抗敵協會成都分會”，并被選舉爲理事兼會刊《筆陣》的編輯委員。他常去樂山紙廠，有時到重慶紙廠辦事處去，但在成都的時候，天天要到城守東大街崇德里紙廠的辦事處辦公。他的辦公樓，既是董事長室，又是當時文化界人士常來常往的地方。有時，“文協”理事會還在他這裏召開。爲了支持“文協”的活動和出版《筆陣》，他常常以董事長的身份要紙廠把“文協”的欠債勾銷，并幾次向《筆陣》捐紙。這件事，在當時和以後很長時期，都被文藝界傳爲佳話。

然而，李劼人畢竟不是生意人，他不僅不會賺錢，還常常因捐助紙張，以工廠名義接濟貧病作家，再加上其他一些緣故，引起了資方中一些人的非議。1943年，他在一篇文章中寫道：“‘嘉樂’開董事會，有兩位熱心公益的人糾舉我兩年以來，辦理不善，以致公司不惟未賺錢，反而欠到四百五十餘萬外債（注：指嚮國内其他企業借的債，以當時的法幣爲單位，并非外匯）。我自已本非這種材料，在民國三十年（注：即1941年）勉强出頭就時時在打退堂鼓了。如此一來，正合孤意。於是立即引咎辭去所謂總經理的兼職……”但是董事長職務，他還没有擺脱。

抗戰勝利以後，國内民族工業受到官僚資本和“美援”物資的嚴重威脅，許多工廠企業紛紛倒閉。先天不足、後天又失調的嘉樂紙廠也摇摇欲墜。李劼人爲了維持紙廠，又四處奔波，斡旋於工商界人士之間。用他自己的話説就是：“數年以來，算盤賬簿，花面逢迎，雖是當了一名公司職員，而無異於一名未入流的小官，業已是吃鐵吐火，更無法舞文弄墨。”然而正由於這個機會，使他能深入到當時成都經濟生活的内層，觀察了不少官商勾結、囤積居奇、投機倒把的内幕，積纍了不少素材。1947年，他寫出長篇小説《天魔舞》，其中一些人物原型、事件背景正是取材於這段時期的經歷。

1949年成都解放前夕，嘉樂紙廠已瀕臨倒閉，職工的工資都很難發出。李劼人渴望解放，渴望有朝一日把紙廠交給國家。剛一解放，他就急不可耐地要求政府接收工廠，不停地找當時擔任成都市市長的李宗林同志談這件事。1952年，紙廠被批准公私合營，李劼人纔完全擺脱了紙廠的事務，重新把精力投入文學活動中。

1953年“三反”“五反”時，政府清查紙廠的賬目，也派了工作組到“菱窠”李劼人的家中來查看他的私人家庭賬本。李劼人長期有記賬的習慣，他的賬本既有家庭日用收支記録，又有各個時期的社會金融狀況，還夾有人物的素描，在毛筆寫的蠅頭小楷字裏行間，經濟上的來往記得一清二楚。清查人員反復核查，後來，竟補償了李劼人一些錢。原來，他們不但没有查出他有貪污行爲，反而查出他没有拿够紙廠應該發給他的工薪。

有人説：李劼人“作爲一個書生，要走‘實業救國’的道路未必是一個好算盤”。這話有些道理，但我認爲，即使他不是一個書生，在國民黨統治下，在三座大山的重壓下，那個時候，要想搞點民族工業，有獻於國家，又談何容易！

1987 年 6 月於成都

漫説李劼人和嘉樂紙廠[①]（節録） 曹治焯

回 憶

但凡樂山的老人都還記得，每當晌午，隨着一聲巨響，就像拉警報似的哨叫聲就響徹雲霄，空氣中即會傳來一股碱臭味，小娃兒就會説：嘉樂紙廠又放屁了。接着，通過廠門前穿過馬路的地下水道，深褐色的漂洗水帶着碱味、氯氣味也就嘩嘩地流嚮街邊的岷江裏，漲水時還不要緊，水大流急稀釋得快，要碰上枯水天，那就有點慘，上有嘉樂紙廠、中有華新絲廠、下有嘉裕碱廠，排出的廢水都差不多，整個沿河“半邊街”居民要吃的水，就像剛熬過頭道的中藥一樣發黑、發苦，於是人們衹好搭起一個個的石礅，肩上挑起扁擔、水桶，像扭秧歌似的到河心去“瓦”水吃。

説起嘉樂紙廠，在樂山也小有名氣，一是它又響又臭的聲息，宣告着它的存在；二是因爲它的紙牽涉到千家萬户的孩子，印書要紙、作業要紙，有了平整光滑的機製紙，那原本千年傳統、一成不變、也曾盛極一時的夾江土紙，雖今有輕工部的造紙博物館爲證，也衹好甘拜下風，退居如厠，做擦屁股的毛邊黄草紙了。

這個廠也有點怪，門口一塊大牌子——嘉樂製紙股份有限公司。何謂股份有限？當時也不大明白，直到改革開放，風起雲涌，纔知它是以有限資産作抵押的多個投資人所有而聘任英才管理經營的現代企業制度。嘉樂製紙股份有限公司的股東有軍閥、地主，也有商人、市民。入股就是投資，通過分紅、贈股得利。而公司既能賺錢、盈利，也會折本、破産，無時不在逆水行舟的競爭之中，要發財全靠上下同仁齊心合力奮鬥。嘉樂紙廠從創辦到中興再到衰落的歷史，就是川人辦實業的一部活教材。

這廠啥樣子？一進工廠大門，左邊傳達室，旁站唯一一名腰挎盒子槍的廠警，其餘好大一片黄燦燦的都是草料場，排隊賣草的農夫、翻曬擇草的女工、揚高砌堆的苦力都在爲那像山一樣的穀草堆忙碌。右邊布告牌，上面隨時更新着各種公示消息，旁邊一個小花園，種着四時花草，花園右側赫然就是一座兩層磚木結構的辦公樓，樓右又隔個小花園，順着排下去就是改名“懷仲”以紀念老廠長的大禮堂。以它倆爲界，與街面之間的狹長地帶（廣告牌後），依次排着理發室、幹部食堂、一個花圃。再回過頭來，隔着三五十碼的大路，正對着

① 曹治焯：《漫説李劼人和嘉樂紙廠》，《李劼人研究：2011》，成都市文學藝術界聯合會、李劼人研究學會編，四川文藝出版社 2011 年，第 403－410 頁。曹治焯，科技研究員，享受國務院津貼專家，曾參加李劼人書信整理工作。曹治焯父親曹青萍（1898－1966），字静波，成都人，李劼人之姨表弟，早年赴法勤工儉學。1942 年到嘉樂紙廠，任至廠長。“三反”、“五反”運動中，蒙冤退賠没收中川股份；1966 年病逝；1982 年平反。曹治焯爲本文寫有一注釋：“嘉樂紙廠係嘉樂製紙股份有限公司的俗稱，由於公司結構，人們對成都的總公司、重慶的分公司、樂山的工廠都在叫嘉樂紙廠。本文所説的嘉樂紙廠實指樂山專門從事生産的工廠而言。由於作者的父親 1942－1951 年在樂山工廠工作，作者小時在其附近讀書，得以目睹耳聞，纔能寫出本文，但對成、渝兩地的公司情況及其與李劼人的軼事逸聞，則無可奉告。”

大門的就是高大的主廠房了，裏面安裝兩臺較新式的造紙機，它的右邊挨着兩層的鍋爐間，裏面支着一個直徑三四米，用鋼板鉚接而成的大蒸鍋，晝夜不停地旋轉着，它一旦停下來，倒出剛用鹼、水蒸熟的草漿一刻，就是全樂山城都要聞臭屁的倒霉之時了，鍋爐間旁自然有個大烟囱，接下去是一大片水汪汪的貯水池。而廠房與辦公樓、禮堂之間的空地，則開了個籃球場，建了個高矗的水塔。這就是占地四分之三的新廠區。而它的右側就是老廠，也安裝着一臺較老式的造紙機及配套的類似設備，無非像個老人，蜷着身子，舊些、小些，瘦些罷了。整個廠區像個長方形，占地總有三五十畝。無論新、老兩個廠門都在一條人稱“徐家碥”的直街上，毗臨岷江，分別記憶着這廠的兩段歷史。而今一個氣宇軒昂，衹供人員、原料、設備的進出，另一個悄無聲息，專供出紙、下碼頭、裝船，上拉纖走省城，下摇櫓輕舟飛渝州罷了。這一大片廠區自然是李劼人和王懷仲等“開廠元勛”們的心血。

樂山自古是産紙地方，但用除了喂牛就是燒竈的稻草做機製紙，也算嘉樂紙廠的首創：人力成本低；水路運輸便；又不要污染川西壩上貴如金的黑土地；又不得罪怕響怕臭的成都人，要大量用水、排污。在選址上，開創者自是動了一翻腦筋纔選中這塊風水地。但在川中它未免僻居一隅。任何實業，市場第一，故而要把總公司設在成都，所謂政治、經濟、文化中心是也。而這也對李劼人參加各種社會活動、結交各界人物提供了便宜，故也是其長期堅持在嘉樂紙廠做事的一個原因。總公司就是司令部，董事長、總經理坐鎮，靠着信息、財務、各種報表……指揮着整個公司的運作。紙廠真正二次創業，已是抗戰事起、經濟西移、重慶成了陪都的時候了，再設立重慶分公司專管采購、銷售也就順理成章。但這架構卻形成了三足鼎立之勢，爲其他公司所無，不但籠罩着蜀地，通過長江還聯着下游各省：寧、滬、蘇、杭，甚至它所用的粉碎草漿的刀片都可從美國經太平洋運來，這種開放的眼光、一分爲三的布局，不是喝過點洋墨水的腦殼咋個想得出來？運行的成本也并不高，三地之間無非信件、函電、報表、規章，全是軟件。成都、重慶的辦公場所非租即借，輕易不置地産，辦事人員少而精幹，并無一個閑人，不然，咋個和洋紙競争？作爲實體的樂山紙廠，當然人多、事多，但卻不給人權、財權，衹要有個可靠的人管着，一般就出不了啥大問題。普通職工連總公司門朝哪開都不曉得，衹管埋頭生産，可見從小以“精”著稱的“精公”，辦起實業來又是何等的精明。

公司的管理。雖然人、財、物大權在握，但這可操碎了李劼人的心，先説説人。“一言興邦、一言喪邦”的古訓他可深明其理，機電、化工兩大專業没有人才和技術自是轉不起來：總工、工程師、技術員一條綫，重設計、管改造、提高品質；股長、班長、領班又是一條綫，重操作、憑經驗、保證運行；這些技術人員中的骨幹，無一不是親覓親任，尤其是要爾火的總工程師，真是做到了“禮賢下士、三顧茅廬”。就算一個股長、領班，也是耳熟能詳，脾氣、性格都摸得準，這從近年來發現的大量“李劼人書信”中，對紙廠“中興重臣”梁彬文、陳曉嵐的功過評説，又或邀强華鐵廠張華來當廠長動的心思就可以佐證。技術員工在公司都有額外津貼，額外多拿一點，纔能盡心盡力、努力生産。大禮堂白天是會議所，晚上又是培訓年輕工人的學堂，逢年過節還成了娱樂演出的劇場。碰上李董事長來視察，他就住在禮堂舞臺上的二樓客房裏，談工作、反映情況的職工絡驛不絶於途，於是耳提面命，授以機宜。既認多了熟人，又掌握了第一手情况。再説錢財。資金的運籌，成本、利潤的分配，俗話説油、鹽、醤、醋、茶，天天都要開支，來往帳目，不一清二楚怎麽得行？雖有會計，但李劼人天生就精於此道，你去看看他記的家庭開支流水“豆芽”帳之細、之繁，恨不得一分錢掰成兩半花，又在書信、小説中談及三年困難時期物價時的精、準，就知道帳務上誰也麻不了他。你從紙廠多次因資金不敷關門，他扼腕嘆息、錘胸頓足，又或常常因紅利分配在董事會上和大股東争得面紅耳赤，就知道這個財權傷了他多少腦筋。説到物權，單説這采購，都集中在公司，并不下放，别的不説，就説這機器造紙，有三大耗材：刀片（粉碎草漿）、銅網（漿成形紙）、毛毯（吸乾熨平）須臾不能離，斷了就停擺。樂山一個緊急電報，他就“鷄飛狗跳”，如未解决，他就“如坐針氈”，更不説四七年後的通脹，急得我們這位“書生”，血壓不高纔怪！平時，廠長、經理指揮着各個科室，算帳、造表、采購、報銷……幾百人的工廠，事情多如牛毛，整個生産流程從拉板車把擇好的稻草運到鍋爐間前，通過一個四十五度的梭梭板用手軲轆絞拉上樓，和着水、燒鹼倒入蒸鍋起，到烘乾的機製紙從轉筒上晝夜不停地捲着出來，再交給成品部門，用切紙機按尺寸切好，四個彪形大漢操作一臺木製打包機，人站上去使勁用脚踩杠杆，把紙一百公斤一捆地打成包爲止，大約要四個鐘頭。從頭到尾，機、電、土、木、石各個工種，就連開水爐、洗澡間、厨房，各色人們都互相銜接、配合得一絲不亂，上班有號牌考勤，領東西物料組開單，各崗位都有工人在操作，原料在流、機器在轉、手在動、脚在踩……一派生機勃勃之象。這井然有序的日常生産，倒不用董事長操多少心，有個實在管事的廠長、經理就行，但其靈魂靠的是李劼人親自起草并在實踐中不斷完善的各項規章制度，或三條，或五款，文筆自不消説，又通順、又好學、又好記。但話説回來，辦造紙不比搞運輸來得快，每一道工序，都是硬骨頭，馬虎不得，而缺文化的農民工，不千錘百練，也造不出好紙。

再説説工廠内部的勞資關係。先説生活福利待遇。凡紙廠職工皆居有定所，雖散落各處，或租民房，或修宿舍，但都有個家，上下班不過步行一二十分鐘；生了病找關爺廟藥鋪老中醫（兼廠醫），打擺子、拉肚子，兩付中藥喝下去，都管得了事；生活有津貼，其中有個米貼（人人有份）是發實物，秋收後，紙廠就開始屯米，來年青黄不接漲價時，工薪不減米照發，自又省了各家一筆不小的開支；加班計酬還有夜宵，特别困難户還發實物券；民以食爲天，要人幹活讓人吃飽；連娃兒念書都可免費，到公司全額資助的私立兑陽小學去讀；下班累了的年輕人，到球場轉轉，或打或看，圖個熱鬧，頭髮、胡子長了的，去理發室憑票請刀兒匠剃個光頭、刮刮胡子也不要錢……各項工薪福利的總和，竟比得上五通橋從南京遷來的侯德榜的永利大鹹廠，這樣的廠哪個不想去呢？再説整個廠區，乾乾净净，秩序井然，聽不到老板粗暴的斥駡，看不到侮辱人格的處罰，更不説打架、鬥毆，怠活、罷工了，好像一家人一樣，各人幹着各人的活，生産上的事有班會、職工會大家都可發言，有啥意見就提，日精其技，而又連成一體、互相配合，讓那紙晝夜不停地從機器上流出來。財務不做假帳，股東雖然控着股，但職工也有股票，無論多少一樣分紅。這個“勞資和諧，兩利雙贏”

原則，卻是李董事長在股董會上和出大錢辦廠的資本家屢有争執而堅持不變的辦廠總方針。救世濟民就是那一代知識分子實業救國的夢想，也就是社會民主主義的初衷和實踐。到了年底，你看拿着雙薪、分着紅、領着米、面露喜色的職工，廠裏還總要殺幾條猪，擺幾十桌，吃九大碗，喝老燒酒，猜拳喝令，其樂好不融融。

以上所説，當然是指抗戰勝利前後，紙廠中興、産銷兩旺時的景象，但其早期、暮年或品質、資金，或設備、市場坎坷之時，自然是同舟共濟，減薪扣餉，一片蕭瑟，連李劼人也折騰得骨斷筋折，腰酸背痛。那麽，爲啥要辦實業呢？這與環境、性格、命運也有干系。

## 對比

説到辦實業，對照一下重慶的盧作孚，也許更多一點對李劼人人生軌迹的瞭解。小其一歲半的盧作孚，父輩已小有家業，丁口衆多，自此到 1912 年兩人都中學畢業而出外升學未果，到 1919 年之間都在成都群報、川報當編輯，站在時代潮頭，憂國、憂民、憂身，同年都加入少年中國學會，這對摯友老鄉，好像川地實業界一對雙胞胎，入道也一前一後，當李從法國歸來，盧還在成都辦通俗教育館、當川報主編。大革命時，盧的少年中國學會友人惲代英約盧去廣州，盧也未去。而到了 1925 年，盧響應了李的紙廠夢後，自己卻去了合川，辦起了航運和電燈廠。此後兩人都一頭扎了進去，但我們不能不佩服盧的調查研究和市場眼光，他起家的川江航運，買條船就可開張、賺錢，而李起家的造紙，工藝複雜，那是每一步都要啃的硬骨頭啊。説穿了，李先期投入調查的精力并不多，不是想當然就是急就章，要筆杆子比盧强，要秤杆子就弗如，錢都花光了，質量還是不過關，筋斷骨折也没戲。這纔有 1929 年“兵敗”樂山，暫離嘉樂。回到川大執鞭又賭氣辭職，開起“小雅”養家糊口起來。而盧卻順風順水把個民生公司辦出聲色，這纔可解釋爲何 1933 年 6 月在盧邀請之下，李又會離開成都的嘉樂製紙公司，舉家遷到重慶，幹起民生機器廠的廠長來。按説，在重慶修復“萬流輪”也不簡單，既費了力，也有了成績，但他爲何兩年後又舉家回到成都呢？想要把以修理爲主的船舶機器廠，辦成造抽水機、木碳汽車的製造廠，未免又太天真了一點，這纔和股東意見不合憤而離去，其背後恐怕也少不了對成都田園生活的依戀和對山城出門就要坐滑杆、抬轎子的厭煩。幸好，李劼人多才多藝，還有一門看家吃飯本事，於是不久之後，二十幾天一部《死水微瀾》，接踵的《暴風雨前》、《大波》也一揮而就。此後，西安事變、盧溝橋槍聲，全面抗戰爆發，大事迭起，雖投身文藝抗敵協會，借着躲日機轟炸的機會，終於經營出自己的巢穴——幾間茅屋的“菱窠”來，可見衣食住行，如同黍、粟、布、帛，始終是其須臾不可或缺的東西。

到了 1939 年，江南失陷，内紙奇缺，王懷仲被日本飛機炸死，群龍無首之際，創作的靈感已開花結果，李劼人纔又回到紙廠的二次創業中來。關於這後十年，有 1948 年初寫給好友陳曉嵐的親筆長信，如何中興、爲何衰落，親口述來，一清二楚，其中的喜悲哀樂，跌宕起伏，嘔心瀝血，繪聲繪影。但無論如何從 1941 年起，産銷兩旺，聲譽鵲起，總算過了好幾年舒心的日子，成就了平生夙願；而盧作孚雖抗戰大撤退中立了大功，“民生”鼎盛，但 1948 年後，也都開始走下坡路。兩個伏櫪老驥，一個還想大辦航運，造船買船；一個還想全盤電氣化、辦碱廠，到處找人；都想挽企業的狂瀾於既倒，不甘心平生事業化烟雲，但境遇全非，物换星移，事不由人。1949 年兵慌馬亂自不必説，1950 年一個在香港爲債發愁，一個已任成都副市長，“民生”“嘉樂”這兩匹老馬都已裹足不前，軍代表、新制度進廠，1951 年底開始的“三反”、“五反”，將要没收官僚資本，兩個摇摇欲墜的老廠，兩個精疲力盡的老人，都衹好把公司送給政府，“公私合營”了事。但兩人的結局卻不相同，同時同道，都迎來“解放”的曙光，卻一個過早離開人世，一個在度饑荒中病死善終。如今，一個屹立在重慶北碚的高坡上一個以盧作孚命名的紀念公園裏，一個長眠在成都磨盤山的陵園中，而李劼人傾其心血的“菱窠”也成爲川中少有的故居搏物館了，殊途同歸，一任人們四時憑吊。命運之神啊，真有點不可捉摸！這對實業界的雙胞胎，一個樸實無華，一個浪漫倜儻；一個講穿，一個愛吃；一個風風火火，一個慢慢吞吞。從他倆的眼神和皮膚的白嫩上就曉得，一個是重慶，一個是成都；一個迎接着工業文明的緊張，一個沉迷在田園生活的閑適中，文化底蘊終究有所差異。

作者單位：李劼人研究學會

# 稿　約

一、徵稿選題：關於蜀學理論、蜀學思想、蜀學史、蜀中學者以及蜀學文獻等的研究。

二、文本要求：本刊統一使用規範的繁體漢字。來稿請認真復對引文，標明引文出處——包括作者、書名或期刊名、卷數或期刊號、出版單位、年月。注釋統一采用“頁下注”。例：①孫硯方：《都江堰水利詞典》，科學出版社 2004 年版，第 54－55 頁。②馮廣宏：《創立一門新蜀學——都江堰學》，《西華大學學報》（哲學社會科學版）2005 年第 4 期。

三、稿件要求：

1. 遵守學術道德，文責自負。

2. 未公開發表過的論文，具有一定的學術原創性。

3. 字數原則上控制在四千字以上，一萬字以內。

四、本刊對來稿有刪改權，若不同意刪改者請於來稿上注明。

五、來稿請務必詳細注明作者的姓名、單位、職稱、學歷和聯繫方式（電話、電子郵箱、通訊地址等）。大作一經刊出，即酌付稿酬，并寄樣刊兩本。

六、請附上紙質稿件。來稿請寄：四川省成都市外西西華大學蜀學研究中心（收）。郵編：610039。電子郵件請寄：shuxue2003@126. com，191615760@qq. com

聯繫電話：（028）87722129，13036667781（王學東）

七、本刊已加入《中國學術期刊》（光盤版）、《中國期刊網》。作者著作權與稿件使用費與本刊報酬一次性付給。若作者不同意將文章編入上述版、網，請在來稿中聲明。

八、截止時間：2013 年 6 月 20 日。

**蜀學研究中心**

2013 年 11 月 1 日

**圖書在版編目（CIP）數據**

蜀學. 第8輯/西華大學，四川省文史研究館，蜀學研究中心主辦.
—成都：巴蜀書社，2014.4

ISBN 978－7－5531－0398－3

Ⅰ.①蜀…　Ⅱ.①西…②四…　Ⅲ.①文化史－四川省－文集
②巴蜀文化－文集　Ⅳ.①K297.1－53②K872.71－53

中國版本圖書館CIP數據核字（2014）第022473號

SHU XUE
蜀　學（第八輯）　西華大學 四川省文史研究館　蜀學研究中心　主辦

責任編輯　王　雷
封面設計　文小牛
出　　版　巴蜀書社
成都市槐樹街2號　郵編 610031
總編室電話：（028）86259397
網　　址　www.bsbook.com
發　　行　巴蜀書社
發行科電話：（028）86259422　86259423
經　　銷　新華書店
印　　刷　成都蜀通印務有限責任公司（028）86106170
版　　次　2014年4月第1版
印　　次　2014年4月第1次印刷
成品尺寸　260mm×185mm
印　　張　20.25
字　　數　450千字
印　　數　1200
書　　號　ISBN 978－7－5531－0398－3
定　　價　45.00圓